महाव्रती

कर्मयोगी प्रचारक सोहन सिंह

माननीय सोहन सिंहजी राष्ट्रीय स्वयंसेवक संघ के प्रचारक थे। प्रचारक जीवन को उन्होंने संपूर्णता में जिया और इसका अद्भुत तेज वे अपने दायित्व से संघकार्य में जीवन भर प्रकटाते रहे।

विश्व कल्याण, राष्ट्रधर्म, कार्यकर्ता और मनुष्यत्व के लिए समर्पित सोहन सिंहजी महाव्रती के रूप में उभरे। वीरव्रती और कर्मयोगी सोहन सिंहजी राष्ट्रीय स्वयंसेवक संघ के उन नींव के प्रस्तर-अभेद्य दीवार बने वरिष्ठ प्रचारकों में शामिल हैं, जिन्होंने राष्ट्रीय मूल्यों की स्थापना के लिए एक तपस्वी की भाँति अपना सारा जीवन गला दिया। वे अनुशासित-संस्कारयुक्त कार्यशैली के प्रबल प्रस्तोता बन गए। अपने शरीर का रोम-रोम संघकार्य के विस्तार के लिए समर्पित कर दिया।

सोहन सिंहजी का जन्म 18 अक्तूबर, 1923 को बुलंदशहर (उ.प्र.) के हरचना ग्राम में हुआ। 1942 में उन्होंने बी.एस-सी. की परीक्षा उत्तीर्ण कर ली। वे सेना में सेकंड लेफ्टिनेंट पद के लिए चुने गए, पर तीन दिन के गहन विचार के बाद तय हुआ कि वे नौकरी नहीं करेंगे। 1943 में वे संघ के प्रचारक बने। हरियाणा, दिल्ली व राजस्थान में अनेकानेक दायित्वों का निर्वाह किया। 1946 में संघ में 'धर्म-जागरण विभाग' बना तो चार वर्षों तक इसके प्रमुख के नाते उन्होंने इसे दिशा देकर मजबूत तथा प्रभावशाली बनाया।

संघ के प्रचारक प्रसिद्धि-प्रचार-पुजापे से दूर ही रहते हैं। यह एक विशिष्ट प्रकार की अनाम साधना है। संघ के सरसंघचालक श्रीगुरुजी भी किसी को अपने पैर नहीं छूने देते थे। अटलजी ने उन्हें श्रद्धांजलि देते हुए कहा था कि श्रीगुरुजी की मृत्यु के बाद वे अंतिम दर्शन करने गए, पैर छूए और वह पहला अवसर था कि उन्हें रोकने के लिए श्रीगुरुजी ने अपने पैर नहीं सिकोड़े।

सोहन सिंहजी के महाप्रस्थान के बाद उनके प्रेरक जीवन पर एक पुस्तक प्रकाशित करने का विचार किया गया।

सोहन सिंहजी की प्रसिद्धि- पराङ्गमुख प्रवृति के कारण उनके जीवन से संबंधित अनेक पहलू अप्राप्त ही रह गए हैं। उनके फोटो खींचने का किसी को साहस नहीं होता था। कार्यक्रमों के दौरान लिये गए कुछ फोटो हैं, जो संतोषजनक नहीं हैं, पर वही उपलब्ध हैं। प्रस्तुत पुस्तक के अनेक चित्र भी उनके देहावसान के बाद के ही हैं।

जैसा भी हो, यह पुस्तक इस दिव्य जीवन के सांगोपांग दर्शन नहीं कराती, पर असंख्य कार्यकर्ताओं के जीवन में पाथेय बन गए उनके अनुभवों को तो बताती ही है। इसलिए शायद यह अधिक महत्त्वपूर्ण है। नींव के ऐसे अदृश्य पत्थरों को प्रणाम! ऐसे अपने सोहन सिंहजी का स्मरण और उनके द्वारा रखे गए आदर्शों का अनुसरण अति सामयिक है, राष्ट्रनिर्माण के संकल्प के लिए प्रेरणा है। यह पुस्तक भविष्य की पीढ़ी के लिए एक अनमोल थाती है।

महाव्रती
कर्मयोगी प्रचारक सोहन सिंह

संपादक

गोपाल शर्मा

प्रकाशक

प्रभात पेपरबैक्स

4/19 आसफ अली रोड, नई दिल्ली-110002

फोन : 23289555 • 23289666 • 23289777 ❖ फैक्स : 23253233

इ-मेल : prabhatbooks@gmail.com ❖ वेब ठिकाना : www.prabhatbooks.com

संस्करण

प्रथम, 2016

मूल्य

दो सौ रुपए

अ.मा.पु.स. 978-93-86231-65-9

मुद्रक

आर-टेक ऑफसेट प्रिंटर्स, दिल्ली

———— ★ ————

MAHAVRATI : Karmayogi Pracharak Sohan Singh
Ed. Gopal Sharma

Published by **PRABHAT PAPERBACKS**
4/19 Asaf Ali Road, New Delhi-110002

ISBN 978-93-86231-65-9

₹ 200.00

वीरव्रत संकल्प लेकर,
राष्ट्र मंदिर के पुजारी;
यज्ञ समिधा बन अहर्निश,
बढ़ रहे जो चरण अगणित;
वज्र का सा भाव लेकर,
यह कुसुम उनको समर्पित!

डॉ. हेडगेवार कुलोत्पन्न सोहन सिंहजी

—मोहनराव भागवत

माननीय सोहन सिंहजी···अनुकरणीय विशिष्ट व्यक्तित्व···! इस जगत् में कोई सदैव रहने के लिए नहीं आता···भगवान् भी अवतार लेते हैं तो वे भी जाते हैं। परंतु कुछ लोग आते हैं और जीने का उदाहरण प्रस्तुत करके समाज के लिए प्रकाश बनते हैं। उनके चले जाने पर ऐसी स्थिति होती है जैसे कोई रोशनी एकदम लुप्त हो जाए और आँखों के सामने अँधेरा छा जाता है। लुप्त होनेवाली रोशनी जितनी तेज होगी, उतना आँखों के सामने अँधेरा अधिक होता है। यह भी हमारा अनुभव है कि 10–15 सेकंड या आधा मिनट तक वह अँधेरा रहे, तब तक ठीक है, उसके बाद भी अँधेरे में रहें तो फिर अपनी ही दृष्टि की जाँच करवानी पड़ती है। माननीय सोहन सिंहजी का जीवन ऐसा ही था। अनेक लोगों से, विशेषकर उत्तर क्षेत्र और राजस्थान के लोगों से, उनके अपने परिवार के सदस्य जैसे संबंध थे···वैसा ही उनका स्थान था।

संघ के कार्य में जिनको मानक माना जाए, वे इस प्रकार के कार्यकर्ता थे। सरकार्यवाह बनने के बाद से मैं स्वयं जिन पाँच-सात कार्यकर्ताओं से जाँच-पड़ताल करवाता रहा हूँ कि मेरा कार्य-व्यवहार, बोलना, सोचना ठीक है कि नहीं है, उनमें से वे एक थे। हम सब कार्यकर्ताओं के मन में उनके जीवन को देखकर विश्वास का संचार होता था। स्वाभाविक है, ऐसे व्यक्ति सृष्टि के नियम के अनुसार चले जाते हैं तो एक असमंजसता की स्थिति उत्पन्न हो जाती है। एक रिक्तता का-सा एहसास होता है···यह स्वाभाविक है। लेकिन ऐसे व्यक्तियों के प्रति सच्ची श्रद्धांजलि व्यक्त कैसे की जाए, इसका उचित तरीका तो यही है कि हम उनका स्मरण इसलिए जीवंत नहीं रखें कि आँसू बहाते रहें। उनका स्मरण इसलिए जीवंत रखें कि हमें जीवन में और आगे चलना है। उनके साथी बनकर उनकी छत्रच्छाया में हम उनके संरक्षण में यहाँ तक तो आ गए हैं···आगे किस राह पर चलना है, यह उन्होंने हमें दिखा दिया। आगे हमको चलना है और कैसे चलना है, उसका उदाहरण प्रस्तुत किया है। हमको इसे ध्यान में रखना चाहिए और तदनुसार

चलना चाहिए। उनके बारे में जो भी बातें कही जाती हैं, वे सामान्यत: एक ही प्रकार की हैं।

पूजनीय गुरुजी के जाने के बाद माननीय बालासाहब ने उनकी श्रद्धांजलि सभा में मासिक श्राद्ध के समय कहा था कि बड़े लगनेवाले लोग दूर से बड़े लगते हैं···ऐसा कभी-कभी होता है और साथ ही मराठी की एक कहावत बताई कि पहाड़ दूर से अच्छे लगते हैं। उन्होंने कहा, 'पूजनीय गुरुजी का यह वैशिष्ट्य था कि वे दूर से और निकट से समान ही लगते थे।' यह सत्पुरुषों की, साधु पुरुषों की विशेषता है। सोहन सिंहजी के बारे में भी ऐसा ही है।

समय कैसा भी हो, अंतर कितना भी हो, दर्शन नहीं बदलता। एक विशेषता है, जिसका अनुकरण हमको करना होगा। हम सब लोगों को अपने जीवन में प्रसिद्धि और लोकप्रियता दोनों प्राप्त होती हैं तो सुखदायी तो बहुत लगती हैं, लेकिन उनसे दूर होना दु:खदायी लगने लगता है। यदि उसकी चिंता नहीं की गई तो हमारे में पात्र नहीं होने पर भी पात्र हैं, यह दिखाने के नाटक की प्रवृत्ति बढ़ सकती है। सोहन सिंहजी के व्यवहार में कभी कोई नाटक नहीं था। उन्होंने बड़ा होने के लिए कुछ नहीं किया और वे व्यक्ति-निर्माण की कार्य-पद्धति के कुशल ज्ञाता थे; लेकिन कोई व्यक्ति मुझे गढ़ रहा है, इसलिए उन्होंने ऐसा नहीं किया। अपने विवेक से जो उन्होंने निश्चित किया था कि यह ठीक है और ऐसा होना चाहिए, सहज-स्वाभाविक रूप से वे वैसे रहे। जैसे वे रहे, वैसे हमको दिखे। उनके स्नेह के कारण अपनी जितनी क्षमता थी, उतने परिमाण में हमने उनसे कुछ ग्रहण किया। सिखाने का भाव उनमें नहीं था, पालने का भाव जरूर था। अभिभावक का भाव जरूर था, चिंता जरूर करते थे; लेकिन उनके इतने गुणवान् जीवन में हमको जो ध्यान में आता है कि उनको कभी यह ध्यान में नहीं आया होगा कि मुझमें ये दस गुण ज्यादा हैं। उनके मन में यह अहंकार कभी नहीं आया कि मैं सबको सुधारनेवाला हूँ···मैं दूसरों को सिखानेवाला हूँ। हमारे जैसे सीमित अनुभव में, आयु में बहुत छोटे, हमको यह दायित्व दिया गया तो हम उनके अधिकारी बन गए; परंतु कभी ऐसा हमको लगा नहीं कि सोहन सिंहजी यह मानते होंगे कि अरे, चलो, बच्चा है। हो गया बड़ा, ठीक है; लेकिन मैं तो इससे सीनियर हूँ। ऐसा कभी नहीं हुआ। काल-प्रवाह के प्रसंगों को देखना और यह समझना कि उदय और अस्त एकरूपता होने में ही सदत्व है, महत्त्वपूर्ण बात है। यह उन्होंने समझा।

दूसरी बात यह कि कार्य के प्रति उनका पूर्ण समर्पण था। कार्य के प्रति पूर्ण समर्पण करने की इच्छा मन में रखते हुए हम चलते हैं; लेकिन अवस्था बदल जाती है, दशा बदल जाती है। दशा बदलती है, तब दिशा को ठीक रखना···पूर्ण समर्पण···अपने लिए कुछ नहीं, कठिन हो जाता है। राजस्थान में उन्होंने इतना काम किया, बाद में

उनका मुख्यालय संघ की योजना के अनुसार दिल्ली बना। हमारे सुरेशजी ने उल्लेख किया कि राजस्थान में कार्यक्रम था, उसमें सोहन सिंहजी को बुलाया। पुराने कार्यकर्ताओं को बुलाते हैं···ऐसे कार्यक्रमों में वे जाते हैं। लेकिन सोहन सिंहजी गए नहीं। उन्होंने कहा कि मेरा काम क्या है वहाँ? कुछ नहीं देखना है तो देखने की क्या जरूरत है? मुझे यहाँ रखा है, मैं यहाँ हूँ। उनकी बहुत इच्छा है तो इतने संघ के अधिकारी हैं, उनसे बात करिए। वे बताएँगे, तब आऊँगा। अपने हाथ से गढ़ा हुआ, खड़ा किया हुआ काम, प्रेम से लोग बुला रहे हैं और जाने में कोई बहुत बड़ी मर्यादा भंग है, ऐसा भी नहीं है; परंतु एक नियम तय किया उन्होंने, जो संघ में समझा गया है, उसमें तय किया गया है, उसका उन्होंने पालन किया···कठोरतापूर्वक। वह इसलिए कि उनके मन में बाकी बातें थीं ही नहीं। संघ-कार्य ही उनका विषय था। उसी के लिए सबकुछ करना और सब श्रेय उसी को मिलना। हम तो कुछ भी नहीं हैं। यह संपूर्ण समर्पण सोहन सिंहजी से सीखने का विषय है।

पहले संघ के कार्यकर्ताओं को केवल शाखा ही चलानी पड़ती थी। आज संघ के कार्यकर्ताओं को कितनी बातों का ध्यान रखना पड़ता है। इतनी बातों पर ध्यान रखने के बाद दो-चार बातों से ध्यान हट गया या मूल काम से हट गए तो मनुष्य स्वभाव को देखते हुए यह बहुत बड़ा दोष है, पाप है, अपराध है, ऐसा माना नहीं जाएगा। लेकिन उन्होंने यह होने नहीं दिया, सब सँभाला। राजस्थान में हिंदुत्व का गौरव जाग्रत् हो, राजस्थान का जो सत्य इतिहास है, वह राजस्थान की युवा पीढ़ी के सामने भी आता रहे, इसलिए कहाँ क्या होना चाहिए, यह चिंतन भी उनके मन में सदा रहा। सारी बातें उनके मन में रहीं···और व्यक्ति-निर्माण का जो मूल काम है, उसमें बिल्कुल कोताही नहीं की। समर्थ रामदास स्वामी ऐसे ही कुशल संगठक थे। उन्होंने इसके बारे में वर्णन किया है कि कैसा होना चाहिए। वे कहते हैं कि मुख्य बात है हरि कथा निरूपण। संत थे तो हरि कथा उनका काम है, लेकिन दूसरी बात ध्यान में रखना राजकारण। राजकारण राजनीति नहीं है, लोक व्यापार, जो चलता है, वह भी ऐसे चले, उसको ऐसी दिशा मिले कि सब लोग सज्जनता की ओर बढ़ें, उस पर भी ध्यान रखना पड़ता है। तीसरा है सबके प्रति सजगता, सावधानी। आज यदि सोहन सिंहजी के जीवन को जितना देखा है, उतना ही याद कीजिए, ये तीनों बातें ध्यान में आएँगी। आस-पास चलनेवाले समाज के व्यवहार को योग्य दिशा देना···प्रत्येक व्यक्ति को सजग दृष्टि से देखते रहना और वह अधिक अच्छा हो, ऐसे प्रयत्न करते रहना। उन्होंने प्रयत्न किया कि व्यक्तियों का कार्य उपद्रव न हो, सर्वथा उनके गुणों का उपयोग हो। इस तरह की योजना बनाना और यह करते समय जो मुख्य काम है, उससे बिल्कुल ध्यान नहीं हटने देना। कितनी ही ऐसी बातें हैं। उनको अगर हमको आगे चलाना है, बढ़ाना है तो अत्यंत उपयुक्त उदाहरण के

रूप में सोहन सिंहजी हमारे यहाँ रहे। संघ के प्रचारक को कैसा जीवन जीना चाहिए, संघ के कार्यकर्ता को कैसे काम करना चाहिए, संघ के कार्यकर्ता का स्नेह कैसा होना चाहिए, संघ के कार्यकर्ता की कठोरता भी कैसे होनी चाहिए—सबके वे उदाहरण थे। संघ का कार्य ऐसे ही उदाहरणों से चला। डॉक्टर साहब स्वयं उदाहरण बने। उन्होंने कार्यकर्ताओं को तैयार किया, जो डॉक्टर साहब के बाद उदाहरण बनकर रहे। अब तीसरी पीढ़ी की बारी है। चौथी और पाँचवीं पीढ़ी के लिए उनको उदाहरण बनकर चलना पड़ेगा तो स्मरण करते समय हम सोहन सिंहजी का स्मरण कर सकते हैं।

जैसे माननीय बालासाहब ने एक बार यशवंत रावजी केलकर के बारे में कहा था कि इनका परिचय क्या है, यह डॉ. हेडगेवार कुलोत्पन्न हैं; वैसे सोहन सिंहजी के जीवन का सारांश, उनका परिचय एक वाक्य में करवा देना है तो यही है—'डॉ. हेडगेवार कुलोत्पन्न थे।' हमारे भी मन में अच्छे डॉ. हेडगेवार कुलोत्पन्न बनने की आकांक्षा है। वह प्रामाणिकता से होगी।...तो फिर हमको सोहन सिंहजी के जीवन को अपने आचरण से जीवित रखना है। एक गीत में कहा गया है कि हमारा विश्वास है कि सूक्ष्म चेतना बनकर तुम कार्य में रहोगे, लेकिन किसी को भी रहना है तो घर चाहिए और चेतना को रहना है तो माध्यम चाहिए। वह माध्यम क्या है? वह माध्यम है हम सब लोगों का व्यवहार, अनुकरण। नहीं तो परंपरा से हजार-दो हजार वर्षों से हिंदू समाज की आदत हमारे हिंदू होने के कारण से हम में भी थोड़ी-बहुत हो सकती है। महापुरुषों की पूजा, जयंती, पुण्यतिथि—ये सब करना; लेकिन महापुरुष जो करते हैं, उसका अनुकरण नहीं करना, यह श्रद्धा की अंजलि नहीं होती। जब भगवान् से भय करके उनसे प्रेम करते हैं, तब ऐसा होता है। भगवान् से प्रेम करते हैं, इसलिए उनका लिहाज रखते हैं...तब ऐसा नहीं होता। सोहन सिंहजी के बारे में हमारे मन में श्रद्धा थी, प्रेम था। उनके जीते-जी उनकी आँखों को देखकर अनेक बातें हम ठीक कर लेते थे। उनके आचरण के कारण यह धाक थी उनकी। अब वे स्वयं नहीं हैं, लेकिन वह धाक हमारे मन में रहनी चाहिए और अपने जीवन से उनके जीवन को हमें आगे बढ़ाना चाहिए। अब उनका पार्थिव शरीर नहीं है। वह प्रकृति के नियम के अनुसार गया। परंतु परंपराएँ मरती नहीं हैं। अनेक शरीर इसका वहन करते हैं। वह परंपरा जीवित रहती है। यह जो संत परंपरा, साधु परंपरा, सज्जन परंपरा है, इसके वाहक के रूप में एक शरीर हमारे सामने आया सोहन सिंहजी का। वह शरीर गया; लेकिन हमने जिस रूप में उस परंपरा को देखा है, उसका नाम तो वही रहेगा—सोहन सिंहजी। उसको आगे चलाना है, इसलिए यह स्मृति अपने आचरण से आगे चलाना अपना कर्तव्य बनता है और सोहन सिंहजी को अगर वहाँ पता चला कि मेरे बाद इन लोगों ने रोना-धोना कम किया, करना होता ही है, आँखों के आगे कुछ देर तो अँधेरा ही रहेगा, स्वाभाविक बात है—इतना, जितना स्वाभाविक

होता है, उतना करने के बाद रोना-धोना छोड़कर जैसे मैं चल रहा था, वैसे उसी राह पर, उसी दिशा में, उसी तरीके का अवलंबन करके यशस्वी रूप से हजारों लोग चल रहे हैं तो उनको ज्यादा आनंद होगा। सोहन सिंहजी को सच्ची श्रद्धांजलि के लिए यही उचित मार्ग है।

त्वदीयाय कार्याय

राष्ट्रीय स्वयंसेवक संघ के संस्थापक परम पूजनीय डॉ. केशव बलिराम हेडगेवार के महापराक्रम-युक्त राष्ट्र गौरव की स्थापना के संकल्प, वज्रमय जीवन और प्रसिद्धि पराङ्मुख रहकर अनुशासित स्वयंसेवकों के विशाल संगठन द्वारा हिंदू समाज को एकजुट करने के विधिवत् प्रयत्न···ऋषि-तुल्य द्वितीय सरसंघचालक श्रीगुरुजी (पूज्य माधव सदाशिव गोलवलकर) की आध्यात्मिक-सांस्कृतिक और राष्ट्रीय अधिष्ठान की साधना, अपना समस्त तप स्वयंसेवकों में प्रवाहित करने, अहर्निश कर्मयोगी समान जीवन व्रत, भारत माता को जीवित-जाग्रत् महसूस करते हुए परम वैभव पर पहुँचाने के महान् स्वप्न को साकार करने के सफल कार्यान्वियन की शृंखला की एक प्रमुख कड़ी थे सोहन सिंहजी!

राष्ट्रीय स्वयंसेवक संघ ने जिस कंटकाकीर्ण मार्ग पर चलने के लिए वीरव्रत का अनुसरण किया, उसमें चुनौतियाँ अवश्यंभावी थीं, स्वयं की आमंत्रित की हुई थीं। इसलिए विभिन्न दौर में कठिन संक्रमण काल से गुजरना पड़ा। प.पू. डॉक्टरजी ने उन्हीं चुनौतियों को ध्यान में रखते हुए लौह पुरुषों की शृंखला तैयार की। वे खुद जीजाबाई बन गए और छत्रपति शिवाजी जैसे कुशल संगठक व तेजस्वी नायक गढ़ने में जुटे। उनके नहीं रहने पर श्रीगुरुजी ने त्याग और समर्पण की अलख जगाने के लिए जीवन समर्पित कर दिया। प.पू. डॉक्टरजी और श्रीगुरुजी के काल की संधि-वेला में दोनों का तापस और अजस्त्र स्रोत लेकर जिन कर्मयोगी-वीरव्रती प्रचारकों ने संघ-कार्य को विविध क्षेत्रों में नेतृत्व प्रदान करके राष्ट्र-सेवा में अपना अमर योगदान दिया, उनमें सोहन सिंहजी का नाम प्रमुखता से लिया जाता रहेगा।

ऐतिहासिक दृष्टि से देखें तो राजस्थान के अलवर जिले के मछेरी गाँव में हेमू भार्गव का जन्म हुआ। उनके पिताजी पूरणदास आगे जाकर सटे हुए अहिरवाल क्षेत्र के रेवाड़ी में जाकर व्यवसाय करने लगे। हेमू भार्गव ही 'हेमचंद्र' के नाम से विख्यात

योद्धा, सेनानायक बने और 22 युद्धों में विजय प्राप्त की। उन्होंने आगरा और दिल्ली में मुगल शासक को परास्त करके 7 अक्तूबर, 1556 को दिल्ली के पुराना किला में 'विक्रमादित्य' की उपाधि ग्रहण की और हिंदू सम्राट् के रूप में विभूषित किए गए। 5 नवंबर, 1556 को पानीपत में हेमचंद्र विक्रमादित्य और मुगलों के बीच युद्ध हुआ। उस युद्ध में हेमचंद्र तीर लगने से घायल हुए। हेमचंद्र के गिरते ही हिंदू सेना नेतृत्व-विहीनता की स्थिति में मार डाली गई या पलायन कर गई। मृतप्राय हेमचंद्र का शरीर अकबर के सामने ले जाया गया। अकबर के सामने ही बैरम खाँ ने हेमचंद्र के शरीर के टुकड़े करके सिर काबुल और धड़ दिल्ली के दरवाजे पर लटकवा दिया। अंतिम हिंदू सम्राट् हेमचंद्र विक्रमादित्य के सैनिकों और शुभचिंतकों के कटे हुए सिरों से बुर्ज बनवाने का उल्लेख मिलता है। हेमचंद्र के पिता पूरणदास के शरीर के भी टुकड़े कर डाले गए। इसके बाद मुगलों का अंतहीन बर्बर अत्याचार चला। अलवर, रेवाड़ी, नारनौल इत्यादि क्षेत्रों में हेमचंद्र के सहयोगियों और प्रशंसकों को चुन-चुनकर मारा गया, दंडित किया गया और बंदी बनाया जाने लगा।

उसी हिंसक दौर में चार-साढ़े चार सौ साल पहले रेवाड़ी से सटे पीथरावास गाँव के श्री हरचैन सिंह कुछ परिवारों को साथ लेकर बुलंदशहर क्षेत्र के ओलेढा में स्थित ससुराल के पास के इलाके में रहने लगे। वह इलाका श्री हरचैन सिंह के नाम पर जाना जाने लगा और 'हरचना गाँव' के रूप में विख्यात हुआ।

माननीय सोहन सिंहजी उन्हीं श्री हरचैन सिंह के वंशज थे। इस तरह सोहन सिंहजी का वंश हरियाणा के रेवाड़ी जिले और परिवार उत्तर प्रदेश के बुलंदशहर जिले से जुड़ा हुआ है। दोनों क्षेत्रों और सोहन सिंहजी के पूर्वजों की भारतीय स्वतंत्रता संग्राम में विशिष्ट भूमिका रही। वह समूचा क्षेत्र अहिरवाल का ही हिस्सा रहा और श्री हरचैन सिंह के कारण हरचना और आस-पास यादवों का बाहुल्य रहा।

सन् 1857 के प्रथम स्वतंत्रता संग्राम में रेवाड़ी के राव तुलाराम ने अतुलनीय शौर्य का परिचय दिया। उल्लेखनीय है कि एक ही दिन के युद्ध में राव तुलाराम की सेना के पाँच हजार सैनिक शहीद हुए। वहीं हरचना गाँव में सोहन सिंहजी के पैतृक मकान के पास प्राचीन विशाल नीम का पेड़ आज भी 1857 के संग्राम का साक्षी बना हुआ है। ब्रिटिश सेना के मुकाबले के लिए उस पेड़ के पास तोप लगाई हुई थी और गाँव में चौबीसों घंटे पहरा चलता था। उस समय गाँव में कुल 36 गबरू जवान हुआ करते थे।...वे यादें अब भी हरचना गाँववालों की जुबान पर हैं और उनका स्मरण करते समय उनका सीना गर्व से चौड़ा हो जाता है। वे सभी सोहन सिंहजी के परिवार से ही जुड़े हुए थे। वहाँ रहनेवाले सभी यादव परिवार श्री हरचैन सिंह के वंश से ही जुड़े हुए हैं। समाज के अन्य वर्गों के लोग भी आवश्यकतानुसार श्री हरचैन सिंह के ही बसाए हुए हैं। 1857

के संग्राम में बुलंदशहर और इस क्षेत्र की महत्त्वपूर्ण भूमिका रही। मेरठ और दिल्ली में ब्रिटिश शासन के खिलाफ विद्रोह की ज्वाला से बीच में पड़नेवाला बुलंदशहर भी अछूता नहीं रहा। देशभक्त सिपाहियों ने बुलंदशहर जेल के फाटक खोल दिए। लोगों ने सरकारी कार्यालयों पर अधिकार कर लिया। 18-20 जून को बुलंदशहर-मालागढ़ के युद्धों में ब्रिटिश सेना को पराजय का मुँह देखना पड़ा। सितंबर 1857 में ब्रिटिश सेना इस क्षेत्र पर वापस अपना अधिकार जमा सकी। सैकड़ों देशभक्त शहीद हुए। कितने ही नागरिकों को सरेआम पेड़ों से लटकाकर फाँसी दी गई। ऐसे ही देशभक्त खड़ोलिया परिवार के चौधरी श्री रामसिंह यादव और श्रीमती रामदेई के यशस्वी कनिष्ठतम पुत्र थे सोहनलाल यानी सोहन सिंहजी।

परम पूजनीय डॉक्टरजी से तो उनका संपर्क हो नहीं सका। उन्होंने श्रीगुरुजी को देखा-सुना और साथ में काम किया। दरअसल, प.पू. डॉक्टरजी वर्ष 1940 के प्रारंभ में काफी अस्वस्थ रहने लगे। उन्होंने 23-24 मार्च, 1940 को मध्य प्रांत के चंद्रपुर शिविर में स्वयंसेवकों के नाम लिखित संदेश भेजा। पत्र में उन्होंने तीन वर्षों में विशिष्ट सीमा तक शाखाओं और स्वयंसेवकों को बढ़ाने का लक्ष्य रखा। संघ-कार्य की दृष्टि से वह संक्रमण काल था। कुछ समय बाद ही प.पू. डॉक्टरजी का देहावसान हो गया और संघ के द्वितीय सरसंघचालक के रूप में श्रीगुरुजी ने प.पू. डॉक्टरजी द्वारा रखे हुए विषय को दृढप्रतिज्ञ होकर आगे बढ़ाया। उन्होंने सन् 1941 से देश में व्यापक प्रवास शुरू कर कार्यकर्ताओं को जाग्रत् करना शुरू कर दिया। वे विभिन्न उदाहरण प्रस्तुत कर स्वयंसेवकों का आह्वान करते—प्रचारक चाहिए, प्रचारक चाहिए। वे कहते, 'हमारे सामने कार्य विशाल है और समय कम। सवाल है मन की एक-सी क्रांति का। एक वर्ष के लिए अपने व्यक्तिगत जीवन के सारे दरवाजे बंद कर दें। एक वर्ष के लिए संन्यासी हो जाएँ।' श्रीगुरुजी मुंबई के संघचालक रहे श्री दादा नाइक का उदाहरण देते। वे बताते कि पाबंदी होने के बावजूद किस तरह मुंबई का शिविर सफल रहा। संभवतः उसी परिश्रम के कारण श्री दादा नाइक का देहांत हुआ। श्रीगुरुजी कहते, 'आदमी जब अपने को भूलकर, पेट का खयाल छोड़कर और दिल लगाकर काम करता है, तब काम होता है। हम सब निश्चय करें कि इतनी लगन से संसार की व्यक्तिगत स्वार्थ की सभी बातें भूलकर कार्य करेंगे।' श्रीगुरुजी बौद्धिकों में श्लोक के माध्यम से समझाते—'सामुद्रो हि तरंग: क्वचन समुद्रो न तारंग:'···यानी संघ के लिए हम हैं, अपने लिए संघ नहीं है। प.पू. डॉक्टरजी द्वारा रखे गए लक्ष्य और श्रीगुरुजी द्वारा राष्ट्र-निर्माण के प्रखर आह्वान से स्वयंसेवकों में उद्वेलन पैदा हो गया। राष्ट्र के लिए संघ-कार्य को आगे बढ़ाने की इच्छा से प्रवृत्त होकर कितने ही स्वयंसेवक प्रचारक के रूप में निकल पड़े। सन् 1942-43 में लाहौर से 58, अमृतसर से 42 और दिल्ली से 80 प्रचारक निकले। इन्हीं में दिल्ली के

शुरुआती 5 प्रचारकों में से एक थे वायुसेना के अधिकारी के रूप में नियुक्ति प्राप्त सोहन सिंहजी। इस तरह प.पू. डॉक्टरजी के कर्मठ-वीरव्रती भाव और श्रीगुरुजी के तपश्चर्यापूर्ण जीवन का संयुक्त उपक्रम हो गए सोहन सिंहजी। वे 'लाल' से 'सिंह' हो गए। इस तरह उनका सामान्य सद्गृहस्थ परिवार के तेजस्वी-सुशिक्षित युवक 'सोहन लाल' से 'सोहन सिंह' बनना प.पू. डॉक्टरजी की कल्पनावाले स्वयंसेवकों-कार्यकर्ताओं में एक विशिष्ट अभिवृद्धि थी, जिनके कंधों पर शक्तिशाली-सामर्थ्यशाली-संगठित हिंदू समाज की रचना और गौरवशाली राष्ट्र के निर्माण का भार था।

सोहन सिंहजी महाव्रती और कर्मयोगी होने के साथ-साथ अनुशासित व संस्कार-युक्त कार्यशैली के प्रबल प्रस्तोता हो गए। अपने शरीर का रोम-रोम संघ-कार्य के विस्तार के लिए समर्पित कर दिया। इतना तपे कि कई बार कई दिनों तक भोजन नहीं किया, कई रातों तक सोए नहीं, कभी अनिद्रा के कारण आत्मविस्मृति के शिकार हुए तो कभी शरीर के अंगों ने काम करना बंद कर दिया, कभी सूखे की बीमारी से पीड़ित हो गए; लेकिन इन सब स्वयं स्वीकृत कठोर परिस्थितियों के बीच कार्यकर्ताओं-स्वयंसेवकों ने उन्हें देव-दुर्लभ आदर्श प्रचारक के रूप में 'वज्रादपि कठोराणि मृदूनि कुसुमादपि' सा महसूस किया। उनके अति निकट संपर्क में रहे स्वयंसेवकों को अनुभव हुआ कि वे सोहन सिंहजी में प.पू. डॉक्टरजी के कर्मठ स्वरूप की प्रतिच्छाया देख रहे हैं। सोहन सिंहजी सदैव श्रीगुरुजी के एक-एक शब्द को अंगीकार कर अपने अधिकारियों के आदेश की पूर्ति में लगे रहे।

श्रीगुरुजी के पश्चात् माननीय बालासाहब देवरस (मा. मधुकर दत्तात्रेय देवरस) ने परम पूजनीय सरसंघचालक के रूप में विविध क्षेत्रों में संघ दृष्टि को विस्तारित किया। स्वयंसेवकों ने देश भर में विभिन्न संस्थाओं, कार्यक्रमों और जन-जागरण के माध्यम से विश्व के सबसे प्रभावी और व्यापक संगठन का स्वरूप दिया तो सोहन सिंहजी ने संबंधित क्षेत्रों में अग्रगण्य भूमिका का निर्वाह किया। कर्तव्यपरायणता और विकट परिश्रम में खुद के शरीर को झोंकते रहने के कारण ही श्रीगुरुजी ने पीरागढ़ी शिविर के बाद कार्यकर्ताओं से सोहन सिंहजी के स्वास्थ्य का ध्यान रखने को कहा था। पीरागढ़ी शिविर ऐतिहासिक था। तीन दिन के शिविर में 7,500 की संख्या थी। 41 फीट की ऊँचाई पर ध्वज लगाया गया था। सोहन सिंहजी ने शिविर की सफलता के लिए अपने शरीर को पूरी तरह झोंक दिया। वे शिविर के व्यवस्था-प्रमुख थे। रक्षा विभाग की व्यवस्था में श्री अटल बिहारी वाजपेयी भी थे। शिविर इतना सफल रहा कि श्रीगुरुजी ने समापन उद्बोधन में प्रशंसा करते हुए कहा, न भूतो न भविष्यति।

एक बार राजस्थान में भीषण तूफान के बावजूद संघ शिक्षा वर्ग का पंडाल पूरी तरह सुरक्षित रहा तो तत्कालीन प.पू. सरसंघचालक माननीय रज्जू भैया (प्रो. राजेंद्र

सिंहजी) ने बौद्धिक वर्ग में कहा, 'सोहन सिंहजी की व्यवस्था है, इसलिए कैसा भी तूफान प्रभावित नहीं कर सका।' बाबरी ढाँचे के नहीं रहने पर संघ पर लगाए गए प्रतिबंध के दौरान भूमिगत मा. कुप्.सी. सुदर्शनजी ने राजस्थान के संघ-कार्य और उसके कार्यकर्ताओं के संदर्भ में सोहन सिंहजी की विशिष्ट भूमिका का उल्लेख किया। वर्तमान सरसंघचालक माननीय मोहनराव भागवतजी ने दिल्ली में आयोजित श्रद्धांजलि सभा में सोहन सिंहजी को डॉ. हेडगेवार कुलोत्पन्न बताकर सोहन सिंहजी की साधना को स्वर दिए, जिसके कारण सोहन सिंहजी ने स्वयं को संघ में आत्मसात् कर लिया था, संघमय हो गए थे।

सोहन सिंहजी का संपूर्ण जीवन प.पू. डॉक्टरजी की दृष्टि और श्रीगुरुजी के क्रियान्वयन पर अवलंबित था। 21 जनवरी, 1973 को कुरुक्षेत्र (हरियाणा) में श्रीमद्भगवद्गीता विद्यालय का शिलान्यास और हिंदू शिक्षा समिति की रजत जयंती की बेला पर श्रीगुरुजी ने प्रचलित शिक्षा-प्रणाली में धर्म, नीति, राष्ट्रभक्ति, मातृभक्ति के अनन्य श्रद्धा के संस्कार देने की प्रभावी व्यवस्था का विषय उठाया। उन्होंने स्पष्ट रूप से शिक्षा के उद्देश्य को परिभाषित करते हुए मनुष्य के उत्तरोत्तर उन्नति करते हुए जीवन के सर्वश्रेष्ठ लक्ष्य को प्राप्त करना बताया और उस कथन को वहाँ की पवित्र भूमि से जोड़ा। श्रीगुरुजी ने कहा, ''यह कुरुक्षेत्र की भूमि है। कौरव-पांडवों का युद्ध इसी भूमि पर हुआ बताया जाता है। युद्ध प्रारंभ होने के दिन श्रीकृष्ण ने श्रीमद्भगवद्गीता द्वारा धर्मवृत्ति का उपदेश देते हुए अर्जुन को प्रेरित किया था।'' साथ ही, इस बात पर जोर दिया कि किसी भी भू-भाग में रहनेवाले एक वैशिष्ट्यपूर्ण मानव समुदाय, जो राष्ट्र के रूप में संगठित रहता है, के लिए अपना वैशिष्ट्य सुरक्षित रखना जरूरी है। इस संदर्भ में उन्होंने हल्दीघाटी का विशेष उल्लेख किया। उन्होंने कहा कि किसी विद्यार्थी से यदि कहा जाए कि अपने यहाँ हल्दीघाटी का एक बड़ा युद्ध हुआ है, उस बारे में कुछ जानते हो? पता चलेगा कि उसे हल्दीघाटी का श्रेष्ठ प्रसंग ही मालूम नहीं है। श्रीगुरुजी ने प्रश्न रखा कि ग्रीक इतिहास के थर्मोपायली नामक युद्ध का पता होना और हल्दीघाटी के बारे में मालूम नहीं होने का अर्थ है कि अपने स्वत्व-स्वाभिमान का जिन पर कोई संस्कार नहीं है, वे राष्ट्र के आधार-स्तंभ कैसे बनेंगे? वहाँ उपस्थित सोहन सिंहजी के लिए श्रीगुरुजी का हल्दीघाटी उल्लेख एक मंत्र बन गया। उन्हें जब राजस्थान आने का अवसर मिला तो उन्होंने हल्दीघाटी सहित महाराणा प्रताप से जुड़े सभी स्थलों का पुनरुद्धार करवाया और महाराणा प्रताप की स्मृति को प्रभावी बनाने के लिए विवेकानंद शिला स्मारक की तर्ज पर प्रताप गौरव केंद्र बनाने की कल्पना रखी, साथ ही अन्य प्रेरणास्पद स्थलों का विकास करवाया।

श्रीगुरुजी चरित्रहीनता के संकट और महिलाओं के अश्लील चित्रण को लेकर

लगातार चिंता व्यक्त करते थे। वे कहते थे कि सेफ्टी रेजर ब्लेड के विज्ञापन में महिला के चित्र का क्या काम? सोहन सिंहजी जीवन भर इस विषय को लेकर चिंतित रहे और महिलाओं के अश्लील चित्रण पर क्षोभ की हद तक जाकर विरोध प्रकट करते। वे समाचार-पत्रों की शिष्टताओं का पैमाना महिलाओं के भद्र चित्रण से जोड़कर चलते थे।

श्रीगुरुजी ने एक बार विषय रखा कि कार्यकर्ता का दायित्व है स्वयंसेवकों की आवश्यकता पड़ने पर उनकी सहायता करना, पढ़ाई में उनकी मदद करना। उन्होंने उदाहरण रखा कि पढ़ाई में ध्यान नहीं देनेवाले एक स्वयंसेवक को वे सुबह 5.30 बजे जाकर पढ़ाते थे, क्योंकि संघ के कार्यकर्ता का अनुत्तीर्ण होना उचित नहीं है। सोहन सिंहजी ने गुरुजी के इस कथन को मंत्र मान लिया। उन्होंने सक्रियता के पूरे काल के दौरान स्वयंसेवकों की शिक्षा, उसके प्रबंध, आर्थिक व्यवस्था, श्रेष्ठ परिणाम और भविष्य की चिंता को अपने संघ-कार्य का एक विषय मान लिया। इसके कई उदाहरण मिलते हैं। श्रीगुरुजी के बौद्धिकों और बैठक-चर्चा का एक बड़ा विषय कार्यकर्ताओं-स्वयंसेवकों की सँभाल रहता था। वे यहाँ तक कहते थे कि शाखा का प्रत्येक स्वयंसेवक एकांत में या सहयोगी की अनुपस्थिति में क्या सोचता है, क्या बोलता है, क्या व्यवहार करता है, यह जानने और उसके अनुरूप सार-सँभाल का प्रयत्न करना चाहिए। कार्यकर्ता के व्यक्तित्व का आकलन करके उसे संबंधित मार्गदर्शन करना चाहिए। इसके लिए संबंधित कार्यकर्ता से घनिष्ठ संबंध स्थापित करके उसकी भावनाओं को बिना दुखाए उसे सुधारना चाहिए। सोहन सिंहजी का यही दृष्टि-बोध था। वे कार्यकर्ता की सार-सँभाल उसके कार्यकर्ता बने रहने के लिए अवश्यंभावी मानते थे। विभिन्न क्षेत्रों के लिए भी सोहन सिंहजी की यही दृष्टि थी। राजस्थान के राजनीतिक क्षेत्र का विषय सोहन सिंहजी के समय रखा गया और रखनेवाले राजस्थान के प्रमुख नेता थे तो सोहन सिंह ने उन्हें यही कहा, ''जब हम किसी को कोई विशेष दायित्व देते हैं तो उसकी सार-सँभाल करने की भी जिम्मेदारी हमारी ही होती है। उससे पहले यह भी देखना होता है कि वह व्यक्ति या कार्यकर्ता उसके लिए सुपात्र है कि नहीं। यदि हम इन विषयों का ध्यान नहीं रखेंगे तो अपेक्षा के अनुरूप परिणाम नहीं निकलेंगे।''

श्रीगुरुजी भी सोहन सिंहजी को सुझाव देते रहते। 19 अप्रैल, 1971 को उन्होंने सोहन सिंहजी को लिखा—'कार्य करते समय अंत:करण प्रसन्न रखना। सबके साथ शुद्ध स्नेह, इसलिए खुले अंत:करण का व्यवहार करना आवश्यक होता है। अपने मन, बुद्धि में कितना भी आत्मविश्वास हो तो भी अन्य सहयोगियों से निस्संकोच भाव से विचार-विनिमय कर यदि अपने विचार से भिन्न कुछ निष्कर्ष निकले तो उसे प्रसन्नता से स्वीकार करना, उसके कारण मन में असंतोष या कटुता आने न देना पथ्यकारक होता है। इससे कार्य में सब प्रकार अनुकूल वातावरण के साथ आपको विश्वास करने योग्य

सहृदय मित्र भी मिल सकेंगे।'

सोहन सिंहजी को मुख्य रूप से राजस्थान, दिल्ली और हरियाणा में संघ-कार्य के अवसर मिले। तीनों अवसर चुनौतियों से भरे थे। सन् 1943 में तहसील प्रचारक के रूप में सोहन सिंहजी की पहली नियुक्ति करनाल में हुई। करनाल वर्ष 1941-42 में मलेरिया की महामारी से गुजरा था। सोहन सिंहजी ने स्वयंसेवकों में सेवा के महत्त्व को प्रतिपादित किया। करनाल महाभारतकालीन है। माना जाता है कि उसकी स्थापना कुंती-पुत्र कर्ण ने की थी। उन्होंने करनाल की ऐतिहासिकता को संघ-कार्य की वृद्धि का माध्यम बनाया।

देश की ब्रिटिश शासन से मुक्ति की खुशी और विभाजन की भीषण त्रासदी के बीच हो रहे रक्तपात में सोहन सिंहजी ने हरियाणा, खासकर अंबाला में न केवल संघ-कार्य को गति दी, बल्कि सैकड़ों हिंदुओं की प्राण-रक्षा करवाने में सफल रहे। अंबाला शहरी छावनी क्षेत्र में संघ-कार्य मजबूत होने के कारण ही वहाँ शांतिपूर्वक हिंदू-मुसलिम स्थानांतरण संभव हो सका; जबकि ग्रामीण क्षेत्रों में भयंकर मार-काट हुई, कितनी ही जानें गईं। यह विषय उन हालात में और महत्त्वपूर्ण हो जाता है, जबकि अंबाला जिले में मुसलमानों और हिंदुओं के बीच लंबे समय से तनाव चल रहा था। विशेष रूप से ईद के मौके पर वहाँ गो-हत्या की कुत्सित मानसिकता के कारण सामंजस्य की कोई संभावना तक नहीं बन पाती थी। सन् 1943 में रूपार क्षेत्र के एक मुसलिमबहुल गाँव में गो-हत्या का लाइसेंस देने के कारण हालात और बिगड़ गए। वह गाँव चारों ओर से सिखों से घिरा हुआ था। उनमें से कुछ गाँव अंबाला और कुछ गाँव पटियाला रियासत की सीमा में पड़ते थे। गाँव में शांति के लिए हर वर्ष सेना बुलानी पड़ती, फायरिंग भी होती। उन हालात में सन् 1947 के विभाजन के दौरान ट्रेन, सड़क एवं वायु मार्ग से मुसलिमों और हिंदुओं के स्थानांतरण के लिए अंबाला मुख्य केंद्र बना। जबरदस्त मार-काट हुई। पाकिस्तान से हिंदुओं की लाशों से भरी ट्रेनों के आने की सूचनाएँ लोगों के क्रोध के दावानल को और भड़का देतीं। दिवंगत न्यायाधीश जी.डी. खोसला ने लिखा है कि अंबाला के आस-पास काफी हिंसा हुई; परंतु अंबाला शहर एवं छावनी में अपेक्षाकृत लगभग शांति बनी रही। इसकी गहराई में जाने पर पता चलता है कि अंबाला शहर एवं छावनी में संघ का मजबूत काम था। सोहन सिंहजी वहीं थे। उन्होंने हिंदुओं की रक्षा करने के विशेष प्रयत्न करवाए; वहीं मुसलिम हमलावरों की पहचान करवाने और उनके खिलाफ काररवाई करवाने में सेना की भरपूर मदद उपलब्ध करवाई। यह उल्लेख प्राप्त होता है कि सैन्य अफसरों के कहने पर उन्होंने ऐसे कार्यकर्ता उपलब्ध करवाए, जो क्षेत्रों के जानकार थे और हिंसा रोकने में हमलावरों के स्थानों की पहचान करवा सकते थे। तब सोहन सिंहजी और सेना में सीधा संपर्क बना हुआ था। उसके बाद

जनसंघ के अध्यक्ष रहे श्री बलराज मधोक अंबाला कॉलेज में प्राध्यापक के नाते गए तो उन्होंने भी इस बात का विशेष रूप से उल्लेख किया कि वहाँ संघ का काम काफी मजबूत था। यह भी ध्यान रखने का विषय है कि अखिल भारतीय विद्यार्थी परिषद् की स्थापना से पूर्व छात्र संगठन की स्थापना का प्रयोग अंबाला में ही हुआ। तब भी हरियाणा में इसी तरह जातिवाद हावी था। लेकिन सोहन सिंहजी ने हिंदुत्व की बुनियाद को मजबूती से रखा और तत्कालीन रूप से व्याप्त कथित सनातनी-आर्यसमाजी भेद को बाधा नहीं बनने दिया। इस विद्वेष को समाप्त करने की दिशा में महत्त्वपूर्ण भूमिका का निर्वाह किया।

सन् 1948 में संघ पर प्रथम प्रतिबंध लगा तो देश के अन्य भागों की तरह अंबाला में भी काफी ज्यादतियाँ की गईं। कार्यकर्ताओं के घरों की कुर्की की गई और सामान जब्त कर लिया गया। कार्यकर्ताओं को सर्दी में नहर के किनारे लेकर जाते। वहाँ उन्हें धरती पर लिटाते। जो अपने आप नहीं लेटते, उन्हें पुलिसकर्मी जोर-जबरदस्तीपूर्वक हाथ-पैरों से उठाकर नहर के पानी में फेंक देते। नहर के दोनों ओर पुलिसकर्मी खड़े रहते, ताकि वे निकलें नहीं। सौवें वर्ष में प्रवेश करने जा रहे वरिष्ठ प्रचारक धनप्रकाशजी त्यागी बताते हैं कि उस समय पुलिस को सोहन सिंहजी की तलाश थी; सोहन सिंहजी भूमिगत होकर रोपड़ चले गए थे। बाद में पता चला कि उस दौरान छह दिनों तक उन्हें भोजन के लिए कुछ भी नहीं मिला था। इसके बाद वे गिरफ्तार किए गए तो उन्हें कड़ी यातनाएँ दी गईं। भीषण ठंड में उन्हें घंटों-घंटों पानी में खड़ा रखा जाता। उनका शरीर सफेद पड़ गया, परंतु उन्हें डिगाया नहीं जा सका। उसी दौरान का एक अन्य विवरण प्राप्त होता है, जब सात दिनों तक भोजन नहीं करने के कारण वे संघ-स्थान पर मूर्च्छित होकर गिर पड़े थे।

वे दिल्ली के प्रचारक बनाए गए तो दिल्ली में संघ-कार्य तब तक की सर्वाधिक चुनौतियों के बीच से गुजर रहा था। उनके प्रचारक बनने से पूर्व के दस साल दिल्ली के लिए निराशा से भरे थे। महात्मा गांधी की हत्या के बाद संघ पर प्रतिबंध लगाए जाने, भारतीय जनसंघ के संस्थापक डॉ. श्यामाप्रसाद मुखर्जी की कश्मीर में विवादास्पद स्थिति में संदिग्ध मृत्यु, दिल्ली में संघ-कार्य के प्रमुख आधार बन चुके वसंतरावजी ओक के अलग हो जाने, जनसंघ के राष्ट्रीय अध्यक्ष रहे मौलिचंद्रजी शर्मा के कांग्रेस में चले जाने के कारण स्वयंसेवकों में निराशाजनक शिथिलता व्याप्त थी। उसी समय चीन की आक्रामक गतिविधियाँ शुरू हो गईं। भारत को चीन से हार के रूप में इतना गहरा दंश झेलना पड़ा कि आम भारतीय का हौसला टूट गया। देश में निराशा व्याप्त हो गई। सन् 1963 में रूस और चीन में टकराव शुरू हो गया। चीन रूस के प्रभाव से निकलकर अमेरिका के साथ दोस्ती के हाथ बढ़ाने लगा। वहीं अमेरिका ने पाकिस्तान को आधुनिकतम

पैटन टैंकों की नई खेप भी दे दी। इससे पाकिस्तानी शासकों के हौसले बुलंद हो गए और वे दिल्ली पर कब्जे के ख्वाब देखने लगे। सन् 1964 में पाकिस्तान ने कच्छ पर अपना दावा पेश कर दिया और नियंत्रण के लिए सैनिक काररवाई शुरू कर दी। पाक ने जम्मू-श्रीनगर सड़क काटने के लिए छंब-जोरियाँ की ओर से आक्रमण शुरू कर दिया। उन चुनौतियों के बीच सोहन सिंहजी ने दिल्ली में संघ-कार्य को स्थिरता, मजबूती और संघर्षात्मक वृत्ति के ताने-बाने से आबद्ध करने में विशिष्ट भूमिका निभाई। सन् 1963 की गणतंत्र दिवस परेड में स्वयंसेवकों के गरिमामय पथ-संचलन ने प्रभावी वातावरण तैयार किया। गो-रक्षा आंदोलन में संघ ने महती भूमिका का निर्वाह किया।

सन् 1965 में भारत-पाकिस्तान युद्ध के दौरान दिल्ली की संपूर्ण यातायात व्यवस्था के संचालन में स्वयंसेवकों का महती योगदान था। एक तरह से स्वयंसेवकों ने वह जिम्मेदारी अपने ऊपर ले ली, ताकि उस व्यवस्था से जुड़े हुए पुलिसकर्मी अन्य रक्षात्मक कार्यों में लग सकें। सोहन सिंहजी ने ही उस व्यवस्था की योजना बनाई और उसमें कोई कमी नहीं आने दी। सन् 1967 में दिल्ली में एक साथ तीन चुनाव हुए। जनसंघ को लोकसभा में 7 में से 6 सीटें, नगर निगम में 100 में से 52 सीटें, महानगर परिषद् में 56 में से 33 सीटें मिलीं। इससे राष्ट्रवादी कार्यकर्ताओं का मनोबल भी बढ़ा और देश भर में यह माहौल बना कि भारत में लोकतांत्रिक विकल्प मौजूद है। श्रीगुरुजी के राष्ट्रव्यापी निरंतर आह्वान के व्यापक प्रभाव, संघचालक माननीय लाला हंसराज गुप्त के प्रभावी व्यक्तित्व और सोहन सिंहजी की कर्मठता ने स्वयंसेवकों में जोश और आशा से भरे रक्त का संचार कर दिया। नैराश्य और शिथिलता तिरोहित हो गए। दिल्ली में संघ-कार्य साहस और उमंगों का पर्याय हो गया।

सोहन सिंहजी पुनः हरियाणा भेजे गए। तब भी पाकिस्तान की आक्रामक गतिविधियों के कारण युद्ध के बादल मँडरा रहे थे। युद्ध अवश्यंभावी नजर आ रहा था। पाकिस्तान में अवामी लीग के नेता शेख मुजीबुर्रहमान को वर्ष 1971 के चुनाव में बहुमत प्राप्त हो गया था, लेकिन पाकिस्तान पीपुल्स पार्टी के प्रमुख जुल्फिकार अली भुट्टो ने उसे मानने से इनकार कर दिया। गिरफ्तारियों और उत्पीड़न का दौर शुरू हो गया, यहाँ तक कि मुजीबुर्रहमान को गिरफ्तार कर लिया गया। भारत स्वाभाविक रूप से लोकतंत्र के पक्ष में खड़ा था। सन् 1971 के हमले के संदर्भ में भारतीय सेना की ओर से जो प्रमुख सैन्य केंद्र बनाए गए, उनमें हरियाणा के अंबाला, सिरसा और चंडीगढ़ शामिल थे। 3 दिसंबर, 1971 की भोर में पाकिस्तान ने जिन भारतीय क्षेत्रों पर हवाई हमले किए, उनमें अंबाला शामिल था। वर्ष 1947-48 के कश्मीर ऑपरेशन में अंबाला एयरफोर्स बेस की विशिष्ट भूमिका रही थी। भारत-पाकिस्तान युद्ध हुआ। 92,208 पाकिस्तानियों के आत्मसमर्पण के साथ भारत को ऐतिहासिक विजय मिली और बँगलादेश का सुखद निर्माण हुआ।

हालाँकि बँगलादेशी शरणार्थियों की भारी संख्या और उनके लिए आवास-भोजन की व्यवस्था ने भारत की अर्थव्यवस्था को प्रभावित कर दिया। वहीं संघ अपने संपूर्ण कार्यकर्ताओं-स्वयंसेवकों के साथ पाकिस्तान में हुए युद्ध के दौरान सेना की मदद और बँगलादेशी शरणार्थियों के सहयोग में जुटा हुआ था। सोहन सिंहजी ने हरियाणा की जनता को जागरूक रखने में स्वयंसेवकों की सुदृढ भूमिका सुनिश्चित करवाई।

राजस्थान में संघ-कार्य की दृढता के पीछे सोहन सिंहजी के नेतृत्व का ही सर्वाधिक योगदान है। वे अस्वस्थता के कारण जयपुर लाए गए थे, लेकिन स्वस्थ होने के बाद दो दशकों तक उन्होंने संघ और विविध क्षेत्रों की सार-सँभाल की और राजस्थान को संघ का अभेद्य गढ़ बना दिया। राजस्थान में कई प्रकार की चुनौतियाँ थीं। राजस्थान का मूल रियासती स्वरूप होने के कारण संघ-कार्य प्रारंभ में कुछ विशेष जातियों तक ही सीमित रहा। चूँकि कार्य बढ़ाने में आवागमन के साधनों की हमेशा विशिष्ट भूमिका रहती है, इसलिए राजस्थान में शहरी क्षेत्र ही प्रारंभिक रूप से प्रभाव में आए। सोहन सिंहजी ने सभी तरह के प्रयत्न स्वयं करके संघ-कार्य को सर्वव्यापी बनवाया। वर्ष 1975-77 के आपातकाल के दौरान वे जेल में थे तो इसका भी उन्होंने सदुपयोग करवाया। आपातकाल हटते ही राजस्थान की जेलों से स्वयंसेवकों की तैयार टोली बाहर निकली, जिसने जेल के बाहर आते ही संघ सहित विविध क्षेत्रों में कार्य का जाल बिछा दिया। यह सोहन सिंहजी के कारण ही संभव हो सका कि राजस्थान के संघ के स्वयंसेवकों पर राजनीति हावी नहीं हो पाई। सोहन सिंह ने कार्यकर्ताओं की सार-सँभाल को प्राथमिकता में रखा और जो स्वयंसेवक राजनीति में सक्रिय हुए, विभिन्न पदों पर रहे, मंत्री बने, उन पर भी संस्कारों की सुस्पष्ट छाप दिखाई दी। लालबत्ती, सरकारी साधन और सुविधाओं को सोहन सिंहजी ने संघ-कार्य में बाधा नहीं बनने दिया। उसी समय एक बड़ी चुनौती संघ-कार्य को सर्वस्पर्शी बनाने की थी। राजस्थान में वर्ष 1970-80 के बीच जातीय विद्वेष भी गंभीर आकार ले रहा था। सोहन सिंहजी ने राजस्थान के ग्रामीण-वनवासी क्षेत्रों में संघ-कार्य के विस्तार पर विशेष जोर दिया, खासकर ऐसे जिलों में, जो जातीय टकराव के कारण चर्चित थे। सभी जातियों से स्वयंसेवक निकले, प्रशिक्षित करवाए गए और वे अपने क्षेत्रों में संघ-कार्य का प्रसार करें, इस पर उनकी विशेष दृष्टि बनी रही। उन्होंने विविध क्षेत्रों और परिस्थितियों को ध्यान में रखकर प्रचारक और कार्यकर्ताओं को जिम्मेदारी दी, जिसका आगे चलकर काफी सुखद परिणाम निकला।

सम्राट् पृथ्वीराज चौहान और महाराणा प्रताप से लेकर महाराजा सूरजमल और वीर दुर्गादास राठौड़ की प्रतिष्ठित परंपरा को उन्होंने आदर्श के रूप में प्रस्तुत करने और उन्हें श्रद्धा का केंद्र बनाने में संघ की भूमिका सुनिश्चित की। सोहन सिंहजी की विशिष्ट शैली का ही प्रभाव था कि रामजन्मभूमि आंदोलन में राजस्थान महत्त्वपूर्ण भूमिका का

निर्वाह कर सका। कारसेवकों की संख्या से लेकर बलिदान देनेवाले जत्थों में राजस्थान के स्वयंसेवक अग्रणी थे। प.पू. आद्य सरसंघचालकजी के जन्म शताब्दी वर्ष को संघ-कार्य की सुदृढता का आधार वर्ष बनाया गया।

इसी तरह, एक विशेष परिस्थिति वर्ष 1987 में आई। राजस्थान के सीकर जिले के दिवराला गाँव में रूपकँवर के सती होने की घटना ने राजपूत समाज को सरकार के सामने टकराव की मुद्रा में लाकर खड़ा कर दिया। आम राजपूत समाज विद्रोही हो उठा और इससे जातीय विद्वेष के हालात भी बने। उस समय संघ ने बड़ी जिम्मेदारी का परिचय दिया। संघ ने जहाँ सती प्रथा का समर्थन नहीं किया, वहीं सती होने को लेकर राजपूत समाज को अलग-थलग करने की कोशिशें भी सफल नहीं होने दीं। संयोग से उसी दौरान माननीय बालासाहब देवरस का राजस्थान प्रवास हुआ। उन्होंने जिस दृढता से इस विषय पर संघ का पक्ष रखा और हिंदू समाज को कठघरे में खड़ा करने तथा राजपूत समाज को अलग-थलग करने को आड़े हाथों लिया, उससे सामान्य वातावरण बनने की दिशा प्रशस्त हुई। सोहन सिंहजी एक आदर्श प्रचारक थे। आदर्श कार्यकर्ता, आदर्श स्वयंसेवक जैसी कल्पना प.पू. डॉक्टरजी करते थे। जैसा श्रीगुरुजी ने सोचा था, जो भाव माननीय बालासाहब के थे, जैसा आगे चलकर प.पू. सरसंघचालक गणों ने बताया था, सोहन सिंह अलग मिट्टी के बने हुए थे। वे नींव के पत्थर भी थे। किसी भी तरह के आघात को सहन करने में सक्षम अभेद्य दीवार भी और अपने शावक स्वयंसेवकों के हितों की रक्षा के लिए सिंह सदृश। वे विचारों और अनुशासन के सामने नतमस्तक रहे, राष्ट्र उनका आराध्य बना रहा, राष्ट्रधर्म उनका साधन और राष्ट्रोत्थान साध्य। इसी के लिए उन्होंने अपना संपूर्ण जीवन समर्पित कर दिया।

सोहन सिंहजी (बचपन का नाम श्री सोहन लाल) का जन्म सन् 1923 में विजयादशमी को हुआ। छह भाईयों-बहनों में सबसे छोटे। दो बड़े भाई श्री बृजलाल और श्री छोटेलाल तथा तीन बड़ी बहनें श्रीमती रामनंदी, श्रीमती रामकटोरी और श्रीमती शांति। परिवार खेती और पशुपालन से जुड़ा हुआ था। श्री छोटेलाल परिवार और खेती सँभालते थे। सबसे बड़े भाई श्री बृजलाल रेलवे विभाग में थे और दिल्ली में कार्यरत थे। दिल्ली की शकूर बस्ती में वे रहते थे।

सोहन सिंहजी बाल्यावस्था में हरचना ही रहे। हरचना से डेढ़ किलोमीटर दूर ईसापुर गाँव की प्राथमिक पाठशाला में उन्होंने कक्षा पाँच तक पढ़ाई की। पढ़ाई में अव्वल श्री सोहन लाल कक्षा पाँच के बाद अपने बड़े भाई श्री बृजलाल के पास दिल्ली की शकूर बस्ती में रहने लगे और वहीं आगे की शिक्षा प्राप्त की। श्री सोहन लाल को तरुणावस्था से ही पहलवानी का शौक था। परिवार के लोग बताते हैं कि वे इस तरह बलिष्ठ युवा के रूप में विकसित हो रहे थे कि एक बार अपनी ताकत से एक भैंसे को

दबाकर जमीन पर बैठने को मजबूर कर दिया। इस घटना के कारण भैंसे का मालिक श्री सोहन लाल के शारीरिक बल से इतना प्रभावित हुआ कि उन्होंने श्री बृजलाल को एक भैंस उपहार में दी और कहा कि श्री सोहन लाल को दूध-दही की कमी नहीं होनी चाहिए। राजकीय स्कूल शकूर बस्ती से हायर सेकंडरी करके दिल्ली के ही हिंदू कॉलेज से उन्होंने बी.एस-सी. की। कक्षा में वे हमेशा प्रथम आते थे। बी.एस-सी. करते ही वायुसेना में अधिकारी के रूप में काम करने के लिए नियुक्ति-पत्र आ गया। तब तक वे राष्ट्रीय स्वयंसेवक संघ के न केवल संपर्क में आ चुके थे, बल्कि एक उदीयमान सक्रिय कार्यकर्ता के रूप में विकसित हो रहे थे। वे मंदिर मार्ग की शाखा में जाया करते थे। श्री विद्यासागरजी उस क्षेत्र के कार्यवाह थे, जो पँचकुइया रोड पर रहते थे।

विद्यासागरजी को पता चला कि सोहन सिंहजी का चयन वायुसेना में कमीशंड ऑफिसर के पद पर हो गया है, तब उन्होंने सोहन सिंहजी को पत्र लिखा—'सुना है, तुम्हारा चयन वायुसेना में हो गया है। हमारा देश आज अंग्रेजों का पराधीन है। क्या तुम आज अंग्रेजों का हुक्म मानोगे? क्या तुम्हारी बुद्धि की शक्ति उन्हें भारत में जमाने के काम आएगी या तुम्हारे प्रयत्न देश की स्वतंत्रता हेतु रहेंगे?' विद्यासागरजी के इस पत्र ने सोहन सिंहजी को सोचने पर मजबूर कर दिया और सन् 1942 में सिर्फ 19 वर्ष की उम्र में देशभक्ति की अदम्य भावना, पारिवारिक संस्कार और संघ के तपस्वी प्रचारकों व कार्यकर्ताओं की राष्ट्र-साधना से प्रभावित होकर उन्होंने वायुसेना का अधिकारी बनने की बजाय संघ-कार्य के लिए प्रचारक जीवन के कंटकाकीर्ण मार्ग पर चलने का निर्णय किया। परिवारवालों के लिए यह आश्चर्यजनक नहीं था। माता को पता चला तो उनकी प्रथम अभिव्यक्ति यही थी, 'उसे तो जाना ही था।' सन् 1942 में वे पूर्वी दिल्ली में सायं मंडल कार्यवाह थे। उन्होंने प्रचारक बनने के निर्णय के साथ ही संघ शिक्षण किए। वे सन् 1943 में प्रचारक निकले और उसी वर्ष उन्होंने मेरठ से संघ शिक्षण का प्रथम वर्ष किया। द्वितीय वर्ष सन् 1944 में मेरठ से और तृतीय वर्ष 1945 में नागपुर से किया।

सोहन सिंहजी का मूल परिवार काफी बड़ा है। उनके जन्म-स्थान हरचना के सभी लगभग 4,000 निवासी एक ही कुल से निकले हुए हैं। इसलिए आज तक वहाँ कोई गंभीर अपराध नहीं हुआ और न आपस में मुकदमेबाजी की नौबत आती है। सोहन सिंहजी का नाम हरचना और आस-पास के क्षेत्रों में त्याग व तपस्या का पर्याय बना हुआ है। सोहन सिंहजी प्रचारक बनने के बाद के 73 वर्षों में संभवत: तीन बार गाँव आए। उसकी स्मृतियाँ अब भी लोगों को कौंधती हैं, कुछ चर्चाओं में हैं और कुछ संस्मरणों में हैं। वे तीन अवसर माता-पिता की मृत्यु और एक बार गाँववालों के अत्यंत आग्रह से जुड़े हुए हैं। उनके सगे भतीजे श्री धर्मदेव आर्यपुरा में सपरिवार रहते हैं, लेकिन सोहन सिंहजी ने कभी आने-जाने या मिलने को महत्त्व नहीं दिया। श्री धर्मदेव

की पत्नी श्रीमती विनीता बताती हैं कि एक बार मिलने का बहुत मन होने पर वे बच्चों के साथ संघ कार्यालय गई थीं। गरमियों के दिन थे। भरी दोपहरी में वे कार्यालय पहुँचे तो सोहन सिंहजी ने परिवार का हाल-चाल और बच्चों के बारे में पूछा और थोड़ी ही देर में कहा, 'अच्छा, ठीक है।' यानी अब आप लोग जाइए। श्रीमती विनीता बताती हैं कि इतनी कड़ी धूप में हम ठीक से साँस भी नहीं ले सके और तुरंत वापस आना पड़ा। वे बीस साल पहले की बात बताती हैं, 'एक बार अत्यंत आग्रह के कारण सोहन सिंहजी हरचना पधारे। गाँववाले बहुत खुश हुए। मैं घूँघट ओढ़े उन्हें लाने के लिए चौपाल तक गई। सोहन सिंहजी लोगों के बीच बैठे थे। उनसे लोगों ने बताया कि उनके भतीजे की बहू आई हैं, तो उन्होंने तुरंत पूछा, 'क्यों आई?''' तुम चलो, मैं आता हूँ।' श्रीमती विनीता के अनुसार, 'वे घर आए तो पूरा गाँव उनके पीछे चल रहा था। घर के बाहर उन्होंने चप्पल उतारी। मैं चप्पलों को हाथ में लेकर रखने लगी तो बोले कि इनको हाथ क्यों लगाया? इनकी जगह वहीं है। एक गिलास दूध पिया और थोड़ा सा गुड़ खाया। हम लोगों ने आग्रह किया कि बाबा, यहीं रहना है आपको। तो हँसे। बोले, 'अगर मैं यहीं रह गया तो घर-गृहस्थी में फँस जाऊँगा।'

सोहन सिंहजी के भानजे श्री वेदप्रकाश ने परिवारवालों से बातचीत करके सोहन सिंहजी से जुड़े संस्मरण एकत्र किए। श्री वेदप्रकाश ने परिजनों से प्राप्त जानकारी के आधार पर बताया कि सोहन लालजी का जन्म सन् 1923 में विजयादशमी को हुआ, तब वे माँ के गर्भ में ग्यारह माह तक रहे थे। अत: जन्म के समय उनका सुडौल शरीर था और माथे पर तेज था। कुल पुरोहितजी ने जब कुंडली देखी तो दंग रह गए। वे बोले कि यह बहुत विलक्षण प्रतिभावाला बालक है। यह एक राजा या एक महान् संत बनेगा। बालक बहुत लाडला था। एक दिन यह बालक आँगन में खेल रहा था कि एक साधु आए। बालक को देखकर साधु ने कहा कि माता, यह बालक इस घर में नहीं रहेगा। माता घबरायी तो साधु ने कहा कि 'डरो नहीं, इसे मैं नहीं ले जा रहा हूँ। यह तो बड़ा होकर स्वयं घर से चला जाएगा।' उस बालक का पालन-पोषण बड़े भाई श्री बृजलाल ने दिल्ली में अपने साथ रखकर किया। वहीं उन्होंने स्नातक तक शिक्षा प्राप्त की। बीच में ये संघ की शाखा में जाने लगे थे। उनका चयन भारतीय वायुसेना में अधिकारी के पद पर हुआ, परंतु एक स्वयंसेवक होने के नाते उन्होंने अंग्रेज सरकार की चाकरी करने से इनकार किया। इन्होंने तृतीय वर्ष तक संघ-शिक्षण प्राप्त किया। सन् 1943 में परम पूजनीय श्रीगुरुजी के आह्वान पर वे प्रचारक बन गए। घर पर एक पत्र छोड़ गए। पत्र में लिखा था कि 'मैंने संघ को जीवनदान दे दिया है। मैं जीवन भर भारत माता की सेवा में रहूँगा। घर में जो भी संपत्ति है, उसे दोनों भाई आपस में बाँट लेना तथा मुझे मत ढूँढ़ना। मैं केवल अपना शरीर और उस पर पहने हुए वस्त्र ही लेकर जा रहा हूँ।'

बड़े भाई श्री बृजलाल संघ कार्यालयों में भाग-दौड़ करते रहे, परंतु उन्हें सोहन लाल कहीं नहीं मिले। वे घर गए और माता-पिता को वह समाचार सुनाया तो उनकी माताजी ने कहा कि 'भैया, वह दिन याद करो, जब कुल पुरोहितजी ने कहा था कि यह तो एक राजा बनेगा या एक महान् संत। वह संत बन गया है। उसे कहीं मत ढूँढ़ो।'

वेदप्रकाश ने बताया कि उनकी माताजी शांति एक आध्यात्मिक महिला थीं। परिवार के संस्कारों के कारण उन्होंने हमें कहा था कि कभी भी मेरे भैया को 'मामाजी' मत कहना। वे एक संत हैं। उन्हें अपनी गृहस्थी की समस्याओं में मत उलझाना। श्री वेदप्रकाश बताते हैं, 'एक दिन मैं झंडेवाला कार्यालय में सोहन सिंहजी से मिलने गया। संयोगवश उस दिन परम पूजनीय श्रीगुरुजी का कार्यालय के विशाल कक्ष में संबोधन होना था। मामाजी ने मुझे भी पीछे बैठा दिया। अंत में प्रार्थना हुई और विकिर के पश्चात् सभी स्वयंसेवक बाहर निकले। मैं पुनः मामाजी के पास गया तो उन्होंने पूछा कि ध्वज प्रणाम और प्रार्थना हो गई? मैंने कहा कि ध्वज प्रणाम तो हुआ, परंतु प्रार्थना पूरी समझ में नहीं आई। तो उन्होंने पूछा कि प्रार्थना कितनी समझ में आई? मैंने बताया कि प्रथम पंक्ति (नमस्ते सदा वत्सले मातृभूमे) तथा अंतिम पंक्ति (भारत माता की जय) ही समझ में आई। यह सुनकर मामाजी बहुत प्रसन्न हुए और कहा कि संघ का मूल मंत्र यही है। तुम आज एक स्वयंसेवक बन गए हो।...एक बार मैं जयपुर घूमने गया था। वहाँ संघ कार्यालय (भारती भवन, गोपालजी का रास्ता, जयपुर) गया और मामाजी से मिला। उन्होंने मुझे कहा कि आकर मिलने में अधिक समय तथा खर्चा होता है। तुम पोस्टकार्ड से भी यह काम कर सकते हो। पत्राचार शुरू हो गया। एक बार मुझे पत्र मिला, जिसमें लिखा था कि अपनी दिनचर्या लिखकर भेजो। मैंने एक आदर्श दिनचर्या लिख भेजी तो उत्तर में जो पत्र आया, उसमें लिखा था कि 'दिनचर्या काल्पनिक अधिक लगती है और वास्तविक कम। हाँ, यदि ऐसी दिनचर्या का वास्तव में पालन करो तो अच्छा रहेगा।' एक बार मैंने अपने छोटे भाई के विवाह पर निमंत्रण पत्र जयपुर कार्यालय भेजा। उत्तर में जो पत्र आया, उसमें शुभकामनाओं के साथ लिखा था कि 'निमंत्रण पत्र यदि हिंदी में छपा होता तो अच्छा होता।' तब से हमारे परिवार में हिंदी में ही निमंत्रण पत्र छपते हैं।'

श्री वेदप्रकाश ने बताया, 'मेरे जीवन में एक ऐसा भी समय आया, जब किसी-न-किसी रिश्तेदार के यहाँ कोई-न-कोई अनहोनी घटना लगभग हर सप्ताह होती थी। माँ छोटे भाई ब्रह्म प्रकाश के साथ रहती थीं। मैं माँ के पास जाकर उन घटनाओं की चर्चा कर लेता था। एक दिन जिला टोली और ऊपर की बैठक झंडेवाला कार्यालय में हुई। वहाँ से जाकर मैंने माँ को बताया कि आज मैं झंडेवाला गया था। इतना सुनते ही माँ काँप उठीं। मैंने खूब समझाया कि मामाजी ठीक हैं, परंतु उन्हें विश्वास नहीं हुआ। मैं

अगले ही दिन झंडेवाला कार्यालय में मामाजी से मिला और कहा कि माँ आपसे मिलना चाहती हैं। आप किस दिन कार्यालय में मिल सकते हैं? उन्होंने कहा कि भले आदमी, अपनी माँ को बसों में धक्के खिलाओगे। और पूछा कि तुम्हारे पास क्या दायित्व है? मैंने कहा कि जिला कार्यवाह हूँ, तो उन्होंने पूछा कि जिला कार्यवाहजी, अपने क्षेत्र में किसी प्रचारक को कैसे बुलाते हैं? मैंने कहा कि प्रवास योजना बनाकर। उन्होंने तुरंत कहा कि बनाओ और उसी में थोड़ा समय अपने घर के लिए भी रख लेना। मैंने तुरंत अगले रविवार के लिए प्रौढ़ शाखा पर प्रवास की योजना बनाई। शाखा के बाद एक प्रौढ़ स्वयंसेवक के घर अल्पाहार तथा प्रौढ़ों से बातचीत तय की। इसके बाद दोपहर का भोजन अपने घर पर तय किया। अपने घर पर ही माँ को मामाजी से मिलवाया। फिर मैंने मामाजी से कहा कि विश्राम कर लीजिए, तो उन्होंने कहा कि प्रचारक कभी किसी स्वयंसेवक के घर पर विश्राम नहीं करते। मुझे जनकपुरी विभाग कार्यालय पहुँचाओ। ऐसा ही किया गया।

मामाजी 90 वर्ष के हुए, तब फिर झंडेवाला कार्यालय जाना हुआ। उन्होंने मुझसे पूछा कि क्या दायित्व है? मैंने कहा कि सेवा भारती की जिला टोली में अध्यक्ष का दायित्व है, तो उन्होंने कहा कि स्वयं को प्रौढ़ घोषित कर दिया है।

अपने जीवन के अंतिम दो-तीन वर्ष वे अस्वस्थ रहे और कक्ष क्रमांक 5 से बाहर नहीं निकले। मैंने कई बार उन्हें अपने घर ले जाने का आग्रह किया, परंतु उन्होंने यही कहा कि मैंने संघ को जीवनदान किया है। मैं यहीं रहना चाहता हूँ। यहाँ सभी परिचित स्वयंसेवक आते रहते हैं। कुछ चिकित्सक भी आते हैं और वे जाँच करके ओषधियाँ दे जाते हैं। यह दशा तो आयु अधिक होने के कारण है। जब वे अखिल भारतीय आयुर्विज्ञान संस्थान में रहे, तब एक दिन मैं उनसे मिलने गया। उन्होंने हाथ से इशारा इस प्रकार किया कि अब ऊपर जाने का समय आ गया है।

दिल्ली स्थित संघ कार्यालय 'केशव कुंज' के प्रमुख श्री गोपालजी आर्य से पता चला कि सोहन सिंहजी का देहावसान होने के बाद उनकी इनी-गिनी वस्तुओं में पुरानी एक घड़ी, ड्राइविंग लाइसेंस और मतदाता पहचान-पत्र के अलावा तीन लगातार वर्षों की डायरियाँ मिलीं। इन डायरियों से सोहन सिंहजी का संपूर्ण जीवन परिलक्षित होता है। हर वर्ष वे प्रथम पृष्ठ पर अपने द्वारा ली गई संघ की प्रतिज्ञा का लेखन करते थे। दूसरे पृष्ठ पर हिंदी अर्थ सहित शब्दशः प्रार्थना का उल्लेख होता। इसके बाद एकात्मता स्रोत और उसका संपूर्ण विवेचन मिलता है। इसके अलावा वर्ष भर में उनके महत्त्वपूर्ण कार्यक्रमों की तिथियों की सूचना और देश भर में प्रांतवार संघ-कार्य का विवरण प्राप्त होता है। आखिर में महत्त्वपूर्ण कार्यकर्ताओं के नाम और पते। इसमें भी महत्त्वपूर्ण यह कि वही नाम-पते, जिन क्षेत्रों से उनका सीधा कार्यभार जुड़ा होता था। इनके अलावा

कोई किसी भी प्रकार का व्यक्तिगत विवरण इन डायरियों में नहीं मिलता। यही था सोहन सिंहजी का संघ-राष्ट्र को समर्पित जीवन का अंतर्निहित तत्त्व-बोध और इसी साधना के साथ वे अविचल साधक के रूप में सृष्टि से परब्रह्म में समाहित हो गए।

माननीय सोहन सिंहजी के लिए श्रद्धांजलि-स्वरूप स्मृति ग्रंथ प्रकाशित करने की योजना से जुड़ना कुछ महीनों तक नया जीवन जीने की तरह रहा। जैसे कई बार अचानक भावलोक में चले जाना होता रहा। 73 वर्षों तक उनके साथ रहे अधिकारियों-कार्यकर्ताओं-स्वयंसेवकों के संस्मरण कभी गद्‌गद करते, कभी हँसी आती, कभी अश्रुपात होता और कभी लगता कि सोहन सिंहजी सामने ही खड़े हैं—उसी तरह, जैसे वे वर्गों में शाखा लगने से पहले यत्र-तत्र सँभाल करते दिखाई देते थे, बैठकों और व्यवहार में तीक्ष्ण दृष्टि से देखते, कभी खुलकर हँसते, कंधे पर गमछा-धोती डाले या जैकेट पर मफलर लपेटे हुए।

परम पूजनीय सरसंघचालक माननीय मोहनराव भागवतजी का उनके बारे में कथन ही उनके जीवन का निचोड़ है। विश्व-कल्याण, राष्ट्रधर्म, कार्यकर्ता और मनुष्यत्व के लिए समर्पित सोहन सिंहजी महाव्रती के रूप में उभरकर आते हैं। वीरव्रती और कर्मयोगी सोहन सिंहजी राष्ट्रीय स्वयंसेवक संघ के उन नींव के प्रस्तर—अभेद्य दीवार बने वरिष्ठ प्रचारकों में शामिल हैं, जिन्होंने राष्ट्रीय मूल्यों की स्थापना के लिए अपना सारा जीवन तपस्वी की भाँति गला दिया। जब संपूर्ण विश्व में आतंकवाद अट्‌टहास कर रहा है, भारत में राष्ट्रीयता पर प्रश्नचिह्न खड़ा किया जा रहा है, वैयक्तिक स्वार्थ समाज-जीवन पर हावी होते जा रहे हैं और इन सबके मुकाबले ईश्वरीय और सकारात्मक शक्ति के रूप में सांस्कृतिक राष्ट्रवाद का संवाहक राष्ट्रीय स्वयंसेवक संघ ही दिखाई देता है। ऐसे में सोहन सिंहजी का स्मरण और उनके द्वारा रखे गए आदर्श का अनुसरण अति सामयिक है, राष्ट्र-निर्माण के संकल्प के लिए प्रेरणा है।

—गोपाल शर्मा

अनुक्रम

दामोदर दास मोदी, द्वारका प्रसाद गोस्वामी, शिवकुमार पारीक, शंकरलाल अग्रवाल, ओमप्रकाश कंसल, डॉ. सुरेंद्र कुमार, राजेश कुमार, दयाशंकर, रमेश प्रकाश, आचार्य मायाराम पतंग, लिंबा राम, जगदीश आर्य, कमांडर बालकृष्ण जायसवाल, निरंजन शर्मा, घनश्याम तिवाड़ी, मानसिंह, राष्ट्र प्रकाश, जीत सिंह जीत, गोविंद राम अग्रवाल, जगदीश पाल, योगेंद्र लांबा, पृथ्वीराज साहनी, विनोद बंसल, मूलचंद चावला, रामसिंह यादव, ओंकार सिंह लखावत, मोतीसिंह राठौड़, डॉ. क्रांति कुमार जैन, बाबूलाल शर्मा, कुंज बिहारी शर्मा, कैलाश चंद्र, रामानंद चौधरी, महेंद्र सिंहल, रामपाल सिंह, डॉ. लक्ष्मी नारायण 'चातक', रमेश चंद्र इसरानी, वैद्य राधाकृष्ण 'साथी', माणक चंद, विनय यादव, सोनिया यादव, रूपेश कुमार, राजकुमार गुप्ता, वेदप्रकाश गुप्ता, रामसिंह यादव, नीरज कुमार, यशपाल आर्य, भूषणलाल पाराशर, आर.एस. गुप्ता, राजेंद्र कुमार, आनंद आदीश, रवींद्र कुमार मानसिंहका, रामचंद्र, जगदीश पाल, गोविंद राम अग्रवाल, योगेंद्र लांबा, कन्हैयालाल बेरवाल, धर्मवीर शर्मा जाबालिक, रामनिवास बंसल, सुरेंद्र सिंहल, गोपाल गर्ग, केदार लाल गुप्ता, ओमप्रकाश शर्मा, खुशपाल सिंह चौहान, दामोदर शांडिल्य, महेंद्र कुमार जैन, गोकुल चंद गोयल, राधेश्याम नागर, राधेश्याम शर्मा, रघुनंदन शर्मा एडवोकेट, रामेश्वर यागी, भारत भूषण बागला, उमाशंकर शर्मा, वासुदेव प्रजापति, प्रवीण कुमार, हरिसिंह गहलोत, बी.बी. तायल, सत्यनारायण धामाणी, हेमंत कुमार विश्नोई, रमेश चाँदीवाला, अनिल गुप्ता, डॉ. ओम प्रकाश पाहूजा, योगध्यान आहूजा, श्रीनिवास, माँगेराम गर्ग, संतोष तनेजा, भोलानाथ विज, एस.एन. गुप्ता, पद्माकर शिवराम तारे, देवीचंद चोपड़ा, योगेश गौतम, सुधीर कुमार, जगदीश ए. पंचारिया)

स्वयंसेवकत्व और अनुभूति

—सोहन सिंह

ध्येय के अनुरूप जीवन-रचना अर्थात् ध्येय के अनुरूप जीवन किस प्रकार से बनाएँ, यह किस प्रकार का होना चाहिए? सर्वप्रथम हम इस बात का विचार करें कि आखिर संघ का ध्येय अथवा लक्ष्य क्या है? यदि साधारण शब्दों में कहा जाए तो संघ ने अपने सामने हिंदू समाज के संगठन का ध्येय रखा है। इसे साधारण व्यक्ति भी समझ सकता है। हिंदू समाज का संगठन ही संघ का ध्येय है और यही साधना भी है, क्योंकि इसी से परम वैभव यानी समाज की उन्नति, चाहे वह आदि भौतिक या आध्यात्मिक है, संभव है। इस लक्ष्य की प्राप्ति के लिए हमने अपने सामने कोई विशेष बिंदु अथवा विषय तय किया होगा, जिस पर हमारी सब प्रकार की शक्ति और ध्यान केंद्रित है। यह माध्यम, उसको चाहे संगठन का नाम दीजिए, देश को परम वैभव तक ले जाना कहिए या स्वस्थ समाज खड़ा करना कहिए, हमको इनमें से किसी एक पर ध्यान तथा शक्ति केंद्रित करनी होगी। हमने अपने देश के उत्थान के लिए जो योजना बनाई है, उसे व्यावहारिक रूप देने के लिए, योजनानुरूप चित्र खड़ा करने के लिए जो महत्त्वपूर्ण साधन के रूप में आवश्यक एवं अनिवार्य है, वह कौन करेगा? वास्तव में व्यक्ति ही इस साधन को जुटाने का माध्यम है। यह स्पष्ट बात हममें से सभी लोग जानते हैं। वैसे ही चित्र व्यक्ति को अपने सामने खड़े करने चाहिए, यह अनिवार्य है। इससे उसकी संपूर्ण शक्ति व बुद्धि उस चित्र को मूर्तरूप देने में लगेगी। अब यह प्रश्न सामने आता है कि वह व्यक्ति कैसा होना चाहिए? उत्तर एक ही है—ध्येयवादी व्यक्ति होना चाहिए।

अनेकता में एकता—जैसा कि हमने पहले ही विचार किया कि हमारा ध्येय सामाजिक संगठन यानी एकता है। एकता किसकी, कैसी, इस संबंध में स्पष्ट होना आवश्यक है। एकता का अर्थ विचारों की एकता है। अब हम अपने समाज में व्याप्त विभिन्नताओं का विचार करें तो हमें दिखाई देगा कि अपने देश में अनेक प्रकार की विभिन्नताएँ हैं; जैसे—प्रांत भिन्न हैं, भाषा अलग है, वेशभूषा भिन्न है, अनेक जाति,

उपजाति तथा गोत्र हैं, खान-पान, रहन-सहन के ढंग भिन्न हैं और इतना ही नहीं, ईश्वर की उपासना के मार्ग भी भिन्न-भिन्न हैं। इन सभी विभिन्नताओं के बावजूद हिमालय से लेकर कन्याकुमारी तक इस भूखंड का नाम भारत है, जिसे हम 'भारत माता' कहकर पुकारते हैं और एक स्वर से 'भारत माता की जय' बोलते हैं। क्या सभी प्रकार की ऊपरी विभिन्नताओं को समाप्त करके ही एकता आ सकती है? इस पर विचार करने की आवश्यकता है।

क्या हमें ऊपरी विभिन्नताओंवाली समाज-व्यवस्था देनेवाले हमारे पूर्वज समझदार नहीं थे? उनके ध्यान में भी ये सारी बातें थीं, परंतु उन्होंने बल नहीं दिया। उन्होंने ऊपरी विभिन्नताओं की छूट दी। शासन करने के लिए अलग-अलग प्रांत हो सकते हैं, भाषा अलग हो सकती है, स्वभाव एवं रुचि अलग-अलग हो सकती है, ईश्वर-उपासना के मार्ग भिन्न-भिन्न हो सकते हैं। उन्होंने इन सब विभिन्नताओं को समाप्त करना अनिवार्य नहीं समझा। यही वैशिष्ट्य है। वेशभूषा एक होना आवश्यक नहीं। इस प्रकार की सब विभिन्नताओं पर पाबंदियों से स्वाभाविक विकास अवरुद्ध होता है। विचारों की एकता ही संगठन है, यानी संगठन से अभिप्राय विचारों की एकता।

वैचारिक एकता—इसलिए विचारों की एकता पर बल दिया गया है। ये विचार कौन से हैं? जैसे हम सब एक ही समाज के अंग हैं। संपूर्ण देश एक इकाई है, जिसका नाम भारत अर्थात् भारत माता है। यह हिमालय से लेकर कन्याकुमारी तक एक देश, इस पर बसनेवाला समाज एक और यह समाज मेरे परिवार के समान है। यह भाव समाज के प्रति जाग्रत् होना आवश्यक है। यदि हम अपने समाज के भिन्न-भिन्न मत-मतांतरों को देखें तो उन सब में हमें विचारों की एकता के दर्शन होंगे। खाओ, पिओ और मौज करो यानी 'ईट, ड्रिंक एंड बी मैरी' की बात हिंदू समाज का कोई भी पंथ नहीं सोचता। इस संबंध में सबका एक ही विचार है। सभी धर्मग्रंथों में यह लिखा है कि शारीरिक सुख ही सबकुछ नहीं है। सभी पंथों में त्याग का संदेश दिया है। जीवन-मूल्य एक हैं। हमारे समाज में व्याप्त ऊपर की विभिन्नताओं को अंग्रेजों ने जान-बूझकर बढ़ावा दिया और उन्हीं की अधिक चर्चा लोगों के सामने रखी। इस प्रकार एकता के विचार को अनेक विधियों से समाप्त करने का कुप्रयास किया।

ध्येयवादी स्वयंसेवक के विचार कैसे हों—संपूर्ण देश एक है, समाज एक है। मन में अलगाव का चित्र नहीं अपितु एकता का ही चित्र जिसके मानस में है, इस तरह का जिसने अपना विचार बनाया है, वही ध्येयवादी स्वयंसेवक है।

स्वार्थ-केंद्रित दृष्टिकोण—कभी-कभी कुछ व्यक्ति उपजाति विशेष के साथ अपनापन होने के कारण देश तथा समाज को भूल जाते हैं; परंतु ध्येयवादी स्वयंसेवक के विचारों में दृढता रहती है। उसके मन में कोई भेदभाव नहीं होता। कई बार तो ऐसे

अनेक प्रसंग आते हैं कि उसे अपने निकट के लोगों को भी गलत कहना पड़ता है। अनेक बार ध्येयवादी होने पर भी समाज में ही अपना जन्म होने के कारण समाज में व्याप्त वातावरण के प्रभाव से हम अछूते नहीं रह सकते। यदि समाज का अध्ययन करके देखें तो हमें लगेगा कि आमतौर पर व्यक्ति गोत्र, जाति आदि के हिसाब से विचार करता है और उसी हिसाब से बोलता एवं आचरण करता है और दुर्भाग्य से व्यक्ति ने 'मैं और परिवार' के बारे में सोचने का जो ढंग बनाया है, वह हमारी नई पीढ़ियों को रक्त में मिल रहा है। उनके सामने यही लक्ष्य रहता है कि उन्हें वह काम करना चाहिए, जिसके करने से उन्हें कुछ लाभ प्राप्त हो सकता है।

इस बात को एक उदाहरण से स्पष्ट किया जा सकता है। काफी पुरानी प्रभात शाखा के एक स्वयंसेवक थे। उनका लड़का कॉलेज में पढ़ता था और वह एक सायं शाखा का मुख्य शिक्षक भी था। उस वर्ष के संघ शिक्षण वर्ग में उसे भेजने की अधिकारियों की इच्छा हुई। उन्होंने उसे अपने पिताजी की अनुमति लेने को कहा। पिताजी, जो 28 वर्ष से संघ शाखा में आते थे, उन्होंने कहा कि 'मुझे तो इतने वर्ष शाखा में जाते हो गए, परंतु संघवाले मुझे तो आज तक गटनायक भी नहीं बना सके। तुम मुख्य शिक्षक हो, यह ठीक है; परंतु तुम्हें वही कुछ करना चाहिए, जिससे तुम्हें लाभ प्राप्त हो।' यह बात केवल मैंने आनंद प्राप्त करने के लिए ही नहीं सुनाई; परंतु यह वास्तविकता है कि हिंदू समाज के रक्त में यह बीमारी घुसी हुई है। ऐसा दिखाई देता है कि देश का, समाज का चिंतन और विचार ही नहीं किया हुआ है। सभी व्यक्तिवादी बन गए हैं। आज यही दिखाई देता है। अपने अनेक योग्य डॉक्टर, इंजीनियर और प्राध्यापक इत्यादि विदेश जाने के लिए लालायित हैं। इसके पीछे आज सुख-सुविधा जुटाने यानी स्टैंडर्ड ऑफ लाइफ ऊँचा करने का भाव छिपा हुआ होता है, समाज का भाव नहीं। हिंदुत्व का विचार है, धर्म है, संस्कृति है, यह उनकी भाव-भूमिका नहीं है। नवीन पीढ़ी में भी यही अब प्रचलित हो गया है और यही सोचने की दिशा बन गई है।

ध्येयवाद व्यवहार में—क्या ध्येयवादी स्वयंसेवक ऐसा ही रहेगा या उसमें बदलाव आएगा? क्या उसकी दृष्टि इतनी व्यापक होगी कि संपूर्ण समाज को एक मानकर चले, इतना विकास ध्येयवादी स्वयंसेवक का होना चाहिए। परंतु कई बार ऐसा दिखाई देता है कि हम व्यक्तिगत स्वार्थ के ऊपर नहीं उठ सकते। अपने ही बंधुओं को जाति-उपजाति-निर्धनता, संपन्नता के आधार पर घृणा की दृष्टि से देखते हैं। उदाहरण के रूप में, हम कभी बस में यात्रा कर रहे हों और हमारे पास ही खाली स्थान पर यदि कोई मैले-कुचैले वस्त्रोंवाला सहयात्री आकर बैठने लगता है तो हमारे मन में एकदम उसके प्रति घृणा का भाव पैदा होता है और हम उससे बचकर बैठने का प्रयत्न करते हैं। यह दोष ध्येयवादी स्वयंसेवक में नहीं होगा। उसको अपने चिंतन, मनन और कार्य की धारणा

बदलनी होगी; क्योंकि उसे अपना विकास करना है, मनुष्य से देवत्व की ओर अग्रसर होना है अथवा कहिए कि आत्मा का साक्षात्कार करना है। क्या वहाँ पहुँचकर कोई भेद रह जाता है? अनेक वर्षों की साधना के उपरांत अपने मनीषियों ने कहा है कि पूजा के साधन भिन्न होने पर भी ईश्वर एक है। अनेक बार हम अपने कार्यक्षेत्र में अपनी सब प्रकार की योग्यताओं या श्रेष्ठताओं का उपयोग नहीं करते, अपना कर्तव्य पूर्ण करने में ईमानदार नहीं रहते, सहृदय और विशाल दृष्टिकोण नहीं अपनाते।

समरस जीवन—हम संघ के स्वयंसेवक हैं। सब अपने हैं, ऐसा भाव और तदनुसार आचरण करना चाहिए। हम समाज में कोई अलग दल, गुट या संप्रदाय खड़ा करने नहीं चले। सारा समाज एक इकाई है। हम सबके विचार और व्यवहार में समानता होनी चाहिए। यह व्यक्तिगत पक्ष है। हमारी यह आदत बन गई है कि सब दूसरे को उपदेश करते हैं और दूसरे में ही दोष निकालते हैं। स्वयं को नहीं देखते। हमारी नकारात्मक दृष्टि अपनाने की आदत बन चुकी है। जो समाज में कुछ करने चले हैं, उन्हें नकारात्मक ढंग से नहीं सोचना होगा। दूसरों में जो अच्छा है, उसे अपनाना होगा और तदनुसार आचरण करना होगा। क्या हमें ऐसा आभास होता है कि हमारा स्वयंसेवकपन सब समय जागा रहता है? हम ऐसा कुछ नहीं करते, जिससे समाज और देश की कोई हानि हो। अपनी सब प्रकार की व्यक्तिगत हानियों को सहन करके भी देश का लाभ हो, इस प्रकार के विचारवाला और चाहे मुझे लोग कुछ भी कहें, मैं कुछ गलत करनेवाला नहीं, ऐसे दृढ निश्चयवाला विचार और आचरण जिसके पास है और हर समय जिसकी बोलचाल व कृति में स्वयंसेवक की झलक प्रकट होती है, ऐसा स्वयंसेवक होना चाहिए। लोग संघ को देखने के लिए संघ के स्वयंसेवक को ही देखें। उन्हें स्वयंसेवक के व्यवहार-कृति को देखकर संघ समझ आ जाएगा। वास्तव में, संघ की पूँजी स्वयंसेवक ही हैं। ये स्वयंसेवक जिस भी क्षेत्र में जाएँगे, स्वयंसेवकत्व के साथ काम करेंगे, ऐसा ढंग अपना बन जाना चाहिए। इसलिए संघ ने ध्येयवादी स्वयंसेवकों का निर्माण करने के लिए यह सारी शक्ति केंद्रित की है।

अनेक बार स्वयंसेवक अपने पथ से विचलित हो जाता है। इस संबंध में एक सामयिक उदाहरण समीचीन होगा। अपने कुछ स्वयंसेवक मंत्री बने हैं तो कुछ लोगों के मन में स्वार्थ का विचार जागा है। वे सोचते हैं कि अब तो अपने काम होने ही चाहिए। यह जो स्वार्थपूर्ण ढंग से सोचने की दिशा बनी है, यह चिंतनीय है। यह विचार करें कि संघ का दृष्टिकोण क्या है? कुछ ऐसे भी स्वयंसेवक हैं, जो दूसरी दृष्टि से सोचते हैं। वे अनुकूलता का लाभ संघ-कार्य को बढ़ाने में करना चाहते हैं। अनुकूलता बनी है और इसका लाभ जहाँ कार्य नहीं है, वहाँ कार्य प्रारंभ करने में करना चाहते हैं। कई ऐसे कर्मचारियों से संपर्क हुआ है, जो स्वार्थ की बात नहीं सोचकर अपना स्थानांतरण पिछड़े

क्षेत्रों में करवाना चाहते हैं, ताकि वहाँ भी संघ का कार्य प्रारंभ हो सके। उनके मन में यह भाव होता है कि कठिनाई के समय में इन वनवासी समाज-बंधुओं ने अपने समाज की प्रतिष्ठा बचाई है तो हम इनके लिए क्या कर सकते हैं? वास्तव में, यही ध्येयवादी स्वयंसेवक के सामने सोचने का ढंग होना चाहिए। वह अपने लाभ की अपेक्षा अपने समाज और देश के लाभ को अधिमान देता है। वह अपने सब प्रकार के ईश्वर द्वारा दिए हुए सद्‌गुणों का उपयोग इस अनुकूलता में अपने कार्य को बढ़ाने के लिए करता है। ऐसे स्वयंसेवक का स्वयंसेवकत्व चौबीस घंटे जाग्रत् रहता है। रात को सोने के पूर्व भी वह यह विचार करता है कि मैंने कहीं कोई ऐसा कार्य तो नहीं कर दिया, जो मेरे ध्येयवाद के प्रतिकूल हो। ऐसे स्वयंसेवक अपने जीवन की एक निश्चित योजना बनाते हैं।

स्वयंसेवकत्व प्रकट करें—आज हममें से अनेक की सोचने की दिशा बदल गई है। हममें से जो पारिवारिक लोग हैं, उनमें से बहुत सारे अपने बालकों को आधुनिक वस्त्रों से सुसज्जित देखना चाहते हैं, अर्थात् उनकी ऊपर से दिखनेवाली साज-सज्जा को ही ध्यान में रखते हैं। बच्चों के चरित्र का विकास करना, उन्हें ईमानदार, प्रामाणिक और देशभक्त बनाने का विचार उनके मन में नहीं आता। वास्तव में हमारा स्वयंसेवकत्व केवल शाखा में ही नहीं अपितु सर्वत्र प्रकट होना चाहिए।

हमने श्रेष्ठतम मनुष्य के निर्माण करने के लिए क्या योजना बनाई, क्या विचार किया और अपनी कृति क्या है? यदि इन तथ्यों को सर्वत्र, जहाँ भी हम हों, वहाँ ही ध्यान रखते हुए चलें तो अपना कार्य बढ़ेगा और आत्म-चिंतन, आत्म-साक्षात्कार और तदनुरूप आचरण द्वारा हम दूसरों को भी अपने ध्येय के अनुरूप जीवन अपनाने में समर्थ बना सकें—यही ध्येयवादी स्वयंसेवक से अपेक्षा है।

अध्ययन एवं मननशीलता—समाधानकारक उत्तर देने में जानकारी प्राप्त करने के लिए साहित्य सबसे अच्छा साधन है। साहित्य से ही स्थायी और मूल विचार संभव है। अपने साहित्य में अनेक पुस्तक-पुस्तिकाएँ हैं। प.पू. डॉक्टरजी की जीवनी से लेकर 'विचार नवनीत', 'विचार दर्शन' और अन्य ग्रंथ माला इत्यादि आते हैं। 'विचार नवनीत' का अध्ययन करने से अपनी विचारधारा का विरोध करनेवाले लोग भी अपने साथ चलेंगे। इतना ही नहीं, वे अपने सुयोग्य और निष्ठावान स्वयंसेवक बनकर रहेंगे।

स्वयंसेवकत्व की अनुभूति—स्वयंसेवकत्व क्या है? क्या यह मेरे साथ रहता है? प्रत्येक को सोचना चाहिए कि स्वयंसेवकत्व तो मेरे साथ है, परंतु क्या यह जाग्रत् ही रहता है? यह कार्य-स्थान पर मेरा मार्गदर्शन भी करता है या जब मैं काम करता हूँ और मेरे विचार या कार्य में कोई त्रुटि आती है तो क्या मुझे यह सचेत करता है? क्या यह मुझे गिरने से सँभालता है? इन सब बातों का विचार अपने को करना चाहिए। यह गणवेशधारी स्वयंसेवक है, इसी तथ्य से समाज में परिवर्तन आनेवाला नहीं है। परिवर्तन

से अभिप्राय यह नहीं कि ठीक काम को करना गलत है और यदि गलत है तो उसे ठीक करना है। परिवर्तन से भाव स्पष्ट है—गलत काम को ठीक करना। इस प्रकार का परिवर्तन केवल प्रामाणिक लोग ही ला सकेंगे। इस प्रकार के लोग आजकल अधिक मात्रा में मिलेंगे, जो बहुत बोलनेवाले और काम नहीं करनेवाले हैं। रिश्वत न लेने का ढोंग रचनेवाले, परंतु अवसर पाने पर अपनी जेब भरनेवाले, चोटी के ईमानदार होने का प्रमाण देनेवाले, परंतु बेईमानी के बिना कोई पग नहीं उठानेवाले ऐसे लोगों का समाज में बोलबाला है। कई कर्मचारी ऐसे होंगे, जो अपने कार्यालय में घंटा-डेढ़ घंटा रहते हैं, परंतु समाज में वे अपना प्रभाव जमाए हुए हैं। एक लाइन इन लोगों की है तो इस प्रकार के लोग क्या परिवर्तन ला सकेंगे? कदापि नहीं।

अपने को जो ड्यूटी मिली है, उसको प्रामाणिकता से कैसे निभा पाएँ, इस प्रकार की योजना बना करके जो लोग आगे बढ़ते हैं, वही समाज में परिवर्तन ला सकते हैं। इन लोगों को प्रथम पंक्ति के लोगों की भाँति अपनी माँगें और आवश्यकताएँ नहीं बढ़ानी होंगी। उन्हें अपनी लोभादिक प्रवृत्तियों पर काबू पाना होगा, तभी जाकर वे इस महान् उद्‌देश्य की प्राप्ति में अग्रसर हो सकते हैं।

अपने अधिकार से बढ़कर एक कौड़ी भी अधिक नहीं लेकर उसी कमाई में से अपनी आवश्यकताओं की पूर्ति करना और यदि बहुत ही कठिनाई प्रतीत होती हो तो कार्यालय के समय पूरा काम करने के उपरांत कोई अन्य व्यवसाय करके अपने लिए साधन जुटाना चाहिए। परिवर्तन करनेवाला स्वयंसेवक अपनी ड्यूटी के समय कोई अन्य धंधा करना पाप समझता है। यह ठीक है कि वह अन्य लोगों की भाँति ऐश और आराम के साधन नहीं जुटा सकता, अपने बच्चों को मूल्यवान शिक्षा नहीं दे सकता; परंतु जिन्हें समाज में परिवर्तन लाना है, उनके कार्य के ढंग में और रहन-सहन के ढंग में तो कुछ अंतर होगा ही। प्रामाणिक व्यक्ति सुख-सुविधाओं का मूल्य चुकाकर और स्वयं में स्वयंसेवकत्व व मानवता को जाग्रत् कर अपनी अगली पीढ़ियों को भी सद्‌गुण-संपन्न बनाने के साधन जुटा सके हैं।

आजकल अपने समाज का झुकाव इस प्रकार से हो चुका है कि हम लोग अपने बच्चों को ऊँची-से-ऊँची भौतिक सुख-सुविधाएँ तो जुटा सकते हैं, परंतु उन्हें बढ़िया चरित्र-संपन्न मनुष्य बनाने में असमर्थ हैं। जो लोग समर्थ हैं, उन्हें भोला कहा जा सकता है, यानी जो भला है उसे भोला कहा जाता है। भले का अर्थ भोला नहीं; प्रत्युत भला वह है, जो ईमानदार है, चरित्रवान है, श्रद्धालु है, कर्मठ है, पुरुषार्थी है और उद्यमी है।

अपना व्यवहार—हम अपने कार्यालय में काम करते हैं तो हमारे विषय में अपने संपर्क के लोगों की यह धारणा होनी चाहिए कि यह कर्मचारी ईमानदार है, प्रामाणिक

है, मिलनसार है और दोस्तों का दोस्त है। हमें संघेतर लोगों से भी मिलना चाहिए। उनके सुख-दु:ख में सहयोग देना चाहिए। संघ की यह मान्यता नहीं है कि विचार-भिन्नता शत्रुता है। संगठन भी भिन्न-भिन्न हो सकते हैं, परंतु हमें सभी के साथ मित्रता और भाईचारे जैसे संबंध स्थापित करने चाहिए। इस प्रकार का बनने के लिए हमें अपनी वृत्तियों पर अंकुश लगाना चाहिए। अपने संपर्क के लोगों में कार्य करने का सुपरिणाम यह होना चाहिए कि परिचित लोग सहसा यह कह उठें, 'अमुक व्यक्ति संघ का स्वयंसेवक है और इसकी बोलचाल, आचार व व्यवहार से समाज के सभी लोग प्रभावित हैं।' हमारी हर बात में स्वयंसेवकत्व स्पष्ट दिखना चाहिए। अपनी इच्छा यह है कि संघ-कार्य बढ़े तो इसके लिए सर्वश्रेष्ठ साधन, जो हम अन्य लोगों तक संघ का संदेश पहुँचाने के लिए प्रयोग में ला सकते हैं, वे हैं बातचीत, संघ साहित्य पढ़ाना, अच्छे-अच्छे कार्यक्रमों में ले जाना इत्यादि; परंतु सबसे बढ़िया ढंग है आत्मीयता से परिपूर्ण निज का व्यवहार। यदि हम किसी के दु:ख में भागीदार होंगे तो उस व्यक्ति के मानस-पटल पर जीवनपर्यंत इस घटना की अमिट छाप रहेगी। बिना किसी प्रकार के प्रचार-प्रसार के वह हमारे आचरण से ही हमको समझ जाएगा। संघ ने उसी ढंग को अपनाया है। अपने व्यवहार से ही संघ ने अनेक प्रकार के प्रश्नों और आलोचनाओं का उत्तर दिया है। आत्मीयता से संघ अधिक समझाया जा सकता है।

एक बात और है, मान लीजिए कि आपको किन्हीं अन्य संगठनों में कार्य करना पड़ जाता है और यह कार्य कभी-कभी अपने को संघ की योजना से मिलता है। वहाँ पर हमें संगठनों के कार्यकलापों को समझना चाहिए और अपना स्वयंसेवकपन प्रकट होना चाहिए। ऐसे संगठनों में प्राय: ऐसा देखा जाता है कि गरीबों का भला करने के नाम पर बहुत से संगठन उनका खून चूसते हैं। उसका नग्न चित्र सबके सामने है। ईमानदारी से उनकी समस्याओं को पूरा करनेवाले लोगों का अभाव है। वहाँ भी स्वयंसेवक के भाव से कार्य करना चाहिए। मोहल्ले में भी अपना रहन-सहन, व्यवहार इस प्रकार का होना चाहिए कि बिरादरीवाद, विचार-भिन्नता और अन्य भेदभावों को एक ओर रखकर सबका हृदय जीतें। अपना हृदय उदार होना चाहिए। यदि हमारे विचार और व्यवहार में अंतर है तो हम स्वयंसेवक नहीं हैं। आज समाज का पश्चिमीकरण हो रहा है। हमने पश्चिम के गुण तो ग्रहण नहीं किए, परंतु मिथ्या आडंबरों में फँस रहे हैं। अधिक धनी हो जाने के कारण, ऊँचा पद मिल जाने के कारण हममें दंभ आ गया और हमने पड़ोसियों के सुख-दु:ख में भाग लेना बंद कर दिया। दीन-दुर्बल भी समाज का अंग हैं। इस प्रकार का एकात्मतापूर्ण संबंध सबके साथ हो, तभी संघ अधिक समझाया जा सकता है। संघ बढ़ाने का अर्थ कोई अलग गुट बनाना नहीं है। अलग पक्ष हमें खड़ा नहीं करना है। अच्छा काम करनेवालों को सहयोग देंगे। हम ही सबकुछ करें और

हमारा किया हुआ ही ठीक होगा, ऐसी बात नहीं है। समाज में और भी समाज के लिए आहुति देनेवाले उपयोगी लोग हैं, यह भाव रखते हुए हमें चलना चाहिए। इस प्रकार से संघ द्वारा प्रदत्त दिशा को आसानी से समझ सकते हैं। हम में यह सामर्थ्य होना चाहिए कि हम परिणामकारी बात कर सकें।

कार्य के लिए अधिक समय दें—कई बार चाहने पर भी हम ऐसा नहीं कर पाते। इसका क्या कारण है? इसका एकमात्र कारण यह है कि हमें अपने कार्य के निमित्त जितना समय देना चाहिए, उतना समय हम नहीं दे पाते। हमें इस प्रकार से योजना बनानी चाहिए कि हम आजीविका-उपार्जन के लिए आवश्यक समय के उपरांत बचने वाले समय में से अधिकतम समय का उपयोग संघ-कार्य में करें। समय बहुत महत्त्वपूर्ण है। समय देने के अभाव में चाह—चाह ही बनी रहेगी, कोई काम होनेवाला नहीं। समय देते-देते ही हमें यह आभास होने लगेगा कि अपने कार्य करने की शक्ति कई गुना बढ़ गई है। अत: समय दीजिए। ऐसा यदि हम कर सकें तो परिणाम निकल सकता है। हम सब यदि ठीक दिशा को लेकर आगे बढ़ें तो निस्संदेह अपना कार्य बढ़ेगा। रंगसाज यदि चित्र में रंग भरना चाहेगा तो उसे कड़ी मेहनत करनी पड़ेगी और ईमानदारी से समय देना पड़ेगा, अन्यथा वह वांछित मूर्ति नहीं बना सकता और अपनी भावनाओं को साकार रूप नहीं दे सकता। अत: ऐसे ईमानदार काम करनेवाले समय देनेवाले और अपने संपर्क से अन्य लोगों को भी इस मार्ग पर लानेवाले स्वयंसेवकों की आवश्यकता है।

(पटियाला-राजपुरा रोड पर 3-5 नवंबर, 1977 को लगे माधवपुरी प्रांतीय शिविर में माननीय सोहन सिंहजी द्वारा बौद्धिकों एवं बैठकों में व्यक्त विचार। इस शिविर में पंजाब, चंडीगढ़, हिमाचल प्रदेश और जम्मू-कश्मीर के लगभग 3,000 स्वयंसेवकों ने भाग लिया।)

संस्कारों से जुड़ी हो शिक्षा

(विद्या भारती के समारोह में माननीय सोहन सिंहजी के उद्बोधन पर आधारित)

सन् 1947 के बाद अपने देश के सभी बंधु एक ही स्वर में बोलते दिखाई देते हैं कि हमारे देश की शिक्षा-पद्धति ठीक नहीं है। इसको बदलना चाहिए। हमारे देश के मंत्री, शिक्षाविद् एवं वरिष्ठ सरकारी अधिकारी सभी इसी स्वर में स्वर मिलाते हैं। वे इस तरह बोलते हैं जैसे कि देश की शिक्षा-प्रणाली को सुधारने का उत्तरदायित्व उनका नहीं, किसी और का है। वे बस, बोलनेवालों में से हैं। श्रीगुरुजी ने अपने कुछ कार्यकर्ताओं से संकेत रूप में कहा था, 'क्या आप भी बोलनेवालों की पंक्ति में रहेंगे या कुछ करेंगे भी?

तुम्हारे मस्तिष्क में शिक्षा–प्रणाली की जो तसवीर है, उसको प्रस्तुत करने की उमंग हो तो जाओ, उसको साकार रूप दो। बोलने मात्र से कुछ नहीं होगा।'

कार्यकर्ताओं को बात समझ में आ गई और विद्यालय प्रारंभ हो गया। इसके बाद गहनता से विचार किया गया कि शिक्षा–पद्धति कैसी होनी चाहिए। ध्यान कीजिए, तब कार्यकर्ताओं ने इस नए मार्ग को बनाने में कितना सोच–विचार किया होगा, कितना परिश्रम किया होगा कार्य को आज का स्वरूप देने में। आज हम अनेक हो गए हैं। अब तो विचार करने का काम काफी हो चुका है। आपने विद्या भारती का विचार पढ़ा होगा। उस विचार पर चिंतन कीजिए, मनन कीजिए, उसे आत्मसात् कीजिए और उसी के अनुसार विद्यालय खड़े करने का उद्यम कीजिए। हम अपनी संतति को पश्चिमी जीवन–पद्धति सिखाने के पक्ष में कदापि नहीं हैं। हम उसे अपनी मातृभूमि से जोड़ने के पक्षधर हैं। यह बात सदैव, सर्वत्र स्मरण रखनी चाहिए।

पश्चिम का प्रभाव

विचार करें कि क्या आपने भी संगठन की जिम्मेदारी स्वेच्छा से और सच्चे हृदय से स्वीकार की है या नहीं? आप जिस खानदान के कार्यकर्ता हैं, उसकी एक महान् पहचान है। लोग आपको एक विशेष दृष्टि से देखते हैं; परंतु आप पर भी वर्तमान साहित्य और मीडिया का प्रभाव परिलक्षित होता है। हम पश्चिम के रंगमंचीय कार्यक्रमों को भी सांस्कृतिक कार्यक्रमों की संज्ञा देने लगे हैं। रंगमंचीय कार्यक्रम और सांस्कृतिक कार्यक्रमों के भेद को समझना चाहिए। इसी प्रकार, हमारी भाषा पर भी पश्चिम का प्रभाव दिखाई देता है। 'योग' को 'योगा' और कर्नाटक को 'कर्नाटका' कहना क्या हमारे लिए उचित है?

शिक्षा का क्षेत्र सर्वाधिक महत्त्वपूर्ण क्षेत्र है और आप सौभाग्यशाली हैं कि आपको यह कार्य मिला है। आप कच्ची मिट्टी से मूर्ति निर्माण करनेवाले रचनाकार हैं। मूर्ति को आप मनचाहा रूप दे सकते हैं। बालक आपके सामने कच्ची मिट्टी की तरह हैं। आप अपनी सोच के अनुसार उसके मानस–पटल पर जो अंकित करेंगे, वह अमिट होगा। आप जैसा उसका भविष्य बनाना चाहेंगे, वैसा बन जाएगा। दुनिया के कोलाहल से दूर आपकी साधना हो रही है, नव–निर्माण हो रहा है। आपके हाथ से वह निर्माण हो रहा है, जिससे भावी राष्ट्र बनेगा। आप कुछ करके दिखाएँ, तभी यह होगा। आप इसके महत्त्व का अनुभव करें। यह बात हर समय हमारी सोच में जाग्रत् रहे, तभी हमें प्रेरणा मिलती रहेगी।

एक ही परिवार

शिक्षा के इस क्षेत्र में कार्य करनेवाले एक ही परिवार के लोग हैं। वह विद्यालय परिवार है। प्रबंध समिति उस बड़े परिवार का एक अंग है। आप लोगों को सोचना है कि इस परिवार के लिए आपके माध्यम से ऐसे व्यक्ति जोड़े जाएँ, जो कार्य करने में सहयोगी बन सकें। आपके द्वारा जैसा-तैसा व्यक्ति जोड़ देने की भूल न हो, यह ध्यान रहना चाहिए। शिक्षा संस्कार दे। भूमि अर्जित करने की क्षमतावाले जितने भी लोग जोड़े जा सकें, जोड़ने चाहिए। कुछ हम स्वयं खोजें और कुछ अपने विशाल संगठन के अन्य बंधुओं के परामर्श से खोजे जाएँ।

आज का युग अर्थ-प्रधान है कि कैसे उसके जीवन का स्तर ऊँचा उठे। जीवन-स्तर उठाने का मुख्य साधन वह पैसे को समझता है। वह उसे किसी भी विधि से कमाना चाहता है। यह आज का यथार्थ है। इस परिस्थिति में सामंजस्य कैसे किया जाए? भूखा आचार्य पढ़ाएगा कैसे? वह अभाव और उपेक्षा के वातावरण में कार्य नहीं कर सकता, यह हमें भली प्रकार समझ लेना चाहिए। ऐसे में प्रबंध समिति यदि अर्थ से उनकी इच्छानुकूल सहायता नहीं भी कर सकती है तो आत्मीयता का संबंध इसकी पूर्ति करने का उपाय है। पारिवारिक भाव का व्यवहार ही समस्याओं का समाधान कर सकता है। कार्यकर्ताओं को देशभक्ति व समाज-सेवा का दृष्टिकोण देकर कार्य के लिए प्रेरित किया जा सकता है। आत्मीयता का वातावरण बनाकर कार्य करके देखें तो आप पाएँगे कि थोड़े ही दिनों में कार्यकर्ता कितनी सक्रियता से कार्य में जुट पड़ा है।

पारिवारिक भाव

बालकों के प्रति भी पारिवारिकता का भाव रखना अपेक्षित है। उसको भी हम अपने परिवार का मानें, तभी वह हमारे मनोनुकूल शिक्षा के लिए तत्पर होगा। कुछ वर्ष पूर्व की बात है। श्री शांति नारायण दिल्ली में हंसराज महाविद्यालय के प्रधानाचार्य थे। एक दिन संध्या समय वे किसी मित्र को लेने रेलवे स्टेशन पर गए थे। अभी रेल के आने में विलंब था। वे स्टेशन पर टहलने लगे। वे टहलते-टहलते बिजली के उस खंभे के पास पहुँच गए, जहाँ एक विद्यार्थी बैठा पढ़ रहा था। उन्हें देखते ही वह विद्यार्थी उन्हें प्रणाम करने झुका। तब उन्हें ध्यान में आया कि वह उन्हीं के महाविद्यालय का विद्यार्थी है। उन्होंने पूछा कि वह वहाँ पढ़ने क्यों आया है? उसने बताया कि उसके पिता एक मजदूर हैं। घर में पूरे परिवार के लिए एक ही कमरा है। यदि वहाँ पढ़ने के लिए रोशनी खोलता हूँ तो पिताजी, जो दिन भर मजदूरी करके थककर आते हैं, सो नहीं पाते। फिर दूसरे दिन उनसे काम कैसे होगा? इस घटना ने उनको झकझोर दिया।

दूसरे ही दिन से उन सब बच्चों के लिए रात में भी महाविद्यालय का पुस्तकालय खुलने लगा, जिनके पास पढ़ने के लिए घर में स्थान नहीं था। उस दिन से ऐसे विद्यार्थी रात में विद्यालय भवन में पढ़ने और सोने की सुविधा लेने लगे। श्री शांति नारायण के व्यवहार का प्रभाव था कि हंसराज महाविद्यालय के विद्यार्थी उनके रहते कभी हड़ताल आदि जैसे अवांछित कार्यों में भाग नहीं लेते थे।

इस प्रकार प्रबंध समिति को देखना है कि विद्यालय का हर कोना संस्कारक्षम हो। विद्यालय की प्रशस्ति क्षेत्र में यत्र-तत्र सुनाई दे, तभी हमारे कार्य की सफलता मानी जाएगी। जब कभी हम विद्यालय में जाएँ, मन में सहयोगी भाव लेकर जाएँ। निरीक्षण आदि भी प्रधानाचार्य से विचार-विमर्श करके इसी निमित्त करें कि विद्यालय क्षेत्र में यशस्वी हो। शिक्षा के क्षेत्र में श्रेष्ठ व्यक्ति उससे जुड़ें। उस क्षेत्र के कार्यकर्ता अधिक-से-अधिक समय विद्यालय को देने के लिए उत्साहित हों।

हमें अपने कार्य का मूल्यांकन भी वर्ष में एक बार करना चाहिए। उसकी विधि सरल है। हम वर्ष में एक बार योजनापूर्वक विद्यालय के लिए धन-संग्रह हेतु क्षेत्र में निकलें। उस अवसर पर अभिभावकों से चर्चा होगी। विद्यालय का सहज ही मूल्यांकन हो जाएगा। अभिभावकों की सक्रिय अभिरुचि हमें विद्यालय की स्थिति आँकने में सहायक होगी। हिंदू समाज की यह विशेषता है कि वह भले काम के लिए अपनी थैली खोल देता है। आप विद्यालय के भवन, शिक्षण सामग्री एवं अन्य कार्यों के लिए उस धन का उपयोग करें और विद्या भारती के निर्णयानुसार विद्यार्थियों से लिये गए शुल्क को आचार्य तथा अन्य कार्यकर्ताओं के पारिश्रमिक में ही व्यय करें।

हम इस पर गंभीरता से विचार करें कि इतने लंबे अंतराल के बाद भी हम थोड़े से विद्यालयों से ही संतोष क्यों करें?

सीमा क्षेत्र का संगठन और कार्यकर्ता

(सीमा जन-कल्याण समिति, राजस्थान का दो दिवसीय प्रथम कार्यकर्ता अभ्यास वर्ग 17 व 18 दिसंबर, 1995 को जैसलमेर में हुआ। इसमें माननीय सोहन सिंहजी के चार सत्रों में उद्‌बोधन हुए। उन उद्‌बोधनों में सोहन सिंहजी ने सीमावर्ती क्षेत्रों के कार्यकर्ताओं के कर्तव्यों पर विशेष रूप से प्रकाश डाला।)

सीमा क्षेत्र में काम करनेवाले हम लोग एक बात अच्छी तरह जानते हैं कि कभी हमारे देश की सीमा हिंदूकुश पर्वत के बाहर थी; परंतु आप सब बंधु आसानी से समझते हैं कि हमारी कमजोरी के कारण हमारे देश का बहुत बड़ा क्षेत्र चला गया, जिससे हमारी सीमा हमारे जिले से बाहर चली गई और आप सीमावर्ती हो गए। अलग हुआ

टुकड़ा स्वतंत्र देश पाकिस्तान के नाम से पहचाना जाने लगा। अब सीमा क्षेत्र में रहने के कारण देश के अन्य नागरिकों की बजाय आपको ज्यादा सक्रिय रहना पड़ेगा और सीमा जन-कल्याण समिति से जुड़ने से हमारी जिम्मेदारी और ज्यादा बढ़ गई है।

राजस्थान की 13 तहसीलें, जो सीमा से लगती हैं, उनमें सीमा जन-कल्याण समिति मुख्य रूप से कार्य कर रही है। उस कार्य से जुड़े कार्यकर्ता दो दिन के लिए यहाँ एकत्र हुए हैं। हमको सर्वप्रथम समिति का संगठनात्मक स्वरूप समझना चाहिए। संगठन की एक प्रांतीय टोली है, उसके बाद जिला एवं तहसील इकाइयाँ हैं। तहसील के नीचे खंड व मंडल की रचना करनी है। एक तहसील के चार-पाँच हिस्से यानी 25-30 गाँवों का एक खंड, एक खंड में तीन-चार मंडल यानी 7-8 गाँवों से एक मंडल बनेगा। हर एक जिम्मेदार कार्यकर्ता यह समझने लगे कि हमको अपने संगठन की रचना किस तरह करनी है। अब आवश्यकता होगी, जिस प्रकार का काम है, उसके अनुरूप क्षेत्र में व्यक्ति खोजने की। इस संगठन की इकाइयों में खासतौर से वकील, सेना व पुलिस के सेवानिवृत्त बंधु और लिखने-पढ़नेवाले व्यक्ति अवश्य होने चाहिए।

सीमा क्षेत्र में रहने के कारण हमें सजग रहकर प्रथमत: यह सब देखना पड़ेगा कि हमारे आस-पास कैसी स्थिति है, कौन क्या कर रहा है, देश के लिए ठीक है या नहीं? दूसरा, मेरे क्षेत्र में किस समाज के लोग रहते हैं, इसका बारीकी से संतुलित विचार करना पड़ेगा। तीसरा, जो इस धरती को माँ समझता है, इसकी सुरक्षा के लिए प्रयत्न करता है, जिसकी काम करने की इच्छा है, ऐसे लोगों को संगठन से जोड़ना है। हम सबको ध्यान रहे कि इतिहास में मुट्ठी भर लोग आए और सारे देश को रौंदकर चले गए। बख्तियार खिलजी पश्चिम से 18 घुड़सवार लेकर निकला और पूर्व में पहुँचकर नालंदा विश्वविद्यालय को जला डाला। कहीं किसी ने नहीं रोका, कोई प्रतिकार नहीं। यह कैसे हुआ? सोचने का विषय है, सीखने की बात है।

हिंदू समाज की कमजोरी व आपसी फूट भारतवर्ष के पतन का कारण रही है। सीमा क्षेत्र के राजा आंभी ने सिकंदर को भारत पर आक्रमण करने के लिए मदद की; जबकि पंजाब के राजा पोरस ने उस आक्रमण को रोका। हमारे समाज के कुछ लोगों ने समय-समय पर विदेशी आक्रमणकारियों की मदद की, यह कमजोरी प्रकट हुई। आज भी 'मैं और मेरा परिवार, यही मेरा संसार' की प्रवृत्ति से समाज की एकता टूट रही है। इस सोच को बदलने की आवश्यकता है और समाज को ठीक करने का भी एक ही तरीका है। चाहे देश, प्रांत, जिले, पंचायत की बात है या अन्य कोई भी बात। ठीक कैसे करते हैं, कौन करता है? जिसमें कमजोरी होगी, वह ठीक नहीं कर सकता। ठीक व्यक्ति ही समाज को ठीक कर सकता है, सब जाति-बिरादरी के लोगों में एक सोच पैदा कर सकता है। हमारा संगठन सीमा क्षेत्र का संगठन है, अत: संगठन का व्यापक

एवं प्रभावी स्वरूप खड़ा करने के लिए ऐसी बहुत सी बातों का ध्यान रखना पड़ेगा।

किसी भी संगठन की पहचान के लिए पुस्तकें छपती हैं, प्रमुख कार्यकर्ता भाषण देते हैं; लेकिन सबसे ज्यादा सही जानकारी उस संगठन के कार्यकर्ता से होती है। कार्यकर्ता की सोच, विचार, आचरण, व्यवहार, तौर-तरीका—हर छोटी-बड़ी बात देखकर लोग अंदाजा लगा लेते हैं कि संगठन कैसा होगा? मान लो, किसी संगठन का विचार बहुत अच्छा है, लेकिन उस विचार को लेकर जो कार्यकर्ता जगह-जगह लोगों के पास पहुँचता है, वह कैसा है? लोग तो उसे देखते हैं। हमारा संगठन सीमा क्षेत्र का संगठन है तो इसका कार्यकर्ता कैसा हो? सीमा क्षेत्र में रहनेवाली सभी बिरादरियों को जोड़नेवाला हो, उसके मुँह से कभी इस प्रकार की बात नहीं निकलेगी, जिसमें किसी जाति के प्रति ईर्ष्या, मतभेद, जलन अर्थात् तोड़ने की बात झलकती हो। जोड़ने का काम करना है, संगठन का काम करना है तो गुस्सा छोड़ना पड़ेगा। इतना ही नहीं, जब व्यक्ति देश और समाज का काम करने के लिए निकलता है तो स्वयं की इज्जत-बेइज्जती की चिंता नहीं करनी चाहिए। भगवान् श्रीकृष्ण के कार्यों से हमें प्रेरणा लेनी होगी। इसी क्षेत्र के दुर्गादास राठौड़ का श्रेष्ठ उदाहरण हमारे सामने है, जिन्होंने देश-निकाला दिए जाने पर भी यही कहा कि कभी भी मारवाड़ को मेरी जरूरत पड़े तो बुला लेना।

आपको भगवान् ने इस सीमा क्षेत्र में बसाया है, यह सौभाग्य की बात है। इस क्षेत्र का महत्त्व समझकर यहाँ बसाया है, नहीं तो कहीं भी जन्म दे सकता था। यहाँ इस रेगिस्तान में किस उद्देश्य से पैदा किया है? इसलिए पैदा किया है कि आप इस क्षेत्र के लायक हैं। यहाँ रहकर संपूर्ण देश की सुरक्षा का कार्य कर सकते हैं। भारत माता के हम सब पुत्र यह संकल्प लें कि किसी भी कीमत पर जिंदगी में ऐसा कोई काम नहीं करेंगे, जिससे देश और समाज की इज्जत घटे। देश और समाज की बात हमेशा हमारे मस्तिष्क में रहे। उसके अनुसार हमारा व्यवहार, बोलचाल रहनी चाहिए तथा भगवान् ने जो काम हमको सौंपा है, वह निश्चित रूप से कर सकेंगे, ऐसा हमारा विश्वास है। आनेवाली पीढ़ियाँ हमको याद करेंगी, हमारे बारे में अच्छा बोलेंगी कि सीमांत क्षेत्र में ऐसे लोग हो गए, जिन्होंने छोटी-छोटी बातों की ओर ध्यान न देकर अपने फर्ज को पहचाना। ये सब बातें ध्यान रखें।

आपातकाल के बाद संघ

'बिना विचार एवं आदर्श के व्यवहार और बिना समाज के प्रति भक्तिभाव के पूँजीपति, राजा-महाराजे अथवा जाति-प्रमुख हमारे देशभक्त स्वयंसेवक की साधना के सौदागर न बनें। आज देश-समाज भी ऐसे ही आदर्शवादी और राष्ट्र-समाज के कार्य के लिए लगे लोगों की, जिन्होंने फकीरी लेने की ठानी है, प्रतीक्षा कर रहा है। हम अपने

संगठन को, देश व समाज को ऐसे जाति-पातिवादी राजे-महाराजों का खिलौना न बनाएँ।

'हमारी पूँजी है संगठन और उसका निस्स्वार्थ कार्यकर्ता, उसकी तपस्या, त्याग। हम अपनी यह पूँजी अपने कुछ निर्णयों से समाप्त कर लेते हैं।···धनपति की जेब में जाने से संगठन को रोकना है। इसके बिना तो अपनी शक्ति यानी पूँजी को देशभक्ति तथा त्याग और समय आने पर तन, मन, धन देने की बात का महत्त्व कम कर लेते रहे हैं। जो सरकारी दबाव, गुंडागर्दी, पैसा और शराब का खेल खेला जाएगा, उसे यही टीम सँभाल सकेगी। उसके प्रत्येक दाँव को यही टीम निष्फल कर सकेगी। इसको आधार नहीं बनाकर यदि हमने पैसा और शराब को आधार बनाया या उनमें स्पर्धा करने का प्रयत्न किया तो जीतें या हारें, हमारी पराजय निश्चित है। राष्ट्रभक्ति और तपस्या का जुनून ही तो हमारी पूँजी है और यही हमको सब में भरना है।'

लगभग 39 वर्ष पूर्व 27 जुलाई, 1977 को तत्कालीन जयपुर विभाग प्रचारक माननीय सोहन सिंहजी की ओर से तत्कालीन प्रांत प्रचारक माननीय ब्रह्मदेवजी को लिखे गए पत्र के ये अंश यह बताते हैं कि किस तरह वे एक दूरद्रष्टा के रूप में भविष्य को पढ़ने और उसका सटीक आकलन करने का सामर्थ्य रखते थे। उन्होंने उस पत्र में चुनाव से संबंधित तीन और सावधानियाँ रखने की बात लिखी, जिनका आशय था— (1) पूरे सामर्थ्य से चुनाव में लोकतंत्रीय शक्तियों का समर्थन करने के कारण अन्य कभी आनेवाली सत्ता का संघ के प्रति क्या व्यवहार होगा। (2) इससे संघ के जनमानस पर बने हुए चित्र का क्या प्रभाव पड़ेगा, दलीय, राष्ट्रीय नहीं; राजनीति-प्रधान अधिक, राष्ट्रनीति-प्रधान कम, यह भी विचार का विषय है। (3) क्या संघ के सभी क्षेत्रों के कार्यकर्ता पूरी शक्ति से चुनाव में कूदेंगे या कुछ के लिए ही यह लागू है?

सोहन सिंहजी का सोचना यह भी था कि राजनीति के पास आज सब प्रकार के अधिकार और सब प्रकार के साधन होने के कारण वह बहुत शक्तिशाली हो गई है। समाज को बनाने-बिगाड़ने की उसमें सामर्थ्य बहुत है। उसको यदि ठीक दिशा देनी है तो प्रत्येक लोकसभा-विधानसभा क्षेत्र से ऐसे व्यक्ति हमको अवश्य देने होंगे, जो आज या कल उस क्षेत्र को योग्य दिशा में आगे बढ़ाने का सामर्थ्य रखते हों। अपने बंधुओं ने देश, समाज या प्रजातंत्र की रक्षा के लिए अपना पूर्ण समर्पण किया है। उनके अखिल भारतीय स्वरूप व सामर्थ्य का परिणाम इस नए संगठन के वर्तमान स्वरूप में कम ही दिखाई देता है।

जागरूक नागरिक की भूमिका

(राजनीति और चुनाव को लेकर माननीय सोहन सिंहजी का स्पष्ट दृष्टिकोण

रहा। वे कभी राजनीति की दलदल में फँसने के हिमायती नहीं रहे। उनका सोचना था कि समाज के जीवन को राजनीति काफी प्रभावित करती है, इसलिए यह विषय तो है ही कि राजनीति में सहभागी हुआ जाए या नहीं हुआ जाए। हुआ जाए तो कितना हुआ जाए? साथ ही स्वयंसेवक जागरूक नागरिक के नाते अपनी श्रेष्ठतम भूमिका निभाएँ और समाज पर बुरा असर पड़ने से रोकें। उन्होंने जगह-जगह यह भी उल्लेख किया कि यह सावधानी बरतने की जरूरत है कि स्वयंसेवकों का राजनीतिक दुरुपयोग न हो। विद्या भारती से जुड़े श्री शिव प्रसादजी को लिखे एक पत्र (6 जनवरी, 1985) में उन्होंने विभिन्न शंकाओं का समाधान करते हुए कुछ बिंदुओं का उल्लेख किया।)

1. हम सभी संघ शाखा के माध्यम से देश, समाज के हित का ध्यान सदा विचार करनेवाला तथा तदनुसार आचरण करनेवाला जागरूक नागरिक तैयार करने में लगे हुए हैं। इसके साथ ही उनमें सच्चे हिंदुत्व का भाव भी हमें जाग्रत् करना है।
2. ऐसा व्यक्ति सदा ही जीवन (व्यक्तिगत, पारिवारिक, सामाजिक) में ऊपर लिखे के अनुसार आचरण करे, ऐसी अपनी अपेक्षा है।
3. चुनाव चाहे पंचायत का, जिले, प्रांत या देश का हो, जागरूक नागरिक के लिए विशेष महत्त्व का होगा ही। कारण यह है कि चुने हुए लोग ग्राम, जिला, प्रांत या देश के हित का ध्यान रखने के लिए ही चुने जाते हैं; व्यक्तिगत, पारिवारिक, जाति, गुट आदि की स्वार्थ-पूर्ति के लिए नहीं।
4. ऐसे महत्त्व का विषय जब हो तो संघ का यह जागरूक स्वयंसेवक कुछ सोचे नहीं, बोले नहीं, करे नहीं, यह उचित है क्या?
5. यदि यह देशभक्त व्यक्ति कुछ नहीं सोचता, नहीं करता तो चुने जाने के बाद में जब नई-नई समस्या सभी दुःख देनेवाली खड़ी होती है तो वही व्यक्ति, जो आज यह कहता है कि संघ या संघ का स्वयंसेवक ऐसा क्यों करता है, वैसा क्यों करता है, वही उस समय कहता है कि भाईसाहब, कुछ करना चाहिए।...अन्यथा देश का सर्वनाश हो जाएगा। यह सब लोगों का मन हमें समझना होगा।
6. संघ का स्वयंसेवक ऐसे महत्त्व के प्रसंग पर शांत नहीं रहता और न ही रहना चाहिए। संघ के स्वयंसेवक की यह मनोभूमिका या आचरण स्वार्थ में लिप्त व्यक्ति को समझ में नहीं आता। इसका कारण संघ या संघ के दृष्टिकोण की समझ की कमी ही है। कभी-कभी कोई स्वयंसेवक पुराना होने पर भी इतना गहराई से सब विषय को नहीं समझता। हमने भी शायद उसे इतना सुविकसित स्वयंसेवक नहीं बनाया। यह हम भी ध्यान करें।

7. हाँ, इतना हमें ध्यान रखना चाहिए कि जहाँ नई शाखा है या कोई नया स्वयंसेवक है, उसको ऐसे समय पर काम करने को नहीं कहना चाहिए, क्योंकि वह भी सब विषयों को उतना समझता नहीं है।

इस प्रकार धैर्य से हम स्वयं पहले अपना दृष्टिकोण समझें और धीरे-धीरे सबको यह समझाते चलें।

विचारों का प्रसार और संवाद केंद्र

(राजस्थान के सबसे बड़े साप्ताहिक 'पाथेय कण' की स्थापना और विश्व संवाद केंद्र की भूमिका के संबंध में माननीय सोहन सिंहजी ने पत्रों और बैठकों के द्वारा समय-समय पर दिशा सुनिश्चित की। कार्य योजना और कार्यान्वयन के संदर्भ में उन्होंने तत्कालीन क्षेत्रीय बौद्धिक प्रमुख तथा 'पाथेय कण' के संपादक श्री कन्हैयालाल चतुर्वेदी को कई पत्र लिखे और प्रबंध संपादक श्री माणक चंदजी से चर्चा की।)

संवाद केंद्र द्वारा विशेष रूप से जयपुर से निकलनेवाले सभी दैनिकों या अन्य पत्रिकाओं में जो स्वयंसेवक हैं या अपने विचारों के बंधु हैं, सभी से सक्रिय संपर्क बनाने की योजना हो और अपने पढ़े-लिखे स्वयंसेवकों (प्राध्यापकों) में संपर्क करके लिखने की मानसिकता तैयार की जाएगी तो लाभ होगा। एक बात ध्यान में आती है कि हम 'पाथेय कण' के द्वारा जो विचार देना चाहते हैं, सरलता से समझ में आ जाए और परिणामस्वरूप विचार व आचरण से युक्त व्यक्ति तैयार हो, यह ध्यान में रखें तो अच्छा होगा। 'पाथेय कण' का रजिस्ट्रेशन करवाने के साथ-साथ 'पाथेय कण' के निकलने का समय सुनिश्चित होना चाहिए। 'पाथेय कण' में कौन-कौन से विषय प्रकाशित होने चाहिए—

(क) 'पाथेय कण' के पाठक को भारत (देश अर्थात् भूमि) की जानकारी हो। इसमें कभी सांस्कृतिक भारत के प्रभाव का क्षेत्र भी बताया जा सकता है।

(ख) हिंदू विचार व समाज की जानकारी देना। इससे धीरे-धीरे वर्तमान में व्याप्त सभी भ्रांतियाँ दूर हो सकेंगी और 'पाथेय कण' के प्रति लोगों की जानकारी बढ़ेगी।

(ग) समाज का इतिहास।

(घ) हिंदू मूल चिंतन—मूल भाव या दृष्टिकोण की जानकारी में कमी आकर समाज-जीवन में दोष उत्पन्न हो गए। इस दौरान क्या-क्या दुर्बलता आ गई, जिसके परिणामस्वरूप हमें दासता का सामना करना पड़ा?

(ङ) दासता से सतत संघर्ष का इतिहास।

(च) आज की स्थिति—विभिन्न उदाहरणों के साथ।

(छ) वर्तमान में किए जा रहे विभिन्न प्रयत्नों की वास्तविक दिशा।

(ज) इन सभी विषयों से संबंधित श्लोक आदि का उपयोग करना और अपने सभी प्रयत्नों की जानकारी देना।

हमने अभी तक जो सोचा है, उसमें ऊपर लिखे हुए विषयों में से कुछ सरल भाषा में दिया जा सके तो पाठक को अपनी मूल जानकारी के साथ वर्तमान की पूरी जानकारी और उपाय का पता लगेगा। दिशा और प्रेरणा मिले, ऐसे उदाहरण भी दिए जाने चाहिए। हमारा पाठक हिंदू विचार और व्यवहार को पूरी तरह समझनेवाला तथा तदनुसार आचरण करनेवाला व्यक्ति बनना चाहिए। यही सफलता की कसौटी है। मुझे अभी उसमें कुछ और लिखे जाने की आवश्यकता लगती है।

स्वतंत्रता संग्राम में संघ

(भारत के स्वतंत्रता संग्राम में राष्ट्रीय स्वयंसेवक संघ की भूमिका के विषय में माननीय सोहन सिंहजी गौरवपूर्ण उल्लेख करते थे। उनके बौद्धिकों और चर्चाओं में भी यह विषय महत्त्व के साथ सामने आता था। वे अपनी डायरियों में जिन महत्त्वपूर्ण विषयों का हर वर्ष स्मरण करते रहना जरूरी समझते थे, उनमें स्वतंत्रता संग्राम में संघ से जुड़े विषय शामिल थे।)

1. संघ की पहली प्रतिज्ञा में स्वतंत्रता का लक्ष्य था।
2. आंदोलन में संघ व डॉ. हेडगेवारजी नमक सत्याग्रह-जंगल सत्याग्रह 1930 में।
3. सन् 1928 में साइमन कमीशन का विरोध व प्रदर्शन में भाग लिया। 1928 में कलकत्ता में सुभाष बाबू से भेंट-वार्त्ता, विट्ठलभाई पटेल विजयादशमी पर नागपुर पधारे।
4. सन् 1928 में लाहौर अधिवेशन में पूर्ण स्वतंत्रता लक्ष्य घोषित हुआ। संघ ने सभी शाखाओं में सूचना देकर उत्सव किए।
5. संघ के संबंध में गुप्तचर रिपोर्ट के आधार पर सरकारी कर्मचारियों पर प्रतिबंध 1932 में।
6. सन् 1934 में गांधीजी वर्धा शिविर में आए। संघ की प्रशंसा की।
7. सन् 1940 में सरकार ने गणवेश व क्षमता पर प्रतिबंध लगाया।
8. स्वतंत्रता आंदोलन में सहयोग। अरुणाजी व जयप्रकाशजी डॉ. हेडगेवारजी के घर रहे।
9. डॉ. हेडगेवारजी ने राजगुरु को मा. भैयाजी दाणी के फॉर्म पर रखवाया।
10. अंतरिम सरकार का सहयोग, गांधीजी की सुरक्षा देशबंधु गुप्ता के कहने पर।

11. सन् 1963 में गणतंत्र दिवस पर सहयोग।
12. सन् 1965 में यातायात सँभाला, सैनिकों के लिए रक्तदान।
13. सन् 1962 में चीन के आक्रमण के समय असम में सहयोग।
14. हर विपत्ति में सहयोग-विभाजन, संकट जैसी स्थिति में सहयोग-साथ।

❑

माननीय सोहन सिंहजी प्रत्येक वर्ष अपनी डायरी के प्रथम पृष्ठ पर अपने द्वारा ली गई संघ-प्रतिज्ञा लिखते थे।

कर्म-कठोर प्रचारक

—अशोक सिंघल

माननीय सोहन सिंहजी से मेरा प्रथम परिचय वर्ष 1953-54 के दौरान जगाधरी में परम पूजनीय श्रीगुरुजी के कार्यक्रम में हुआ। उस समय मेरा कार्यक्षेत्र सहारनपुर था और क्योंकि जगाधरी बिल्कुल लगा हुआ है, हम लोग उस कार्यक्रम में साइकिलों से ही पहुँचे थे। रात को हम लोग सब वहीं रुक गए और वहाँ पर बहुत से कार्यकर्ताओं का हम सब लोगों से संपर्क हुआ। तभी सोहन सिंहजी का परिचय आया और साथ में उनके द्वारा निर्मित बहुत से कार्यकर्ता ध्यान में आए। वहाँ प्रमुख कार्यकर्ता दर्शनलालजी जैन से मेरी लंबी चर्चा हुई और मुझे लगा कि सोहन सिंहजी ने ऐसे कार्यकर्ताओं को गढ़ा है और वैचारिक दृष्टि से इतना सुदृढ किया है, कोई सामान्य व्यक्ति इस प्रकार के कार्यकर्ताओं को नहीं गढ़ सकता। उसी समय उनके संबंध में मेरा एक विशेष भाव पैदा हुआ। मैंने उनके द्वारा जितने भी निर्मित कार्यकर्ता थे, उनके भीतर दृढता देखी। कैसा कठोर जीवन और कैसा संगठन के लिए एक सरल स्वभाव, यह उनके द्वारा निर्मित कार्यकर्ताओं में स्पष्ट दिखाई देता था।

हम लोग कल्पना नहीं कर सकते हैं कि जिस समय उन्होंने प्रचारक जीवन स्वीकार किया, उस समय देश की क्या स्थिति थी। मुझे स्मरण है कि उस समय संघ का कार्य करना ऐसा ही था जैसे किसी नदी में उसके प्रवाह के विरुद्ध तैरना। मानो बार-बार प्रवाह हमको खींचकर दूसरी ओर ले जाने की चेष्टा कर रहा हो। उस समय जो बड़े-बड़े नेता थे, उनके कारण एक धारणा बन गई थी कि अगर इस देश को स्वतंत्र होना है तो हिंदू और मुसलिम समाज की एकता के बिना हमको स्वतंत्रता प्राप्त नहीं हो सकती। इसलिए हिंदू राष्ट्र, भारत है हिंदू राष्ट्र—इस प्रकार की कल्पना स्वीकार करने के लिए कोई तैयार ही नहीं होता था। आज हम उस काल की कल्पना नहीं कर सकते, जब इस देश के भीतर चारों ओर हिंदू राष्ट्र की इस विचारधारा के विरुद्ध वातावरण बना हुआ था। इस वातावरण में कार्य करना सरल नहीं था; किंतु व्यवहार में लोग जब देखते थे

कि हिंदुओं के साथ किस प्रकार का व्यवहार हो रहा है और विशेष रूप से उस काल में, जब पाकिस्तान के निर्माण के लिए जगह-जगह पर इसलामिक जेहादी हिंदू समाज के ऊपर आक्रमण पर आक्रमण करते थे, तब व्यवहार में लगता था कि हिंदू समाज को संगठित होना चाहिए। हिंदुओं के संगठित हुए बिना इस देश की रचना नहीं हो सकती है। इसलिए आत्मरक्षा के लिए संघ की आवश्यकता है, इस प्रकार की अनुभूति सबके मन में होती थी। हालाँकि विचार-प्रवाह तो उस समय दूसरा चलता था, किंतु व्यावहारिक, वास्तविक स्थिति जो थी, वह बिल्कुल भिन्न थी। सोचते थे कि आत्मरक्षा के लिए हम सब संगठित हों। यह भी कारण था कि उस काल में कठिन परिस्थिति होते हुए भी संघ की शाखाओं का निर्माण और शाखाओं के द्वारा जिस प्रकार के व्यक्ति चाहिए, उस प्रकार के व्यक्तियों का निर्माण उस काल में हुआ। कई बार मैं सोचता हूँ कि यह पद्धति कितनी महत्त्वपूर्ण है और किस प्रकार से इस पद्धति के द्वारा लाखों देशभक्तों का निर्माण हुआ। यह पद्धति वास्तव में हमारे गुरुकुल की देन रही है। देश का चरित्र और इसके निर्माण का आधार हमारे गुरुकुल हैं। तब देश में पाँच लाख गुरुकुल काम करते थे। गुरुकुल वही काम करते थे, जो आज हमारी शाखा काम करती है। मैकाले ने कहा था कि इस देश के लोग चरित्रवान हैं, इस देश के लोग झूठ नहीं बोलते, चोरी नहीं करते, गुरु का आदर करते हैं, अपने माता-पिता को देवता के समान समझते हैं। इसलिए गुरुकुल की यह कार्य-पद्धति अंग्रेजों ने समाप्त कर दी थी। उसी की पुनरावृत्ति संघ की शाखा के रूप में हमारे मुख्य शिक्षक, हमारे कार्यवाह एक घंटे की शाखा में करते हैं। हमारे गुरुकुलों में और आचार्यों के द्वारा जिस प्रकार व्यक्ति गढ़ा जाता था, उसी प्रकार का कार्य हमारे संघ के प्रचारकों के द्वारा हुआ है।

प्रचारक पद्धति की आवश्यकता देश के उस काल में बहुत अधिक थी। इसी कार्य के लिए हमारे सोहन सिंहजी ने अपना जीवन समर्पित किया। इतनी बड़ी हमारी संस्कृति कैसे देश के अंदर से समाप्त हो रही है और एक ऐसी विचारधारा धीरे-धीरे इस देश में लाई जा रही है कि शायद हमारा राष्ट्र-जीवन ही समाप्त हो जाए। उसके लिए जिस प्रकार के कार्यकर्ताओं के द्वारा हम इस राष्ट्र की संस्कृति-धर्म की रक्षा कर सकेंगे, इस समाज की रक्षा भी कर सकेंगे। ऐसे कार्यकर्ताओं की निर्मिति आवश्यक है। मैं समझता हूँ कि उस समय जो भी प्रचारक कार्य करने के लिए निकले, उनके मन में यही कठोर संकल्प था, किस प्रकार के कार्यकर्ताओं से हम हिंदू राष्ट्र का फिर से निर्माण कर सकेंगे। ऐसे कर्म-कठोर कार्यकर्ताओं का निर्माण करना, सोहन सिंहजी इसकी सबसे बड़ी मिसाल थे। वे इस देश की स्वतंत्रता के पूर्व प्रचारक निकले और इस देश पर जो आपदा आई, उन आपदाओं को झेलते हुए निकले। जब संघ पर प्रतिबंध लगा, तब हमारे कार्यकर्ताओं ने कितने संकट झेले। प्रतिबंध के पश्चात् कई स्थान ऐसे थे, जहाँ

शाखा खोलना भी संभव नहीं था। ऐसे कठिन समय में कार्यकर्ताओं की निर्मिति का कार्य, जिनके माध्यम से भारत का उज्ज्वल भविष्य खड़ा हो सकेगा, ऐसे कार्यकर्ताओं का उन्होंने निर्माण किया। मेरा उनके साथ अधिक व्यक्तिगत संबंध नहीं था; लेकिन जितना संबंध था, उससे मुझे लगा कि सोहन सिंहजी जैसे प्रचारकों के कारण ही संघ का यह विराट् स्वरूप देश के सामने खड़ा हो सका है।

मैं कह सकता हूँ कि जिस चरित्र के आधार पर हम सब लोगों ने हमारी खोई हुई संपदा को फिर से लाने का प्रयास संघ के माध्यम से किया, उसी तरह के महान् चरित्रों की आज देश को आवश्यकता है। इस प्रकार के कर्म-कठोर प्रचारक, इस प्रकार के कर्म कठोर आचार्य, इस प्रकार के कर्म कठोर संस्कार देनेवाले लोगों की समाज को आवश्यकता है। हमारे देश के भीतर ऐसे आचार्य जब लाखों की संख्या में होंगे तो हम भारत को उसी पूर्वावस्था में ले जा सकेंगे। ऐसे ही भाव मैं उनके चरणों के प्रति समर्पित करता हूँ। मैं सोचता हूँ कि भगवान् हम सब लोगों को वह शक्ति दें, जिससे कि इस प्रकार के आचार्य-प्रचारक हमारे देश के भीतर खोई हुई संपदा को फिर से प्राप्त कर सकें।

(ब्रह्मलीन पूर्व संरक्षक, विश्व हिंदू परिषद्)

❑

संगठन समर्पित जीवन

—डॉ. मनमोहन वैद्य

सोहन सिंहजी के व्यक्तित्व से पहला निकट का साक्षात्कार गुजरात में हुआ, जहाँ एक वर्ष पूर्ण कर चुके प्रचारकों के सात दिवसीय वर्ग का आयोजन किया गया था। तब मुझ पर वहाँ प्रांत प्रचारक का दायित्व था। ज्येष्ठ कार्यकर्ता प्रचारक को हम वर्ग के कुलाधिपति के नाते बुलाते थे। उस वर्ग में सोहन सिंहजी कुलाधिपति थे।

वे ऐसे प्रचारक थे, जो स्वयंसेवकों को अपने आचरण से सिखाते थे। उदाहरण के तौर पर, यदि हम चार-पाँच लोग बैठे हुए हैं और सत्र का समय हो गया तो समय होते ही वह बात के बीच से उठकर चुपचाप चले जाते थे। उस दौरान देखा कि वह कभी किसी कार्यक्रम में देर से नहीं पहुँचे।

एक और घटना स्मृति में कौंधती है। तब उनकी आयु शायद 78 वर्ष रही होगी। इस आयु में भी वह पूरे एक घंटे तक संघ-स्थान पर रहते थे। स्वयंसेवकों को बैठाकर नए खेल की रचना करते हुए मैंने पहली बार किसी को देखा तो सोहन सिंहजी को देखा। उस आयु में ऐसा उत्साह और स्फूर्ति देखना अनूठा व आनंददायक था। उस वर्ग में भोजन आदि में अधिकारियों के लिए स्वास्थ्य के कारण कोई विशेष भोजन परोसा जाता था तो सोहन सिंहजी कभी उसे ग्रहण नहीं करते थे। सभी शिक्षार्थियों के लिए जो भोजन बनता, उसको ही लेने का आग्रह रहता था।

यहाँ दिल्ली में आने के पश्चात् भी वे सभी बातों पर बड़ी बारीकी से नजर रखते थे। कठोर जीवन उनका स्वयं का था। वह अत्यंत सादगी से रहते थे। अकसर जिनका जीवन कठोर होता है, उनकी वाणी में भी कठोरता होती है; परंतु सोहन सिंहजी की वाणी में सदैव मधुरता और आश्वस्ति वाला भाव रहता था। कार्यकर्ताओं के लिए सोहन सिंहजी का अपार स्नेह रहता था। यह उनकी विशेषता थी।

मैं जब जिला और विभाग स्तर के प्रचारकों से मिलता था तो उनसे अकसर एक प्रश्न पूछता था कि आप अपने मन की बात खुलकर करते हो, किससे करते हो? कई

कार्यकर्ता इस प्रश्न के उत्तर में सोहन सिंहजी का नाम लेते थे। आयु में बड़ा अंतर होने के बाद भी एक 20-22 वर्ष का प्रचारक यह कहता था कि मैं अपने मन की बात खुलकर सोहन सिंहजी से कर सकता हूँ। मन की गाँठें सहज ही जहाँ खुल जाएँ, ऐसा उनका व्यक्तित्व था।

आज ऐसा लगता है कि इच्छा-मृत्यु उन्होंने स्वीकार की हो। उनका आग्रह सादगीपूर्ण जीवन जीने का रहता था। अपने कमरे में ए.सी. लगाने से उन्होंने मना कर दिया था। यहाँ तक कि उन्होंने अपने कमरे में पश्चिमी शैली का कमोड नहीं लगने दिया। उन्हें कष्ट होता था, लेकिन फिर भी उनका आग्रह यही रहता था कि भारतीय पद्धति के शौचालय में ही उन्हें जाना है। अभी जब अंतिम बार मैं उनसे मिलने गया तो इससे पहले कि मैं कुछ पूछूँ, उन्होंने पहले मुझसे ही पूछा—आपका स्वास्थ्य कैसा है? वह अपना कष्ट किसी के मन पर डालने से भी बचते थे, इसकी बजाय सबकी चिंता उनके मन में रहती थी। अस्वस्थ होने के कारण कार्यालय से बाहर जाना बंद होने के बावजूद संगठन के बारे में हर बात की बारीकी से जानकारी रखते थे। आवश्यकता पड़ने पर कार्यकर्ताओं को बुलाकर उसकी पूछताछ भी करते थे और उन्हें सलाह या मार्गदर्शन देते थे।

(संघ के अ.भा. प्रचार प्रमुख)

❑

राष्ट्रीय दृष्टि, सूक्ष्म सोच, व्यापक प्रभाव

—सुरेश कुमार

माननीय सोहन सिंहजी बहुमुखी प्रतिभा के धनी थे। कठोर वीरव्रती जीवन, अलंघनीय अनुशासन, अंतर्तल में व्याप्त वात्सल्य भाव, संघ-कार्य की प्रधानता और मर्यादाओं की लक्ष्मण रेखा में जीवन को समेटे सोहन सिंहजी रोम-रोम से राष्ट्र-निर्माण को समर्पित थे। उन्होंने अपना संपूर्ण जीवन संघ के माध्यम से भारत के चरणों में समर्पित कर दिया। चार दशकों से अधिक उनका सान्निध्य मिला। उनसे मिलना हमेशा प्रेरणादायक रहा। उनसे कुछ-न-कुछ सीखने को ही मिलता।

राजस्थान में माननीय ब्रह्मदेवजी के समय संघ-कार्य का विस्तार हुआ। सोहन सिंहजी ने कार्य को दृढता प्रदान की। उन्होंने संघ-कार्य को व्यवस्थित किया, अधिकांश गाँवों तक पहुँचाया और भौगोलिक आधार पर कार्य-विस्तार का क्रम निर्धारित किया। हर मंडल तक कार्य के विस्तार के लिए विशेष प्रयास किए गए। जागरण पत्रिका 'पाथेय कण' को प्रकाशित-व्यवस्थित किया गया और इस बात के प्रयत्न किए गए कि वह सभी गाँवों में पहुँचे। इस दौरान जहाँ उन्होंने मूल संघ-कार्य को केंद्र-बिंदु बनाया; वहीं समानांतर चिंताएँ करके भविष्य की दृष्टि से विभिन्न क्षेत्रों में नींव मजबूत करते गए। प्रवास के दौरान उनका इस बात पर विशेष जोर रहता कि संगठन में अवसरवादी लोग हावी न हों। उन्होंने अवसरवादियों को कमजोर किया।

सन् 1973 में सोहन सिंहजी हरियाणा से राजस्थान आए। तब वे हरियाणा के संभाग प्रचारक थे। राजस्थान गए तो उनका स्वास्थ्य काफी खराब था। अनिद्रा का रोग था। तब राजस्थान के प्रांत प्रचारक ब्रह्मदेवजी और सोहन सिंहजी की अंतरंगता बहुत थी। ब्रह्मदेवजी अधिकारियों की अनुमति लेकर सोहन सिंहजी को राजस्थान ले गए। जयपुर के पास चौमूँ है। वहाँ वैद्य सुखदेव शास्त्री ख्याति-प्राप्त चिकित्सक थे। परम पूजनीय गुरुजी की चिकित्सा की भी चर्चा उनके साथ हुई थी; लेकिन वह अवसर उन्हें मिला नहीं। उन्होंने सोहन सिंहजी की चिकित्सा की। जयपुर के कार्यकर्ता वैद्य केदारजी

उनको साथ लेकर सुखदेवजी शास्त्री के पास गए। वैद्यजी ने कहा कि रोग तो ठीक हो जाएगा, लेकिन समय लगेगा। उन्होंने दवा दे दी। सोहन सिंहजी रात भर बैठे रहते थे। नींद नहीं आती थी। यही अस्वस्थता का कारण था। इसके कारण स्मृति समाप्त हो गई थी। कुछ भी ध्यान में नहीं था। बस, अनिद्रा में रहते थे, रात-दिन जगे रहते थे। उनकी दवा शुरू हो गई। लगभग सात-आठ दिन दवा चलने के बाद उनको नींद आनी शुरू हो गई। गहरी-लंबी नींद। दिन-रात सोते थे। उनको सवेरे कोई कार्यकर्ता कहते थे कि उठिए, तो उठ जाते थे, जैसे बच्चा उठता है। शौचादि से निवृत्त होते, मंजन-स्नान कर लेते। जितना बताते थे, उतना उनको ध्यान रहता था, लेकिन पूर्व का कुछ ध्यान नहीं था। दोपहर का भोजन करते थे। तीन-चार बजे उनको दवा देते थे। रात को कुछ खाना और दवा वह लेते थे और सो जाते थे। लगभग साढ़े तीन-चार महीने तक वे सोए। एक दिन उनको अचानक स्मृति वापस आ गई। ब्रह्मदेवजी ने सबको कह रखा था कि ऐसा होते ही मुझे बताना। वैद्यजी ने भी कहा था कि उनसे उस समय कोई ज्यादा बातचीत न करें, शांत रहें। स्मृति वापस आएगी, यह वैद्यजी ने पहले कह दिया था। एक दिन सोहन सिंहजी को लगा कि यहाँ कैसे आ गया। उन्होंने प्रबंधक से पूछा कि यह कौन सा स्थान है? प्रबंधक ने बताया कि जयपुर है और जैसा बताया हुआ था, उन्होंने भँवर सिंहजी कार्यालय प्रमुख को बताया। ब्रह्मदेवजी को पता चला तो वे अत्यंत प्रसन्न हुए। सोहन सिंहजी ने उनसे पूछा कि यहाँ कौन लेकर आया? देवजी ने बताया कि मैं लेकर आया हूँ। स्वास्थ्य ठीक नहीं था, इसलिए मेरे पास रखा और यहीं काम करेंगे। उसके बाद धीरे-धीरे शाखा में भेजना शुरू किया। कार्यकर्ता साथ जाते थे और बाद में जयपुर विभाग प्रचारक का दायित्व उनको मिला।

सन् 1985 की बात है। प.पू. सरसंघचालक मा. बालासाहब देवरस राजस्थान प्रवास पर आए। उस अवसर पर आयोजित बैठक में भारत-पाक सीमावर्ती गाँवों की स्थिति का विस्तार से ब्योरा दिया गया। जैसलमेर के जिला कार्यवाह त्रिलोकजी खत्री ने विस्तृत रूप से आँकड़े रखते हुए जानकारी दी कि सीमावर्ती क्षेत्रों में पाकिस्तान की तरफ से घुसपैठ व तस्करी बढ़ रही है और इसके कारण जनसंख्या में भारी परिवर्तन आया है। मा. बालासाहब ने पूरा वृत्तांत सुनने के बाद कहा कि इस विषय में तुरंत आवश्यक कार्यवाही होनी चाहिए। इसमें थोड़ा विलंब करना भी आत्मघाती होगा। सोहन सिंहजी ने इसके लिए तुरंत रचना तैयार की। सीमा जन-कल्याण समिति का गठन किया गया। एक-डेढ़ महीने में ही पूरा सर्वेक्षण करवाया गया। वरिष्ठ प्रचारक लक्ष्मण सिंहजी शेखावत को विशेष रूप से इसकी जिम्मेदारी दी गई। सेना में वरिष्ठ अधिकारी रहे रणधीर सिंहजी और जय सिंहजी को कार्य से जोड़ा गया। सोहन सिंहजी ने खुद सीमावर्ती क्षेत्रों का सप्ताह भर प्रवास किया। इसके बाद स्थिति नियंत्रण में आई।

सेना को भी इससे सहयोग मिला और सीमावर्ती गाँवों में यह वातावरण तैयार हुआ कि हर परिस्थिति में संघ उनके साथ खड़ा हुआ है।

25 जून, 1975 को आपातकाल लगा तो झुँझुनूँ में संघ शिक्षा वर्ग था। सोहन सिंहजी ने तत्काल कार्यकर्ताओं को सचेत किया कि अब सरकार की कोप दृष्टि संघ पर पड़ेगी। इसलिए कार्यकर्ताओं से संबंधित जानकारी, डायरियाँ वगैरह छिपा देनी चाहिए। संघ-कार्य में तो कोई गोपनीयता थी नहीं, सरकार कार्यकर्ताओं को ही संकट में डाल सकती थी। इसलिए जैसा सोहन सिंहजी ने कहा, वैसा तत्काल किया गया। सोहन सिंहजी सहित सभी प्रमुख कार्यकर्ता भूमिगत हो गए। संघ पर प्रतिबंध लगने के बाद भी सोहन सिंहजी प्रवास करते रहे, स्वयंसेवकों में प्रेरणा जगाते रहे। उसी दौरान झुँझुनूँ जिले के नवलगढ़ कस्बे में बैठक रखी गई। बैठक का स्थान कस्बे के मुख्य क्षेत्र से दूर स्टेशन के पास था। सोहन सिंहजी ने बैठक के बाद समझाया कि यह स्थान बैठक के हिसाब से कदापि उचित नहीं है। यहाँ गतिविधि देखकर कोई भी शंकित हो सकता है। इसलिए बैठक बाजार में रखनी चाहिए। लोग आते-जाते रहते हैं, इसलिए किसी को भी कुछ लोगों का आना-जाना अटपटा नहीं लगेगा।

फिर सत्याग्रह शुरू हो गया। सोहन सिंहजी बाहर ही काम कर रहे थे। वे इतनी मेहनत करते थे कि फिर शारीरिक तकलीफ हो गई। उनका शरीर एकदम सूखने लग गया। कुछ महीनों तक भूमिगत कार्य के बाद अचानक सोहन सिंहजी गिरफ्तार कर लिये गए और जयपुर जेल भेज दिए गए। वहाँ जाते ही उन्होंने जेल-जीवन की संघ के हिसाब से रचना कर डाली। सत्याग्रह के बाद संयोग से मुझे भी उसी जयपुर जेल में भेजा गया, जहाँ सोहन सिंहजी थे। जेल में चार बैरकें थीं। उनके लिए आवास प्रमुख तय किए हुए थे। जेल में पहुँचने के 10-12 दिनों बाद सोहन सिंहजी ने बैरकों में ले जाकर मेरा परिचय करवाया। कार्यकर्ताओं को बताया कि यह पर्यवेक्षक रहेगा। पर्यवेक्षक के रूप में मैं आवास प्रमुखों को जगाता, फिर आवास प्रमुख गट प्रमुखों को जगाते और वे स्वयंसेवकों को उठाते थे। सोहन सिंहजी रात को भी एक-एक स्वयंसेवक की सँभाल करते थे। जेल के अफसरों-कर्मचारियों को इतना विश्वास हो गया था कि उन्होंने हमको ही 400 कंबल और अन्य सामान दे दिया, ताकि उनका विधिवत् उपयोग हो सके। हमने वहाँ वस्तु भंडार भी बना लिया।

जेल में जब आए तो हमने सोहन सिंहजी को देखा कि उनके शरीर की हड्डी-हड्डी दिख रही है। प्रार्थना में ले जाते थे तो दो स्वयंसेवक दोनों तरफ खड़े होते थे, ऐसी दिक्कत थी। एक दिन मुझे कहा कि 'कुछ मालिश-वालिश जानते हो क्या?' मैंने कहा—हाँ। मैं उनके साथ चला गया। उन्होंने बताया कि 'डॉक्टरों ने कहा है कि सूखा रोग हो गया है। सूखे के रोग में बादाम के तेल की मालिश करनी पड़ेगी। बादाम का

तेल कहाँ से आएगा? हम प्रचारक हैं, अपने पास सरसों का तेल है। इससे मालिश करो।' लगभग तीन-साढ़े तीन घंटे रोज उनकी मालिश करता था। वे फिर कुश्ती लड़वाते थे कई बार। उनको कुश्ती का बड़ा शौक था। कुछ स्वयंसेवक आते थे और उनसे कुश्ती लड़वाने का कार्यक्रम करवाते थे। मैंने पहली बार जब उनकी मालिश की तो मन में था कि हम गाँव के अखाड़े में मालिश करते हैं तो मालिश करनी तो अपने को आती ही है, परंतु जब उनकी मालिश की तो उन्होंने कहा कि मालिश-वालिश आती नहीं है कुछ भी। उन्होंने कहा कि तुम लेटो। मुझे लेटाया। फिर उन्होंने मेरी कमर की मालिश की तो मुझे आज भी उनका वह स्पर्श याद है। फिर मैंने उनकी कमर की मालिश की तो उन्होंने कहा कि ठीक है, तुम्हारी समझ में आ गई। फिर एक दिन कहा कि मैं तुम्हारे हाथ की मालिश करता हूँ तो उन्होंने मेरे हाथ की मालिश की। मैंने भी उनके हाथ की मालिश की तो उन्होंने कहा कि 'तुम्हारी समझ में आ गई।' ऐसे ही एक दिन कहने लगे कि 'मैं तुम्हारे पैर की मालिश करता हूँ, यह भी सीख लो।' मैंने कहा कि 'पैर को तो हाथ नहीं लगाने दूँगा, पैर सामने ही हैं। आप बता दीजिए, फिर मैं करता हूँ।' इस तरह मैंने उनको अपने पैर पर हाथ नहीं लगाने दिया। उन्होंने मुझे शरीर के विभिन्न अंगों की मालिश करना सिखाया।

सोहन सिंहजी के कारण जेल जैसे शिक्षा वर्ग हो गया। वही दिनचर्या रहती थी रात्रि तक। बौद्धिक वर्ग नियमित रूप से होता। एकात्म मानववाद पर कम-से-कम बीस बौद्धिक हुए होंगे; लेकिन ऐसे अनेक विषयों पर वे कार्यकर्ताओं को तैयार करते थे। गीत होता था, गीत अभ्यास के लिए अलग समय रहता था। हम सब कहते थे, 'यह जेटीसी है, यानी जेल ट्रेनिंग कैंप है। सरकारी खर्चे पर चल रहा है कार्यक्रम।' ऐसे समय एक दिन जेल अधीक्षक आ गए। लगभग 350 लोग जेल में थे। एक ही बाड़े में थे। चार बैरक थी। अधीक्षक के आस-पास 25-30 स्वयंसेवक इकट्ठे हो गए। सोहन सिंहजी ने उनके जाने के बाद बैठक ली। कहने लगे कि तुम सत्याग्रह की मर्यादा नहीं जानते हो। एक कर्मचारी आया, 'तुम 25-30 उसके पास खड़े हो गए।' उनको बात करनी थी एक कार्यकर्ता से। जिससे बात करनी थी, बात करके चले जाते। सब क्यों खड़े हो गए, ऐसे में छोटी-छोटी बातों के महत्त्व को समझाते थे। यज्ञ-हवन जेल के अंदर होते थे। शिवजी की स्थापना की गई थी। सबकी क्लास लगती थी बराबर। तीन घंटे पढ़ाई होती थी। फर्स्ट ईयर साइंस, कॉमर्स, आर्ट्स; सेकंड ईयर साइंस, कॉमर्स, आर्ट्स—सब दीवार पर लिखा रहता था। वहाँ जाकर बैठते थे। सबको पढ़ाने की व्यवस्था थी जेल के अंदर। इस तरह जेल के अंदर भी उन्होंने संघ रचना कर दी। वे प्रातः तीन-साढ़े तीन बजे उठते थे। स्नान-व्यायाम नियमित था। एक बार उन्हें पैरालाइसिस हो गया। अखंड व्यायाम के द्वारा उन्होंने उसे समाप्त कर दिया। इतनी सामर्थ्य थी उनके

अंदर। सुबह सभी कार्यों से निवृत्त होकर कार्यकर्ताओं को पत्र लिखते थे।

वे एक-एक कार्यकर्ता का ध्यान रखते थे। सर्दी के दिन थे। मैं एक दिन ऐसे ही सो गया एक कंबल ओढ़कर। सोहन सिंहजी आए और उन्होंने देखा कि एक ही कंबल ओढ़कर मैं सोया हूँ तो मेरे ऊपर एक कंबल और डाला और बड़बड़ाते हुए लौटे, 'तो सो जाते हैं यूँ ही।' ऐसी ही घटनाओं के कारण मन खोलकर उनके सामने कोई भी बात कर सकते थे।

एक बार की घटना है। दौसा में कुछ छोटे स्वयंसेवकों को पुलिस पेशी पर लेकर गई। वहाँ प्रताड़ना के दौरान उनके नाखून खींच लिये गए थे। यह घटना सुनकर काफी रोष पैदा हुआ। जेल में अनशन कर दिया गया। सोहन सिंहजी ने उत्साहित किया, 'न्याय मिलने तक अनशन से मत उठना।' आखिर दोषी कर्मचारियों को निलंबित किया गया।

सोहन सिंहजी की दृष्टि थी कि जन-जागरण की दृष्टि से ऐतिहासिक स्थलों का विशेष महत्त्व है। ऐतिहासिक स्थलों पर महापुरुषों का स्मरण ही राष्ट्र-जागरण का हेतु है, इसलिए उनके विकास, जीर्णोद्धार पर विशेष ध्यान देना चाहिए। वे बार-बार कहते थे कि इन ऐतिहासिक स्थलों के बारे में रचना करते समय इस बात का विशेष ध्यान रखने की जरूरत है कि ये पर्यटन केंद्र के रूप में विकसित नहीं किए जाएँ, बल्कि श्रद्धा के केंद्र बनें। उन्होंने तत्कालीन केंद्रीय कला एवं संस्कृति मंत्री जगमोहनजी से वार्त्ता करके चित्तौड़ किले के लिए 5 करोड़, हल्दीघाटी के लिए 2.5 करोड़ और कुंभलगढ़ के लिए 1.5 करोड़ रुपए स्वीकृत करवाए। उन्होंने अजमेर में पृथ्वीराज चौहान का स्मारक बनवाया। राजा दाहिर सेन का स्मारक, लव-कुश गार्डन बनवाया। वे चाहते थे कि अजमेर में किले पर सेना की टुकड़ी लग जाए, ताकि सुरक्षा सुनिश्चित हो। सेना की ओर से कहा गया कि सड़क नहीं बनी हुई है। इसके बावजूद प्रयास करके सिग्नल के लिए सेना की टुकड़ी लगवाई। जोधपुर में दुर्गादास राठौड़ की प्रतिमा लगवाई गई। उदयपुर में चावंड-हल्दीघाटी क्षेत्र का पुनरुद्धार हुआ। उदयपुर में प्रताप गौरव केंद्र की स्थापना उन्हीं की कल्पना का मूर्त रूप है। इसके लिए जोधपुर में दो जमीनें देखी गईं। पैसे देकर जमीन ली। सोहन सिंहजी ने एक-एक ऐतिहासिक स्थल का ध्यान करके प्रमुख कार्यकर्ताओं का चयन किया, उन्हें दृष्टि दी और इस तरह काम को आगे बढ़ाया गया।

(अखिल भारतीय प्रचारक प्रमुख)

❑

राष्ट्र-संघनिष्ठ जीवन

—इंद्रेश कुमार

माननीय सोहन सिंहजी यानी एक तपोमूर्ति। उनका पूरा जीवन कार्यकर्ताओं के लिए प्रेरणादायक रहा है। कार्यकर्ताओं के प्रति सोहन सिंहजी का जुड़ाव बड़ा ही अनन्य था। हर कार्यकर्ता, चाहे वह छोटा हो या फिर बड़ा, उनके लिए प्रिय था। वह कार्यकर्ताओं की हर समस्या को सुनते थे और उसका निराकरण करते थे। दिल्ली, हरियाणा और राजस्थान उनका कार्यक्षेत्र रहा। इन स्थानों पर उन्होंने हजारों कर्तव्यनिष्ठ, ध्येयनिष्ठ और राष्ट्र के प्रति तन-मन-धन समर्पित करनेवाले कार्यकर्ताओं का निर्माण किया। उनके अंदर एक विशेषता थी कि वह किसी भी पहलू पर एकदम से निर्णय नहीं लेते थे; उनके सभी पक्षों को सुनते और चिंतन करते थे। कोई पक्ष यह नहीं कह सकता था कि सोहन सिंहजी ने हमारी बात नहीं सुनी। उन पर दोनों पक्षों को विश्वास होता था कि वे हमारी बात को सुनेंगे और उसके बाद ही कोई निर्णय लेंगे। आज हजारों कार्यकर्ताओं को उनकी कमी खल रही है।

उनकी विशेषता थी कि वे किसी कार्य को बड़े ही व्यवस्थित तरीके से करते थे। कभी भी कार्य में कोई कमी न रहे, किसी को किसी भी प्रकार की कोई असुविधा न हो, इसका वे पूरा ध्यान रखते थे। कोई भी कार्य कैसे बहुत ही सुंदर और व्यवस्थित तरीके से और कम खर्च में संपन्न हो, इसकी बड़ी चिंता करते थे। वे हर एक कार्यकर्ता का परिचय लेते थे, उसके दायित्व की जानकारी लेते थे और कार्यक्षेत्र से संबंधित प्रश्नों को पूछते थे, फिर आवश्यक सुझाव भी देते थे। साथ ही यह भी कहते थे कि यह केवल मेरा सुझाव है। इसे मानना और न मानना आपके ऊपर है। समय और परिस्थिति के अनुसार आपको जो अच्छा लगे, वह निर्णय ले सकते हैं। अपने अंत समय तक वे संघ-कार्य में तल्लीन रहे। उनका संपूर्ण जीवन राष्ट्रनिष्ठ व संघनिष्ठ बना रहा।

(सदस्य, कार्यकारिणी, रा.स्व. संघ)

❑

मितभाषी, गंभीर और स्पष्ट चिंतन

—ओमप्रकाश कोहली

संघ के वरिष्ठ प्रचारक माननीय सोहन सिंहजी का अभाव बेहद खलेगा। वे कार्यकर्ताओं की बात सुनने में ज्यादा रुचि लेते थे। बैठकों में, विशेष रूप से छोटी बैठकों में, उनका आग्रह रहता था कि सभी कार्यकर्ता, यदि यह संभव न हुआ तो अधिक-से-अधिक कार्यकर्ता निस्संकोच अपना मत व्यक्त करें। बैठकों में कार्यकर्ता मौन बैठा रहे और अपना मत अभिव्यक्त न करे, उन्हें यह अच्छा नहीं लगता था। सबकी सुनने के बाद वह नपे-तुले शब्दों में अपना संबोधन प्रस्तुत करते थे और बैठक संपन्न हो जाती थी।

मैं वर्ष 1992 के उत्तरार्द्ध में दिल्ली प्रदेश भाजपा का अध्यक्ष बना। कुछ महीने बाद ही वर्ष 1993 में लंबे अंतराल के बाद दिल्ली विधानसभा के चुनाव होने थे। चुनाव लड़ने के लिए दिल्ली प्रदेश भाजपा की आर्थिक स्थिति अच्छी नहीं थी। कोष बहुत कम था। वरिष्ठ कार्यकर्ताओं और सहयोगियों से बातचीत कर राष्ट्रीय अध्यक्ष को 1 करोड़ रुपए की थैली भेंट करने का निर्णय लिया गया। निर्णय पर प्रदेश कार्यकारिणी ने भी मुहर लगा दी। मुझे ऐसी कल्पना थी कि दिल्ली प्रदेश भाजपा में कई वरिष्ठ नेता हैं, जिनमें धन-संग्रह का सामर्थ्य भी है और वे धन-संग्रह की कला भी जानते हैं। उन्हीं के भरोसे 1 करोड़ रुपए की थैली भेंट करने का निर्णय लिया गया था। लेकिन धन-संग्रह के लिए जिन बड़े नेताओं पर मैं निर्भर था, उनका रवैया ठंडा था। परिणामत: धन-संग्रह के काम में उठान नहीं आ पा रहा था, दिन बीतते जा रहे थे। मैं भी निराश होने लगा था। तभी एक दिन मैं दोपहर को किसी कार्य के लिए संघ कार्यालय गया। सोहन सिंहजी भोजन करके भोजनालय से बाहर निकले ही थे और अपने कमरे की ओर बढ़ रहे थे। मैंने उन्हें नमस्कार किया और सम्मान तथा शिष्टाचारवश उनके साथ-साथ उनके कक्ष तक चला गया। उन्होंने भीतर आने को कहा और सहज भाव से पूछताछ शुरू की कि नया दायित्व कैसा लगता है? राजनीतिक क्षेत्र का अनुभव कैसा है? मैंने उनसे कहा कि

और सब तो ठीक है, लेकिन विधानसभा के चुनाव सिर पर हैं और प्रदेश की आर्थिक स्थिति ठीक नहीं है।

उन्होंने पूछा कि 'फिर क्या सोचा है?' मैंने उन्हें बताया कि 'राष्ट्रीय अध्यक्ष को एक करोड़ रुपए की राशि की थैली भेंट करने का निर्णय किया है।' वह बोले, 'इस काम में कहाँ तक बढ़े?' मैंने सकुचाते हुए कहा, 'धन-संग्रह की इस योजना में उठान नहीं आ रहा। जो धन-संग्रह कर सकते हैं, ऐसे बड़े नेता उदासीन-से हैं।' यह सुनकर वे क्षण भर रुके और फिर बोले, 'गिने-चुने बड़े लोगों पर निर्भर रहने के बजाय मझले और छोटे कार्यकर्ताओं का आत्मविश्वास जगाना चाहिए।' दो-चार इधर-उधर की और बातें करने के बाद मैं उनके कक्ष से बाहर आया और दिल्ली प्रदेश कार्यालय की ओर लौट पड़ा। लेकिन रास्ते में उनके वे शब्द मेरे मन में उमड़ते-घुमड़ते रहे कि मध्यम और छोटे कार्यकर्ताओं का आत्मविश्वास जगाओ। उनके शब्दों ने मुझे एक नई दिशा सुझा दी। मैंने बड़ों पर निर्भरता छोड़ी और मध्यम व छोटे कार्यकर्ताओं को धन-संग्रह के लिए प्रेरित करना प्रारंभ किया। इसके परिणाम निकलने लगे।

छोटे कार्यकर्ता बहुत बड़ी राशि एकत्र करने में चाहे समर्थ न रहे हों, पर छोटी-छोटी राशियाँ प्रदेश के कोष में उनके प्रयासों से जमा होने लगीं। दिल्ली के तालकटोरा स्टेडियम में जिस दिन राष्ट्रीय अध्यक्ष को थैली भेंट करनी थी, उस दिन तक प्रदेश के कोष में 1 करोड़ 19 लाख रुपए जमा हो चुके थे। यह राशि मध्यम और छोटे कार्यकर्ताओं के प्रयास से जुटाई गई थी। इसके मूल में सोहन सिंहजी की सुझाई हुई दृष्टि ही थी।

मैं जब पहली बार उन्हें मिला तो मेरे मन पर यह छाप पड़ी कि वह दृढ इच्छा शक्तिवाले, गंभीर व्यक्ति हैं। मितभाषी, गंभीर, सुस्पष्ट चिंतन के धनी और लाग-लपेट के बिना अपनी बात कहनेवाले। सोहन सिंहजी अपने प्रति निरंतर कठोर बने रहे। बाह्य कठोरता के नीचे कार्यकर्ताओं के प्रति सहज स्नेह और आत्मीयता की निर्मल धारा निरंतर प्रवाहित होती रहती थी। उनकी रुचि के प्रमुखत: दो विषय रहते थे—शाखाएँ कैसे बढ़ें, सक्षम बनें और कार्यकर्ता का पूर्ण विकास कैसे हो। जब मुझे जुलाई 2014 में गुजरात के राज्यपाल का दायित्व दिया गया तो मैं गुजरात जाने से पूर्व उनका आशीर्वाद लेने के लिए संघ कार्यालय गया था। वह आँखें बंद कर लेटे हुए थे या सो रहे थे। कुछ देर उनके कमरे में ही बैठा रहा और उनके जागने की प्रतीक्षा करता रहा। उनकी नींद में व्यवधान न पड़े, ऐसा सोचकर मैं चला आया। बाद में मुझे पता चला कि उन दिनों स्वास्थ्य ठीक न रहने के कारण वे आँखें बंद कर लेटे रहते थे, जिससे आगंतुक को कभी-कभी ऐसा लगता था कि वह सोए हुए हैं। जो भी हो, मैं उनका आशीर्वाद लेने से

वंचित रह गया और अब इस प्रसंग के लगभग एक वर्ष बाद मेरे ओ.एस.डी. श्री देवदत्त भारद्वाज, जो विभाग प्रचारक रहे हैं, ने सुबह-सुबह यह दुःखद सूचना दी कि सोहन सिंहजी नहीं रहे। छोटे-छोटे पर्वतों से घिरा हुआ जैसे कोई उत्तुंग पर्वत शिखर होता है, वैसा व्यक्तित्व हमसे छिन गया।

(गुजरात के राज्यपाल)

❑

स्नेह के सागर

—डॉ. बजरंगलाल गुप्ता

माननीय सोहन सिंहजी का संपूर्ण जीवन संघ विचारों और तत्त्व के प्रति अत्यंत निष्ठावान रहा। उन्हें कार्य-पद्धति के नरपत्य के रूप में भी जाना व पहचाना जाता रहा है। उन्होंने अपने कार्यकाल में अनेक कार्यकर्ताओं को अपने हाथों गढ़ा और उनको काम पर लगाया। वे एक ऐसे प्रचारक थे, जो हर छोटे-बड़े कार्यकर्ता के सुख-दु:ख की चिंता करते थे और समय आने पर उसकी उपयुक्त व्यवस्था भी करते थे। लेकिन वे स्वयं के जीवन के प्रति अत्यंत कठोर थे, यहाँ तक कि जीवन के अंतिम क्षण तक भी उन्होंने अपना कार्य खुद ही किया। चाहे संघ शिक्षा वर्ग हो, कोई शिविर हो या अन्य छोटे-बड़े कार्यक्रम, उन सबकी व्यवस्थाओं की बहुत बारीकी से वे चिंता करते थे और कार्यकर्ताओं से कार्य भी करवाते थे। इस क्षेत्र में संघ के ऐसे कार्यकर्ताओं की बहुत बड़ी संख्या है, जो अपने जीवन में आनेवाली कठिनाइयों और उलझनों की चर्चा खुले रूप से सोहन सिंहजी के साथ करते थे और वे उन कार्यकर्ताओं का योग्य मार्गदर्शन कर उन कठिनाइयों के समाधान का मार्ग सुझाते थे। वे कार्यकर्ताओं को किस प्रकार कार्य में लगाते थे, इसका एक उदाहरण मेरा स्वयं का ही है।

मैं सोनीपत के हिंदू कॉलेज में प्राध्यापक था और सायंकाल में मेरी कक्षाएँ थीं। मेरी उम्र लगभग 25 वर्ष की थी। उस समय के हमारे संभाग प्रचारक माननीय नारायण नाथजी ने यह सोचकर कि मैं सायंकाल शाखा में नहीं जा सकता, मुझे विश्व हिंदू परिषद् हरियाणा प्रांत का काम दिया था। साल-डेढ़ साल बाद सोहन सिंहजी संभाग प्रचारक बनकर हरियाणा आए। परिचय हुआ। मेरी आयु उस समय लगभग 27 वर्ष रही होगी। वे कहने लगे कि विश्व हिंदू परिषद् में क्या कर रहे हो? अरे, कॉलेज में पढ़ाते हो तो सायंकाल का काम करो न! मैंने उनको कहा कि शाम को कॉलेज जाना पड़ता है, सायंकाल शाखा जाने का समय नहीं मिलता। सोहन सिंहजी ने इतना सुना। वे बोले नहीं, कॉलेज प्रबंधन से बात की और कुछ दिनों के बाद मुझे प्रिंसिपल ने कहा कि सुबह पढ़ाने

आया कीजिए। कुछ दिनों के बाद सोहन सिंहजी फिर प्रवास पर आए। कहा कि कॉलेज का समय बदल गया है। अब तुमको जिला कार्यवाह के नाते से काम करना है। सोहन सिंहजी का विराट् व्यक्तित्व ऐसा था कि वे किसी को कुछ कहें तो उसका प्रत्युत्तर देने की हिम्मत नहीं होती थी। मैंने स्वीकार कर लिया, ठीक है। परंतु बाद में मुझे ध्यान में आया कि इस दायित्व के साथ मैं न्याय नहीं कर सकूँगा। मैंने उनको पत्र लिखा, 'मेरे वृद्ध माता-पिता दोनों राजस्थान में रहते हैं। हर छुट्टी में मुझे राजस्थान जाना पड़ता है। चाहे ग्रीष्म का अवकाश हो या सितंबर का अवकाश, दोनों समय संघ-कार्य और शिविरों के लिए संघ शिक्षा वर्गों के लिए अत्यंत उपयुक्त रहते हैं और मैं घर चला जाऊँगा तो जिला कार्यवाह के नाते कैसे दायित्व का निर्वाह करूँगा? मैं आपके सामने बोल नहीं सका, परंतु मेरी यह एक कठिनाई है। ऐसी मनःस्थिति में जिला कार्यवाह का दायित्व-निर्वाह मेरे लिए संभव नहीं होगा। मैं क्या जवाब दूँगा स्वयंसेवकों को!'

जैसे ही उन्हें मेरा पत्र मिला, अगले दिन प्रातःकाल वे मेरे घर पर उपस्थित थे। सोहन सिंहजी को देखकर मैं आश्चर्य में रह गया। उन्होंने कहा कि चाय-वाय पिलाओ। चाय पी। उन्होंने कहा कि तुमने यह पत्र में क्या लिख दिया? मैंने कहा कि जो सच था, वह लिख दिया। वे बोले, यही कठिनाई है न कि और कोई नहीं है! मैंने कहा कि कठिनाई तो यही है। सोहन सिंहजी ने कहा कि यह मेरा काम है। तुमको चिंता करने की कोई जरूरत नहीं है। कार्यकर्ताओं को जवाब मैं दूँगा; परंतु तुम्हें जिला कार्यवाह के नाते काम करना है। बाद में मेरी नियुक्ति दिल्ली के कॉलेज में हो गई। दिल्ली के कॉलेज में हरियाणा छोड़कर आना, जाऊँ कि न जाऊँ। मैं सोहन सिंहजी के पास गया। सोहन सिंहजी ने ताड़ लिया। थोड़ी देर गंभीर हुए, फिर उन्होंने कहा कि तुम दिल्ली के कॉलेज में जा सकते हो। दो शर्तें हैं। सोनीपत छोड़कर दिल्ली नहीं जाओगे। दिल्ली में तो बहुत लोग हैं। सोनीपत में ही रहकर काम करना है। दूसरा, उन्होंने कहा कि तुम्हारे मन में इच्छा हो सकती है कि श्रद्धानंद कॉलेज निकट है, मोटर साइकिल से जाऊँ; लेकिन स्वास्थ्य को ध्यान में रखते हुए मोटर साइकिल का उपयोग मत करना। मैंने उनकी दोनों आज्ञाएँ शिरोधार्य कीं। वे कनिष्ठ व्यक्ति की भी इतनी छोटी बात का ध्यान रखते थे।

(उत्तर क्षेत्र संघचालक, रा.स्व. संघ)

❑

पतत् त्वेष कायो नमस्ते-नमस्ते

—प्रेम कुमार

राष्ट्रीय स्वयंसेवक संघ की प्रार्थना और उसके शब्द 'पतत् त्वेष कायो नमस्ते-नमस्ते' माननीय सोहन सिंहजी के लिए केवल शब्द नहीं थे, अपितु एक स्वयंसेवक के समर्पण की अभिव्यक्ति थी। उसके भावार्थ को उन्होंने जीवन भर सच्चे अर्थों में जिया और उसी समर्पण भाव के साथ वे एकाकार हो गए। उनके जीवन की एक-एक घटना राष्ट्र और संघ-कार्य के लिए समर्पण की अभिव्यक्ति थी। अनुशासन से ओत-प्रोत उनका संपूर्ण जीवन प्रेरणा का स्रोत बना रहा।

अंतिम समय में उनका शरीर तेज ज्वर से पीड़ित था। शरीर का कोई भी ऐसा अंग नहीं था, जो कष्टमय न हो। जब भी हम उनसे मिलने जाते तो उनसे स्वास्थ्य की चर्चा करते। वे कभी अपने कष्ट की बातें नहीं करते; बल्कि कहते, 'इस शरीर से जितना काम होना था, हो गया।' उनके शरीर में इतना कष्ट था कि उनके लिए चलना-फिरना असंभव था, फिर भी वे अपनी घोर पीड़ा और वेदना की चर्चा किसी से नहीं करते थे। इसकी बजाय वे दूसरों के प्रति ही चिंतित दिखाई देते। जाते ही प्रारंभ में स्वास्थ्य के बारे में पूछते। कहते, 'कहाँ से आ रहे हैं? भोजन हो गया क्या? सर्दी में गरम कपड़े पर्याप्त पहनते हैं कि नहीं? अपना खयाल रखते हैं न?' इत्यादि-इत्यादि। मिलनेवाले कार्यकर्ता से तादात्म्य स्थापित करते, संबंधित क्षेत्रों में संघ-कार्य के बारे में जानकारी प्राप्त करते और आवश्यक सुझाव भी देते।

प्रकृति से उन्हें अत्यंत प्रेम था। सुहाना मौसम उन्हें बहुत प्रिय था। बारिश में वे कार्यालय के बरामदे में आकर बैठ जाते थे। बारिश की झम-झम करती हुई बूँदों की मधुर आवाज का आनंद लेते। जब वे काफी अस्वस्थ रहने लगे, तब यह महसूस होता था कि एक या दो स्वयंसेवक उनके साथ उनकी सहायता के लिए रखे जाएँ; लेकिन वे मना करते थे। मेरे लिए कोई कार्यकर्ता यहाँ क्यों रहे? यहाँ काम ही क्या है? अपना समय क्षेत्र में संघ-कार्य में लगाए। उन्होंने कभी भी अपने लिए प्रबंधक की स्वीकृति

नहीं दी। व्हील चेयर या छड़ी का उन्होंने कभी सहारा नहीं लिया। चिकित्सालय या संघ-स्थान पर दीवार के सहारे चलते हुए जाते। उनके जीवन में कभी ऐसा अवसर नहीं आया, जब उनका आद्य सरसंघचालक प्रणाम न हुआ हो। गणवेश पहनकर वर्ष प्रतिपदा कार्यक्रम में अवश्य पहुँचते। कमरे की खिड़की के पास जाकर ध्वज के सम्मुख प्रार्थना करते, कुरसी पर बैठकर अपने सिर को पीछे की तरफ रखते हुए आसमान की ओर आँखें बंद करके प्रार्थना करते। जब उनको भोजन करवाया जाता तो मना कर देते थे। कहते—मैं स्वयं खा लूँगा। पानी पीते समय उनका हाथ काँपता था। स्वयंसेवक कहते कि मैं पिला देता हूँ। लेकिन वे मना कर देते। कहते—मैं स्वयं ही पी लूँगा। बटन लगाना, फटे हुए कपड़ों का सिलने का कार्य वे स्वयं अपने हाथों से करते। वर्ष 2014 तक अपना कोई काम उन्होंने किसी दूसरे को नहीं करने दिया। सायंकाल चाय लेने की उनकी इच्छा रहती थी। चाय के बहाने वे स्वागत कक्ष में आकर बैठ जाते। वहाँ कार्यकर्ताओं के साथ चाय पीते थे और आधा-पौने घंटे वे कार्यालय के बंधुओं के साथ हँसी के हल्के वातावरण में गपशप करते, कार्यकर्ताओं के साथ पूर्ण तादात्म्य हो जाते। उनकी हँसी की फुहार के साथ स्वागत कार्यालय गूँज उठता। सभी मानो उस क्षण की प्रतीक्षा करते और अपने आपको सौभाग्यशाली मानते कि उन्हें सोहन सिंहजी का सान्निध्य प्राप्त होगा।

सोहन सिंहजी से मेरी प्रथम भेंट सन् 1971 में हुई। उस समय हम महाविद्यालय में पढ़ाई करते थे। सोनीपत संघ कार्यालय में परीक्षाओं से लगभग दो महीने पहले मुख्य शिक्षक और कार्यवाह ऐसे 5-6 कार्यकर्ता शनिवार को सायं शाखा और रात्रि भोजन के पश्चात् अपनी पुस्तक ले जाते और कार्यालय पर रुकते और पढ़ाई करते। अगले दिन रविवार होता तो छुट्टी रहती। पढ़ाई के लिए पर्याप्त समय निकल आता था। प्रात:काल जागरण के पश्चात् वहीं स्नान होता। उस समय कार्यालय में हैंडपंप होता था। एक दिन प्रात:काल जब हम स्नान कर रहे थे, कार्यालय के साबुन व तेल का प्रयोग हमने किया। तभी सोहन सिंहजी शाखा के उपरांत कार्यालय के प्रांगण में आए। उन्होंने एक कार्यकर्ता से पूछा, 'ये कौन हैं?' उन्हें बताया गया कि ये मुख्य शिक्षक-कार्यवाह हैं। उन्होंने सबको बुलाकर कहा, 'कार्यालय के साबुन-तेल का प्रयोग क्यों कर रहे हो? मालूम है, यह गुरुदक्षिणा का पैसा है।' इस तरह यह सोहन सिंहजी से प्रथम भेंट थी। पहली बार हमें ध्यान आया, एक नई दृष्टि मिली।

एक बार झंडेवाला संघ के कार्यालय में दिल्ली प्रांत के जिला सायं कार्यवाहों की बैठक हुई। तत्कालीन सायं प्रांत प्रचारक बैठक ले रहे थे। रात्रि 8.30 बजे बैठक समाप्त हुई। भोजन के पश्चात् प्रवास के लिए पूर्वी विभाग में जाना था। उसी विभाग के एक जिले के जिला सायं कार्यवाह के साथ दोपहिया वाहन पर साथ जानेवाले थे। पहुँचते-

पहुँचते देर हो जाती, इसलिए कार्यालय पर ही सायं कार्यवाह से भी भोजन करने का आग्रह किया गया। सोहन सिंहजी वहीं टहल रहे थे। उन्होंने आवाज देकर बुलाया। बैठक की जानकारी ली और उन कार्यकर्ता का परिचय पूछा। पता चला कि सायं कार्यवाह हैं तो पूछा—गृहस्थ हैं न! उत्तर मिला—जी हाँ, तो उन्होंने कहा कि फिर कार्यालय पर भोजन क्यों करना? संघ कार्यालय एक मंदिर है। मंदिर में दिया जाता है या लिया जाता है!

वर्ष 1991 की बात है। सोहन सिंहजी पूर्वी विभाग में प्रवास पर आए। प्रात:काल की शाखा, बैठक और अल्पाहार के उपरांत उन्हें आई.टी.ओ. से वापस झंडेवाला कार्यालय छोड़ना था। जिस गाड़ी की व्यवस्था की गई थी, उसमें विलंब हो रहा था। उन्होंने कहा, 'आपके पास स्कूटर है, चलिए स्कूटर से चलते हैं।' उनको स्कूटर पर बैठाया और चल पड़े। उनका एक हाथ कंधे पर था। उन्होंने कहा कि आराम से चलेंगे। स्कूटर के आगे एक गाड़ी चल रही थी। गाड़ी को ओवरटेक करने के लिए जैसे ही स्कूटर को तेज किया, उन्होंने टोका, 'समझ में नहीं आता! धीमे चलाने के लिए कहा है। स्कूटर धीमे चलाओ, आराम से चलो।' 30-40 की गति से स्कूटर चलाते हुए झंडेवाला पहुँचे।

तब झंडेवाला कार्यालय में मरम्मत और कुछ निर्माण का कार्य चल रहा था। आवश्यकतावाले स्थानों पर संगमरमर के पत्थर लग रहे थे। हॉल को बड़ा किया जा रहा था। सोहन सिंहजी यह सब देखकर सोचते थे—इसकी आवश्यकता है क्या? कहीं अनजाने में अपव्यय तो नहीं हो रहा है! वे कहते, 'हमें अपनी आवश्यकताओं का ध्यान रखना है। यह हमारी रीति-नीति नहीं है। हमें कोई महल नहीं खड़े करने। आखिर क्या करना इन सब चीजों का!' जब वे इस प्रकार व्यय होता देखते तो उनके हृदय में पीड़ा होती थी। उनका हृदय व्यथित होता। जब कभी उनको ऐसी कुछ बातें ध्यान में आतीं तो कार्यकर्ताओं को अपने पास बुलाकर बड़े स्नेह से अपने विचार साझा करके अपने मन की स्थिति बताते थे। जब उनके कक्ष में ए.सी. लगवाने की बात आई तो उन्होंने स्पष्ट मना कर दिया। अपने कक्ष में उन्होंने ए.सी. लगवाने की सहमति कभी नहीं दी। बड़े आग्रह के बाद कक्ष के अंदर कूलर रखने दिया। कूलर के उपयोग के लिए भी हमेशा मना करते। स्वास्थ्य के अधिक खराब हो जाने पर भी स्वयं कूलर नहीं चलाया।

वे संगठन-कौशल्य के मर्मज्ञ थे। संघ जीवन में अनेक महत्त्वपूर्ण कालखंड आए, जब समाज के हित में स्वयंसेवकों ने बढ़-चढ़कर भाग लिया। 6 दिसंबर, 1992 को बाबरी ढाँचा गिरा तो एक बार फिर संघ को प्रतिबंध का सामना करना पड़ा। 25 फरवरी, 1993 को नरसिम्हा राव सरकार ने संघ, विश्व हिंदू परिषद् और बजरंग दल को प्रतिबंधित कर दिया। सभी कार्यकर्ता भूमिगत होकर कार्य करने लगे। उस समय

भाजपा के ऊपर प्रतिबंध नहीं था। 25 फरवरी को बोट क्लब में एक विशाल रैली का आयोजन करने का निर्णय भाजपा नेतृत्व ने किया। संघ पर प्रतिबंध था, इसलिए यह विचार किया गया कि संगठन के कार्यकर्ता इस रैली को सफल बनाने में सहयोग करें। रैली के लिए बोट क्लब की अनुमति भी मिल गई। रैली के 4–5 दिन पहले ही देश भर से कार्यकर्ताओं का दिल्ली आना शुरू हो गया। स्वयंसेवकों के ठहरने की व्यवस्था मंदिरों और धर्मशालाओं में की गई थी। सरकार ने दिल्ली में धारा 144 लगा दी और रैली पर परोक्ष रूप से प्रतिबंध लगा दिया। यमुनापार के सभी पुल सील कर दिए गए। दिलशाद गार्डन, कृष्णा नगर, यमुना पार आदि क्षेत्र के मंदिरों-धर्मशालाओं में ठहरे हुए स्वयंसेवकों को गिरफ्तार कर लिया गया। रैली से दो-तीन दिन पूर्व ही 22–23 फरवरी तक दिल्ली में 1 लाख कार्यकर्ता पहुँच चुके थे। कार्यकर्ताओं के ठहरने की व्यवस्था का संकट गहराने लगा। उस समय सोहन सिंहजी दिल्ली और राजस्थान क्षेत्र के प्रचारक थे। उन्होंने स्वयंसेवकों को परिवारों में ठहराने की व्यवस्था बनाई। उस समय दिल्ली में 36 जिले होते थे। यह तय किया गया कि कौन सा प्रांत किस जिले में जाएगा, कितनी उनकी संख्या होगी, एक परिवार में कितने बंधु-भगिनी ठहरेंगे और इसकी व्यवस्था किस कार्यकर्ता के जिम्मे रहेगी। सोहन सिंहजी ने सारी योजना की रचना तैयार की। दिल्ली के हजारों स्वयंसेवकों के परिवारों में 1 लाख कार्यकर्ता ठहरे।

बोट क्लब में होनेवाली रैली पर सरकार ने प्रतिबंध लगा दिया। अनेक मार्गों से होकर कार्यकर्ता बोट क्लब की ओर चल पड़े। कुछ बैरिकेड तोड़कर बोट क्लब के अंदर घुस गए, जिन्हें पुलिस ने बाद में गिरफ्तार कर लिया। रैली के ऊपर प्रतिबंध के पश्चात् निर्णय हुआ कि बोट क्लब की बजाय अलग-अलग स्थानों पर चार-पाँच भागों में रैलियाँ की जाएँ। आई.टी.ओ. पर श्री अटल बिहारी वाजपेयी, पहाड़गंज या राजेंद्र नगर में श्री लालकृष्ण आडवाणी, खान मार्केट में श्री मुरली मनोहर जोशी रैली को संबोधित करनेवाले थे। यमुनापार में 5 कार्यकर्ताओं की टोली 4–5 दिन पूर्व ही पहुँच गई थी। परिवारों में ठहरने की व्यवस्था थी। स्थिति से अवगत होने के लिए प्रातः 4 बजे सोहन सिंहजी का फोन आया। उन्होंने पूछा, 'जग गए क्या? क्या स्थिति है?'

उन्हें बताया कि सभी पुल सील कर दिए गए हैं। धारा 144 लगी हुई है। उनके पूछने पर कि क्या करनेवाले हैं, तो जानकारी दी कि अभी 6 बजे प्रांत कार्यवाह ईश्वरदासजी, नवीन शाहदरा विभाग संघचालक मा. गोपाल कृष्णजी, पूर्वी विभाग संघचालक मा. मोहनलालजी रुस्तगी, प्रभात कार्यवाह सुरेश वाजपेयीजी, प्रांत प्रौढ़ कार्यवाह अनिलजी—हम सब आगे की योजना के लिए बैठनेवाले हैं। सोहन सिंहजी ने 'ठीक है' कहकर फोन रख दिया। आगे की योजना बनी। यमुना पार में लक्ष्मी नगर, शकरपुर, करावल नगर, भजनपुरा में अलग-अलग स्थानों पर रैलियाँ हुईं। रैलियों में

लाठीचार्ज हुआ। अनेक कार्यकर्ता घायल हुए। कार्यकर्ताओं से मिलने के लिए श्री लालकृष्ण आडवाणी और अन्य प्रमुख नेता जयप्रकाश नारायण अस्पताल और गंगाराम अस्पताल गए। जीवन में पहला व अंतिम अवसर था, जब सोहन सिंहजी का फोन आया। रैली की इतनी चिंता थी उनको, प्रात: 4 बजे उन्होंने प्रमुख कार्यकर्ताओं की सँभाल की।

प्रतिवर्ष नवीन एवं पुराने प्रचारक की योजना होती है। दिल्ली से बाहर जानेवाले प्रचारकों, विशेषत: जम्मू प्रांत जानेवाले प्रचारक बंधुओं को सोहन सिंहजी अपने पास बुलाकर उनसे वार्त्ता करते। वहाँ किस प्रकार की परिस्थितियाँ और चुनौतियाँ हैं, वहाँ पर संगठन के कार्य का विस्तार किस प्रकार करना है, विषयों पर विस्तार और बारीकी से अनेक बातें स्पष्ट करते। बड़े प्रेम से बात करते और बताते कि वहाँ के कार्यकर्ताओं के साथ उन्हीं को अग्रणी मानकर कार्य करना है। उन स्थानों में कार्य का विस्तार तेजी से हो और अधिक-से-अधिक समय कार्यकर्ता वहाँ पर लगाएँ, यह आग्रह उनका रहता था। जम्मू-कश्मीर एवं पंजाब में संघ-कार्य की चिंता उनको सदैव लगी रहती थी।

समाज के प्रत्येक क्षेत्र में आवश्यक परिवर्तन हो, समाज का वातावरण स्वच्छ हो, इसके लिए संगठन की योजना से समाज के प्रत्येक क्षेत्र में संघ के संस्कारों से युक्त स्वयंसेवक जाएँ, ऐसा प्रयास हमेशा से संगठन का रहता ही है। इस निमित्त समय-समय पर अनेक प्रकार की बैठकें और कार्यक्रम भी होते रहते हैं। ऐसे ही दिल्ली प्रांत में विभाग स्तर के कार्यकर्ताओं की एक बैठक हो रही थी। बैठक में राजनीतिक विषय से संबंधित चर्चा चल रही थी। वर्ष 1993 के विधानसभा चुनाव नजदीक थे। कार्यकर्ता अपने-अपने मत प्रकट कर रहे थे। सोहन सिंहजी बैठक में उपस्थित थे। उन्होंने कहा, 'हमें पसंदगी--नापसंदगी से ऊपर उठकर विचार करना है। कार्यकर्ता की योग्यता, कार्यक्षेत्र में क्षमता और संघ-अनुकूल जीवन-रचना के आधार पर हमें निर्णय करना चाहिए। हमारा व्यवहार संघ के संस्कारों के अनुरूप होना चाहिए। संघ के संस्कार शोभायमान हों और समाज में अन्यों के लिए आदर्श रूप हों। जो व्यक्ति योग्य हैं, स्वार्थ से परे हैं, उन्हें ही प्राथमिकता देनी चाहिए।' सोहन सिंहजी हमेशा इस बात का आग्रह करते कि संघ की प्रेरणा, संस्कार और मार्गदर्शन प्राप्त कार्यकर्ता आगे बढ़ें। वे सोचते थे कि संघ को समाज-व्यापी बनाना है, इसलिए समाज के प्रत्येक क्षेत्र में संस्कारों से युक्त स्वयंसेवक जाएँगे, तभी प्रत्यक्ष समाज-परिवर्तन होगा।

प्रत्येक संघ शिक्षा वर्ग या अन्य शिक्षण वर्ग की रचना के 2-3 दिनों के पश्चात् प्रयास रहता था कि एक बार शिक्षकों-प्रबंधकों की बैठक सोहन सिंहजी के साथ हो जाए। वर्ग की व्यवस्था अच्छे और सुंदर ढंग से चले। सोहन सिंहजी वर्ग की बैठकों में प्रबंधकों और शिक्षकों से व्यवस्था-शिक्षण के संबंध में बारीकी से विचार करते और

सूक्ष्मतम विषयों का ध्यान करवाते थे। कार्यक्रमों को व्यवस्थित करने का उनका आग्रह रहता था। जब भी वे बैठक लेते थे, शुरुआत के परिचय में ही वे माहौल को अनुशासनबद्ध कर देते। उनके कड़ेपन के कारण सभी कार्यकर्ता अपनी रीढ़ सीधी करके चुपचाप बैठ जाते और उनकी बातें सुनते। बैठकों में हमें भी उनके साथ जाना होता था। हमें पहले से ही पता होता था कि वे किस प्रकार बैठक लेते हैं; लेकिन उनका स्वभाव इसके बिल्कुल विपरीत था। बैठक के बीच वे खूब हँसते-हँसाते। आनंद भाव से बैठक पूरी होती। पता भी नहीं लगता कि बैठक का समय कब समाप्त हो गया। उनकी शैली कठोर नहीं लगती थी; अपितु एक सोचा-समझा दृढ स्वरूप प्रतीत होता था। उनमें विनम्रता और आत्मीयता की झलक नजर आती थी।

प्रचारकों-कार्यकर्ताओं-स्वयंसेवकों को पत्र लिखना उनके स्वभाव में था। वे समय-समय पर पत्रों के द्वारा कार्यकर्ताओं की कार्य करने की क्षमता और समझदारी बढ़ाने के लिए अपेक्षा करते। कार्यकर्ताओं से उत्तर की भी अपेक्षा करते। कभी-कभी पत्र न आने के कारण उस प्रांत के प्रमुख कार्यकर्ता को कहते थे, 'कैसा कार्यकर्ता है, पत्र का जवाब ही नहीं देता!' प्रवास के समय बड़े प्रेम और स्नेह से उस कार्यकर्ता को कहते, 'लिखना नहीं आता क्या? पत्र के पहुँचने की जानकारी क्यों नहीं देते?' जब कभी किसी कार्यकर्ता का फोन आता तो उनका 'हाँ' या 'न' में ही जवाब होता था। फोन पर विषय को समझने की बजाय व्यक्तिगत रूप से मिलकर चर्चा करते थे। बैठक के मध्य कोई कार्यकर्ता फोन पर बात करता तो सोहन सिंहजी बड़े आग्रह से कहते कि भैया, बैठक के मध्य फोन पर बात करना शोभा नहीं देता। थोड़ी देर बाद भी बात कर सकते हैं।

अस्वस्थता के कारण अंतिम वर्षों में सोहन सिंहजी केशव कुंज, झंडेवाला में ही रहे। प्रवास के लिए वरिष्ठ अधिकारियों का आना-जाना लगा रहता था। वे इस बात का पूरा ध्यान रखते कि कौन से वाहन चालक किन अधिकारियों के साथ जानेवाले हैं। वे चालक को अपने पास बुलाते और संवाद करते कि कौन से अधिकारी उनके साथ जा रहे हैं और किस प्रकार वाहन चलाने हैं। वे यह भी ध्यान दिलवाते कि जब यात्रा लंबी करनी हो तो एक की जगह दो चालक जाने चाहिए, विशेषकर रात्रि के समय। दोपहर के भोजन के समय चालक को ज्यादा रोटी खाने का आग्रह करने पर टोक देते। कहते कि उनको गाड़ी चलानी है, क्यों ज्यादा खाने का आग्रह कर रहे हैं! वे चालक के संतुलित आहार और पर्याप्त विश्रांति का भी ध्यान रखवाते, साथ ही यह भी सचेत करते कि अगर लगे कि नींद आ रही है तो निस्संकोच पूछकर विश्राम कर लेना चाहिए। ऐसी छोटी-छोटी बातों का वे हमेशा ध्यान रखते थे।

एक और घटना अविस्मरणीय है। सन् 1942 में परम पूजनीय श्रीगुरुजी का दिल्ली प्रवास हुआ। विद्यासागर पुरी, पँचकुइया रोड पर जिनका निवास था, दिल्ली के कार्यवाह

थे और मा. वसंत राव ओक दिल्ली प्रांत प्रचारक थे। श्रीगुरुजी ने विद्यासागरजी से पूछा कि दिल्ली के गटनायक स्तर के कार्यकर्ताओं को इमरजेंसी कॉल देनी हो तो कितना समय लगेगा? विद्यासागरजी ने कहा कि चार से साढ़े चार घंटे। श्रीगुरुजी ने कहा, 'ठीक है, कल प्रात: 6.30 बजे का समय निश्चित करो और हाँ, विलंब से आनेवालों को प्रवेश नहीं देना।' अगले दिन प्रात: 6.00 बजे गटनायक स्तर तक के कार्यकर्ताओं की आपात बैठक हुई। महरौली, नजफगढ़, कंझावला और नरेला तक के ग्रामीण क्षेत्र से भी कार्यकर्ता हिंदू महासभा भवन पहुँचे। ठीक 6 बजे हिंदू महासभा भवन के दरवाजे बंद कर दिए गए। 400 की संख्या थी। उनमें एक सोहन सिंहजी भी थे। वहाँ पूजनीय श्रीगुरुजी का देश की तत्कालीन परिस्थिति व हिंदू संगठन की आवश्यकता पर धारा-प्रवाह बौद्धिक हुआ, साथ ही संघ-कार्य के लिए अधिक समय देने का आह्वान भी। परिणामस्वरूप सन् 1943 में मेरठ संघ शिक्षा वर्ग से 80 प्रचारक निकले। वर्ष 1962 की घटना है। सोहन सिंहजी का नारनौल (रेवाड़ी, हरियाणा) में प्रवास हुआ। वरिष्ठ प्रचारक प्रेमचंदजी, जो अ.भा. सेवा प्रमुख भी रहे, तब रेवाड़ी तहसील प्रचारक थे। किराए का कार्यालय होता था, जिसकी छत थी पत्थरों की। अति भीषण गरमी होती थी। रात्रि में भी लू का एहसास होता था। बहुत उपक्रम करने के पश्चात् भी देर रात तक सो नहीं पाए। अंत में दोनों ही रेलवे स्टेशन के बाहर पार्क में बेंच पर ही सो गए।

(क्षेत्रीय प्रचारक, रा. स्व. संघ, दिल्ली)

❑

राष्ट्र मंदिर के पुजारी

—आलोक कुमार

यह तब की बात है, जब मैंने आठवीं की परीक्षा दी थी। दिल्ली में स्वयंसेवकों का एक सामूहिक कार्यक्रम था। मैं उसमें नहीं जा पाया। कुछ दिन बाद माननीय सोहन सिंहजी से भेंट हुई। वे दिल्ली के प्रचारक थे। उन्होंने पूछा, 'अरे, तुम उस कार्यक्रम में क्यों नहीं आए?' अपने क्षेत्र में रहनेवाले असंख्य छोटे-बड़े कार्यकर्ता निरंतर उनकी दृष्टि में रहते थे। वह उनकी सँभाल करते थे, उनके सुख-दुःख में सहभागी होते थे और उनके जीवन को कर्मयोगी के उच्चतम आध्यात्मिक आदर्शों के अनुरूप निरंतर गढ़ते रहते थे।

इस प्रगाढ़ता का परिणाम था कि उन्होंने एक स्वयंसेवक मोहनजी को कहा कि दुकान महीने भर बंद करनी पड़े तो भी तृतीय वर्ष जाओ। वह गए। ईश्वरजी को कहा कि 'दिल्ली आओ, यमुनापार में रहो और अध्यापन करो, जिससे संघ-कार्य के लिए समय रहे।' उन्होंने ऐसा किया। राजजी की प्राध्यापक पद पर नियुक्ति हो गई। सोहन सिंहजी को नियुक्ति-पत्र दिखाया। सोहन सिंहजी ने कहा कि पहले कुछ वर्ष प्रचारक रहते तो अच्छा था। राजजी ने नियुक्ति अस्वीकार की और प्रचारक हो गए। ऐसे असंख्य उदाहरण हैं।

अपने आदर्शवाद और प्रेमपूर्ण व्यवहार से उन्हें विकसित हो रहे अपने साथ के कार्यकर्ता पर विश्वास भी रहता था और अधिकार भी। सन् 1970 में उन्होंने तीन ऐसे कार्यकर्ताओं को, जिन्हें वे प्रचारक भेजना चाहते थे, अपने कॉलेजों के छात्रसंघ का चुनाव लड़वाया। मैंने बाद में पूछा कि हमें प्रचारक जाना था, आपने चुनाव क्यों लड़वाया? उनका उत्तर था, प्रचारक जाना था तो नेतृत्व आना चाहिए, इसलिए लड़वाया। उनमें से दो बाद में प्रचारक रहे, तीसरे भी मृत्यु तक संघ-कार्य में लगे रहे। यह उनके लिए विचार करने लायक है, जिन्हें लगता है कि उधर झाँकने भी दिया तो हाथ से निकल जाएगा।

'40 के दशक में संघ का प्रचारक होना अभावों में जीना, चुनौतियों से निरंतर

लड़ना और कभी-कभी तो अनंत श्रम भी ऊसर में खेती जैसा रीता रह जाना था।

एक प्राथमिक वर्ग का आयोजन किया गया था। उसकी तैयारी के लिए सोहन सिंहजी ने लगभग एक माह का प्रवास किया। उन दिनों प्रवास साइकिल पर ही हो पाता था। एक बार रास्ते में साइकिल पंक्चर हो गई तो पहियों में पत्ते बाँधकर ही काम चलाते रहे। हाँ, गाँव में गर्मजोशी से मिलना हुआ और वर्ग में बच्चे भेजने के आश्वासन मिले।

यह सब होने के बाद भी वर्ग में केवल दो लोग पहुँच पाए; पर सोहन सिंहजी सुख-दु:ख, आस-निराश से विमुख और 'इस बार नहीं तो अगली बार' के भाव से बढ़ते रहे। सोहन सिंहजी ने बताया था कि उन दिनोदिन में दोनों समय का भोजन ऐसी विलासिता की बात थी, जो सामान्यत: कभी होती ही नहीं थी।

'वज्र देह दानव दलन', ऐसा उनका शरीर था। एक से अधिक बार 18-20 लोगों से उनका संघर्ष हुआ और केवल लाठी के सहारे वह अकेले लड़कर उनसे विजयी हुए। हम सबने देखा है कि कैसे उस कंचन काया को उन्होंने अगरबत्ती की तरह कण-कण जलाकर राष्ट्र मंदिर को सुगंधित बना दिया।

हम सबका आदर्श है कि मन-वचन-कर्म से पूर्णत: संघ-कार्य करना है। शरीर तो सध भी जाता है, पर मन? वह तो कहीं भी घूम ही आता है।

सन् 1969 में कंझावाला में दिल्ली का एक बड़ा शिविर लगा। लगभग एक माह तक उसकी तैयारियों में सोहन सिंहजी कभी पूरी तरह सो भी नहीं पाए। वर्ग अतीव सफल हुआ, पर उसके बाद सोहन सिंहजी को तेज बुखार हो गया। तेज बुखार में अंतर्मन पर से नियंत्रण हट जाता है और व्यक्ति अपने अंतरतम के भाव बड़बड़ाता रहता है। जिन्होंने सोहन सिंहजी का वह बड़बड़ाना सुना है, वे बताते हैं कि उसमें कोई एक शब्द भी, कोई एक छटा भी संघ-कार्य के अलावा नहीं थी। वह वस्तुत: अपनी हर साँस, मन का हर विचार और शरीर का प्रत्येक कर्म अपने संघ-कार्य के लिए ही करते थे।

संघ-कार्य में लगे कार्यकर्ताओं का जीवन संयमपूर्ण और सादगी भरा हो, इसका वह आग्रह करते थे। एक बार झंडेवाला में रात्रि को दूध के समय कहीं से आई मिठाई भी बाँटी गई तो नाराज होकर टोका था, 'यह होटल नहीं है।' फरीदाबाद में प.पू. सरसंघचालकजी का कार्यक्रम था। सोहन सिंहजी भी थे। गाड़ियों की पर्याप्त व्यवस्था थी।

दोपहर में बाहर आए। कहा, 'मोटर साइकिल पर आए हो? जरा मुझे आवास तक छोड़ दो।' एक बार जयपुर विश्वविद्यालय छात्रसंघ के चुनाव में गया था। लौटने से पहले सोहन सिंहजी से मिलने गया। सारा वृत्तांत सुना। मैंने यह भी बताया कि भोजन एल.एम.बी. (वहाँ के महँगे रेस्टोरेंट) में करवाया गया। सोहन सिंहजी ने कहा, 'तेरे गले के नीचे वह कैसे गया? बाहर आकर खड़ा हो जाता। परिषद् के प्रवास में आया है तो इतना महँगा

क्यों?' उनके देहावसान के बाद उनका सामान सँभाला तो थोड़े कपड़े, गणवेश, अटैची आधी भी नहीं भरी। वह जीवन भर नितांत अकिंचन और अपरिग्रही रहे।

सोहन सिंहजी ने संघ के स्वयंसेवक की पूर्णता के आदर्श उदाहरण के रूप में अपना पूरा जीवन गठित किया था। वह ध्येयदेव की ऐसी मूर्ति थे, जिनके जीवन, कर्म और आचरण से हजारों स्वयंसेवकों ने संघ देखा, सीखा और उस प्रकाश में अपना जीवन गढ़ने का प्रयत्न किया। लगभग एक वर्ष पहले मेरे माता-पिता दिवंगत हुए। पिताजी अपने पाँचों भाइयों में सबसे दीर्घजीवी थे। उनके बाद की पीढ़ी में मैं आयु में सबसे बड़ा हूँ। मुझे कई लोगों ने कहा कि पिताजी गए। अब उनके जाने से तुम बड़े हो गए हो। कुनबे को सँभालकर रखने की जिम्मेदारी तुम्हारी है।

सोहन सिंहजी के जाने से उस पीढ़ी के लोगों को हम अब प्रत्यक्ष नहीं देख पाएँगे। अब हम पर भी जिम्मेदारी है कि कुनबा सँभालें, बढ़ाएँ। जहाँ तक वह संघ को पहुँचा गए हैं, उससे आगे ले चलें। सोहन सिंहजी के अंतिम संस्कार में एक स्वयंसेवक ने कहा, 'ऐसा प्रचारक अब कभी नहीं होगा।' दु:खातिरेक में कहा गया होगा। दीनदयालजी को श्रद्धांजलि देते हुए श्रीगुरुजी ने कहा था कि भारत माता पुण्य प्रसूता है। एक के बाद एक आते रहेंगे। नैराश्य नहीं, आत्मविश्वास से भरकर स्वर्गस्थ उस पीढ़ी को हम कहें, 'देखो, आपके द्वारा बढ़ाया गया संघ-कार्य यह पीढ़ी पूरा करेगी। समाज की संगठित कार्यशक्ति से धर्म का संरक्षण करते हुए राष्ट्र को परम वैभव प्राप्त करवाने का लक्ष्य प्राप्त करेंगे।' विनम्र श्रद्धांजलि। उनके प्रकाश में—'शुभास्ते पंथान: संतु।'

(रा.स्व. संघ, दिल्ली के सह प्रांत संघचालक)

❑

आध्यात्मिक व्यक्तित्व

—राजनाथ सिंह

माननीय सोहन सिंहजी से मेरा नजदीक का परिचय नहीं था। एक बार थोड़े समय के लिए उनके साथ बातचीत करने का अवसर प्राप्त हुआ था। उनके बारे में जो कुछ भी मैंने सुन रखा है, सुनता था, उसके आधार पर मैं कह सकता हूँ कि यदि किसी व्यक्ति से सोहन सिंहजी के बारे में पूछा जाए तो सहज रूप से उसकी टिप्पणी यही होगी कि वे एक कर्मयोगी थे। सहजता, सादगी और सदाशयता की वे प्रतिमूर्ति थे। उनके जीवन के प्रसंगों से प्रेरणा लेकर एक साधारण कार्यकर्ता भी अपने जीवन में असाधारण करने की प्रेरणा प्राप्त कर सकता है। ऐसे व्यक्तियों के व्यक्तित्व-कर्तृत्व को देखने के बाद सही विश्लेषक इसी नतीजे पर पहुँचेगा कि कोई व्यक्ति अपने जीवन में पद के कारण ही बड़ा नहीं हो सकता है, बल्कि अपनी कृतियों के कारण बड़ा हो सकता है। यह प्रेरणा सोहन सिंहजी जैसे व्यक्ति के द्वारा मिलती है। जिस समय भारत और पाकिस्तान का युद्ध चल रहा था, उस समय सेना के किसी कैंप से उनके पास यह संदेश आया कि हमें कुछ व्यक्ति चाहिए, जो रक्तदान कर सकें। अपने घायल जवानों के लिए उसकी जरूरत है। सोहन सिंहजी ने पूछा, 'कब चाहिए?' बताया गया कि कल सुबह तक चाहिए। रात्रि का समय था। न तो मोबाइल की सुविधा थी, न ही इंटरनेट की। इतने लोगों को सूचना देना, बुलाना यह कठिन कार्य होने के बावजूद केवल सौ लोग ही नहीं, लगभग चार-पाँच सौ की संख्या में लोग रक्तदान देने के लिए उपस्थित हुए। वह रक्तदान कार्यक्रम हुआ और सेना के जवानों के इलाज के लिए उसे भेजा गया। अस्वस्थता के दौरान एक सहयोगी को भी अपनी सेवा के लिए लेना उन्होंने स्वीकार नहीं किया। सोहन सिंहजी ने भले ही कर्मक्षेत्र में अपनी भूमिका का निर्वाह किया, लेकिन उनके व्यक्तित्व को देखने के बाद लगता है कि वे एक आध्यात्मिक व्यक्तित्व थे। जो आध्यात्मिक व्यक्तित्व होता है, उनके बारे में हम सभी जानते हैं कि

उसको जीवन में शरीर छोड़ने के बाद मोक्ष की प्राप्ति होती है और वह जीवन के सारे बंधनों से मुक्त हो जाता है। उसका जीवन स्वयं में एक प्रेरणा का स्रोत बन जाता है। ऐसे प्रेरणा के स्रोत सोहन सिंहजी थे।

(केंद्रीय गृहमंत्री)

❑

भारत माता के सच्चे सपूत

—डॉ. हर्षवर्धन

'सादा जीवन, उच्च विचार' की साक्षात् मूर्ति तथा हम सबके लिए प्रेरणा के स्रोत माननीय सोहन सिंहजी आज शारीरिक रूप से हमारे बीच नहीं हैं; लेकिन उन्होंने अपने जीवन की सादगी एवं श्रेष्ठ कर्मों के जो उदाहरण हमारे समक्ष प्रस्तुत किए हैं, वे उन्हें सदैव जीवित रखेंगे। लाखों स्वयंसेवकों के मन-मस्तिष्क में उनकी सम्मानपूर्ण स्मृति सदैव बनी रहेगी।

सोहन सिंहजी एक विशद और बहुआयामी व्यक्तित्व के धनी थे। पूरा जीवन संघ, समाज और भारत माता की सेवा के लिए समर्पित था। 16 वर्ष की उम्र में स्वयंसेवक बनकर उन्होंने समाज और राष्ट्र-सेवा का व्रत लिया। 20 वर्ष की अवस्था में, जिस उम्र में युवा एक बेहतर भविष्य की तलाश में होते हैं, वे इससे ऊपर उठकर त्याग और तपस्वीपूर्ण जीवन जीने के लिए संघ के प्रचारक बन गए। समाज के कोने-कोने और घर-घर में जाकर भारत की महान् हिंदू संस्कृति के प्रति जागृति पैदा करने के साथ-साथ देश-प्रेम और राष्ट्रीय अखंडता की अलख लोगों में जगाते रहे, संघ परिवार का विस्तार करने की दिशा में जन-जन को जोड़ते रहे। सेवा की जो प्रबल भावना उनमें विद्यमान थी, वह किसी भी व्यक्ति को प्रभावित किए बिना नहीं रहती थी। वास्तव में उनका व्यक्तित्व एक पारस पत्थर की तरह था। उनकी सादगी का यह अनुपम उदाहरण है कि वे सदैव ट्रेन की साधारण श्रेणी में यात्रा करते थे। सहजता और सरलता के साथ आम जन की तरह जीवन जीते थे। जब भी किसी बैठक में उपस्थित होते थे तो अकसर कहा करते थे कि अपनी संस्कृति व संस्कारों को अक्षुण्ण बनाए रखो। साथ ही यह कहना कभी नहीं भूलते थे कि हर स्थिति में एक स्वयंसेवक को अपने स्वयंसेवकपन के भाव को स्मरण रखना चाहिए।

उनकी सबसे बड़ी खासियत थी कि जिस भी व्यक्ति से जुड़ते थे, पूरी तरह से उसकी चिंता करते थे। उस व्यक्ति से उनका भावनात्मक संबंध जुड़ जाता था। वे एक

श्रेष्ठतम संगठनकर्ता थे। हजारों लोगों को उन्होंने संगठन से जोड़ा। संगठन से जिन लोगों को उन्होंने जोड़ा, उन सभी को परिवार के सदस्य की भाँति मानते थे। उनमें व्यक्ति को पहचानने का अनूठा गुण था। मेरा जब से उनके साथ संबंध जुड़ा था, वे हमेशा मेरी तथा मेरे परिवार की कुशलक्षेम पूछते थे। सन् 1999 में मेरे पिताजी का देहांत हुआ तो मुझे सांत्वना देने हेतु स्वयं रस्म क्रिया में आए थे। 1993 में दिल्ली में भारतीय जनता पार्टी की सरकार बनी तथा दिल्ली के स्वास्थ्य मंत्री के रूप में 1994 में पोलियो उन्मूलन का अभियान मैंने शुरू किया। 1995 में सोहन सिंहजी मेरे निवास पर आए और पोलियो उन्मूलन अभियान की सभी गतिविधियों के बारे में मुझसे विस्तृत चर्चा की। इस अभियान को और तेज करने के लिए कुछ सुझाव भी दिए थे। उसी दौरान उन्होंने मुझे यह भी सुझाव दिया कि मैं पोलियो उन्मूलन अभियान पर पुस्तक लिखूँ। उस समय तक पुस्तक लेखन के बारे में दूर-दूर तक मैंने नहीं सोचा था, क्योंकि पोलियो उन्मूलन अभियान शुरुआती दौर में था। अनेक झंझावातों के दौर से इसे गुजरना था। इसकी सफलता के लिए बहुत कुछ करना शेष था। उनके सुझावों पर अमल करते हुए कुछ वर्षों के पश्चात् 'कहानी दो बूँदों की' एवं 'ए टेल ऑफ टू ड्रॉप्स' नामक पुस्तकों (हिंदी एवं अंग्रेजी) का मैंने लेखन किया। इन पुस्तकों ने भारत के पोलियो उन्मूलन अभियान के संघर्ष और सफलताओं को विश्व-पटल पर प्रसारित किया, भारत के गौरव को बढ़ाया। यह श्री सोहन सिंहजी की दूरदर्शिता थी। उन्होंने इस अभियान की शुरुआत में ही भविष्य का आकलन कर लिया था कि पोलियो अभियान की सफलता से भारत की प्रतिष्ठा विश्व स्तर पर बढ़ेगी। संघ, समाज और देश के यशवर्धन के लिए आखिरी साँस तक उनके समर्पण और विचारशीलता को मैं नमन करता हूँ। सौभाग्य है कि ऐसी महान् विभूति का हम सबको सान्निध्य, मार्गदर्शन एवं स्नेह मिला।

(केंद्रीय विज्ञान एवं प्रौद्योगिकी मंत्री)

❑

एक सप्ताह तक भूखे रहे

—प्रेमचंद गोयल

सन् 1942 में नई दिल्ली में श्रीगुरुजी के आह्वान के बाद दिल्ली से जो प्रचारक निकले, उनमें से थे माननीय सोहन सिंहजी। प्रचारक बनने के बाद उन्होंने संघ शिक्षण प्राप्त किया। सबसे पहले उन्हें हरियाणा की करनाल तहसील का प्रचारक बनाया गया। दिन भर पैदल चलकर उन्होंने संघ-कार्य किया। उनसे जो भी मिला, उसे उन्होंने संघ का बना लिया। उस समय प्रचारकों के पास साइकिल तक नहीं होती थी। उन्होंने गाँव-गाँव में शाखा लगवाई और युवकों को संघ से जोड़ा। वे दिन-रात संघ-कार्य में लगे रहते थे। कार्य के प्रति इतनी लगन कि भूख-प्यास का भी कोई ध्यान उन्हें नहीं रहता था। करनाल का एक प्रसंग ध्यान में आता है, जो हर किसी के लिए बहुत ही प्रेरक है। वे कार्य में लगे रहते थे। एक बार उन्होंने 6-7 दिन तक बिल्कुल अन्न ग्रहण नहीं किया। स्वयंसेवक भोजन लाना भूल गए और उन्होंने संकोचवश किसी से खाना माँगा भी नहीं। एक दिन, दो दिन के बाद हफ्ता हो गया, लेकिन कहीं से भोजन नहीं आया। भूखे रहने के बावजूद वे संघ-स्थान पर गए तो उन्हें मूर्च्छा आ गई और वे वहीं पर गिर पड़े। उस शाखा के निकट एक बाल स्वयंसेवक का घर था। वह दौड़कर घर गया और अपने पिताजी को बुलाकर लाया। इसके बाद स्वयंसेवकों की सहायता से उन्हें घर ले जाया गया। घर पर ही डॉक्टर को बुलाकर जाँच करवाई गई। कुछ देर बाद करनाल के जिला संघचालक श्री सीतारामजी भी वहीं आ गए।

डॉक्टर ने उपचार के दौरान उनसे पूछा कि कितने दिनों से भोजन नहीं किया है? तो उन्होंने इच्छा न रहते हुए भी संकोचवश कहा कि दो-तीन दिन से भोजन नहीं किया। जबकि वास्तविकता यह थी कि उन्होंने लगभग आठ दिनों से भोजन नहीं किया था। तभी सीतारामजी उन्हें अपने घर लेकर आए और अपनी धर्मपत्नी से कहा कि आज से सोहन सिंहजी आपके सबसे बड़े सुपुत्र हैं। जब भी ये घर आएँ तो सबसे पहले इन्हें खाना खिलाएँ। कुछ समय बाद सीतारामजी को लकवा हो गया। उस समय उन्होंने

(सोहन सिंहजी ने) बड़े पुत्र की भाँति उनकी खूब सेवा की। प्रातःकाल शाखा से आने के बाद वे उनके शरीर की मालिश करते और स्वयं उनको नहलाते थे। कुछ दिनों तक यही क्रम चलता रहा। शीघ्र ही उनके स्वास्थ्य में सुधार हुआ और वे पहले की तरह स्वस्थ हो गए।

इस प्रकार की कठिनाइयों में उन्होंने कार्य किया और हजारों लोगों को संघ से जोड़ा। उनका स्वभाव था कि वे स्वयं अपने लिए कुछ नहीं करते थे। जो कुछ भी करते थे, देश और समाज के लिए करते थे। हरियाणा, राजस्थान और दिल्ली उनका कार्यक्षेत्र रहा। अस्वस्थता के कारण वर्ष 2004 में वे दायित्व-मुक्त हो गए। इसके बाद वे कहते थे कि मेरे ऊपर पैसा खर्च मत करो। मुझे क्यों अस्पताल लेकर जाते हो। मुझे ऐसे ही रहने दो। जहाँ तक मुझे ध्यान है, 2004 से अब तक उन्होंने अपने लिए कोई वस्त्र भी नहीं बनवाया था। वे कपड़े भी बहुत ही कम रखते थे। अगर उनके पास कोई चीज आ भी जाती थी या कोई भेंट कर जाता था तो वे अन्य प्रचारकों को दे देते थे। उनकी आलमारी आज भी खाली है। वे दो धोती-कुरते से जीवन काटते थे। सर्दी के समय कुछ गरम कपड़े उनके पास होते थे। उनका जीवन बहुत ही साधनापूर्ण रहा। अंत समय तक उनका लोगों से जुड़ाव बना रहा। उनसे मिलने सैकड़ों स्वयंसेवक-कार्यकर्ता लोग आते-जाते थे। सभी से मिलते और पास बैठाकर बड़ी आत्मीयता से पूछते कि आपका स्वास्थ्य कैसा है? आपका काम कैसा चल रहा है? आपके ऊपर क्या दायित्व है? इत्यादि। मैं स्वयं कई बार जब प्रवास से आता था तो मुझसे यही पूछते थे कि स्वास्थ्य तो ठीक है न आपका? काम ठीक चल रहा है? और इस बात पर वह जोर देते थे कि अगर स्वास्थ्य ठीक रहेगा तो कार्य भी ठीक चलेगा। यह हर एक के लिए उनका संदेश था। वे कहा करते थे कि संघ-कार्य से पवित्र कार्य और कुछ भी नहीं है।

एक घटना उस समय की याद आती है, जब नांगलोई (दिल्ली) में संघ का शिविर लगा हुआ था। शिविर को सफल बनाने के लिए उन्होंने दिन-रात एक कर दिया था। 102 डिग्री बुखार में भी उन्होंने कार्य किया था। जब शिविर संपन्न हो गया, तब उन्होंने श्री बी.एल. शर्मा 'प्रेम' के घर पर रहकर 15 दिन तक आराम किया था। वे जहाँ भी रहे, वहाँ उन्होंने हजारों लोगों को प्रेरणा देने का काम किया। उन्होंने कभी भी अपने मुख से किसी को एक भी गलत शब्द नहीं बोला। किसी से बात करते समय स्वयं बड़े सचेत रहते थे। उन्हें व्यक्ति की बहुत पहचान थी। अब उनकी ये ही बातें हम सबको प्रेरित करती रहेंगी।

(रा.स्व. संघ के वरिष्ठ प्रचारक)

❑

अनिकेत कर्मयोगी

—रामेश्वर

मैंने सबसे पहले सन् 1973 में माननीय सोहन सिंहजी के दर्शन किए थे। उस समय मैं प्रथम वर्ष का प्रशिक्षण ले रहा था और एक दिन वर्ग में उनका बौद्धिक हुआ था। बौद्धिक बहुत ही प्रेरक था और इस कारण उनके प्रति एक अलग ही श्रद्धा का भाव जगा। इसके बाद अनेक बार उनका मार्गदर्शन मिला और हम जैसे अनेक स्वयंसेवक संघ पथ पर बढ़ते चले गए। सोहन सिंहजी किसी भी कार्यक्रम की तैयारी इतनी बारीकी से करते थे कि कोई भी क्षेत्र उनकी नजरों से बच नहीं सकता था। वर्ष 2002 में कुरुक्षेत्र में संघ के अखिल भारतीय कार्यकारिणी मंडल की बैठक हुई थी। जिस विशाल कक्ष में वह बैठक होनी थी, उसकी छत टीन की थी। तैयारी के सिलसिले में सोहन सिंहजी वहाँ गए और कार्यक्रम स्थल का पूरा निरीक्षण किया। कुछ देर के बाद उन्होंने कार्यकर्ताओं से कहा कि जुलाई का महीना है और वर्षा कभी भी हो सकती है। बैठक के दौरान वर्षा होगी तो टीन की आवाज से बैठक बाधित होगी। अच्छा होगा कि पूरी छत पर पुआल बिछा दिया जाए। कार्यकर्ताओं ने उनके सुझाव को माना और फिर पूरी छत पर पुआल बिछा दिया। कार्यक्रम बड़े ही अच्छे तरीके से संपन्न हुआ। ऐसी थी उनकी दूरदृष्टि। ऐसा ही एक दूसरा प्रसंग भी याद आता है। एक बार मैंने देखा कि उनकी जुराबें फटी हुई हैं। दूसरी बार जब मैं गया तो उनके लिए जुराबें ले गया। लेकिन वे जुराबें लेने को तैयार ही नहीं हो रहे थे। फिर भी मैंने निवेदन किया और जुराबें दे दीं। कुछ दिनों बाद देखा कि वही जुराबें किसी और कार्यकर्ता के पास थीं। मैंने उनसे इस संबंध में पूछा तो उन्होंने बताया कि 'ये जुराबें सोहन सिंहजी ने दी हैं।' वे कुछ भी अतिरिक्त नहीं रखते थे। सोहन सिंहजी कम साधन में भी जीवन जीने के आदी थे। एक और प्रसंग है, जो बताता है कि वे व्यवस्था के प्रति कितने सजग रहते थे। केंद्र में नई सरकार बनने के बाद एक दिन उन्होंने मुझसे पूछा कि आजकल कार्यालय के स्वागत कक्ष में कौन बैठता है? फिर कहा कि वहाँ की व्यवस्था ठीक करो, अब बहुत लोग मिलने आया करेंगे।

(रा.स्व. संघ, उत्तर क्षेत्रीय प्रचारक प्रमुख)

❑

'मेजर' सोहन सिंहजी!

—दुर्गादास

1981 में झुँझुनूँ (राजस्थान) के खेमी सती मंदिर परिसर में बैठक चल रही थी। माननीय ब्रह्मदेवजी बैठक ले रहे थे। पीछे माननीय सोहन सिंहजी भी बैठे हुए थे। जोश और समर्पण भाव से माहौल को हमेशा प्राणवान रखनेवाले ब्रह्मदेवजी सोहन सिंहजी की ओर संकेत करके मुसकराए। बोले, 'ये हैं 'मेजर' सोहन सिंहजी। ये लगातार मेरा पीछा कर रहे हैं। जहाँ मैं जाता हूँ, वहाँ पीछे-पीछे पहुँच जाते हैं। मैं जिला तो ये तहसील, मैं विभाग तो ये जिला, मैं प्रांत तो ये विभाग, मैं क्षेत्रीय तो ये प्रांत प्रचारक!' और यह कहकर देवजी हँसे!...उपस्थित प्रचारकों के हृदय और अपने समक्ष उपस्थित दो वरिष्ठ आदर्श प्रचारकों के भाव देखकर उत्फुल्लित हो उठे। देवजी ने अपने सहयोगी प्रचारक के प्रति गद्‌गद भाव से कुछ घटनाएँ बताईं। उन्होंने कहा कि विभाजन का दौर था। सोहन सिंहजी संघ कार्यालय की छत पर बैठकर पत्र लिख रहे थे। कुछ असामाजिक तत्त्वों ने कार्यालय पर आक्रमण कर दिया। सोहन सिंहजी ने नीचे देखा तो तत्काल उतरे और कुछ ही देर में मुकाबला करके सबको भगा दिया और क्या देखते हैं कि थोड़ी ही देर में वापस छत पर आकर उसी भाव से पत्र लिखने लगे, जैसे कुछ हुआ ही न हो।

देवजी ने सोहन सिंहजी के व्यक्तित्व की दूसरी घटना बताई। बताया कि एक बार सोहन सिंहजी को मैंने कहा कि पुलिस अधीक्षक से मिलने चलना है। सोहन सिंहजी के पुलिस अधीक्षक परिचित थे। देवजी के शब्दों में, 'हम दोनों पुलिस अधीक्षक कार्यालय गए। मैं आगे चल रहा था। औपचारिकता के कारण सोहन सिंहजी कुछ पीछे रह गए। मैं पुलिस अधीक्षक के कक्ष में पहले पहुँच गया। पुलिस अधीक्षक ने देखते ही बैठे-बैठे पूछा, 'कैसे, क्या बात है?' इतने में ही पीछे से सोहन सिंहजी पहुँच गए। उन्हें देखते ही पुलिस अधीक्षक खड़े हो गए। बोले, 'आइए, आइए।' फिर सोहन सिंहजी ने मेरा परिचय करवाया कि 'ये हमारे अधिकारी हैं।' तो पुलिस अधीक्षक का ध्यान मेरी तरफ गया।

सन् 1989 में देश भर में श्रीराम-शिला पूजन कार्यक्रम हुए। भारत के प्रत्येक गाँव

से एक-एक पूजित ईंट श्रीराम लला का भव्य मंदिर बनाने के लिए अयोध्या पहुँच गई। 1990 में श्रीराम मंदिर बनाने के लिए अयोध्या में कारसेवा करने का निर्णय हुआ। देवोत्थान एकादशी के शुभ दिन कारसेवा होनी थी। संपूर्ण देश से कारसेवक अयोध्या पहुँचे। यह योजना संतों और धर्माचार्यों ने बनाई थी। इसी के अनुरूप सभी स्थानों पर कारसेवकों की तैयारियाँ चल रही थीं। राजस्थान तो ऐसे अभियानों में आगे रहता ही है, इसलिए पूरे प्रांत (तब राजस्थान एक ही प्रांत था) में जोर-शोर से कारसेवा की योजनाएँ बन रही थीं।

नवंबर 1990 के प्रारंभ में प्रांत के प्रमुख कार्यकर्ताओं की एक बैठक जयपुर कार्यालय 'भारती भवन' में रखी गई। सोहन सिंहजी उस बैठक में उपस्थित थे। एक-एक पक्ष की बारीकी से वे जानकारी ले रहे थे। उस समय उत्तर प्रदेश में श्री मुलायम सिंह यादव मुख्यमंत्री थे और उन्होंने घोषणा कर दी थी, 'अयोध्या में कोई परिंदा भी पर नहीं मार सकता।' कारसेवा को हर कीमत पर रोकने के लिए वे कटिबद्ध थे। सुरक्षा बलों ने अयोध्या की जबरदस्त घेराबंदी कर दी थी। अयोध्या जानेवाली बसों और ट्रेनों को अयोध्या से पहले ही रोककर कारसेवकों को गिरफ्तार करने की योजना मुलायम सरकार ने बना रखी थी।

इसलिए सोहन सिंहजी योजना के प्रत्येक पक्ष को स्पष्ट कर रहे थे। कारसेवकों के पास सामान क्या-क्या हो, पुलिस से बचने के लिए अयोध्या से काफी पहले ट्रेन से उतरना पड़ सकता है, अत: चना-चबेना भी साथ हो इत्यादि सभी छोटी-छोटी बातों पर विस्तार से चर्चा हो रही थी। इतने में एक कार्यकर्ता ने प्रश्न किया, 'पहले ही उतरना है तो टिकट लेना चाहिए या नहीं?' सोहन सिंहजी इसका उत्तर देते, इसके पहले ही एक दूसरे कार्यकर्ता ने कहा, 'राम टिकट काफी है।' एक अन्य कार्यकर्ता ने हाँ में हाँ मिलाई, 'हाँ, राम टिकट ही पर्याप्त है।' बैठक में आए अन्य कार्यकर्ता भी 'ठीक है, ठीक है' कहने लगे। राम टिकट से उनका आशय था कि टिकट लेने की जरूरत ही नहीं है। सोहन सिंहजी यह सब सुन रहे थे, पर उनकी भाव-भंगिमा उग्र होती जा रही थी। उन्होंने जोर से खँखारने की आवाज की। बैठक में उठ रहा शोर थम गया। इसके बाद उन्होंने कड़कते स्वर में कहा, 'एक भी कारसेवक बिना टिकट नहीं जाएगा। प्रत्येक को टिकट लेकर ही बस या रेल में बैठना है।' यही हुआ। अयोध्या जानेवाला प्रत्येक रामभक्त टिकट लेकर ही रेल या बस में बैठा।

(क्षेत्रीय प्रचारक, रा.स्व. संघ, राजस्थान)

❑

संतों के संत थे वे

—ईश्वरदास महाजन

माननीय सोहन सिंहजी से मैं पहली बार सन् 1949 में मिला था। मैंने उन्हें कभी कपड़े प्रेस करवाते हुए नहीं देखा। कभी किसी ने भोजन का इंतजाम कर दिया तो उसके घर चले गए, भोजन कर लिया। यदि भोजन नहीं मिला तो कोई बात नहीं। उन्होंने अपने लिए कभी नहीं सोचा। सिर्फ संघ-कार्य को बढ़ाना ही उनका उद्देश्य रहता था। उन दिनों करनाल जिले में तीन तहसीलें और थीं—कुरुक्षेत्र, पानीपत और कैथल। सब जगह शाखा शुरू करनी थी, लेकिन पैसे का अभाव था। पैदल चल-चलकर उन्होंने कई जगह शाखा लगवाई। करनाल से कैथल करीब 60 किलोमीटर पड़ता है। उन दिनों करनाल आने-जाने में कभी-कभी दो दिन लग जाते थे। कड़ी मेहनत करके उन्होंने करनाल के आस-पास के क्षेत्रों में शाखा शुरू करवा दी। करनाल की शाखा मुख्य थी। पहली बार गुरुदक्षिणा हुई तो उसमें 60 से 70 की संख्या थी। उसमें 63 रुपए मिले। उन्होंने प्रांत प्रचारक मा. वसंतरावजी ओक को चिट्ठी लिखी। वसंतरावजी की चिट्ठी वापस आई तो उन्होंने कहा कि आपको अगले एक वर्ष तक गुजारा इन्हीं रुपयों में करना है।

मेरे साथ उनका बहुत गहरा संबंध था। मैं उनके साथ वर्ष 1949 से 1952 तक करनाल में रहा। फिर वे दिल्ली आ गए और मैं भी 1963 में दिल्ली आ गया। उन दिनों दिल्ली प्रांत नहीं था। दिल्ली तब विभाग था। मुझे दिल्ली का विभाग कार्यवाह बना दिया गया। हम दोनों एक साथ इकट्ठे काम करते थे। बाद में वे राजस्थान चले गए। उन दिनों झंडेवाला में शीट के कमरे बने हुए थे। कई कमरों में पंखे थे, कइयों में नहीं थे। संघ का कार्य जब बढ़ने लगा तो झंडेवाला में पक्के कमरों की आवश्यकता होने लगी। इसलिए पक्के कमरे बनाए जाने लगे। उन्हें पता चला तो वे चिंतित हो गए। पता नहीं उन पर क्या असर पड़ा, उन्हें नींद नहीं आने की शिकायत होने लगी। हमें सूचना मिली कि उनकी हालत बिगड़ रही है। हम उनसे मिलने के लिए जयपुर गए। मैंने उनसे

कहा कि आप इतनी चिंता क्यों करते हैं? उस जमाने में संघ का कार्य बाहर के देशों में शुरू हो चुका था। मैंने उनसे कहा कि विदेश से कार्यकर्ता आते हैं तो उन्हें बड़ी दिक्कत होती है। बहुत समझाने के बाद वे माने। मा. माधवरावजी मूले उन दिनों दिल्ली के प्रांत प्रचारक होते थे। उन्होंने भी समझाया। कुछ दिनों बाद वे ठीक हो गए। तब उन्होंने दोबारा काम शुरू किया। वे एक संत से कम नहीं थे।

(दिल्ली के पूर्व विभाग संघचालक)

❑

मेरे द्वितीय गुरु

—राजकुमार भाटिया

समाज के लिए किए गए योगदान में संभवत: एक सामाजिक कार्यकर्ता की प्रतिबद्धता और समर्पण से अधिक उसकी क्षमता और प्रतिभा महत्त्व रखती है। माननीय सोहन सिंहजी दोनों पैमानों पर खरे उतरते थे। उनका समर्पण उनके कठोर परिश्रमी, आत्मविलोपी, प्रसिद्धि पराङ् मुख प्रकृति और सादगी में व्यक्त होता था तो उनकी क्षमता एक अद्‍भुत संगठक के रूप में सामने आती थी। वे कार्यकर्ता-निर्माण में सिद्धहस्त थे। हरियाणा, दिल्ली और राजस्थान में उनके द्वारा गढ़े गए कार्यकर्ताओं की संख्या सैकड़ों में अवश्य होगी। व्यक्तिगत संपर्क, संबंध और संवाद के माध्यम से वे स्वयंसेवक के जीवन में गहरे उतर जाते थे, जिसके आधार पर वे उसके मार्गदर्शक बनकर उसे एक अच्छा कार्यकर्ता बना देते थे। स्वयंसेवक से धैर्यपूर्वक पूरा संवाद स्थापित करना, उसका विश्वास अर्जित करना, बिना थोपे उससे अपनी बात मनवा लेना उनकी विशेषता थी।

व्यक्ति की पहचान और सार-सँभाल के विषय में भी वे सिद्धहस्त थे। वे इस बात को भलीभाँति जानते थे कि प्राय: एक ही व्यक्ति में गुण व दोष दोनों पाए जाते हैं। संभवत: प्रतिभावान और क्षमतावान व्यक्तियों के बारे में यह बात ज्यादा प्रमाणित होती है। संपर्क में आए व्यक्ति के गुण-दोषों को वे परख लेते थे और फिर संबंध व संवाद को आधार बनाकर संगठन के लिए उसके गुणों का लाभ उठा लेते थे।

संगठन संबंधी गतिविधियों और बारीकी से योजना बनाना उनकी एक और विशेषता थी। संघ के बहुत बड़े-बड़े कार्यक्रमों को सफल बनाने में वे यशस्वी सिद्ध होते थे। मेरी स्मृति के अनुसार ऐसा एक कार्यक्रम दिल्ली में हुआ—विशाल पीरागढ़ी शिविर था।

संघ का स्वयंसेवक और कार्यकर्ता होने के नाते मेरे निजी जीवन में सोहन सिंहजी ने बड़ी भूमिका निभाई थी। अपने कार्यकर्ता जीवन में मन-ही-मन मैंने तीन व्यक्तियों को अपना गुरु माना। उस रूप में वे मेरे द्वितीय गुरु थे। मैं बचपन में ही स्वयंसेवक बना। सन् 1962 में मैं जब एक सायं शाखा का मुख्य शिक्षक बना, तब सोहन सिंहजी ने

दिल्ली प्रचारक के नाते मेरे जीवन में प्रवेश किया। तब से 12–13 वर्षों तक वे मेरे सीधे मार्गदर्शक व पालक रहे। उस समय में पहले पाँच वर्ष मैंने शाखा कार्य किया तथा बाद के वर्षों में अखिल भारतीय विद्यार्थी परिषद् का। उस दौरान उनसे बना अंतरंग संबंध बाद के चार दशकों में भी कायम रहा। यद्यपि वे एक कड़क और गंभीर प्रचारक थे, परंतु मुझे उनसे कुछ भी कहने में संकोच नहीं होता था। उनके मार्गदर्शन में वर्ष 1962 से 1967 के बीच मैंने प्रत्यक्ष शाखा कार्य किया तथा संघ शिक्षा वर्गों के तीनों शिक्षण प्राप्त किए। मेरी इच्छा नहीं होते हुए भी सन् 1967 में उन्होंने मुझे अखिल भारतीय विद्यार्थी परिषद् में भेजा। सितंबर 1967 में दो दिनों के लिए सरसंघचालक श्रीगुरुजी के एक परिवार में निवास के अवसर पर मुझे उनकी प्रबंध व्यवस्था का दायित्व दिया। पीरागढ़ी शिविर में उन्होंने प्रबंध व्यवस्था में मुझे अपने साथ रखा। सन् 1969 में मेरी एम.ए. की पढ़ाई पूरी हुई। उनकी सहमति से मैंने प्राध्यापक की नौकरी प्राप्त की। परंतु उन्होंने मुझे नौकरी करने की बजाय विधि का छात्र बनने के लिए कहा, ताकि मैं अ.भा.वि.प. का कार्य अधिक प्रभावी ढंग से करता रहूँ; क्योंकि मैं तब दिल्ली अ.भा.वि.प. का मंत्री था। उसी वर्ष अ.भा.वि.प. में मुझे बड़ी जिम्मेदारी दिए जाने का विषय आया; परंतु सोहन सिंहजी ने अपनी सहमति नहीं दी, क्योंकि वे चाहते थे कि मैं दिल्ली पर ही ध्यान देता रहूँ।

विधि के छात्र के रूप में मेरा एक ही वर्ष बीता था कि उन्होंने मुझे संघ प्रचारक बनने के लिए कहा, जिसके लिए मैं सहज तैयार हो गया। मेरा प्रचारक बनना तथा उनका दिल्ली से बाहर स्थानांतरण एक साथ हुआ। यद्यपि अगले वर्षों में दिल्ली संघ से उनका संबंध नहीं रहा, परंतु 4–5 वर्षों तक अपने मन का भार हल्का करने और निजी जीवन के लिए उनसे मैं निरंतर मार्गदर्शन लेता रहा। सन् 1975 में प्रचारक जीवन से वापसी के मेरे निर्णय में भी उनकी सहमति का विशेष महत्त्व रहा।

बिना थोपे कार्यकर्ता से अपनी बात मनवाने अथवा उसके मन के अनुकूल निर्णय देने की उनकी शैली का मुझसे जुड़े कई महत्त्वपूर्ण निर्णयों में हाथ था। इच्छा के विपरीत मेरा अ.भा.वि.प. में जाना, हाथ में आई प्राध्यापक की नौकरी छोड़ना, प्रचारक बनना तथा उस जीवन से लौटना ऐसे ही निर्णय थे।

सोहन सिंहजी प्रत्यक्ष संघ-कार्य की देखभाल तो करते ही थे, पर संघ परिवार के विविध संगठनों के कार्य में भी पूरा ध्यान देते थे। अ.भा.वि.प. में मुझे एक ही वर्ष हुआ था, जब उन्होंने दिल्ली अ.भा.वि.प. को दिल्ली विश्वविद्यालय छात्रसंघ का चुनाव लड़ने के लिए प्रेरित किया। दो वर्षों तक उन्होंने इस संबंध में अ.भा.वि.प. का पूरा मार्गदर्शन किया तथा उसके लिए आर्थिक सहयोग भी करवाया। वर्ष 1969 में दिल्ली में अ.भा.वि.प. का दूसरा राष्ट्रीय अभ्यास वर्ग आयोजित किया गया। उसके लिए भी

व्यवस्थाओं में और अर्थ संग्रह में सहयोग किया।

सोहन सिंहजी राजस्थान में बहुत लंबे समय तक रहे। तत्पश्चात् फिर से दिल्ली उनके कार्यक्षेत्र में सम्मिलित हुआ। मेरा-उनका संबंध फिर से तरोताजा हो गया। वे दिल्ली अ.भा.वि.प. में रुचि लेने लगे। इस बीच मुझे प्राध्यापक बने अनेक वर्ष हो गए थे तथा मैं दिल्ली विश्वविद्यालय के शिक्षक संगठन एन.डी.टी.एफ. में भी सक्रिय हो गया था। वे एन.डी.टी.एफ. में भी पूरी रुचि लेते थे।

उनके जीवन के अंत तक मेरा उनसे मिलना होता रहा। विजयादशमी का दिन सोहन सिंहजी का जन्मदिन होता था। पिछले कुछ वर्षों में उनको जन्मदिन पर बधाई देने का भाव मेरे मन में आया था और दो-तीन बार मैंने ऐसा किया भी। वर्ष 2013 की विजयादशमी को उनकी आयु के 90 वर्ष पूर्ण हुए। इस अवसर पर उनको विशेष बधाई देने के लिए मैंने दिल्ली के एक-दो प्रमुख कार्यकर्ताओं से बात की तथा सबने मिलकर उस दिन एक विशेष आयोजन झंडेवाला कार्यालय में किया।

(पूर्व अध्यक्ष, अखिल भारतीय विद्यार्थी परिषद्)

❑

आकर्षण-अपनत्व-आदर्श के संगम

—डॉ. महेश चंद्र शर्मा

बात संभवतः सन् 1971 की है। माननीय सोहन सिंहजी हरियाणा प्रांत के प्रचारक थे। उपचारार्थ जयपुर आए थे। चौमूँ के प्रख्यात वैद्यजी उनका इलाज कर रहे थे। मैं तब अपनी एम.ए. की पढ़ाई पूरी करने के लिए जयपुर आया था। भारती भवन में सामान्यतः उनसे मिलना होता था। उनका व्यक्तित्व आकर्षित करता था। चर्चा करने में नितांत अपनापन था। आदर्शवाद उनके प्रत्येक आचरण में झलकता था। भारती भवन में माननीय ब्रह्मदेवजी आकर्षण के अभिकेंद्र थे। सोहन सिंहजी के आगमन से वह आकर्षण द्विगुणित हो गया।

वे आए तो उपचार करवाने थे, लेकिन भारती भवन के छोटे-मोटे कामों में स्वयं-प्रेरणा से सम्मिलित हो जाते थे। वे स्वयं की सुविधा के लिए किसी चीज की माँग नहीं करते थे। उपचार के दौरान उनकी पीठ की पूरी चमड़ी उधड़ गई थी। स्नान के लिए बनियान उतारते समय मुझे उनकी पीठ दिखाई दी। पूछा कि क्या बात है? उन्होंने टाल दिया। सायंकाल मैं विश्वविद्यालय से आकर उनसे गपशप किया करता था पीठ के बारे में मैंने आग्रह से पूछा। बोले, 'वैद्यजी जो दवा देते हैं, वह बहुत गरम है। उसके शमन के लिए दूध चाहिए। कार्यालय में तो सीमित ही दूध आता है।' उन्होंने किसी को बताया नहीं था कि वैद्यजी ने दूध पीने के लिए कहा है। उनके साथ मानसिक तरंगें कुछ ऐसी मिलीं कि मैं उनसे नितांत अंतरंग बातें करने लगा।

उनके जयपुर आने का कारण केवल चौमूँ के वैद्यजी नहीं थे, साथ ही ब्रह्मदेवजी भी थे, जो क्रमशः उनके जिला एवं विभाग प्रचारक रह चुके थे। देवजी ही उन्हें जयपुर ले आए थे। सोहन सिंहजी के स्वभाव एवं गुणवत्ताओं से देवजी परिचित थे। दोनों एक-दूसरे का बहुत सम्मान करते थे। देवजी के साथ सोहन सिंहजी बहुत सहज थे। अतः स्वास्थ्य पिछले लाभ के बाद उन्हें वापस हरियाणा नहीं भेजा गया। राजस्थान में ही जयपुर विभाग प्रचारक का दायित्व दे दिया गया।

अपनी एम.ए. की पढ़ाई पूरी करके मैं सीकर जिले में लक्ष्मणगढ़ के संस्कृत महाविद्यालय में राजनीति विज्ञान का प्राध्यापक हो गया। मुझे सीकर जिले के बौद्धिक प्रमुख का दायित्व प्राप्त हुआ। मैं जिले भर में प्रवास करता था। सीकर जिले में सोहन सिंहजी कहीं भी आते थे तो मैं उनके साथ ही रहता था। प्रतिवर्ष मैं संघ शिक्षा वर्ग में तो जाता ही था। वर्ष 1973 का शिक्षा वर्ग शाहपुरा में लगा था। माननीय सोहन सिंहजी वहाँ बौद्धिक प्रमुख थे। मैं उनका सहायक था। वर्ग के दौरान ही परम पूजनीय श्रीगुरुजी का नागपुर में निधन हो गया था। वर्ग में बौद्धिक प्रमुख के नाते वे सभी काम मुझसे ही करवाते थे। गट चर्चा ठीक से हो, चर्चा शिक्षकों का विमर्श ठीक से हो, पाठ्य सामग्री सुपाठ्य अक्षरों में यथा समय प्राप्त हो—इन सब बातों का मेरा जबरदस्त प्रशिक्षण हुआ।

माननीय सोहन सिंहजी बहुत कड़क शारीरिक शिक्षक थे। माननीय माधवरावजी मूले को पता लगा कि यहाँ सोहन सिंहजी बौद्धिक प्रमुख हैं तो उन्हें आश्चर्य हुआ। हालाँकि मैं बौद्धिक विभाग का पुराना कार्यकर्ता था, लेकिन वर्ष 1971-72 तक मैं भी शारीरिक गण शिक्षक ही हुआ करता था। संघ शिक्षा वर्ग में बौद्धिक विभाग सँभालने का यह प्रथम अवसर ही था कि मा. सोहन सिंहजी का सांगोपांग मार्गदर्शन प्राप्त हुआ।

जुलाई में श्रीगुरुजी का मासिक श्राद्ध नागपुर में था। जयपुर विभाग से जिनको वहाँ जाना था, उनमें मेरा भी नाम था। मैं नागपुर गया। समारोप कार्यक्रम में वहाँ कुछ घोषणाएँ हुईं। वहाँ यह घोषणा हुई कि मैं सीकर जिले में जिला प्रचारक के नाते कार्य करूँगा। इस संदर्भ में माननीय सोहन सिंहजी ने मुझसे कोई चर्चा नहीं की थी। मैंने वहीं से अपना त्यागपत्र महाविद्यालय को भेजा तथा सीकर जाकर वहाँ प्रचारक के नाते दायित्व सँभाल लिया। अब तो सोहन सिंहजी का सान्निध्य बढ़ गया। वे बहुत कुछ तो अपने आचरण से ही सिखाते थे, कथन भी उनके बहुत नपे-तुले व सटीक होते थे। योजनाबद्धता एवं हर बात के छोटे-बड़े हिस्सों पर समुचित विचार करना उनसे सीखा—शिविरों में, प्रवास में तथा बैठकों में।

सीकर में शीत शिविर था। सीकर की सर्दी भयानक होती है। सोहन सिंहजी रात्रि में लगभग 11 बजे सीकर पहुँचनेवाले थे। सीकर संघ कार्यालय में उनके सोने की व्यवस्था की थी। प्रातःकाल स्नानादि करके उन्हें शिविर स्थल पर आना था। जिस कार्यकर्ता को कार्यालय में यह व्यवस्था करने का काम दिया था, उसने वह काम नहीं किया। कार्यालय के मुख्य कमरे में ताला लगा था। कोई बिस्तर नहीं था, केवल दरी बिछी थी। वे रात भर अपनी पतली चादर ओढ़े उसी दरी पर सोए। प्रातःकाल ठंडे पानी से ही स्नान कर वे शिविर स्थल पर पहुँचे। शिविर स्थल सीकर से 10-12 कि.मी. की दूरी पर था। दिन भर सब कार्यक्रम चलते रहे। वे मनोयोग से हर कार्यक्रम में शामिल हुए। रात्रि में मैंने पूछा कि कार्यालय में सब व्यवस्था ठीक थी न? वे मुसकराए और

बोले, 'कौन सी व्यवस्था! कमरा तो बंद था।' मुझे काटो तो खून नहीं। मैं सर्द रात में बिना बिस्तर के सोने की कल्पना से ही सिहर उठा। मैंने बताया कि एक कार्यकर्ता को व्यवस्था के लिए कहा था। मेरे आँसू आ गए। उन्होंने सँभाला, 'कभी-कभी ऐसा हो जाता है। चलो, प्रात:काल प्रात:स्मरण कौन कहनेवाला है, दिनचर्या क्या है?' आदि-आदि। विष को अपने कंठों में रोक लेने की अद्‌भुत शक्ति थी उनमें।

सन् 1975 का संघ शिक्षा वर्ग झुँझुनूँ में था। माननीय सोहन सिंहजी विभाग प्रचारक के नाते व्यवस्था-प्रमुख थे। रेगिस्तानी इलाके में समुचित जल व्यवस्था एवं छिड़काव आदि की ऐसी योजना उन्होंने की थी कि रेगिस्तानीपन का अनुभव ही न हो। मैं बौद्धिक प्रमुख था। मुझे बहुत डाँटते थे, क्योंकि उनके हिसाब से स्वयंसेवकों का जैसा शिक्षण होना चाहिए, वैसा नहीं हो रहा था। प्रांत प्रचारक माननीय ब्रह्मदेवजी थे। वर्ग कार्यवाह मा. शारदाशरण सिंहजी थे। मुझे तो उनके निर्देशन में ही काम करना था।

श्रीगुरुजी के मासिक श्राद्ध पर नागपुर में हुई घोषणा का मैंने चुपचाप पालन किया था। पर मुझे तो दीनदयालजी एवं एकात्म मानववाद पर पी-एच.डी. करनी थी। इस संदर्भ में मैंने लिखना भी प्रारंभ किया था। मा. बापूराव मोघे क्षेत्र प्रचारक थे। उनको भी अपना लेखन दिखलाया था। एक बार दिल्ली भी गया। नानाजी देशमुख व दत्तोपंत ठेंगड़ीजी से मिला था। मैंने तय किया था कि झुँझुनूँ वर्ग के बाद मैं लौट जाऊँगा। सोहन सिंहजी को बताया। उन्होंने केवल इतना कहा कि मा. देवजी से बात करो।

मैंने सोचा था कि दीक्षांत समारोह के बाद चर्चा करूँगा, लेकिन उसी दिन आपातकाल लग गया। मैंने देवजी के सामने विषय रखा। उन्होंने कहा, 'आपातकाल लगा है, देश पर संकट है। तुम यह क्या सोच रहे हो?' सोहन सिंहजी ने पूछा। मैंने कहा, 'अब तो आपातकाल आ गया। क्या हो सकता है?' वे कुछ नहीं बोले। मुझे लगा, वे न तो मेरी बात से असहमत थे और न ही यह चाहते थे कि मैं प्रचारक से लौट जाऊँ।

भूमिगत रहकर उनके साथ काम किया। वे सदैव सजग एवं सहज रहते थे। मेरे लिए यह मुश्किल था। मैंने बदपरहेजी की, मध्याह्न में बस में बैठकर लक्ष्मणगढ़ से फतेहपुर को रवाना हो गया। बस में सरकारी गुप्तचर था। उसने मुझे फतेहपुर थाने के सामने उतार लिया। मुझे मीसा बंदी बनाकर जयपुर भेज दिया गया। जेल में माननीय सोहन सिंहजी का मार्गदर्शन बराबर मिलता रहा। वे भूमिगत कार्यों को बड़ी सूझ-बूझ से संपन्न कर रहे थे। सत्याग्रह सफलतापूर्वक आयोजित हुआ।

अंततः वे भी गिरफ्तार हो गए। जेल में तो अखंड संघ शिक्षा वर्ग था। सोहन सिंहजी एक-एक कार्यकर्ता को गढ़ने के काम में लगे। मैं और श्री बृजकिशोर अग्रवाल उनके निर्देशन में हर काम को अंजाम देते थे। जेल वैचारिक व बौद्धिक कार्यक्रमों का जीवंत अभिकेंद्र बन गया था। इस संदर्भ में विषयों के प्रणयन एवं विवेचन का मुझे

बहुत अवसर मिला। यह माननीय सोहन सिंहजी के कारण ही संभव हुआ, क्योंकि मुझ से बहुत वरिष्ठ कार्यकर्ता तब उसी जेल में बंदी थे।

वे बीमार थे। डॉक्टर की सलाह थी कि इन्हें रात्रि में दूध पिलाएँ। सोहन सिंहजी के स्वभाव से लोग परिचित थे, अतः उनसे सब डरते थे। मैं दूध का गिलास लेकर उनके पास गया। वे गुस्से में बोले, 'तुम्हारी यह हिम्मत कैसे हुई? क्या यहाँ पर हर स्वयंसेवक को दूध मिलता है? मुझे ऐसा कुछ नहीं चाहिए, जो यहाँ सबको नहीं मिलता।' मैं मुँह लटकाए बाहर चला आया। सुबह जब सहजता से बात होने लगी, मैंने उन्हें रात्रि के गुस्से की बात कही, सबको दूध नहीं मिलता। सब बीमार भी नहीं हैं। डॉक्टर ने आपके लिए विशेष कहा था, अतः मैं दवा के रूप में दूध लेकर आया था। वे मुसकराए। बोले, 'ज्यादा चतुर बनने की कोशिश मत करो। जो कुछ मैंने कहा, वही ठीक था। हाँ, गुस्सा नहीं करना चाहिए था।' जेल का जीवन तो नित नई घटनाओं से भरा हुआ था, लेकिन नियमित कार्यक्रमों में कोई खलल नहीं पड़ता था। मानवीय स्वभाव की भी कोई-न-कोई समस्या रोज आती थी। सोहन सिंहजी की उपस्थिति ही उन समस्याओं का समाधान बन जाती थी।

चुनावों की घोषणा के बाद अधिकांश लोग तो छूट गए थे। हम थोड़े से लोग थे, जो चुनाव परिणाम आने के बाद छूटे। वह अद्वितीय जुलूस था। हम लोग बड़ी चौपड़ पहुँचे। वहाँ सभा की। भीड़ बहुत थी, लेकिन सभा का संचालन शिथिल था। सोहन सिंहजी ने मुझे कुछ सँभालने के लिए कहा, लेकिन कुछ संभव नहीं था।

आपातकाल के बाद माननीय सोहन सिंहजी राजस्थान के प्रांत प्रचारक हो गए। मा. ब्रह्मदेवजी को क्षेत्र का दायित्व मिला। मुझे अखिल भारतीय विद्यार्थी परिषद् के राजस्थान संगठन मंत्री का दायित्व; लेकिन मेरे दिमाग में तो पी-एच.डी. का कीड़ा घुसा हुआ था। सोहन सिंहजी से कहा तो उन्होंने मुझसे चर्चा नहीं की, केवल इतना कहा, 'यह समय ऐसी बातें करने का नहीं है।' मैं भी विद्यार्थी परिषद् के काम में रम गया। सोहन सिंहजी हर कदम पर सँभालते थे। किसी कार्यकर्ता को क्षेत्र में काम करते हुए कैसे सफल बनाया जाए, इस बात को मैं समझ रहा था, जिस प्रकार उन्होंने मुझे सँभाला।

अन्य क्षेत्र व शाखा क्षेत्र के कार्यकर्ताओं को उनकी मर्यादा के अनुसार सँभालने की उनकी अद्भुत क्षमता व दृष्टि थी। राजनीतिक क्षेत्र में मर्यादाओं का पालन कठिन होता है, लेकिन सोहन सिंहजी वह पालन करते भी थे और करवाते भी थे। राजनीतिक क्षेत्र में कार्यकर्ताओं की एक प्रांतीय टोली थी, जिसके साथ वे बैठते थे। राजनीतिक क्षेत्र में जिसकी भूमिका स्वयंसेवक के नाते नहीं है, उसको वे नहीं बुलाते थे। परिणामतः स्वयं मुख्यमंत्री ही उस टोली में नहीं थे। यह मुद्दा कुछ बड़ा बनाने की भी कोशिश

हुई, लेकिन सोहन सिंहजी ने मर्यादा भंग नहीं की। मिलने-जुलने में वे प्रत्येक के प्रति उदार व स्नेहिल थे; लेकिन कौन अपेक्षित है, कौन अपेक्षित नहीं, इसकी मर्यादाओं का वे पालन करते थे।

सन् 1983 में विद्यार्थी परिषद् से विदा लेकर मैं लौट आया। व्यक्तिगत जीवन का प्रारंभ मैंने मा. सोहन सिंहजी से 500 रुपए लेकर किया। उन्होंने ही नानाजी देशमुख को कहकर दीनदयाल शोध संस्थान में मेरे रहने की व्यवस्था करवाई।

मिलना क्रमशः कम होता गया तो भी मैं अपना सबकुछ उन्हें बताता रहता था। उनसे कभी कुछ नहीं छुपाया। उन्होंने सदैव सँभाला व स्नेह दिया। दीनदयाल शोध संस्थान में मैं 10 साल रहा, फिर स्वदेशी जागरण मंच में मा. दत्तोपंत ठेंगड़ी के साथ एकदम प्रारंभ से कार्य किया। सोहन सिंहजी की मेरे हर कार्य पर नजर थी; पर अब वे कुछ खास मुझसे कहते नहीं थे। राजस्थान विद्यार्थी परिषद् की टीम के हम कार्यकर्ता प्रतिवर्ष 'मित्र मिलन' के नाम से मिलते थे, मिलते हैं। जब तक सोहन सिंहजी थे, मैं उन्हें इस मिलन का वृत्त निवेदन करता था। वे चले गए। लगता है, अपने में कुछ अच्छा है तो उन्हीं का सँवारा हुआ है; जो दोष हैं, वे उनके सान्निध्य के बाद भी बचे रह गए। मेरे व्यक्तित्व की कमजोरी को ही व्यक्त करते हैं। यह एक आकांक्षा है कि अपने हाथ से ऐसा कुछ न हो, जिससे उनकी आत्मा को क्लेश हो। हमारा हर अच्छा कार्य उनकी प्रसन्नता की प्रत्याभूति है।

(अध्यक्ष, एकात्म मानव दर्शन अनुसंधान एवं विकास प्रतिष्ठान)

❑

ध्येय मंदिर के उपासक

—दिनेश चंद्र

जब मुझे उत्तर प्रदेश क्षेत्र के क्षेत्रीय प्रचारक का दायित्व मिला तो मैं सोहन सिंहजी के पास आया और निवेदन किया कि इतने बड़े क्षेत्र को कैसे सँभालूँगा? इस संबंध में कुछ मार्गदर्शन कीजिए। थोड़ी देर रुककर उन्होंने कहा कि 'क्षेत्र को तुम सँभालनेवाले हो क्या? ऐसा नहीं है। प.पू. डॉ. हेडगेवारजी ने जो शाखा तंत्र खड़ा किया है, उससे जगह-जगह पर कार्यकर्ता खड़े हो गए हैं। वे सब कार्य सँभाल रहे हैं। तुम्हारा काम तो सिर्फ कार्यकर्ताओं से मिलते-जुलते रहना है। सबको प्रेरणा देते रहो, दिशा देते रहो। इससे ज्यादा और कोई काम नहीं है।' उनका यह विचार मुझे सदैव प्रेरणा देता रहता है। फिर मैंने उनसे पूछा कि 'मेरे पास पाँच प्रांत हैं। सबकी अलग-अलग संस्कृति और परिस्थिति है। इसमें मुझे कहाँ और क्या ध्यान रखना चाहिए?' इस पर उन्होंने कहा कि 'कुछ मत सोचो। संगठन की पद्धति और लक्ष्य एक है। उसमें कोई ज्यादा अंतर नहीं आनेवाला। हाँ, जहाँ की परिस्थिति अलग है, वहाँ पर विशेष ध्यान देने की आवश्यकता है, जैसे जम्मू-कश्मीर और दिल्ली। दिल्ली एक शहर है, लेकिन यहाँ पूरा देश रहता है। ऐसा कोई भी प्रांत नहीं, जहाँ के लोग यहाँ पर न रहते हों। दिल्ली एक लघु भारत है। इस भारत के हिसाब से कार्य-योजना बनाकर दिल्ली में कार्यकर्ता खड़े करो। साथ ही अन्य प्रांतों के लिए भी कार्यकर्ताओं का तंत्र खड़ा करो।'

उनकी प्रेरणा से ही मैंने काम शुरू किया। इसमें बड़ी सफलता मिली और अच्छा कार्य हुआ। इसका प्रभाव यह हुआ कि लद्दाख जैसे क्षेत्र में कई कार्य शुरू हुए। कई क्षेत्रों में पहले भी अनेक कार्य हुए थे, पर वे सब बंद हो गए थे। उनको फिर से चालू करवाया गया। यह सब संभव हुआ सिर्फ सोहन सिंहजी की प्रेरणा और दिशा-निर्देश के कारण। उन्होंने यह भी कहा कि प्रवास के समय क्षेत्र के प्रचारकों के साथ संवाद अवश्य हो। उनके साथ निकटता महसूस होनी चाहिए, उनकी सँभाल होनी चाहिए; क्योंकि जमीनी स्तर पर तो वही लोग कार्य करते हैं। इस बात का मैंने अनुसरण किया।

मैं जब कहीं प्रवास पर जाता था तो किसी-न-किसी प्रचारक के गाँव-घर तक जाता था। एक बार उन्होंने कहा कि 'मा. यादवरावजी जोशी कहते थे कि कार्य लंबे समय तक ठीक ढंग से चलता रहे, इसके लिए आवश्यक है कि त्रिदेव (संघचालक, कार्यवाह और जिला प्रचारक) चैतन्य और सक्रिय रहें। इनके सामने संघ का लक्ष्य धूमिल नहीं होना चाहिए। इनके मन में संघ की पद्धति पर चलने की जिद रहनी चाहिए और किसी भी निर्णय में इन तीनों का एक स्वर रहना चाहिए। इसकी व्यवस्था और चिंता आप करें।' यह बड़ा ही महत्त्वपूर्ण विषय था।

उनके मन में कार्यकर्ता के प्रति बहुत ही संवेदनशीलता थी और प्रत्येक के प्रति आदर भाव था। इसका प्रभाव यह होता था कि अगर वे किसी कार्यकर्ता को किसी गलत कार्य पर डाँट भी देते थे तो वह कार्यकर्ता उनकी बात का रत्ती भर भी बुरा नहीं मानता था, क्योंकि उसे पता होता था, उनके द्वारा स्नेह भी समय पर मिलता है। वे अनुशासन के बहुत ही पक्के थे। वे प.पू. डॉ. हेडगेवारजी को सबकुछ मानते थे। उनके कमरे में केवल डॉ. हेडगेवारजी का चित्र लगा हुआ था। इसका अर्थ यह नहीं है कि वे और किसी देवी-देवता को नहीं मानते थे। डॉ. हेडगेवारजी में उनकी असीम श्रद्धा और निष्ठा थी। वे डॉ. हेडगेवारजी के पथ के पथिक थे।

(विश्व हिंदू परिषद् के अंतरराष्ट्रीय संगठन महामंत्री)

❑

समय का महत्त्व

—डॉ. प्रीतम सिंह

मेरा सौभाग्य रहा है कि मुझे माननीय सोहन सिंहजी की कर्मभूमि अंबाला में प्रचारक के रूप में कार्य करने का अवसर मिला। जनवरी 2000 में सोहन सिंहजी अंबाला जिले के तीन दिन के प्रवास पर थे। अरुण कुमारजी (अखिल भारतीय सह संपर्क प्रमुख) उस समय अंबाला विभाग प्रचारक थे और मैं जिला प्रचारक था। उनका प्रवास कार्यक्रम अत्यंत व्यवस्थित और व्यस्त था। एक कार्यक्रम के बाद दूसरा और दूसरे के बाद तीसरा—इस प्रकार दिन भर के व्यस्त कार्यक्रम थे। दो कार्यक्रमों में मैं और अरुणजी किसी कारणवश देरी से पहुँचे थे। मुझे बड़ी ग्लानि हो रही थी। सोहन सिंहजी सामने बैठे थे। उन्होंने मुझे कहा कुछ नहीं, लेकिन बिना कहे मैं सबकुछ समझ गया। बाद में उन्होंने मुझे बुलाकर हर कार्यक्रम में हर परिस्थिति में समय पर उपस्थित होने को कहा। रात में मैंने अरुणजी को कहा कि सुबह अंबाला छावनी का नगर एकत्रीकरण है और सुबह शाखा समय से पहले पहुँचना होगा। सुबह जल्दी उठकर हम दोनों नहा-धोकर, गणवेश धारण करके दस मिनट पहले संघ-स्थान पहुँच गए। मैं बहुत खुश था, क्योंकि समय से पहले शाखा पहुँच गए थे। उस दिन धुंध और कुहरा बहुत था। मैं जल्दी से ध्वज मंडल के पास मुख्य शिक्षक के पास गया। मैंने उनसे कहा कि कार्यक्रम की योजना का एक पत्रक सोहन सिंहजी को भी देना है, अत: आने के बाद उन्हें तुरंत दे दें। उन्होंने कहा कि उनको तो मैंने पहले ही दे दिया है। मैंने पूछा—कब दिया? उन्होंने कहा कि पंद्रह मिनट पहले, जब वे संघ-स्थान पर आए थे। मैंने देखा कि सोहन सिंहजी दीवार के साथ-साथ धीरे-धीरे टहल रहे थे। मेरे मन में आश्चर्य-मिश्रित खुशी थी।

एक दूसरी घटना भी बहुत ही प्रेरक है। सन् 1996 में रेवाड़ी में हरियाणा प्रांत के सभी प्रचारकों की एक बैठक थी। उसमें सोहन सिंहजी (तत्कालीन उत्तर क्षेत्र प्रचार प्रमुख) और मा. मोहनराव भागवतजी (अखिल भारतीय प्रचार प्रमुख) भी उपस्थित थे। दोपहर भोजन से पूर्व की बैठक चल रही थी। मा. भागवतजी बैठक का संचालन कर रहे

थे। आनंद के साथ सभी बैठक में भाग ले रहे थे, तभी उन्होंने समय से पहले बैठक संपन्न कर दी। सोहन सिंहजी पीछे की पंक्ति में दाईं ओर कुरसी पर बैठे थे। उन्होंने अपनी घड़ी देखी और थोड़ा गंभीर होते हुए कहा, 'मोहनजी, अभी समय पड़ा है। आपने पाँच मिनट पहले ही बैठक खत्म कर दी। अभी और बात की जा सकती है। समय बहुत कीमती है। इसलिए पाँच मिनट के लिए कोई भी विषय शुरू करें।' बैठक गंभीर हो गई। मा. भागवतजी ने सहजता से बैठक पुनः शुरू की। हम सभी प्रचारक हैं, इसलिए 'प्रचारक यानी क्या', इसी विषय पर भागवतजी ने चर्चा प्रारंभ की। उनकी इस बात से यह ध्यान में आता है कि राष्ट्र-कार्य के लिए एक-एक पल कितना महत्त्व का है। स्वयंसेवकों के लिए समय-पालन के संबंध में इससे बड़ी कोई सीख नहीं हो सकती।

(रा.स्व. संघ, कुरुक्षेत्र के जिला कार्यवाह)

❑

स्मृति शेष कर्मवीर

—मोहनलाल रुस्तगी

मा. सोहन सिंहजी कर्मयोगी संत थे। अस्वस्थता के समय में भी उन्होंने आदर्शवाद और अनुशासन का दामन नहीं छोड़ा। यदि उन्हें स्वास्थ्य की दृष्टि से फलों का रस लेने का निवेदन किया जाता तो कहते थे कि कार्यालय में सभी स्वयंसेवकों को जो मिलता है, वही मैं लूँगा। उन्होंने कभी भी अपने व्यक्तिगत कष्ट या सुख-दुःख के बारे में किसी को कभी कुछ नहीं बताया। अनेक वर्षों तक उनके संपर्क में रहने के बाद यही ध्यान में आता है कि संघ-कार्य की वृद्धि ही उनका सुख था और नवयुवक कार्यकर्ताओं की संगठन बढ़ाने में धीमी गति उनका दुःख था और इसी कारण वे काफी चिंतित रहते थे।

सन् 1948 में संघ पर प्रतिबंध के दिनों में वे जेल में थे और मैं भी वहाँ था, तब उन्हें निकट से देखा। सुडौल शरीर, आकर्षक व्यक्तित्व और बातचीत में आत्मविश्वास और उन्हें सदा हँसमुख पाया। इसके बाद तो जब वह वर्ष 1960 के आस-पास दिल्ली में रहे तो उन्हें और निकट से देखने तथा महसूस करने का अवसर मिला। अनेक अवसरों पर महसूस किया कि एक योग्य पिता के समान हमसे संघ-कार्य करवाने के लिए वे हमारा पालन-पोषण कर रहे थे। छोटी-छोटी बातों पर वे गहराई से विचार करते थे। संघ का स्वयंसेवक व्यवहार तथा सोच की दृष्टि से कहीं भटक न जाए, इस बात की उन्हें बहुत ज्यादा चिंता रहती थी। कार्यकर्ता में और अधिक समर्पण बढ़े, वह और बड़ा उत्तरदायित्व सँभालने के योग्य बने, यही सदैव उनकी चिंता रहती थी। मेरे जैसे हजारों या इससे भी अधिक स्वयंसेवक होंगे, जो ऐसा अनुभव करते होंगे।

दिल्ली के पीरागढ़ी में सन् 1967 में संघ का शिविर लगा। शिविर के बाद अधिकांश स्वयंसेवक शिविर स्थान छोड़ चुके थे। मैं किसी कारण से अपने आवास से बाहर निकला तो देखा कि सोहन सिंहजी एक बल्ली कंधे पर उठाए जा रहे हैं। हम कभी उनके सामने बोले तक नहीं थे; परंतु उस दिन भगवान् ने कुछ साहस प्रदान किया तो मैंने दौड़कर उनका हाथ पकड़ लिया और कहा कि आप बल्ली को छोड़ दें, हम रख

दूरदृष्टि संपन्न

—प्रकाश चंद्र

जैसे कोई कुशल मूर्तिकार संपूर्ण क्षमता लगाकर प्रतिमाएँ गढ़ने का काम करता है, वैसे ही माननीय सोहन सिंहजी कार्यकर्ताओं को गढ़कर तैयार करते थे। कोई चूक होती थी तो डाँटते भी थे और काम बढ़ता, अच्छा होता तो प्रसन्न होते। लेकिन वे सबका खयाल रखते थे, सबकी चिंता करते थे।

मैं सन् 1977 में संघ के संपर्क में आया। 1980 में प्रचारक बना। पहले प्रचारक बनना चाहता था, लेकिन सोहन सिंहजी का आदेश था कि पहले स्नातक परीक्षा उत्तीर्ण कर लो, फिर वैसा करना ही था। प्रचारक बनने के बाद विभिन्न अवसरों पर सोहन सिंहजी के व्यवस्था-कौशल्य स्वरूप का दर्शन हुआ। एक-एक घटना न केवल प्रेरक है, बल्कि भविष्य के लिए मार्गदर्शक भी है।

वर्ष 1988-89 में सिरोही जिले में कई हिंसक घटनाएँ हुईं। संघ के कार्यकर्ताओं को बेवजह निशाना बनाया गया; बल्कि सुनियोजित तरीके से हत्या के षड्यंत्र हुए, हमले किए गए। स्वयंसेवकों ने बड़े धैर्य से इन परिस्थितियों का मुकाबला किया, कार्यकर्ताओं की प्राण-रक्षा की। हालात ये बने कि जिले के 300 कार्यकर्ता-स्वयंसेवकों को किसी-न-किसी मुकदमे में फँसा दिया गया। तत्कालीन गृह मंत्री बूटा सिंह की भूमिका स्पष्ट रूप से दृष्टिगोचर हो रही थी। कार्यकर्ताओं पर हत्याओं के मुकदमे लाद दिए गए। सन् 1990 में सरकार बदली; भाजपा नीत गठबंधन की सरकार बनी तो लगा कि अब न्याय मिलेगा। ऐसी स्थिति में सोहन सिंहजी ने निवेदन किया कि पूरे सिरोही जिले के कार्यकर्ता झूठे मुकदमों से त्रस्त हैं। यदि उनके साथ अन्याय हुआ तो संघ-कार्य तो प्रभावित होगा ही, कितने ही परिवारों को काफी कठिनाइयों का सामना करना पड़ेगा। सोहन सिंहजी ने तुरंत कहा कि यदि सरकार के भरोसे रहेंगे तो कार्यकर्ता न जाने कब तक जेलों में पड़े रहेंगे। इसलिए कोशिश यह करनी चाहिए कि अच्छे वकील करके ठीक से मुकदमे लड़े जाएँ और कार्यकर्ताओं को न्याय दिलवाया जाए। इसके

बाद दिशा बदल गई। अच्छे वकील करके विभिन्न मुकदमों में ठीक ढंग से पक्ष रखा गया। समय जरूर लगा—11 साल लगे, लेकिन सभी कार्यकर्ता-स्वयंसेवक बाइज्जत बरी हुए। न किसी को कोई सजा हुई और न जुर्माना हुआ। आज सोचने पर लगता है कि सोहन सिंहजी की दिशा-दृष्टि से ही कार्यकर्ताओं को न्याय मिल पाया।

पाली में पहली बार संघ शिक्षा वर्ग लगा। मन में चिंता थी कि न जाने कैसे सब होगा। सोहन सिंहजी ने कहा कि चिंता की कोई बात नहीं है। पूर्व तैयारी की दृष्टि से होनेवाली बैठक में प्रमुख व्यवस्थाएँ कार्यकर्ताओं में बाँट देनी चाहिए। अन्य स्थानों से व्यवस्थापक आएँगे, उनका उनमें समायोजन हो जाएगा। जो बड़े विभाग हैं, उनके लिए अलग से कार्यकर्ताओं की अतिरिक्त व्यवस्था होनी चाहिए, ताकि किसी भी तरह की असुविधा का सामना नहीं करना पड़े। वैसा ही किया गया। संघ शिक्षा वर्ग भलीभाँति सफलतापूर्वक संपन्न हुआ।

वे एक-एक बात का ध्यान रखते थे। यदि कहीं से कोई विपरीत सूचना भी मिलती तो वे खुद उसकी पुष्टि करते थे। वे व्यक्तिगत रूप से प्रवास करते और यह देखते कि वहाँ संघ का काम कैसा चल रहा है। यदि शाखाएँ अच्छी हैं और सभी कार्यक्रम सुचारु रूप से चल रहे हैं तो यह उनकी संतुष्टि का आधार होता। किसी की सुनी-सुनाई बात पर विश्वास नहीं करते थे। राम शिला-पूजन के दौरान उन्होंने जबरदस्त रचना करवाई। उन्होंने पहले से ही सावधान कर दिया, चुनाव तो आएँगे ही, ध्यान रखेंगे तो ठीक रहेगा। उनकी दृष्टि को ध्यान में रखकर चला गया तो व्यापक सफलता प्राप्त हुई। जयपुर में संघ शिक्षा वर्ग लगा था। मैं वर्ग की दृष्टि से शारीरिक में गया तो सोहन सिंहजी ने कहा, 'शारीरिक तो ठीक है, बौद्धिक का भी काम करना है।' उनके कहने से फिर बौद्धिक क्षेत्र में गया। वनवासी क्षेत्रों में काफी दुष्प्रचार चल रहा था। ईसाइयों और वामपंथियों ने वनवासियों को भड़काने की मुहिम चला रखी थी। सोहन सिंहजी ने उदयपुर कार्यालय में बैठक बुलाई। इसमें सभी संगठनों के कार्यकर्ता सम्मिलित हुए। विश्व हिंदू परिषद्, भारतीय मजदूर संघ, शिक्षक संघ, विद्यार्थी परिषद् इत्यादि संगठनों के प्रमुख कार्यकर्ताओं को बुलाकर गाँव-गाँव तक जाने की एक साथ योजना तैयार की गई। कार्यकर्ता गाँवों में गए। इससे संघ का काम गाँव-गाँव में फैला और वनवासियों में फैलाए गए भ्रम का भी निवारण हो गया।

13 अक्तूबर, 2001 को जयपुर के विशाल अमरूदों के बाग में ऐतिहासिक कार्यक्रम हुआ। इतना बड़ा कार्यक्रम वहाँ कभी नहीं हुआ। मीडिया सहित सभी वर्गों में उस कार्यक्रम की काफी प्रशंसा हुई। सब चाहते थे कि सोहन सिंहजी वहाँ आएँ; लेकिन उनका कहना था कि बिना अनुमति के नहीं आऊँगा। बाद में वे प्रभावी कार्यक्रम के चित्र देखकर काफी प्रसन्न हुए। महाराणा प्रताप स्मारक के निर्माण के पीछे भी सोहन

सिंहजी की ही दृष्टि थी। बाद में उनसे निवेदन किया गया कि उसे देखने के लिए चलें। यह भी कहा गया कि स्वास्थ्य ठीक नहीं है, इसलिए विमान से जाया जा सकता है। लेकिन वे तैयार नहीं हुए। उनका कहना था कि सारी सूचना मिल गई है। सबकुछ संतोषप्रद तरीके से बहुत अच्छा हो गया, यह बड़ी प्रसन्नता की बात है।

(वरिष्ठ प्रचारक, राजस्थान)

❑

विलक्षण व्यक्तित्व के धनी

—ओमप्रकाश आर्य

'माननीय सोहन सिंहजी विलक्षण व्यक्तित्व के धनी थे।' इतना कहने के बाद 89 वर्षीय श्री ओमप्रकाशजी आर्य की आँखों में चमक बढ़ गई थी। राजस्थान के क्षेत्रीय संघचालक रहे ओमप्रकाशजी आर्य का सोहन सिंहजी से लंबा साथ रहा। राजस्थान के करौली जिले के हिंडौन कस्बे के सामान्य आवास में सादगी से जीवन की आखिरी घड़ियाँ गिन रहे ओमप्रकाशजी, जिन्हें कार्यकर्ता आमतौर पर 'आर्य साब' के नाम से संबोधित करते रहे, उस घोर अस्वस्थता में भी संघ भाव से ओत-प्रोत रहे। उनकी आखिरी साँसों से भी संघ मुखरित होता रहा। कभी साफ-सफाई की दृष्टि से हमेशा क्लीन शेव रहनेवाले आर्य साब के चेहरे की हल्की दाढ़ी बढ़ी हुई थी; लेकिन वही चिर-परिचित मुसकान, वही आत्मीय भाव, जो संघ-कार्यकर्ता की अमिट पहचान है और जो आम जन को बरबस अपनी ओर खींच ही लेती है। उनसे सोहन सिंहजी के संस्मरण पूछने पर वे दिमाग पर जोर लगाते प्रतीत हुए। उनकी स्मरण शक्ति क्षीण हो गई थी। उन्होंने याद करके तीन-चार बार दोहराया, 'सोहन सिंहजी को ढोंग से नफरत थी। वे ढोंगी स्वयंसेवक को पसंद नहीं करते थे।' आपातकाल में आर्य साहब भी सोहन सिंहजी के साथ ही जयपुर सेंट्रल जेल में बंद रहे थे। उन क्षणों को याद करते हुए बोले, 'जेल में सोहन सिंहजी नेतागीरी की बात करनेवालों से दूर रहते थे। वे विभिन्न व्यवस्थाओं में लगे रहते थे। संघ के कार्यक्रम बराबर होते रहते थे। उनका उनमें ही ध्यान रहता था।' उन्होंने बताया, 'जब जेल से छूटने लगे तो सोहन सिंहजी ने सावधान किया कि बाहर बहुत लोग स्वागत करने के लिए आएँगे। यह कभी मत समझना कि यह हमारा स्वागत है। श्रीमती इंदिरा गांधी की नीतियों के विरोध के कारण हमारे प्रति लोगों का यह भाव है। स्वागत-सत्कार देखकर अभिमान नहीं आना चाहिए।' आर्य साहब जैसे अपने परम प्रिय वरिष्ठ प्रचारक की याद में क्षण भर को खो गए। बताया, 'एक बार जयपुर कार्यालय में एक वरिष्ठ भाजपा नेता आए। उन नेता ने सोहन सिंहजी से कहा

कि कोई पद नहीं होने पर यथोचित सम्मान नहीं मिलता और कार्य करने में भी कठिनाई होती है। इस पर सोहन सिंहजी ने दृढता से कहा कि यदि पद का मोह रखेंगे तो कार्य कर भी नहीं पाएँगे। हमें निस्स्वार्थ भाव से कार्य करना चाहिए। यदि पद है तो उसका संगठन, कार्यकर्ता एवं जनता के हित में संपूर्ण उपयोग होना चाहिए और यदि नहीं है तो उसकी बिना परवाह किए संपूर्ण शक्ति का और अधिक उपयोग करना चाहिए। वे नेता संतुष्ट होकर चले गए।'

आर्य साहब ने मुसकराते हुए अपनी व्यथा व्यक्त की कि अब याद नहीं आता। इस बातचीत के दौरान उपस्थित एक स्थानीय कार्यकर्ता ने उनसे निवेदन किया कि एक गीत तो सुना दीजिए। इस पर वे सुनाने लगे, 'ऐ मेरे वतन के लोगों, जरा आँख में भर लो पानी, जो शहीद हुए हैं, उनकी जरा याद करो कुरबानी।' फिर थोड़ा ठहरकर खुद ही प्रार्थना सुनाने लगे—नमस्ते सदा वत्सले से भारत माता की जय तक और भावुक होकर वहाँ उपस्थित क्षेत्रीय प्रचारक माननीय दुर्गादासजी से पूछा, 'क्यों ठीक है ना!' वहाँ उपस्थित सभी कार्यकर्ताओं की इस समर्पित संघमय जीवन को देखकर आँखें भर आईं। दुर्गादासजी ने पूछा, 'आर्य साब···तो हमें आज्ञा दीजिए।' इस पर वे बोले, 'मैं कौन हूँ आज्ञा देनेवाला! मैं तो प्रार्थना कर सकता हूँ। दर्शन देते रहा कीजिए। अब ज्यादा दिनों का नहीं हूँ।' इस कथन से दुर्गादासजी भावुक हो उठे।

(पूर्व क्षेत्रीय संघचालक, राजस्थान)

(मा. ओमप्रकाश आर्य के संस्मरण उनके जीवन के आखिरी स्मरण उल्लेख बन गए। कुछ ही दिनों बाद वे चल बसे।)

❑

सीमा के सजग प्रहरी

—भागीरथ चौधरी

पाकिस्तान से लगनेवाली राजस्थान की 1,040 किलोमीटर लंबी सीमा पर बढ़ रही घुसपैठ और तस्करी रोकने के लिए सीमा जन-कल्याण समिति का गठन मा. सोहन सिंहजी की प्रेरणा से संभव हुआ। वे ही सीमा जन-कल्याण समिति, राजस्थान के संस्थापक-मार्गदर्शक थे। वे सीमावर्ती क्षेत्रों के लिए विशेष जागरूक रहे, प्रवास करते रहे और कार्यकर्ताओं को प्रेरित करते रहे। इसके कारण राजस्थान के सीमावर्ती जिलों में घुसपैठ और तस्करी पर काफी नियंत्रण कायम हुआ।

सन् 1981 की जनगणना में चौंकानेवाले आँकड़े सामने आए थे। तत्कालीन एक दशक में राजस्थान में 32.97 प्रतिशत जनसंख्या बढ़ी थी; जबकि सीमावर्ती बाड़मेर में 47.76, जैसलमेर में 42.49, बीकानेर में 48.09 और श्रीगंगानगर जिले में 48.51 प्रतिशत बढ़ोतरी हुई। यह बढ़ोतरी उससे पहले के एक दशक की तुलना में काफी भयावह थी। सन् 1971 की जनगणना में राजस्थान की जनसंख्या बढ़ोतरी 22 प्रतिशत थी, जबकि जैसलमेर-बाड़मेर की 19 प्रतिशत बढ़ोतरी ही थी। सन् 1971 के भारत-पाक युद्ध के दौरान 45 गाँव गैर-आबाद हो गए थे। वहाँ की मुसलिम जनसंख्या पाकिस्तान चली गई; परंतु अगले एक दशक में ज्यादातर गाँवों में न केवल घुसपैठिए आकर बस गए, बल्कि पहले की तुलना में दुगुनी जनसंख्या हो गई। वर्ष 1981-83 के तीन वर्षों में 3,433 व्यक्ति सीमा पार करते हुए पकड़े गए और 930 तस्करी के मामले में पकड़े गए। सरकार को इन गंभीर घटनाओं से जैसे कोई मतलब ही नहीं था। लेकिन सीमावर्ती क्षेत्रों में गंभीर चिंता व्याप्त हो गई। संघ के कार्यकर्ता-स्वयंसेवक आनेवाले खतरे को लेकर और अधिक सशंकित थे। इन सारी सूचनाओं का वृत्त तैयार किया गया।

उसी दौरान 30 अक्तूबर, 1984 को परम पूजनीय सरसंघचालक माननीय बालासाहब देवरस के जयपुर आगमन के समय राजस्थान के कार्यकर्ताओं की बैठक हुई। संघ के जिला कार्यवाहों को संघ-कार्य के वृत्त निवेदन के साथ अपने-अपने जिले की कोई

विशेष बात हो तो बताने को कहा गया। सीमावर्ती जैसलमेर के जिला कार्यवाह त्रिलोकचंदजी खत्री ने जिला प्रचारक सुरेशचंद्रजी के निर्देशन में जिले में बढ़ रही राष्ट्रद्रोही गतिविधियों की जानकारी संक्षेप में, लेकिन प्रभावी ढंग से रखी। माननीय बालासाहब ने इसे ध्यान से सुनकर गंभीरता से लेते हुए कहा कि सीमावर्ती क्षेत्र से संबंधित कार्यकर्ता बैठक के बाद मुझसे मिलें। प्रमुख कार्यकर्ताओं के साथ सरसंघचालकजी ने राजस्थान के सीमांत क्षेत्र के बारे में विस्तार से सर्वे करवाकर सूचनाएँ भेजने को कहा तथा इस विषय में ठोस कदम उठाने की आज्ञा दी। सोहन सिंहजी ने मा. सरसंघचालकजी से चर्चा के बाद इस विषय पर विशेष रूप से ध्यान दिया। सीमा जन-कल्याण समिति का गठन किया गया। उन्होंने वरिष्ठ प्रचारक लक्ष्मण सिंहजी शेखावत को इसकी जिम्मेदारी सौंपी। सोहन सिंहजी के निर्देशन में बनी योजना के अंतर्गत सीमांत क्षेत्र का विस्तृत प्रवास किया गया, कार्यकर्ताओं की बैठकें ली गईं। इसी दौरान स्वयंसेवकों की टोलियाँ सर्वे प्रपत्र लेकर प्रत्येक गाँव में गईं और अपेक्षित तथ्यों का संकलन किया।

सीमा जन-कल्याण समिति, राजस्थान का उद्घाटन सम्मेलन मरुधरा के गौरवपूर्ण नगर जोधपुर के गांधी मैदान में रामनवमी के शुभ दिन से हुआ।

सम्मेलन में छह जिलों श्रीगंगानगर, बीकानेर, जोधपुर, जैसलमेर, बाड़मेर तथा जालोर के सीमावर्ती दूरस्थ ग्रामों एवं ढाणियों से आए 750 प्रमुख व्यक्तियों ने भाग लिया। सम्मेलन का उद्घाटन सीमा सुरक्षा बल को स्थापित करने में विशेष भूमिका निभाने वाले सेवानिवृत्त ब्रिगेडियर श्री रणधीर सिंह 'आपजी' द्वारा द्वीप प्रज्वलित कर किया गया। इस अवसर पर तनोट (1965) और लोंगेवाला (1971) के विजयी सेनानायक रहे लेफ्टिनेंट कर्नल जयसिंहजी ने मुख्य अतिथि के रूप में विषम भौगोलिक परिस्थितियों में जीवन-निर्वाह करनेवाले सीमावर्ती क्षेत्रों के निवासियों की समस्याओं को हल करने की पुरजोर माँग रखी।

इस अवसर पर मुख्य वक्ता सोहन सिंहजी ने सीमा जन-कल्याण समिति के लिए दिशा-दृष्टि प्रस्तुत करते हुए कहा कि हम व्यक्तिगत और परिवार के हित-संवर्द्धन से ऊपर उठकर समाज तथा राष्ट्र के प्रति अपनी जिम्मेदारी को सोचें-समझें। सीमा क्षेत्र में व्याप्त जातिगत भेदभाव मिटाकर हिंदू एकता एवं जागृति की बात बतलाई। उन्होंने सीमावर्ती क्षेत्रों के लोगों की आर्थिक व सामाजिक स्थिति में बदलाव लाने पर बल दिया, जिससे वे विदेशी साजिशों का साहसपूर्वक मुकाबला कर सकें तथा राजस्थान में असम जैसी घुसपैठ की समस्या उत्पन्न न होने पाए।

इस सम्मेलन में पाँच प्रस्ताव पारित किए गए—(1) तस्करी व घुसपैठ को समाप्त करने के लिए युद्ध स्तर पर प्रयत्न करें। (2) स्थायी अकाल राहत के लिए नहर के काम को प्रथम वरीयता से पूरा करें और अकाल राहत बोर्ड का निर्माण हो। (3)

पेयजल समस्या को हल करने के व्यापक प्रयास हों। (4) तस्करी एवं भुखमरी से पशुधन को बचाने के कारगर प्रयास हों। (5) नहरी भूमि आवंटन में भ्रष्टाचार व धाँधलेबाजी को रोकने की स्पष्ट नीति बनाई जाए।

(संगठन मंत्री, सीमा जन-कल्याण समिति, राजस्थान)

❑

श्रेष्ठतम योजनाकार

—राजेंद्र प्रसाद

अपने लिए अत्यंत कठोर, दूसरों के लिए सहज, दूसरों की आवश्यक सुविधाओं का पूरा ध्यान रखना, अपने लिए कभी कुछ नहीं चाहा, अपना व्यक्तिगत काम खुद करना। ऐसे थे माननीय सोहन सिंहजी।

काफी पहले की बात है। तब ए.सी. वगैरह तो थे नहीं। कूलर आया तो उन्होंने मना कर दिया। उन्होंने कहा कि उन्हें इसकी आवश्यकता नहीं है। आखिर में जाकर उनकी तबीयत काफी खराब रहने लगी। वे केशव कुंज, दिल्ली कार्यालय में रहते थे। उनके कक्ष में शौचालय था, लेकिन वहाँ तक पहुँचने में उन्हें दीवार पकड़कर लगभग 25 बार कदम रखने पड़ते थे। एक बार उनसे बातचीत हुई तो उनके समक्ष प्रस्ताव रखा गया कि एक-एक महीने पर कोई-न-कोई प्रचारक आया करेंगे। उनका ध्यान रख लेंगे। थोड़ा सहयोग हो जाएगा। लेकिन सोहन सिंहजी ने स्पष्ट मना कर दिया। वे बोले कि यहाँ कोई काम नहीं है। मेरा काम मैं कर लेता हूँ। कोई आएँगे तो वे बोर होंगे। उस स्थिति में भी वे अपने कपड़े खुद ही धोते थे।

योग्यता उनका प्रमुख गुण थी। वे जानते थे कि किसको कहाँ लगाना है, किस प्रकार क्या जिम्मेदारी देनी है और उसे किस प्रकार पूरा करवाना है। पहले माननीय ब्रह्मदेवजी राजस्थान के प्रांत प्रचारक थे। वे जोशीले और भावनात्मक आधार पर कार्य को बल देनेवाले विशिष्ट व्यक्तित्व के धनी थे। उनके स्थान पर सोहन सिंहजी आए। सोहन सिंहजी अनुशासन और युक्तिपूर्वक कार्यान्वयन में निष्णात थे। राजस्थान में बड़े कार्यक्रमों की रचना और उनका सफलतापूर्वक कार्यान्वयन सोहन सिंहजी के समय प्रारंभ हुआ। बड़े कार्यक्रमों की व्यवस्था करते समय विभिन्न हिस्सों में बाँटकर छोटी-छोटी बातों पर ध्यान देना उनके स्वभाव का अंग था। वे श्रेष्ठतम योजनाकार थे। बड़े कार्यक्रम में नगरों के हिसाब से विभाजन कर प्रत्येक के लिए स्वतंत्र व्यवस्था, ताकि एक साथ अधिक भार महसूस नहीं हो और कोई कठिनाई नहीं आए। फिर वे बरतनों से

लेकर आटे-दाल की मात्रा की सूक्ष्मता तक का विशेष ध्यान रखते थे।

सोहन सिंहजी आत्मविश्वास के धनी तो थे ही, वे कार्यकर्ताओं के लिए अभिभावक स्वरूप थे। लगता था कि सोहन सिंहजी हैं न, यानी वे पीछे खड़े हैं, फिर किस बात की चिंता करने की जरूरत है। प्रांत के कार्यकर्ताओं के लिए सहयोग की मानसिकता तैयार करते थे। वे न केवल समस्या सुनते थे, बल्कि समस्या सुनकर उसका समाधान भी करते थे। उन्होंने कभी भी कोई काम हाथ में लिया तो उसे पूरा किया। 'पाथेय कण' नामक पत्रिका को प्रारंभ करने के पीछे उनकी ही भूमिका थी। उनकी ही सोच थी कि उदयपुर में महाराणा प्रताप का भव्य स्मारक बनना चाहिए। हल्दीघाटी का स्वरूप काफी बिगड़ा हुआ था। उन्होंने चिंता करके उस स्थान के विकास और सौंदर्यीकरण पर ध्यान दिया। उनकी ही दृष्टि थी कि अजमेर में सम्राट् पृथ्वीराज चौहान का स्मारक बनना चाहिए। 'भारती भवन' का निर्माण उनके समय ही हुआ। उसके लिए किस प्रकार धन एकत्रित हो, उसमें सभी कार्यकर्ताओं का सहयोग सन्नहित हो, यह उनकी दृष्टि रहती थी।

कोटा की बात है। एक बड़े शिविर की योजना बनी। सोहन सिंहजी के ध्यान में लाया गया कि इतना बड़ा स्थान आस-पास में मिल पाना कठिन हो रहा है। उन्होंने कहा, 'मोटर साइकिल उठाओ, चलते हैं।' हम लोग आस-पास चारों दिशाओं में गए। रावतभाटा रोड पर एक बड़ी जगह थी। पहाड़ी जमीन न बिजली, न पानी, न कोई निर्माण। सोहन सिंहजी ने कहा कि यह स्थान ठीक है, इसको तैयार किया जाना चाहिए। कार्यकर्ताओं ने दिन-रात जुटकर उस स्थान को शिविर के लिए तैयार कर दिया। उस शिविर में 1,500 स्वयंसेवकों ने भाग लिया। माननीय बालासाहब उस कार्यक्रम में पधारे। उसी दौरान मधुमेह के कारण परम पूजनीय सरसंघचालक की आवश्यक शर्करा में कमी आ गई। वे अस्वस्थ हो गए। चिकित्सक ने घर पर भरती किए जाने की सलाह दी, ताकि उनका सतत ध्यान रखा जा सके। सोहन सिंहजी ने मुझे प.पू. सरसंघचालकजी के पास रहने की जिम्मेदारी दी। शिविर यथावत् चलता रहा। उसमें कोई विघ्न नहीं आया। प.पू. सरसंघचालकजी उपचार के बाद ठीक हो गए और अगले दिन मुंबई कार्यक्रम के लिए प्रस्थान किया। यह सोहन सिंहजी की विशेषता थी कि वे स्वयंसेवक-कार्यकर्ता पर पूरा भरोसा करते थे। सोच-समझकर निर्णय लेते और फिर जिम्मेदारी दे देते। वे ध्यान तो पूरा रखते, लेकिन काम करने की पूरी छूट भी देते थे।

आपातकाल हटने के बाद तेजी से संघ-कार्य बढ़ा। कोटा क्षेत्र में अन्य शाखाओं के साथ-साथ रात्रि शाखाओं का भी तेजी से विस्तार हुआ। प्रांत के अन्य स्थानों पर भी उस तरह शाखाओं का विस्तार हो, यह सोहन सिंहजी की दृष्टि थी। उन्होंने अंत में प्रदेश के सभी प्रचारकों की बैठक रखवाई; तीन-तीन, चार-चार प्रचारकों की टोली को गाँवों की रात्रि शाखा देखने के लिए भेजा गया। सोहन सिंहजी ने यह भी कहा कि

प्रचारकों को गाँवों में जाते समय इस बात का ध्यान रखना चाहिए कि वे उसी तरह जाएँ जैसे गाड़ी या ट्रैक्टर से गाँववाले या किसान अपने गाँवों में जाते हैं। उस समय बरसात का मौसम था। कई जगह पानी भरा हुआ था, काँटे थे। सभी प्रचारक गाँवों में गए और वहाँ की रात्रि शाखाएँ देखीं। वहाँ जाने से पता चला कि लालटेन की रोशनी में चलनेवाली उन शाखाओं के कारण किस तरह के वातावरण का निर्माण होता है और गाँवों के लोगों में किस तरह उत्साह बना हुआ है। बाद में मध्य प्रदेश के क्षेत्रीय प्रचारक बने नरमोहनजी ने कहा भी कि यहाँ गाँवों की इन रात्रि शाखाओं को देखे बिना इनके बारे में कल्पना नहीं की जा सकती।

सोहन सिंहजी सादगी-पसंद तो थे ही, इसके पीछे उनकी अन्य दूरदृष्टि भी थी। वे हैंडलूम की खादी का कुरता-धोती ही पहनते। खादी भंडार से आया हुआ नीम का साबुन ही लगाते। उनका सोचना था कि इससे नीम की पत्तियाँ बीननेवाली महिलाओं को रोजगार मिलता है। वे हमेशा ट्रेन के तृतीय श्रेणी के डिब्बे में ही यात्रा करते थे।

हरियाणा में प्रचारक रहने के दौरान भी सोहन सिंहजी के बारे में अनेक बातें ध्यान में आईं। वे पानीपत में सड़क के किनारे एक छोटे से कमरे में स्थित कार्यालय में रहते थे। पानी पीने के लिए पास की कुँइयाँ पर जाना पड़ता था। तब घड़े के लिए भी पैसे नहीं रहते थे। वे अपनी कोई आवश्यकता किसी को बताते ही नहीं थे। जगह-जगह पर प्रचारकों में उदाहरण दिया जाता था कि प्रचारक कैसा होना चाहिए, तो सोहन सिंहजी जैसा होना चाहिए। ऐसे सैकड़ों परिवार हैं, जो उन्हें अभिभावक के रूप में देखते थे। यदि संपूर्णता से देखा जाए तो यह कहा जा सकता है कि जिन्होंने परम पूजनीय डॉक्टरजी को नहीं देखा है, वे सोहन सिंहजी में उनकी प्रतिमूर्ति देख सकते थे।

(सदस्य, क्षेत्रीय कार्यकारिणी, राजस्थान, रा.स्व. संघ)

❑

कार्यकर्ता-निर्माण के श्रेष्ठ शिल्पी

—गुलाबचंद कटारिया

माननीय सोहन सिंहजी लंबे समय तक राजस्थान के क्षेत्रीय प्रचारक रहे। आपातकाल के पूर्व से ही उन्होंने राजस्थान में संघ एवं संगठन को मजबूत करने और दिशा प्रदान करने में महत्त्वपूर्ण भूमिका निभाई। सोहन सिंहजी कार्यकर्ता-निर्माण के कुशल शिल्पी ही नहीं, बल्कि संगठन के कार्यकर्ताओं को संगठन के हित में उपयोगी बनाने में माहिर थे। संगठन के कार्यकर्ताओं को छोटे भाई की तरह प्यार एवं सम्मान देकर उनसे व्यक्तिगत संवाद स्थापित करते थे तथा उन्हें उनकी कमियों एवं अच्छाइयों के बारे में बताकर व्यक्तित्व विकास पर ध्यान देते थे। संगठन के कार्यकर्ताओं को हमेशा इस प्रकार प्रेरणा एवं सहयोग प्रदान करते कि वे अपने जीवन में हमेशा आगे बढ़ सकें। मैं जब से उनके संपर्क में आया, तब से मैंने यही देखा कि सोहन सिंहजी जब भी प्रवास पर आते, पूर्व सूचना देकर एक निश्चित समय पर स्थानीय कार्यकर्ताओं से बात करने का समय निर्धारित करते। संगठन के हित में अच्छे काम करनेवालों को सदैव प्रोत्साहन देते एवं सराहना करते। उनका पर्यवेक्षण इतना सहज एवं सूक्ष्म था कि वे मिलकर काम करने की सार्थकता को समझाते हुए गहनता से हमारे कार्यों की समीक्षा करके संगठन की कमियाँ दूर करने और संगठन को मजबूत करने की दिशा में अपनी पूरी ताकत लगा देते। उन्होंने किसी भी कार्य को छोटा या बड़ा कभी नहीं समझा। यही कारण रहा कि हमने उन्हें छोटे-से-छोटा काम जैसे जूते-चप्पल व्यवस्थित रखने से लेकर बड़े कार्य यथा सार्वजनिक उद्‌बोधन को पूरे मनोयोग एवं सहजता के साथ करते हुए देखा। उनकी यह विशेषता रही कि प्रत्येक कार्यक्रम की पूरी रूपरेखा एवं मिनट-टू-मिनट कार्यक्रम पर गहनता से चर्चा करते तथा अपने लक्ष्य की प्राप्ति के लिए ठोस व्यूह-रचना बनाते हुए समयबद्ध कार्य संपन्न करवाते। उन्होंने सभी कार्यकर्ताओं को समय का महत्त्व अपने व्यवहार से समझाया।

अपने जीवन की एक विशेष घटना का उल्लेख कर यह रेखांकित करना चाहूँगा कि किस तरह एक साधारण कार्यकर्ता को प्रेरित कर उन्होंने अपना लंबा राजनीतिक जीवन संगठन एवं प्रदेश हित में सुलभ बनाया। वर्ष 1984 के लोकसभा चुनावों में भाजपा बुरी तरह से हारी। पूरे देश में केवल 2 सदस्य लोकसभा में चुने गए। मैं भी वह

लोकसभा चुनाव हारा। मैंने पारिवारिक परिस्थितियों के कारण वकालत वापस शुरू की तथा एक मित्र के दफ्तर में काम प्रारंभ किया। जब सोहन सिंहजी उदयपुर दौरे पर आए, तब उन्होंने मुझे चर्चा के लिए बुलाया। उन्होंने समझाया कि सारा समय वकालत में लगा दोगे तो संगठन का काम कैसे चलेगा। मैंने पारिवारिक मजबूरियाँ बताईं कि अपनी पुत्रियों के अध्ययन एवं अन्य आवश्यक दायित्वों के निर्वहण के लिए विधायक पेंशन 500 रुपए से घर खर्च चलाना कठिन है। वकालत नहीं करूँगा तो घर खर्च कैसे चलाऊँगा। उन्होंने घर खर्च की आवश्यकता के बारे में पूछा तो मैंने बताया कि परिवार चलाने के लिए हर माह 2,000 रुपए की और आवश्यकता पड़ती है। उन्होंने कहा, 'तुम चिंता मत करो, केवल संगठन का काम करो। मैं कोई व्यवस्था करता हूँ।' उन्होंने सुंदरसिंहजी भंडारी से बात की और कहा कि गुलाबजी को हर महीने 2,000 रुपए देने हैं। भंडारीजी और सोहन सिंहजी के अलावा किसी तीसरे को इसकी जानकारी नहीं थी कि मेरा घर खर्च कैसे चल रहा है। कार्यकर्ता का सम्मान बना रहा, घर-परिवार चलता रहा। वर्ष 1985 से 1989 तक लोकसभा सदस्य बनने तक यह क्रम जारी रहा। मैंने भी पूरे मनोयोग से संपूर्ण संभाग में संगठन का कार्य किया। वर्ष 1989 के लोकसभा चुनाव में उदयपुर संभाग से 3 सीटें भाजपा और 1 सीट जनता दल ने जीती। उसके बाद विधानसभा चुनाव में श्रीमान भैरोंसिंहजी के नेतृत्व में राजस्थान में भाजपा सरकार की बनी। आदिवासी क्षेत्र में शहरों-कस्बों से गाँव-गाँव तक संगठन खड़ा हुआ। इस छोटी सी घटना ने मुझे संघ और संगठन के कार्य का महत्त्व समझाया। कार्यकर्ता की आवश्यकता को ध्यान में रखकर जो सहयोग उन्होंने किया, उसकी वजह से राजनीति में मेरे जैसे साधारण कार्यकर्ता के लिए लंबे समय तक कार्य करना संभव हो सका।

आगे जाकर भी सोहन सिंहजी जब भी राजस्थान प्रवास पर होते, प्रदेश की भाजपा सरकार के प्रमुख श्री भैरोंसिंहजी शेखावत, हरिशंकरजी भाभड़ा, ललित किशोरजी चतुर्वेदी, रामदासजी अग्रवाल, रघुवीर सिंहजी कौशल, भँवरलालजी शर्मा, मेरे और ओम प्रकाशजी माथुर के साथ बैठक जरूर लेते। काम कैसा चल रहा है, इसका सूक्ष्म मूल्यांकन करते और राजस्थान की टीम को सामूहिक विचार से कार्य करने के लिए प्रेरित भी करते। ऐसे मेरे जैसे राजस्थान के सैकड़ों कार्यकर्ताओं की व्यक्तिशः चिंता करके संघ और संगठन में कर्मठता से काम करने के लिए दिशा-निर्देश प्रदान कर राजस्थान में संघ तथा संगठन कार्य को आगे बढ़ाने का कार्य किया और कार्यकर्ता-निर्माण की चिंता करते हुए कार्यकर्ताओं का सदैव पथ-प्रदर्शन किया। सोहन सिंहजी कार्यकर्ता-निर्माण के श्रेष्ठ शिल्पी थे, जिन्होंने राजस्थान में संघ एवं संगठन की जड़ों का सिंचन करते हुए उसे मजबूत करने में चिरस्मरणीय योगदान दिया।

(गृहमंत्री, राजस्थान)

❑

प्रेरणास्रोत एवं मार्गदर्शक

—रमेश प्रकाश

माननीय सोहन सिंहजी ने सन् 1948 में हरियाणा के करनाल में सायं शाखा की शुरुआत की थी। वह शाखा 56 छात्रों के साथ शुरू हुई। 56 छात्रों से गुरुदक्षिणा के रूप में मिली राशि से उन्होंने संघ-कार्य और व्यक्तिगत आवश्यकताओं की पूर्ति की। उस समय मा. बसंतराव ओक प्रांत प्रचारक हुआ करते थे। सोहन सिंहजी ने गुरुदक्षिणा के रूप में मिली राशि के बारे में बसंतरावजी को चिट्ठी लिखकर बताया तो उनका कहना था कि इसी राशि से साल भर का खर्चा चलाना है। उस दौरान बड़े-से-बड़े अधिकारी तक के लिए अलग से कोई व्यवस्था नहीं की जाती थी। हमें याद है कि सोहन सिंहजी कई बार निराहार रह जाते थे।

प्रारंभ से ही सोहन सिंहजी व्यवस्था-कौशल में निष्णात थे। मैं उस समय कॉलेज में था। जम्मू-कश्मीर का सत्याग्रह चल रहा था। करनाल से एक जत्था जम्मू-कश्मीर भेजना था। इसके लिए सोहन सिंहजी ने जत्थे में शामिल कार्यकर्ताओं के भोजन से लेकर ठहराने तक की जिम्मेदारी सुनिश्चित करवाई। हम लोगों ने भलीभाँति उसका पालन किया।

करनाल में सोहन सिंहजी एक मोची के घर बैठते थे, जहाँ चारों ओर सामान रखा होता था। वे इतना सामान्य जीवन जीने के आदी थे कि वहाँ उन्हें बैठने में भी कोई दिक्कत नहीं आती थी। उनके साथ हम लोग भी वहीं बैठते थे।

इसी दौरान एक दिन उन्होंने मुझसे कहा कि इस बार तुम बी.ए. की परीक्षा मत दो, क्योंकि सत्याग्रह चल रहा है। ऐसे में तुम्हारी पढ़ाई ठीक से नहीं हो पाएगी। पढ़ाई नहीं हो पाने के कारण हो सकता है, तुम्हारा रिजल्ट भी खराब हो जाए। सोहन सिंहजी के कहने के बावजूद मैंने बी.ए. की परीक्षा दे दी। रिजल्ट आया, लेकिन अच्छा नहीं आया। मैं थर्ड क्लास से किसी तरह पास हो सका। इतना होने के बाद भी सोहन सिंहजी को चिंता रहती थी कि इसे क्या बनाना है। मैं खुद अपने बारे में नहीं सोचता था, लेकिन

वे मेरे बारे में सोचते रहते थे। सोहन सिंहजी को एक पिता की तरह चिंता रहती थी कि इसे आखिर बनाना क्या है। उन्होंने ही तय कर लिया था कि इसे शिक्षक बनाना है। बाद में उन्होंने ही मुझे कहा कि तुम आगे की पढ़ाई के लिए गणित और अर्थशास्त्र विषय लो। मैंने उनके कहने के मुताबिक विषय भी चुन लिया। मैं उस समय तक नहीं जानता था कि वे मुझे बनाना क्या चाहते हैं। सोहन सिंहजी मुझे अध्यापक बनाना चाहते थे, क्योंकि उस समय करनाल में उन्हें ऐसे अध्यापक की आवश्यकता थी, जो संघ के लिए भी काम कर सके; लेकिन मेरे बी.ए. में इतने कम नंबर थे कि मुझे कहीं बी.एड. में दाखिला ही नहीं मिल रहा था। वैसे मेरे पिताजी प्रोफेसर थे और उनकी पहुँच भी थी; लेकिन मेरे पिताजी इस जिद पर अड़ गए थे कि जब तक संघ के लोग मुझसे रमेश के दाखिले के लिए नहीं कहेंगे, तब तक वे किसी प्रकार की पैरवी नहीं करेंगे। मेरे पिताजी ने एक बार मुझसे खुद कहा कि जब तक संघवाले यह लिखकर देने को तैयार न हों कि हम रमेश का दाखिला करवाने में असमर्थ हैं, तब तक मैं तुम्हारे दाखिले के लिए प्रयास नहीं करूँगा। खैर, उस दौर में तो सोहन सिंहजी ही मेरे गाइड, गुरु और अभिभावक—सब थे। उन्होंने अपने प्रयास से मुझे बी.एड. में दाखिले के लिए रेवाड़ी, रोहतक, हिसार भेजा; लेकिन मेरे नंबर ही इतने कम थे कि कहीं मेरा दाखिला नहीं हो पाया। बाद में सोहन सिंहजी ने ही मेरे पिताजी से कहा कि हम लोगों ने तो पूरा प्रयास कर लिया, लेकिन लगता नहीं है कि हम लोगों की कोशिश रमेश के दाखिले के लिए पर्याप्त है। इसलिए मैं मानता हूँ कि हम लोग रमेश को कहीं बी.एड. में दाखिला दिलाने में असमर्थ हैं। मेरे पिताजी ने तब जाकर कहा—अच्छा ठीक है, अब मैं अपनी तरफ से प्रयास करके देखता हूँ। बाद में पिताजी के कहने पर मेरा दाखिला हो गया और बी.एड. किया। इसके बाद सोहन सिंहजी ने कहा कि अगर शिक्षक लाइन में ही रहना है तो फिर एम.ए. कर लो। उनके कहने पर विश्वविद्यालय में रहकर मैंने एम.ए. किया। सोहन सिंहजी ने ही मुझे शिक्षक बनने का दायित्व दिया। उन्हीं के कहने पर पी.जी.टी. भी की। मेरी सगाई के दिन ही प्रचारक का दायित्व भी मिला।

सोहन सिंहजी के मन में हमेशा सबकुछ तय होता था कि कब, किस कार्यकर्ता को कौन सा दायित्व सौंपना है, चाहे वह उस कार्यकर्ता की निजी जिंदगी से ही जुड़ा हुआ मसला क्यों न हो। सोहन सिंहजी में खास बात यह थी कि जब तक वे अपने ध्येय को पूरा नहीं कर लेते, तब तक चैन से नहीं बैठते थे।

सोहन सिंहजी बहुत सिद्धांतवादी थे। उन्हें फिजूलखर्ची कतई बरदाश्त नहीं थी। सोहन सिंहजी सामूहिक सुविधा और खुशी में विश्वास करनेवाले व्यक्ति थे। मेरे बी.ए. में पढ़ने के दौरान की घटना है। उस समय संघ के कार्यकर्ताओं को तो दूर, अधिकारियों को भी कोई सुविधा नहीं होती थी। कार्यालय में एक पंखा तक नहीं होता था। वे काफी

कठिन जीवन जीने में विश्वास करते थे। हम लोगों ने देखा कि भीषण गरमी में भी वे बिना पंखे के रहते थे। एक बार वे प्रवास पर बाहर गए थे। इसी बीच हम लोगों ने चार-चार आने इकट्ठा करके उनके लिए एक पंखा खरीद लिया। वह पंखा कार्यालय में लगा दिया। जब सोहन सिंहजी प्रवास से लौटे तो उन्होंने देखा कि कार्यालय में पंखा लगा हुआ है। उन्होंने तुरंत ही मुझे बुलाया और बोले कि यह पंखा लगाने की क्या जरूरत थी? उन्होंने वहीं फैसला किया कि जब तक वे इस कार्यालय में रहेंगे, पंखा नहीं चलेगा। वही हुआ, जो सोहन सिंहजी ने कहा। उस कार्यालय में जब तक सोहन सिंहजी रहे, कभी भी वह पंखा नहीं चला।

(पूर्व प्रांत कार्यवाह, दिल्ली)

❑

भूल नहीं पाते वे घटनाएँ

—रवि बंसल

मैं विभाग कार्यवाह था, उस दौरान एक बार माननीय सोहन सिंहजी का भोजन जे.जे. कॉलोनी में एक स्वयंसेवक के घर रखा गया, जो आर्थिक दृष्टि से सामान्य थे। दोपहर में भोजन के समय मेरा उनके साथ जाना तय हुआ। हम दोनों ठीक समय पर उनके घर पहुँच गए। एक छोटा सा कमरा नीचे तथा दूसरा उसके ऊपर। नीचे, कमरे के सामने खुले में रसोई तथा ऊपर भोजन की व्यवस्था की गई। हम दोनों ऊपरवाले कमरे में चले गए। थोड़ी देर में स्वयंसेवक दो थालियों में दो कटोरी सब्जी लेकर आ गए। हम दोनों को भोजन परोसा गया। भोजन मंत्र के पश्चात् भोजन प्रारंभ किया गया। जैसे ही भोजन प्रारंभ किया तो लगा कि सब्जी में बहुत ज्यादा मिर्च है। सोहन सिंहजी का उस समय उपचार चल रहा था। उन्हें डॉक्टर ने मिर्च के लिए मना किया हुआ था। अत: मैं सोच रहा था कि सोहन सिंहजी अभी पूछेंगे कि मिर्च के लिए मना नहीं किया था क्या? जबकि उन्होंने कोई प्रतिक्रिया नहीं की। भोजन के पश्चात् हम नीचे उतरे। वे स्वयंसेवक हमें थोड़ी दूर छोड़ने के बाद लौट गए। मेरे विचार के विपरीत सोहन सिंहजी ने सब्जी में अधिक मिर्च के लिए कोई प्रतिक्रिया व्यक्त नहीं की। यह था उनका संयमपूर्ण व्यवहार।

घटना सन् 1968 की है, जब मेरी एम.एस-सी. पूर्ण हुई। एक कॉलेज में साक्षात्कार के लिए मेरा दिल्ली आना हुआ। सोहन सिंहजी के नाम एक पत्र श्री प्रेमजी गोयल का (हरियाणा में तत्कालीन विभाग प्रचारक) लेकर आया था। मैंने वह पत्र सोहन सिंहजी को दिया। वे पत्र पढ़कर बोले, 'अरे, तुम्हें भी मेरे लिए पत्र लेकर आना पड़ा! तो संघ का काम ऐसे चलता है क्या?' उनके यह कहने पर मैं बहुत भावुक हो गया तथा मेरी आँखें नम हो गईं।

सर्दियों के दिन थे। मैं और दो कार्यकर्ता झंडेवाला कार्यालय में धूप में बेंच पर बैठे आपस में गपशप कर रहे थे। फिर थोड़ी देर बाद उठे और चलने लगे। सोहन सिंहजी बरामदे में खड़े थे। उन्होंने हमें बुलाया और उस बेंच की ओर इशारा करके कहने लगे,

'इसे अपने स्थान पर कोई और आकर रखेगा! अभी तुम संघ को ठीक से नहीं समझे हो।' हम चुपचाप उस बेंच को उचित स्थान पर रखकर आगे बढ़े। इस प्रकार छोटी-छोटी बात पर सहज भाव से स्वयंसेवक की भूमिका समझाने की उनकी शैली थी।

सन् 1963 की बात है। मैं संघ शिक्षा वर्ग द्वितीय वर्ष करने के लिए सोनीपत हिंदू कॉलेज आया था। वर्ग समाप्त होने के बाद हम तीन स्वयंसेवक दिल्ली घूमने के लिए सोनीपत से दिल्ली कार्यालय पर आकर रुके। घूमना पूरा करके हम तीनों बस अड्डे पर आकर टिकट आदि लेने लगे। खुले पैसे नहीं होने के कारण मैं अपना सामान उनके पास रखकर खुले पैसे की व्यवस्था करने लगा। मुझे इस काम में थोड़ा समय लग गया। जब मैं वापस पहुँचा तो वे दोनों वहाँ नहीं थे। इधर-उधर पूछने के बाद भी सामान नहीं मिलने पर मैंने अपना तय रूट बदला तथा कैथल जाने के स्थान पर अंबाला जाना तय किया; क्योंकि हमारे एक साथी सुभाषजी को अंबाला ही जाना था।

मैं 2 बजे के लगभग अंबाला पहुँचा। कार्यालय में पहुँचते ही सबसे पहले सुभाषजी से मिला और अपने सामान के बारे में पूछा तो उन्होंने कहा कि वह तो हम बस अड्डे पर ही आपके बारे में बताकर छोड़ आए थे। मैं बहुत परेशान हो गया। अंबाला से दिल्ली की ट्रेन पकड़ी। रात्रि 9 बजे दिल्ली पहुँच गया। सोच रहा था—कहाँ जाऊँ? कार्यालय जाऊँगा तो सब मेरे ऊपर हँसेंगे। इसलिए ट्रैफिक पुलिसवाले से रात्रि ठहरने के लिए किसी धर्मशाला आदि की जानकारी लेने का प्रयत्न किया। उसने मुझे समझाया कि यहाँ तो रात्रि में तुम्हारी घड़ी और अन्य सामान भी गायब हो जाएगा। इसलिए यदि दिल्ली में तुम्हारा कोई भाई-बंधु रहता हो तो उसके पास जाना ही ठीक रहेगा। अब अन्य कोई चारा नहीं था। मैंने बस अड्डे से झंडेवाला के लिए बस पकड़ी और 11 बजे के लगभग संघ कार्यालय पहुँच गया। रात को स्वाभाविक रूप से सन्नाटा छाया हुआ था। अकेले सोहन सिंहजी दालान में कुरसी पर बैठे थे। मैंने दो मिनट में अपनी आप-बीती सुनाई, जिसे सुनकर उन्होंने भोजनालय प्रमुख स्वामीजी को जगाया और मुझे बिस्तर देने को कहा। फिर पूछा, 'कुछ भोजन आदि हुआ कि नहीं?' मैंने कहा कि भोजन की तरफ तो ध्यान ही नहीं गया। उन्होंने स्वामीजी को बुलाकर मुझे भोजन करवाने के लिए कहा। उस दिन सोहन सिंहजी ने मुझे आश्वस्त किया कि सुबह उठकर बस अड्डे पर जाना तथा अपने सामान के बारे में जानकारी प्राप्त करना। यदि सामान मिल जाए तो ठीक, वरना वापस आ जाना। तुम्हारा सामान मिल जाए, मैं इसकी व्यवस्था करूँगा। घबराने की कोई बात नहीं है। यह था उनका कार्यकर्ता के प्रति आत्मीयतापूर्ण व्यवहार।

एक बार सोहन सिंहजी कुछ अस्वस्थ थे। मैं उनसे मिलने के लिए झंडेवाला कार्यालय गया। उनके कमरे में गया। राजकुमारजी भाटिया और मैं उनके स्वास्थ्य के

विषय में बातचीत कर रहे थे तो सोहन सिंहजी श्रीगुरुजी के साथ घटित एक संस्मरण सुनाने लगे कि जब मैं जयपुर में था तो श्रीगुरुजी के आगमन पर उनसे मिलने के लिए गया। उन्होंने पूछा, 'सोहन सिंह, क्या हाल हैं?' मैंने कहा, 'गुरुजी, ठीक है।' यह सुनकर श्रीगुरुजी मेरी आँखों में आँखें मिलाकर कुछ देर तक घूरकर देखते रहे और बोले, 'चिंता मत करो, तुम शीघ्र ही स्वस्थ हो जाओगे।' हुआ भी वही, जो श्रीगुरुजी ने कहा था। मुझे जिन विषयों का विस्मरण होने लगा था, वह ठीक हो गया। देखने में भी आया कि आखिरी समय तक सोहन सिंहजी विस्मरण के दायरे से दूर रहे।

श्री चिरंजीव सिंहजी हमारे जिला प्रचारक थे। मैंने कॉलेज में प्रवेश लिया था, उस समय जिला प्रचारकजी से मिलना होता रहता था। उनका अपना चलने का अलग अभ्यास था। हमारे लिए वे संघ के प्रचारक होने के नाते आदर्श थे। मैं भी उन्हीं के समान एक पैर पर जोर देकर ठुमका जैसा मारकर चलने लगा। सोहन सिंहजी ने मेरे इस प्रकार चलने पर मुझे टोका और पूछा, 'कैसे चलते हो?' मैंने बताया कि चिरंजीव सिंहजी भी तो इस प्रकार पैर लचकाकर चलते हैं। उन्हीं को देखकर मेरा चलने का तरीका बदल गया है। तब सोहन सिंहजी ने कहा कि उनका एक पैर चोट लगने के कारण छोटा है तथा उनका इस प्रकार चलना उनकी मजबूरी है। इस प्रकार छोटी-छोटी बात पर उनका ध्यान जाता था तथा हमें ठीक रास्ते पर ले आते थे। वे किस प्रकार कार्यकर्ता को सुधारते थे, उनका अपना अलग तरीका था। एक वर्ग की घटना है। भोजन करते समय हम कुछ स्वयंसेवक जली हुई या कच्ची रोटी नहीं लेते थे और वितरक से अच्छी रोटी लेने की कोशिश करते थे। हमारा यह व्यवहार सोहन सिंहजी की निगाह में आ गया। एक दिन उन्होंने मुझसे कहा कि भोजन करने के बाद भोजनालय में आकर उन्हें भोजन करवा दें। मेरा मन बहुत प्रसन्न हुआ कि मुझे उन्होंने एक काम बताया है। भोजनालय में मैंने उनके बैठने की व्यवस्था की और थाली लगाकर ले गया। उसमें बड़ी नरम-नरम, घी लगी हुई कुछ रोटियाँ भी ले गया था। उसे देखकर उन्होंने कहा, 'मैं ऐसी रोटियाँ नहीं खाता। मैं तो वे रोटियाँ जो जली हुई हैं या जो कच्ची रह गई हैं, वे खाता हूँ। वैसी रोटियाँ लेकर आओ।' मेरा सारा दिमाग घूम गया। समझ गया कि वे मुझे क्या संदेश दे रहे हैं। बिना कहे सबकुछ कह दिया। वह दिन है और आज का दिन, जब भी रोटियाँ देखता हूँ तो सोहन सिंहजी की शिक्षा सामने आ जाती है। कभी अच्छी-बुरी रोटी का भाव ही नहीं आता। स्वयंसेवकों की छोटी-से-छोटी बात पर उनका ध्यान रहता था। प्रत्येक स्वयंसेवक को यह लगता था कि सोहन सिंहजी शेष स्वयंसेवकों के मुकाबले मुझसे अधिक स्नेह रखते हैं।

(पूर्व विभाग कार्यवाह, दिल्ली)

❑

आधुनिक युग के राष्ट्र ऋषि

—ओमप्रकाश सिंघल

पुण्य-प्रसूता भारत माता ने अपनी कोख से अनेक लाल जने हैं, जो समय-समय पर ध्रुवतारा बन समाज, धर्म व देश को दिशा देते रहते हैं। उन्हीं में से एक लाल माननीय सोहन सिंहजी थे, जो अपनी पढ़ाई पूरी कर नौकरी नहीं करके राष्ट्र-कार्य को प्राथमिकता देते हुए डॉ. हेडगेवार पथ के अनुगामी बने।

उनके बारे में मैंने बहुत कुछ सुन रखा था, प्रत्यक्ष दर्शन करने पर मन श्रद्धा से नतमस्तक हो गया। यूँ तो सोहन सिंहजी के सामने जाने में एक अनजाना-सा भय और संकोच मन में सदा बना रहता था, परंतु निकट बैठते ही वह डर दूर हो जाता था। वे ऊपर से जितना कठोर दिखते थे, उससे भी कहीं अधिक कोमल हृदय थे। वे एक परिवार के मुखिया, बड़े-बुजुर्ग के समान सदैव सही सलाह देते थे। उनके मार्गदर्शन में किया हर कार्य सफल हुआ है। एक कठोर तपस्वी की भाँति अपने को तिल-तिल जलाकर उन्होंने अनेक कार्यकर्ताओं का निर्माण किया। भूख, भय, बाधा उनको राष्ट्र-कार्य से डिगा नहीं सकी। वे अनुशासनप्रिय, समय के पाबंद और कुशल व्यवस्थापक थे। सादा जीवन उच्च विचार उनके जीवन में दिखता रहा। मन में सदैव हिंदू समाज का चिंतन चलता रहता था। सभी छोटे-बड़े कार्यकर्ताओं को समय-समय पर बुलाकर उसके अंदर कार्य के प्रति, संगठन के प्रति निष्ठा-भाव का बीज इस तरह डालते थे कि सभी आत्मविश्वास से भर जाते थे। उनको स्मरण कर 'रामचरितमानस' की एक चौपाई याद आ रही है, 'हृदयँ प्रीति मुख बचन कठोरा'। यदि वे कभी किसी को कठोर वचन भी बोलते थे तो उस समय भी उनके मन में प्रेम भरा होता था। उस कार्यकर्ता के कल्याण के लिए ही कठोर शब्द का प्रयोग करते थे।

बातों-बातों में बड़ी सरलता से दायित्व-बोध करा देते थे। वर्ष 2008 की बात है। मैं उन दिनों विश्व हिंदू परिषद्, दिल्ली का अध्यक्ष था। दिल्ली में रामसेतु आंदोलन चल रहा था। उन्होंने मुझे केशव कुंज बुलाकर पूछा कि कार्यक्रम कैसे-कैसे होगा? क्या

सोचा है, क्या योजना है? मैं साधारण बुद्धि का आदमी, क्या योजना बताता! रामजी का काम है, वे सब करा लेंगे। तब उन्होंने मेरा मार्गदर्शन किया। उनके बताए सुझाव व दिशा–बोध ने मुझे बहुत कुछ सिखाया। मुझे लगा, साक्षात् हनुमानजी सब बता रहे हैं और मैं यंत्रवत् सब करता चला गया। वे इस आधुनिक युग के ऋषि थे। एक कुशल संगठक, एक अच्छे शिल्पकार, जिन्होंने अनेक ऐसी मूर्तियाँ गढ़ीं, जो माँ भारती की सेवा में आज लगी हैं।

(अंतरराष्ट्रीय उपाध्यक्ष, विश्व हिंदू परिषद्)

❑

व्यवस्था के पर्याय

—विमल प्रसाद अग्रवाल

सन् 1974 में दौसा में रहते हुए जयपुर के विभाग प्रचारक माननीय सोहन सिंहजी से परिचय हुआ। उसी दौरान टोंक राजकीय महाविद्यालय में स्थानांतरण हुआ तो जिला बौद्धिक प्रमुख का दायित्व घोषित हो गया था। टोंक भी जयपुर विभाग में था। इस कारण उनसे निकटता, स्नेह एवं सान्निध्य निरंतर मिलता रहा।

टोंक में एक बार तत्कालीन प्रांत प्रचारक माननीय ब्रह्मदेवजी का प्रवास था। उनके लौटते समय मैं भी उनके साथ कार में था। रात्रि में जब जयपुर नानाजी की हवेली (पुराना संघ कार्यालय) पहुँचे, तब सोहन सिंहजी ने ब्रह्मदेवजी का सामान स्वयं उठाकर रखा। इस घटना से लगा कि बड़ों के साथ व्यवहार कैसे किया जाना चाहिए।

टोंक से ही सन् 1975 में द्वितीय वर्ष शिक्षण के लिए झुंझुनूँ वर्ग में गया। उस समय टोंक से पाँच महाविद्यालय विद्यार्थी भी उस वर्ग में जानेवाले थे, परंतु प्रायोगिक परीक्षा के कारण वे एक दिन बाद पहुँच सकते थे। इसलिए सोहन सिंहजी ने यह निर्णय लिया कि उन विद्यार्थियों को साथ लाने के लिए मैं टोंक में रुकूँ और परीक्षा के पश्चात् उनको साथ लेकर वर्ग में पहुँचूँ। रात्रि लगभग 10 बजे जब हम सभी झुंझुनूँ पहुँचे तो वे व्यग्रता से हमारी प्रतीक्षा कर रहे थे। सबके शयन के पश्चात् भी अपने सामने बैठाकर हम सभी को भोजन करवाकर अनुभव करवा दिया कि वे एक-एक स्वयंसेवक का कितना ध्यान रखते हैं। झुंझुनूँ वर्ग में सोहन सिंहजी पर जल-व्यवस्था का दायित्व था। पानी एक भूमिगत टैंक में संगृहीत रहता था। वे उसमें उतरकर ऊपर जल लाते थे। एक बार हमने सहयोग करने का आग्रह किया तो उन्होंने स्पष्ट मना किया और कहा कि यह मेरा दायित्व है और इसे मैं ही पूरा करूँगा। इससे हमें स्वाभाविक सीख व प्रेरणा मिली कि अपना दायित्व पूरा करना अपना प्रथम कर्तव्य है।

आपातकाल के दौरान 14 नवंबर, 1975 से प्रारंभ होनेवाले आंदोलन की तैयारी के लिए उनका टोंक आना होता था। उस समय सबको बैठक स्थल पर पहुँचने के लिए

बहुत ही स्पष्ट निर्देश होते थे कि कौन समय से दस मिनट या पाँच मिनट पूर्व आएँगे, कौन समय पर आएँगे। इतना ही नहीं, यह भी निर्देश रहते थे कि कौन किस मार्ग से आएँगे और बैठक स्थान पर प्रवेश के पूर्व लघु शंका के बहाने रुककर यह आश्वस्त होने का प्रयत्न करेंगे कि वहाँ गुप्तचर विभाग या अन्य कोई व्यक्ति जानेवालों को देख तो नहीं रहा है। इसके कारण यह स्वाभाविक रूप से ध्यान आया कि आंदोलन के समय क्या-क्या सावधानियाँ रखनी चाहिए।

एक बार संघ शिक्षा वर्ग में प्रबंधक के नाते रहने के लिए मेरा चयन हुआ; परंतु अन्यान्य कारणों से मैं रह नहीं सकता था। मैंने तत्कालीन प्रांत कार्यवाह माननीय दादाभाई को पत्र लिखकर नहीं रह पाने के संबंध में अवगत करवाया। उस समय मैं जिले का सहकार्यवाह था, इस कारण प्रांत कार्यवाह को ही बताना ठीक समझा। इस पर सोहन सिंहजी ने मुझे समझाया कि वर्ग की व्यवस्था प्रचारक की दृष्टि में रहती है, अतः मुझे उन्हें लिखना चाहिए था। भविष्य में सदैव यह स्मरण रहा कि वर्ग के बारे में किससे बात करनी चाहिए।

टोंक रहते हुए ही श्री पुरुषोत्तमजी चतुर्वेदी के सुझाव पर प्राध्यापक संगठन में काम करने की योजना बनी; परंतु संघ के दायित्व से मुक्त नहीं किया गया। दो क्षेत्रों के दायित्व के कारण कठिनाइयों का रहना स्वाभाविक था। इस कारण उन्होंने स्पष्ट मार्गदर्शन करते हुए कहा कि दोनों ही क्षेत्र के दायित्व रहेंगे। सामान्यतः दोनों के कार्यक्रमों में कोई टकराव नहीं रहेगा। फिर भी, ऐसी स्थिति आए तो प्रथम वरीयता प्राध्यापक संगठन को देना। फलस्वरूप दो दायित्व होते हुए भी उनका निर्वाह करने में कभी कठिनाई नहीं आई। नवंबर 1992 के पूर्व प्राध्यापक संगठन में सभी विचारधाराओं के शिक्षक कार्य करते थे। इसके कारण होनेवाले चुनावों में दृश्य बनता था कि चुनाव में स्वयंसेवकों के विरुद्ध अन्य सभी एक हो जाते थे। हम लोग कठिनाई अनुभव करते थे। जब सोहन सिंहजी से चर्चा की तो उन्होंने कहा कि संघ के विरुद्ध सभी के दृश्य को बदलो और 'साम्यवादी विरुद्ध राष्ट्रवादी' का दृश्य निर्माण करो। इस मार्गदर्शन के पश्चात् साम्यवादियों एवं अराजकतावादी लोगों को प्राध्यापक संगठन से दूर रखने में सफल रहे। समय-समय पर प्राध्यापक संगठन के बारे में चर्चा होती रहती थी। समन्वय बैठकों में भी उनका मार्गदर्शन मिलता था। वे कहते थे कि तुम्हारा कार्य सभी महाविद्यालयों में होना चाहिए तथा कार्यकर्ताओं में सभी जाति, समुदाय, क्षेत्र के लोगों को तैयार करना चाहिए। हमारे कार्यकर्ता अपने अध्यापन कार्य के प्रति सजग हों, चरित्र से श्रेष्ठ हों तथा सबको जोड़कर चलनेवाले बनें, यह प्रयास निरंतर करते रहना है। साथ ही श्रेष्ठ शिक्षकों को सम्मानित एवं प्रोत्साहित करने के भी प्रयास करने चाहिए। उनके इस मार्गदर्शन से हमारा काम बढ़ा एवं प्रभावी भी बना।

क्षेत्रीय प्रचारक बनने के बाद उनका केंद्र दिल्ली हो गया था। वहाँ से भरतपुर विभाग केंद्र पर अनेक बार उनका आना होता था। भरतपुर से लौटने के लिए प्रात: 5 बजे दिल्ली के लिए हरियाणा रोडवेज की एक बस जाती थी, जो लगभग 10 बजे दिल्ली पहुँचा देती थी। वे उसी से जाते थे। हम लोग कई बार डीलक्स (एक ट्रेन) से जाने का आग्रह करते थे, जो लगभग 6.30 बजे जाती थी और 10 बजे के पूर्व नई दिल्ली पहुँचा देती थी। नई दिल्ली स्टेशन झंडेवाला कार्यालय के निकट भी है; परंतु हमेशा उन्होंने उससे जाने के लिए मना किया। अंतत: एक बार साहस कर पूछा कि आपको रेल की यात्रा अच्छी नहीं लगती है क्या? उन्होंने कहा कि 'रेल की यात्रा तो अधिक सुविधाजनक होती है।' फिर हमने कहा कि आप तो डीलक्स से यात्रा के लिए मना करते हैं। तब उन्होंने स्नेह से डाँटते हुए कहा कि 'डीलक्स किसी ट्रेन का नाम है, यह तुमने कब बताया। मैं तो सोचता था कि आप लोग डीलक्स बस की चर्चा कर रहे हैं।' संगठन का धन बचाना उनके स्वभाव में था।

दिसंबर 1995 में संगठन का प्रांतीय अधिवेशन पाली में था। वहाँ मुख्य अतिथि के नाते तत्कालीन उच्च शिक्षा मंत्री माननीय ललित किशोर चतुर्वेदी पधारे। उनके बोलने के पूर्व संगठन के महामंत्री के नाते मैंने शिक्षा विभाग पर कठोर एवं कड़ी टिप्पणी कर दी। इस पर ललित किशोर चतुर्वेदीजी अत्यधिक नाराज एवं उत्तेजित हो गए। उन्होंने भी सार्वजनिक रूप से बहुत कुछ कहा। पालक अधिकारी के नाते माननीय मोती सिंहजी राठौड़ वहाँ उपस्थित थे। उन्होंने यह सारा विषय सोहन सिंहजी को बताया। मेरे भरतपुर पहुँचते ही सोहन सिंहजी का पत्र मिला, जिसमें निर्देश था— 'तुम्हारा अधिवेशन संपन्न हो गया होगा, समाचार जानने की इच्छा है।' निर्देशित तिथि को मिलने जयपुर गया। सोचता था कि आज खूब डाँट पड़ेगी। लेकिन उन्होंने विस्तार से पूछा कि तुमने क्या कहा, क्यों कहा? ललितजी ने क्या कहा और क्यों कहा? सब लोगों पर क्या प्रतिक्रिया थी? संपूर्ण विवरण जानने के पश्चात् अंत में समझाते हुए कहा कि जो कोई सहयोग करता है, वह तुम्हारी आलोचना या तीखी प्रतिक्रिया सुनने के लिए नहीं करता है। अत: भविष्य में इस बात का ध्यान रखना। जो सहयोग करता है, उसका आभार प्रकट करना चाहिए।

कुछ बातों पर उनका सदैव बहुत अधिक आग्रह रहता था, जैसे कहीं जा रहे हैं तो यातायात नियमों का पूर्ण पालन करें तथा किसी के घर मिलने गए हैं तो अपना वाहन, मोटर साइकिल आदि इस प्रकार खड़ी करें कि न तो उस घर का रास्ता रुके और न ही सार्वजनिक मार्ग में भी कोई व्यवधान हो। शिविर आदि की व्यवस्था का विचार करते समय वे छोटी-से-छोटी बात का भी ध्यान रखते थे। पानी, भोजन, सोने का स्थान, कपड़े सुखाने की रस्सी की लंबाई जैसी सभी आवश्यकताओं के लिए विचार करते थे।

उनके विचार से सुई-धागा भी नहीं छूटता था। मंच कितना बड़ा होगा, कितना ऊँचा होगा, साज-सज्जा कैसी होगी, चित्र किधर लगेंगे, कितनी कुरसियाँ लगेंगी, प्रकाश की क्या व्यवस्था रहेगी, बिजली चले जाने पर माइक के लिए बैटरी चाहिए जैसे सभी विषयों पर विचार और निर्णय होता था। इस कारण तत्कालीन प्रांत संघचालक माननीय गोविंद रामजी हुकमाणी उनके बारे में कहते थे, 'व्यवस्था तेरा ही नाम सोहन सिंह है।' ऐसे व्यवस्था-प्रिय थे सोहन सिंहजी।

मई 1988 में मुझे अखिल भारतीय राष्ट्रीय शैक्षिक महासंघ के महामंत्री का दायित्व मिला। उन दिनों यू.जी.सी. वेतनमान का देश भर में कार्यान्वयन होना था। उस समय राजस्थान में माननीय भैरोंसिंहजी शेखावत के नेतृत्व में भारतीय जनता पार्टी की सरकार थी। उच्च शिक्षा मंत्री ललित किशोरजी चतुर्वेदी थे। फिर भी राजस्थान में इन वेतनमानों का कार्यान्वयन नहीं हो पा रहा था। प्रांत की समन्वय बैठक में मैंने चिंता प्रकट की कि जब अपने राज्य में अनुकूलता होने के बाद भी यह वेतनमान लागू नहीं करवा सकते तो फिर अन्य राज्यों में क्या कर पाएँगे? इस चिंता का प्रभाव मेरे मन, मस्तिष्क एवं चेहरे पर भी था। उसे भाँपकर सोहन सिंहजी ने राजनीतिक क्षेत्र में संपर्क रखनेवाले वरिष्ठ प्रचारक माननीय लक्ष्मण सिंहजी शेखावत से कहा कि मुख्यमंत्रीजी से बात करें। लक्ष्मण सिंहजी ने मुख्यमंत्रीजी से बात करने के बाद हमें उनके पास भेजा। यद्यपि हम उनसे पहले कई बार मिल चुके थे, परंतु सकारात्मक आश्वासन नहीं मिल पा रहा था। परंतु इस निर्देश के बाद मिले तो मुख्यमंत्रीजी ने कहा कि कर देंगे। और पत्रावली पर उनकी स्वीकृति मिल गई। यद्यपि आदेश नहीं निकल सके, क्योंकि विधानसभा के चुनाव संभावित थे। बाद में कांग्रेस सरकार का गठन हुआ, जिसमें इन वेतनमानों का निर्णय असंभव नहीं तो कठिन अवश्य था; पर पत्रावली पर निवर्तमान मुख्यमंत्री की स्वीकृति के कारण कांग्रेस सरकार को आदेश निकालने पड़े। इस प्रकार कार्यकर्ता की कठिनाई समझकर उसको उचित एवं आवश्यक सहयोग करना सोहन सिंहजी की सहज एवं स्वाभाविक प्रवृत्ति थी।

(पूर्व महामंत्री, राष्ट्रीय शैक्षिक महासंघ)

❑

संत प्रवृत्ति और दृढता का समन्वय

—रामदास अग्रवाल

आखिरी समय में मैं माननीय सोहन सिंहजी से नहीं मिल पाया; लेकिन उनके अस्वस्थ रहने के दौरान जब दिल्ली जाता तो यह कोशिश होती कि उनसे मिलूँ। वे हमारे मार्गदर्शक थे। अत्यंत अस्वस्थता के बावजूद वे आत्मनिर्भर बने रहे और जब उनसे मिलते तो वे एक-एक कार्यकर्ता के बारे में जानकारी लेते और उनके स्वास्थ्य के बारे में पूछताछ करते। झंडेवाला कार्यालय के छोटे से कक्ष में उनकी जिंदगी सिमटकर रह गई थी। इसके बावजूद यह उनकी संत प्रवृत्ति के कारण ही संभव था कि उन्होंने उसके अनुरूप ही अपने को ढाल लिया था।

राजस्थान की राजनीति से मेरा लगातार जुड़ाव रहा और अनेक वर्षों तक विभिन्न तरह के दायित्व का निर्वाह करने का अवसर मिला। इस दौरान लगभग 9 वर्षों तक प्रदेश अध्यक्ष के रूप में राजस्थान की जिम्मेदारी भी रही। सोहन सिंहजी से हम लोग सदैव प्रेरणा प्राप्त करते। वे दृढ व्यक्तित्व के धनी थे, इसलिए जब भी देखते कि हम सही उद्देश्य के लिए कार्य कर रहे हैं तो हमारा मनोबल बढ़ाते और दृढता प्रदान करते। वे राजनीति के रोजमर्रा के विषयों से मतलब नहीं रखते थे; लेकिन जब कभी हम किसी विषय को लेकर उनके पास जाते और अपनी समस्या सामने रखते तो वे उसका निराकरण करवाने का प्रयत्न करते। मेरे कार्यकाल के दौरान दो-तीन ऐसे जटिल प्रश्न आए, जब उन्होंने हम लोगों को मजबूती दी और हमारे पक्ष को समझा। राजनीतिक दृष्टि से वे श्री भैरोंसिंहजी शेखावत से बहुत प्रेम रखते थे; लेकिन जब कभी ऐसा विषय आता, जिसके बारे में उन्हें लगता कि कहा जाना उचित है तो वे समय पर कहते भी थे।

भारतीय जनता पार्टी के शासनकाल के दौरान जब तत्कालीन मुख्यमंत्री भैरोंसिंहजी का स्वास्थ्य काफी खराब हो गया और उन्हें इलाज करवाने के लिए विदेश जाना पड़ा तो उनके पीछे से एक महत्त्वाकांक्षी पूर्व मंत्री ने सरकार को अपदस्थ करवाने की भरपूर कोशिशें कीं। उन्हें हमने पार्टी से निकाल दिया। आगे जाकर ऐसी स्थितियाँ बनीं कि

भैरोंसिंहजी ने कहा कि उन नेता को वापस पार्टी में ले लेना चाहिए। मुझे लगा कि ऐसे व्यक्ति को भाजपा में लिया जाना उचित नहीं है। मैंने भैरोंसिंहजी से कहा कि आप सोच लीजिए, आपने ही उन्हें निकालने के लिए कहा था। लेकिन भैरोंसिंहजी ने दो-तीन बार इस बात पर जोर दिया कि उन्हें लेना ही चाहिए। पार्टी के अन्य तीन प्रमुख नेता भी चाहते थे कि उन नेता को पार्टी में ले लिया जाए। मुझे ऐसे विवादास्पद नेता को पार्टी में लेना उचित नहीं लगा और मैंने मन बना लिया कि मैं और दबाव दिए जाने की स्थिति में इस्तीफा दे दूँगा। सोहन सिंहजी उस समय दिल्ली थे। मैंने उनसे सारी स्थितियों का निवेदन किया और बताया कि मेरे पास इस्तीफा देने के अलावा कोई विकल्प नहीं है। सोहन सिंहजी ने कहा कि आप ठीक कर रहे हैं; लेकिन आपको इस्तीफा नहीं देना चाहिए। मैंने कहा कि फिर आपको ही सुबह जयपुर पहुँचना पड़ेगा, तभी कोई समाधान निकलेगा। सोहन सिंहजी ने कहा—ठीक है। उस समय रात के 8 बज रहे थे। मैंने उनसे यह भी निवेदन किया कि वे प्रातःकालीन विमान से जयपुर पहुँच सकते हैं। इतना सुनते ही वे बोले, 'विमान से! मैं विमान से आऊँगा, कैसी बात करते हैं!…मैं सुबह पहुँच जाऊँगा, उसकी चिंता मत कीजिए।' सोहन सिंहजी बस में बैठकर सुबह तक जयपुर आ गए। उन्होंने भैरोंसिंहजी से भी बात की और उन्हें समझाया। उनसे कहा कि उनको ऐसे विषयों से दूर रहना चाहिए। सोहन सिंहजी के कहने के बाद वह विषय खत्म हो गया।

ऐसे ही एक अन्य अवसर पर हालात बने कि मुझे प्रदेश अध्यक्ष पद से हटा दिया जाएगा। इसका जब मुझे पता चला तो मैंने मन बना लिया कि मैं ही त्यागपत्र दे दूँगा। उस समय माननीय लालकृष्णजी आडवाणी की यात्रा चल रही थी और उदयपुर से चित्तौड़ जाना था। सोहन सिंहजी को जब इस घटना का पता चला तो उन्होंने मुझसे पूछा तो मैंने बता दिया कि मैं प्रदेश अध्यक्ष पद से इस्तीफा देने जा रहा हूँ। उन्होंने मुझे रोका और खुद चलकर चित्तौड़गढ़ आए। उन्होंने आडवाणीजी से बात की और कहा कि इस तरह का कदम आत्मघाती होगा। सोहन सिंहजी के यह कहने के बाद फिर वह विषय उठा ही नहीं। जब जयपुर नगर निगम के पहले चुनाव होने लगे तो उम्मीदवारों को लेकर आपस में खींचतान हो गई। लगा कि इसका न केवल चुनाव पर असर पड़ेगा, बल्कि कार्यकर्ताओं में भी असमंजस का माहौल पैदा होगा। मैंने इस विषय को सोहन सिंहजी के सामने रखा तो उन्होंने संगठन के महत्त्व को बनाए रखते हुए संबंधित भूमिका निभाई और वह विषय खत्म किया जा सका।

मैं जब पहली बार भारतीय जनता पार्टी का प्रदेश अध्यक्ष बना तो स्वाभाविक रूप से लगा कि भारतीय जनता पार्टी के प्रदेश कार्यालय को सुव्यवस्थित और कार्यकर्ताओं के बैठने योग्य बनाना चाहिए। इसलिए अधिक परिवर्तन तो नहीं किए, लेकिन सोफे व कुरसियों वगैरह में बदलाव कर दिया। संयोग से एक दिन सोहन सिंहजी उधर से

निकल रहे थे। वे भाजपा कार्यालय आ गए। उन्होंने कार्यालय बदला-बदला देखकर कहा, 'रामदासजी, यह क्या है? क्या कॉरपोरेट ऑफिस बना रहे हैं?' उन्होंने यह भी कहा कि कार्यालय हर दृष्टि से प्रेरणा के केंद्र बनने चाहिए, इसलिए वहाँ प्रयोग लाई जानेवाली वस्तुओं के बारे में भी विशेष रूप से विचार करने की जरूरत रहती है।

ऐसी बहुत सी घटनाएँ ध्यान आती हैं, जब लगता है कि वे किस तरह विशाल हृदय के थे। अपने शरीर के प्रति उनको कोई लगाव नहीं था और एक-एक कार्यकर्ता की चिंता करना तथा संगठन के हित को सर्वोच्च रखना ही उनकी प्राथमिकता बनी रही। उनका इशारा ही हम कार्यकर्ताओं के लिए आदेश हुआ करता था।

(भाजपा के पूर्व राष्ट्रीय कोषाध्यक्ष और
राजस्थान प्रदेश भाजपा के पूर्व अध्यक्ष)

❑

आदर्श एवं प्रेरक व्यक्तित्व

—डॉ. पुरुषोत्तम चतुर्वेदी

संघ-कार्य की यह विशेषता रही है कि इसके माध्यम से अनेक आदर्श व प्रेरक व्यक्ति आए और अपनी विलक्षण कार्य क्षमता के आधार पर अपने जीवन की अमिट छाप छोड़ी। माननीय सोहन सिंहजी भी ऐसे कुछ गिने-चुने व्यक्तित्वों में से रहे, जिन्होंने अपनी शिक्षा पूर्ण करने के पश्चात् और वायु सेना की सेवा का अवसर होने पर भी अपने जीवन को सन् 1945 में राष्ट्र-कार्य के लिए समर्पित कर दिया। वे सन् 1972 में संघ-कार्य की दृष्टि से जयपुर विभाग प्रचारक के नाते से राजस्थान आए और लगभग 25 वर्ष तक इस प्रदेश में विभिन्न दायित्वों का निर्वाह करते हुए यहाँ के सभी कार्यकर्ताओं के समक्ष आदर्श के रूप में रहे। उस समय माननीय ब्रह्मदेवजी राजस्थान के प्रांत प्रचारक के नाते से संघ-कार्य का मार्गदर्शन करते थे। कुछ समय पश्चात् ब्रह्मदेवजी का दायित्व क्षेत्रीय प्रचारक के रूप में और सोहन सिंहजी का दायित्व राजस्थान के प्रांत प्रचारक के रूप में हो गया। मैं उन दिनों भरतपुर के एम.एस.जे. कॉलेज में विभागाध्यक्ष था और संघ की दृष्टि से धौलपुर सहित भरतपुर जिले के कार्यवाह के नाते से संघ-कार्य में लगा था। उन्हीं दिनों मैं राजस्थान विश्वविद्यालय के सिंडीकेट, सीनेट सहित अनेक निकायों का सदस्य भी था।

जून 1975 में देश में आपातकाल की घोषणा कर दी गई और सोहन सिंहजी सहित संघ के हजारों कार्यकर्ताओं को बंदी बना लिया गया। 14 दिसंबर, 1975 से आपातकाल के विरुद्ध सत्याग्रह प्रारंभ हुआ और उसमें प्रदेश की युवा शक्ति, विशेषकर छात्रों ने बढ़-चढ़कर भाग लिया। उस समय के बंदी सभी दलों के कार्यकर्ता यह स्वीकार करते रहे कि कारावास अवधि में सोहन सिंहजी सदैव सभी के लिए व्यवस्थाओं की चिंता करते रहे और प्रेरणा के स्रोत रहे।

कारागार में बंदी होने के कारण विद्यार्थी कार्यकर्ता अपनी नियमित कक्षाओं में भाग नहीं ले सकते थे और विश्वविद्यालय नियमों के अनुसार न्यूनतम उपस्थिति की अपूर्णता

के कारण उनके परीक्षा से वंचित होने की भी आशंका बन गई, जिससे उनका 1 वर्ष बिगड़ने वाला था। ऐसे समय मुझे यह दायित्व दिया गया कि ऐसी युक्ति निकाली जाए, जिससे उन छात्रों का वर्ष बरबाद न हो। मैंने अपने मित्रों के साथ विश्वविद्यालय के कुलपति से मिलकर यह पक्ष रखा कि ऐसे बंदी छात्र कारागार में होने के कारण कक्षाओं में उपस्थित होने से वंचित हैं। उनकी अनुपस्थिति स्वैच्छिक नहीं है। ऐसी स्थिति में कारागार के कारण उनके 1 वर्ष के शैक्षिक काल को खराब कर उन्हें दोहरा दंड नहीं दिया जा सकता। तत्कालीन कुलपति ने कहा कि इस विषय पर निर्णय करने का अधिकार विश्वविद्यालय की शिक्षा परिषद् को है। हम लोगों ने एक प्रस्ताव तैयार कर शिक्षा परिषद् के 80 प्रतिशत से अधिक सदस्यों की स्वीकृति लेकर बैठक में रखवाया, जिसे परिषद् ने स्वीकार कर पारित कर दिया। इस प्रकार वे समस्त बंदी छात्र विश्वविद्यालय की वर्ष 1976 की परीक्षा दे सके और उनका 1 वर्ष बेकार होने से बच गया।

माननीय सोहन सिंहजी कार्यकर्ताओं के व्यक्तिगत जीवन की भी कितनी चिंता करते थे, इसका एक उदाहरण मेरा है। वर्ष 1980 में विश्वविद्यालय अनुदान आयोग की टीचर फेलोशिप योजना के अंतर्गत मैंने नियमानुसार विधिवत् चयनित होकर शोध कार्य प्रारंभ किया। उसके दो दिन बाद ही राज्य सरकार द्वारा पूर्व में स्वीकृत शैक्षिक अवकाश को निरस्त करते हुए मुझे वापस महाविद्यालय में कार्यभार सँभालने के आदेश दिए। जैसे ही सोहन सिंहजी को इस बात की जानकारी हुई, उन्होंने तुरंत तत्कालीन वरिष्ठ अधिवक्ता वीरेंद्र प्रसादजी अग्रवाल को फोन कर कहा कि अपने कार्यकर्ताओं के साथ इस प्रकार के प्रशासकीय अन्याय को न्यायालय में चुनौती दी जानी चाहिए। वीरेंद्र प्रसादजी ने याचिका प्रस्तुत कर राजकीय आदेश के विरुद्ध निषेधाज्ञा प्राप्त कर ली। मेरी टीचर फेलोशिप यथावत् पूर्ण हुई और मैंने अपने शोध कार्य को पूरा किया।

इस अवधि का एक उदाहरण और यह है कि राज्य सरकार ने उपर्युक्त निषेधाज्ञा के पश्चात् मेरी टीचर फेलोशिप को तो बहाल कर दिया, किंतु नियमानुसार मिल रहा मेरा वेतन बंद कर दिया गया। सोहन सिंहजी को इस तथ्य की जानकारी हुई तो उन्होंने मुझे बुलाकर वेतन न मिलने की स्थिति में परिवार के भरण-पोषण की जानकारी ली और तत्पश्चात् मुझे कुछ न कहकर मेरे निवास पर परिवार के भरण-पोषण के लिए आवश्यक धनराशि भिजवाई। यह बात अलग है कि उसके पश्चात् संगठन के सहयोगी कार्यकर्ता पूरे 4 वर्ष की अवधि तक परिवार की व्यवस्था के लिए धनराशि भेजते रहे, जो बाद में वेतन मिलने पर मैंने उन्हें वापस लौटाई। यह भी एक अनोखा अनुभव मेरे जीवन का रहा कि संगठन के अधिकारी अपने कार्यकर्ताओं के व्यक्तिगत जीवन के संबंध में भी आवश्यकता पड़ने पर सहृदयता और आत्मीयता के साथ चिंता कर व्यवस्था करते हैं।

उपर्युक्त उदाहरण मैंने इस दृष्टि से दिए हैं कि संघ के कार्य का वैशिष्ट्य और सोहन सिंहजी जैसे अधिकारियों की चिंता के कारण कार्यकर्ताओं का मनोबल स्वाभाविक रूप से बढ़ता है। सोहन सिंहजी एक पारदर्शी व्यक्तित्व के धनी थे और प्रत्येक कार्यक्रम के लिए बारीकियों के साथ योजना बनाना, कठोरता से उसको लागू करने और नियंत्रित करने के अभ्यासी थे। संगठन के प्रति निष्ठा, अनुशासन की कठोरता और अपने जीवन में आदर्शवाद को जीवनपर्यंत निर्वाह करनेवाले व्यक्तित्व थे सोहन सिंहजी।

(पूर्व कुलपति, महर्षि दयानंद सरस्वती विश्वविद्यालय, अजमेर)

❑

उद्दाम साहस के धनी

—बैकुंठलाल शर्मा 'प्रेम'

माननीय सोहन सिंहजी का एक खास गुण यह था कि वे हर काम पूर्णता की हद तक करने के अभ्यस्त थे। उन्होंने जीवन में जो भी काम हाथ में लिया, उसे पूरी मेहनत और लगन के साथ पूरा किया। उनके साथ जो काम करता, उससे भी वे ऐसी ही अपेक्षा करते थे। कार्यकर्ताओं की परख करने की उनकी क्षमता भी अद्भुत थी। वे अपने सहयोगियों का चयन करते समय यह ध्यान में रखते थे कि किसमें कितनी क्षमता और लगन है। उसी के अनुसार वे उसे काम सौंपते। दिल्ली के पीरागढ़ी क्षेत्र में शरद शिविर का आयोजन था। उन दिनों वहाँ एक विशाल मैदान हुआ करता था। कार्यकर्ता शिविर उसी मैदान में आयोजित किया जाना था। शिविर की तैयारियों के दौरान सोहन सिंहजी ने लोहे का एक भारी गार्डर उठा लिया। क्षमता से अधिक भारी वजन उठाने का नतीजा यह हुआ कि वे अभी कुछ कदम ही बढ़ा पाए होंगे कि उन्हें खून की उल्टी हो गई। मैं भी वहीं मौके पर मौजूद था। यह देखकर मैं भागकर उनके निकट पहुँचा और उन्हें टोका कि वे यह क्या कर रहे हैं? सोहन सिंहजी का जवाब था, 'मैं भी तो एक कार्यकर्ता हूँ।' डॉक्टर के पास चलने के लिए कहा तो उनका जवाब था, 'संघ-स्थान छोड़कर नहीं जाऊँगा। कमांडर को हर हाल में मैदान में ही डटे रहना चाहिए।' अंत में वहीं डॉक्टर को बुलाकर उपचार की व्यवस्था की गई।

सोहन सिंहजी का मूल नाम सोहन लाल था। वे यादव परिवार से संबंधित और उत्तर प्रदेश के बुलंदशहर के निवासी थे। एक दिन उनके बड़े भाई बहुत बीमार हो गए और इलाज के लिए दिल्ली लाए गए। मैंने इसकी जानकारी तत्कालीन क्षेत्रीय प्रचारक माननीय माधवरावजी मूले को दी। उन्होंने मुझसे कहा कि आप ही इलाज की व्यवस्था करवा दें। गोल मार्केट स्थित एक नर्सिंग होम में उनका इलाज तो हो गया, लेकिन फीस देने के लिए 800 रुपए न तो मेरे पास थे और न ही सोहन सिंहजी के पास। मूलेजी को स्थिति की जानकारी मिली तो उन्होंने पैसे भिजवाए; परंतु वह धन गुरुदक्षिणा से लिया

गया था। सोहन सिंहजी ने वह धन स्वीकार करने से इनकार कर दिया। बाद में अन्यत्र से व्यवस्था कर नर्सिंग होम के बिल का भुगतान हुआ।

सोहन सिंहजी कार्यकर्ताओं की क्षमता का अनुमान लगाने में भी माहिर थे। वे इसी हिसाब से कार्यकर्ताओं को जिम्मेदारी सौंपते थे और कुछेक को उन्होंने इसी हिसाब से अन्य प्रांतों की भी जिम्मेदारी दी। मुझे भी उन्होंने संघ की ओर से भारतीय मजदूर संघ की जिम्मेदारी दी और बाद में लोकसभा का टिकट दिलवाने में भी उनकी भूमिका मुख्य थी। देश में सन् 1968 में रेलवे की बहुत बड़ी हड़ताल हुई थी। भारतीय मजदूर संघ ने पहली बार ऐसी किसी मजदूर हड़ताल में भागीदारी की थी। इस हड़ताल में सम्मिलित होने के कारण मुझे भी निलंबित कर दिया गया था। इस दौरान घर में खाने-पीने के भी लाले पड़ने लगे तो सोहन सिंहजी ने संघ के एक संस्थान के माध्यम से मुझे 10 हजार रुपए मासिक देने के लिए कहा। उस संस्थान से कोई प्रबंध नहीं हो सका। उन्होंने अन्यत्र से यह व्यवस्था करवाई। मेरी पत्नी की शिक्षा को देखते हुए उन्होंने उनके लिए अध्यापिका की नौकरी का बंदोबस्त करवाया, ताकि घर का खर्च चल सके। बाद में सरकार ने हड़ताल में सक्रियता के कारण मेरा तबादला कर दिया। सोहन सिंहजी ने दिल्ली सरकार से बात कर मेरा तबादला दिल्ली ही करवा दिया, ताकि पत्नी की नौकरी बची रहे।

(पूर्व लोकसभा सदस्य)

❑

जीवंत करुणामय व्यवहार

—डॉ. दीपक शुक्ला

सन् 1973 में मैं संघ के प्रथम वर्ष शिक्षण हेतु राजस्थान के शाहपुरा में संघ शिक्षा वर्ग में गया था। उसी दौरान परम पूजनीय श्रीगुरुजी का देहांत हो गया। मुझे श्रीगुरुजी की व्यवस्था में रहने का सौभाग्य भी प्राप्त हुआ था। श्रीगुरुजी के देहावसान का समाचार मेरे ऊपर वज्राघात जैसा था। वर्ग में शोकसभा के दौरान और उसके पश्चात् मैं लगातार रोता रहा और मैंने भोजन भी नहीं किया। सायंकाल सोहन सिंहजी ने मेरे कक्ष में आकर मेरे पास बैठकर मुझे स्नेहपूर्वक सांत्वना दी तथा मुझे उठाकर अपने साथ भोजन के लिए ले गए और मेरे साथ बैठकर ही भोजन किया। उनका यह करुणामय व्यवहार मेरे लिए सदैव जीवंत हो उठता है।

सन् 1973 के शाहपुरा के संघ शिक्षा वर्ग में ही मुझे तेज बुखार हुआ और मुझे वर्ग के चिकित्सालय में भरती होना पड़ा। भरती होने के दूसरे दिन मुझे तेज बुखार था और सिरदर्द के साथ अत्यधिक शारीरिक कष्ट भी था। उस दिन सोहन सिंहजी लगभग 1 घंटे तक मेरे पास बैठे। मेरे माथे पर एवं शरीर पर ठंडे पानी की पट्टियाँ भी रखीं और स्नेहपूर्वक मुझे धैर्य एवं शांति प्रदान करते रहे। कष्ट के समय उनका यह आत्मीयता एवं करुणापूर्ण संबल मेरे जीवन का अविस्मरणीय अनुभव है। सन् 1975 में मैं संघ का तृतीय वर्ष का शिक्षण पूर्ण करके वापस जयपुर आया। मैंने 5 वर्ष का समय प्रचारक के लिए देने के निश्चय का सोहन सिंहजी से निवेदन किया। संयोग से 26 जून, 1975 को देश में आपातकाल की घोषणा हो गई और 29 जून, 1975 को संघ पर प्रतिबंध लगा दिया गया। सभी प्रमुख कार्यकर्ताओं को भूमिगत होना पड़ा। जयपुर महानगर के प्रचारक माननीय हस्तीमलजी एवं जयपुर के विभाग प्रचारक सोहन सिंहजी को प्रतिबंध के कुछ दिनों बाद पुलिस ने गिरफ्तार करके जेल भेज दिया। मुझको भूमिगत रहकर जयपुर महानगर का कार्य सँभालने का आदेश दिया गया। उस समय संघ की योजना से आपातकाल के विरोध में एवं संघ से प्रतिबंध उठाने के लिए देश भर में आंदोलन करने की योजना बनाई गई।

जयपुर महानगर में माननीय धनप्रकाशजी के मार्गदर्शन में मैंने कुछ चुने हुए बंधुओं की टोली के साथ भिन्न-भिन्न स्थानों पर सत्याग्रह के कार्यक्रम किए। सत्याग्रह के कारण भारी संख्या में स्वयंसेवक जेल में पहुँचे। वहाँ पहले से ही उपस्थित सोहन सिंहजी का संरक्षण एवं मार्गदर्शन सभी कार्यकर्ताओं को मिला। अपने स्वास्थ्य की चिंता नहीं करते हुए सोहन सिंहजी जेल में आए हुए सभी स्वयंसेवकों एवं अन्य संगठनों के कार्यकर्ताओं की सँभाल एवं व्यक्तिगत संपर्क द्वारा उनमें श्रेष्ठभाव जाग्रत् रखने का कार्य सतत करते रहे। प्रत्येक रविवार को सायंकाल 4-5 बजे जेल में बंद स्वयंसेवकों से परिवारवालों को मिलने की अनुमति थी। मैं भी उस सुविधा का लाभ उठाकर सोहन सिंहजी से मिलने जाता था। उस मुलाकात में वे मुझसे बाहर हो रहे सत्याग्रह कार्यक्रमों की जानकारी भी लेते थे। अपेक्षित कार्यकर्ताओं में से किसको सत्याग्रह का आग्रह नहीं करना, यह भी विषय रहता था। ऐसा सोहन सिंहजी की सभी स्वयंसेवकों के विषय में गहरी समझ एवं उनकी पारिवारिक पृष्ठभूमि की विस्तृत जानकारी के कारण संभव था। सोहन सिंहजी का मार्गदर्शन तथा सत्याग्रह करके जेल में गए सभी स्वयंसेवक बंधुओं को संस्कारित करने में उनका अथक परिश्रम, आपातकाल जैसे संकट के समय में भी अत्यंत प्रेरणा एवं आनंद की अनुभूति देनेवाला प्रसंग रहा।

सन् 1977 में संघ से प्रतिबंध उठने के बाद देश भर में परम पूजनीय सरसंघचालकजी का अभूतपूर्व स्वागत हुआ। जयपुर में भी अनेक विशाल कार्यक्रमों की रचना हुई। इन सभी कार्यक्रमों में व्यवस्था, अनुशासन, सुरक्षा एवं संस्कार की दृष्टि से सोहन सिंहजी द्वारा निर्दिष्ट योजनाओं को कुशलतापूर्वक कार्यान्वित करने का सौभाग्य प्राप्त हुआ। यह सब करते समय सोहन सिंहजी की गहरी सूझ-बूझ, योजकता, दूरदर्शिता, संगठन-कुशलता एवं आवश्यक सभी व्यवस्थाओं में अभूतपूर्व तालमेल जैसी प्रेरणादायक एवं ज्ञानवर्धक जानकारी प्राप्त करने का सौभाग्य मिला।

दैनंदिन संघ का कार्य करते समय सोहन सिंहजी का यह सुझाव रहता था कि ग्रामीण क्षेत्रों से आए हुए एवं अभावग्रस्त परिवारों से संपर्क में आए नए बंधुओं पर विशेष ध्यान देना चाहिए। इस पृष्ठभूमि के बंधु कर्मठ एवं निष्ठावान कार्यकर्ता बन सकते हैं। सोहन सिंहजी की इस सलाह एवं दूरदृष्टि का परिणाम कुछ ही वर्षों में हमने अनुभव किया।

(निदेशक, पुष्पावती सिंघानिया चिकित्सालय एवं शोध संस्थान, नई दिल्ली)

❑

न भूतो न भविष्यति

—जयभगवान् चौहान

वर्ष 1968, शीत शिविर आयोजन का संकल्प।

स्थान का चयन पीरागढ़ी। झाड़-झंखाड़ व काँटेदार झाड़ियों से लदा जंगल जैसा क्षेत्र। गाँव के लोग हँसते थे कि यहाँ शिविर लगेगा, यह संभव नहीं है; परंतु संकल्प के धनी, व्यवस्था-कौशल्य में पारंगत माननीय सोहन सिंहजी के लिए यह सब सहज था। व्यवस्था और स्वयंसेवकों के अथक परिश्रम से मैदान साफ कर लिया गया।

एक दिन अचानक फोन की घंटी बजी। फोन उठाया तो आवाज आई, 'मैं सोहन सिंह बोल रहा हूँ। शीघ्र झंडेवाला आ जाओ।' झंडेवाला पहुँचकर उनके कमरे में प्रवेश करके उन्हें अभिवादन किया। कहने लगे, 'बैठो और ध्यान से सुनो। एक बड़ी योजना को साकार करना है।' एक बड़ा सा कागज मेरी ओर सरकाया और कहा कि 'यह है वह बड़ी योजना। इसको सावधानी से पढ़ो। इसमें कुछ सुधार की आवश्यकता है या कोई सुझाव देना है तो तैयार करो। मैं आधे घंटे में वापस आ रहा हूँ। इसके बाद इस पर विस्तार से चर्चा करेंगे।'

उनके जाने के बाद मैंने वह मानचित्र देखा, जिसमें पीरागढ़ी में लगनेवाले तीन दिवसीय शीत शिविर की योजना थी। वह मानचित्र कई भागों में विभाजित था—(1) विशाल मंच। (2) शारीरिक कार्यक्रम के लिए बड़ा मैदान, जहाँ कई हजार स्वयंसेवक एक साथ शारीरिक क्रिया कर सकें। (3) सुरक्षा के लिए ऊँची-ऊँची बुर्जियाँ। (4) वाहन खड़े करने के लिए पर्याप्त स्थान। (5) आठ मुख्य प्रवेश द्वार (प्रत्येक द्वार पर किसी महापुरुष का बड़ा सा चित्र और उनके नाम पर ही द्वार का नाम)। (6) द्वार के रंग के अनुसार ही उसी रंग के स्वयंसेवकों के प्रवेश पत्र। (7) भोजनालय (सभी विभागों के अपने-अपने भोजनालय थे, विभागानुसार ही सारी व्यवस्थाएँ थीं)। (8) बैठकों के लिए अलग-अलग स्थान। (9) हर स्थान पर मोटे-मोटे अक्षरों में शिविर गीत। युगों-युगों से यही हमारी बनी हुई परिपाटी है। खून दिया है, मगर नहीं दी कभी देश की माटी है। (10) प.पू. श्रीगुरुजी का आवास, उसकी अभेद्य सुरक्षा के लिए

बुर्जियों पर खड़े स्वयंसेवक सबकुछ दूर से ही देख सकें, ऐसी व्यवस्था। (11) कार्यालय के लिए प्रयुक्त सामग्री। (12) स्नानादि, लघुशंका, शौचालयों इत्यादि के लिए योग्य व्यवस्था। (13) सर्वाधिकारी कक्ष। (14) सुरक्षा विभाग। (15) प्रकाश व्यवस्था, साथ ही सुंदर माइक की व्यवस्था। (16) रेखांकन, प्रत्येक विभाग रेखांकन द्वारा चित्रित। (17) कई हजार स्वयंसेवकों के ठहरने के लिए आवास व्यवस्था।

सारी योजना देखकर लगा कि भारत में लगनेवाले शिविरों में यह अनोखा और विशाल शिविर होगा। इसके अतिरिक्त स्वयंसेवकों को इतिहास की जानकारी मिले, धर्म के आधार पर विश्व की जनसंख्या का अंकन।

(1) हिंदू देश (केसरिया); (2) मुसलिम देश (हरा रंग); (3) ईसाई देश (नीला रंग); (4) बौद्ध देश (गुलाबी रंग)। इन सबके मध्य भारत का स्थान। भारत के धार्मिक स्थान और उनका सांस्कृतिक महत्त्व, भारत पर आक्रमण कब और किस मार्ग से हुआ। मैंने स्वाभाविक रूप से पूछा कि हारने के बारे में क्या लिखें, तो तुरंत बोले, 'हम हारे नहीं, हमने संघर्ष किया।' भारतीय पर्व और उनका महत्त्व।

उक्त सारी योजना के संबंध में 8'×8' के चित्र बनाकर संघ-स्थान पर योग्य प्रकार से लगा दिए गए। चित्र सब स्वयंसेवक ठीक प्रकार से देख सकें, ऐसी व्यवस्था की गई थी।

कार्यक्रम आरंभ होने से पूर्व अर्द्धरात्रि को निरीक्षण के लिए निकले। साथ में मैं और सदानंदजी दोनों थे। शिविर में लगी सारी लाइटें जला दी गईं। सारा शिविर जगमगा उठा उसकी झिलमिलाहट आकाश तक पहुँच रही थी। उस विहंगम छटा को देखकर माननीय सोहन सिंहजी खिलखिलाकर अट्टहास करने लगे। कैसी आनंद की अनुभूति थी वह। रात्रि की नीरवता को चीरनेवाली थी वह हँसी। मैं और सदानंदजी सोहन सिंहजी की दशा को देखकर एकदम स्तब्ध, क्योंकि बुखार तो उनको पहले से ही था। किंतु सहसा ही अट्टहास रोक वे गंभीर हो गए और हमारी तरफ देखकर पूछा, 'कैसा लग रहा है यह दृश्य?' हम लोग एकदम आश्चर्यचकित होकर बोले, 'विहंगम।' और फिर हम सब आवास में चले गए।

कार्यक्रम आरंभ होने से चार दिन पहले माननीय माधवरावजी मूले वहाँ आए और सारी व्यवस्थाओं को देखकर बहुत संतुष्ट थे। हम सब माधवरावजी के साथ झंडेवाला कार्यालय आ गए। मैंने माधवरावजी से कहा कि 'सोहन सिंहजी को कल से बुखार है।' प्रत्युत्तर में सोहन सिंहजी ने कहा कि 'जो बता रहा है, उसे परसों से बुखार है।' माननीय माधवरावजी ने कहा कि अब तुम दोनों यहीं विश्राम करो। इस पर सोहन सिंहजी ने कहा, 'यदि हम दोनों ने विश्राम किया तो सब गड़बड़ हो जाएगा।'

मैं 15 दिन से झंडेवाला ही था, क्योंकि मानचित्र इत्यादि वहीं बना रहा था। सोहन

सिंहजी तो अपने स्वप्न को साकार करने की व्यवस्था में कई महीनों से लगे हुए थे। कार्य को पूर्णता तक ले जाना ही उनका स्वभाव था और उस समय वे अपने सारे कष्ट भूल जाते थे। शिविर इतना विशाल कि उसके निरीक्षण के लिए मोटर साइकिल इत्यादि का प्रयोग करना पड़ता था।

कार्यक्रम आरंभ हुआ मुख्य शिक्षक थे माननीय अश्विनीजी, जिनकी कड़क आवाज से संघ-स्थान गूँज उठता था। प.पू. श्रीगुरुजी तीनों दिन शिविर में रहे। सभी स्वयंसेवकों को उनका मार्गदर्शन मिला। श्रीगुरुजी ने उस शिविर के संबंध में कहा, 'न भूतो न भविष्यति।' बीमारी के कारण मुझे शिविर में रहने का सौभाग्य प्राप्त नहीं रहा, किंतु सोहन सिंहजी के साथ विजयजी शाहदरा व्यवस्था में लगे और उन्होंने बताया कि श्रीगुरुजी ने माधवरावजी को कहा, 'सोहन सिंह को तुरंत एक माह का विश्राम दो, अन्यथा वे बीमार हो जाएँगे।'

शिविर के लिए उस समय एक वाक्य प्रचलित हुआ—'वर्ष 1968, आठ रुपया शुल्क, 8 नगर और 8,000 संख्या। यह था सोहन सिंहजी के स्वप्न का साकार रूप।'

72 वर्षों का सान्निध्य

मुझे माननीय सोहन सिंहजी का 72 वर्षों तक सान्निध्य मिला। करनाल (हरियाणा) में जूँडला गेट के बाहर एक पाठशाला है, वहीं सन् 1939 से शाखा प्रारंभ हुई। सन् 1942 में रुई के कारखाने में शाखा लगने लगी। हम सब भी उसी सायंकाल शाखा में जाने लगे। 1943 में सोहन सिंहजी प्रचारक के नाते करनाल आए। मेरा परिचय तब से लेकर अंत तक रहा, अर्थात् जुलाई 1943 से 1915 तक।

सोहन सिंहजी सन् 1943 में करनाल आए तो करनाल की शाखा बहुत अच्छी स्थिति में नहीं थी, इसलिए यह स्वाभाविक भी था कि गुरुदक्षिणा बहुत अच्छी नहीं होती। उस समय गुरुदक्षिणा लिफाफों में नाम लिखकर नहीं होती थी, अपितु एक थाली रख दी जाती और दूसरी थाली में फूल। उसमें पैसे, आने, चवन्नी, अठन्नी और रुपए होते थे। बहुत प्रयास करने पर गुरुदक्षिणा 46 रुपए हुई। उस समय सोहन सिंहजी ने प्रांत प्रचारक माननीय बसंतरावजी ओक को लिखा कि गुरुदक्षिणा 46 रुपए हुई है। उत्तर आया कि 'इसी में गुजारा करना है।' परिणामस्वरूप उन्होंने 7 दिन भोजन नहीं किया। परंतु संघ-कार्य में उनकी भूख कोई बाधा नहीं बनी। वे संघ-स्थान पर गिर पड़े और बेहोश हो गए। उनको उठाकर कमरे में ले गए। डॉक्टर को बुलाया गया। डॉक्टर ने उनसे पूछा कि क्या-क्या खाया? तब पता लगा कि सोहन सिंहजी ने सात दिन तक कुछ भी नहीं खाया। डॉक्टर के कहने पर उनको दवाई और खाना दिया गया। अगले दिन लाला सीतारामजी उनको अपने घर ले गए और धर्मपत्नी से कहा कि आज के बाद

सोहन सिंहजी यहीं भोजन करेंगे। सीतारामजी नगर संघचालक थे।

पानीपत करनाल से 22 मील दूर है। वहाँ एक कार्यक्रम में जाना था, लेकिन जाने के लिए किराया नहीं था। इसलिए सोहन सिंहजी करनाल से पैदल ही चल पड़े और समय पर कार्यक्रम में भाग लिया। एक बार फूँसगढ़ (गाँव) करनाल में कार्यक्रम रखा गया। सभी स्वयंसेवक पैदल ही जा रहे थे। रात का समय था। रास्ते में कुछ घने वृक्ष भी थे। अचानक वृक्षों से कूदकर कुछ लोगों ने हम पर हमला कर दिया। एक समय तो हम सभी उस हमले से चौंक गए। लेकिन कुछ देर बाद हम सँभले और प्रत्युत्तर के लिए आक्रामक हो गए। सोहन सिंहजी ने बाद में बताया कि कुछ स्वयंसेवकों को उन्होंने ही वृक्षों पर आक्रमण के लिए बैठाया था, ताकि अचानक विपरीत परिस्थिति में कैसे काम करना चाहिए, यह सीख लो।

होली से अगले दिन फाग अर्थात् रंग डालने का उत्सव होता है। उसी दिन करनाल शाखा के स्वयंसेवक भी होली मिलन का कार्यक्रम मना रहे थे। सोहन सिंहजी भी उनके साथ थे। उसी समय एक स्वयंसेवक ने सोहन सिंहजी को सूचना दी कि कुछ गुंडों ने श्रवणजी (मुख्य शिक्षक) की पिटाई कर दी। उन्होंने शांति से सुना और कार्यक्रम चलता रहा। स्वयंसेवकों में हड़कंप न फैले, इस कारण वे चुपचाप चलते रहे। यह उनके सफल नेतृत्व की एक झलक थी। हम सब भी हैरान थे। कार्यक्रम करनाल आर्य समाज कार्यालय के सामने समाप्त हुआ। सभी स्वयंसेवक बैठे थे। उन्होंने मुझे उठने का संकेत दिया और आदेश दिया कि तुम्हें जितने स्वयंसेवक चाहिए, उनको संकेत करो और अपने साथ ले जाओ और उन गुंडों को ठीक से समझा दो। फिर हमने गुंडों को सबक सिखाया कि समाज में सभ्य बनकर रहो।

सन् 1953 में सोहन सिंहजी करनाल जिला प्रचारक बने। उस समय कार्यालय में एक बाई खाना बनाने के लिए रखी हुई थी। सोहन सिंहजी ने मुझे बुलाया और कहा कि 'इसका हिसाब करके इसकी छुट्टी कर दो।' इस पर मैंने पूछा, 'आप भोजन कहाँ करेंगे?' उन्होंने कहा, 'क्या यहाँ स्वयंसेवकों के घर नहीं हैं? संघ का कितना धन बचेगा, सोचा है कभी।' जिन स्वयंसेवकों के घर भोजन करेंगे, उनसे और उनके परिवारों से आत्मीयता बढ़ेगी, ऐसा उनका सोच था। फिर आत्मीयता और संबंध संगठन को सशक्त करेंगे।

मैं सन् 1953 में वैरागी शाखा का मुख्य शिक्षक था। कार्यालय मेरे क्षेत्र में ही था। कार्यालय रास्ते में होने के कारण मैं अकसर वहाँ जाता रहता था। एक दिन शाखा के बाद मैं कार्यालय गया। सोहन सिंहजी भोजन करने के बाद कमरे में टहल रहे थे। मैंने उनसे नमस्कार किया और उनके सामने खड़ा रहा। उनसे कहा, 'मैं आपसे एक प्रश्न पूछूँ।' सोहन सिंहजी ने कहा, 'हाँ, पूछो।' मैंने कहा कि 'अभी तो आप जवान हैं;

लेकिन जब आप वृद्ध हो जाएँगे तो संघ पर बोझ नहीं बन जाएँगे?' यह प्रश्न अप्रासंगिक, बेतुका और मूर्खतापूर्ण था, यह मुझे बाद में अनुभव हुआ। लेकिन प्रश्न सु .कर सोहन सिंहजी का चेहरा गंभीर और वेदनामय हो गया। उन्होंने कहा, 'भामाशाह की कहानी सुनी है?' मैंने 'हाँ' में उत्तर दिया। उनका प्रश्न था, 'कहाँ तक?' मैंने कहा, 'भामाशाह ने अपनी सारी धन-संपत्ति महाराणा प्रताप को सौंप दी थी।' सोहन सिंहजी ने कहा कि 'आगे मैं सुनाता हूँ। भामाशाह अपनी सारी धन-संपत्ति दान कर जंगल की ओर चल पड़े। मार्ग में उन्हें दो-तीन राहगीर मिले। उन्होंने पूछा, 'भामाशाह जंगल की ओर कहाँ जा रहे हैं?' भामाशाह ने कहा, 'आत्महत्या करने।' राहगीर भौचक्के रह गए। इतना त्याग और आत्महत्या। वे सोचने लगे और पूछा, 'क्यों?' भामाशाह ने कहा, 'जिन महाराणा का सिर आज तक किसी के सामने नहीं झुका, कहीं मेरे अहसान के सामने न झुक जाए!' इन शब्दों के साथ उन्होंने अपनी वाणी को विराम दिया और मेरी ओर प्रश्नात्मक दृष्टि से देखा और कहा, 'समझे।' उनकी आँखों और चेहरे से संतोष की झलक दिखाई दे रही थी और मेरी आँखें नम हो गईं। उन्होंने मेरे कंधे पर हाथ रखा और मैं मानो निष्प्राण-सा उनके सामने खड़ा था। मैंने उनको नमस्कार किया और भारी कन से घर चला आया।

जब वे अंबाला में प्रचारक थे, तब कार्यालय अनाज मंडी में था। वे कार्यालय में बैठे थे। तभी एक स्वयंसेवक दौड़ता हुआ आया और सोहन सिंहजी से कहने लगा, 'पल्लेदारों ने दुकानें लूटनी शुरू कर दी हैं।' सोहन सिंहजी ने देखा, पल्लेदार दुकानें लूट रहे थे। उन्होंने दंड उठाया और उनको रोका। तभी 10-15 पल्लेदारों ने उन पर आक्रमण कर दिया। फिर क्या था! सोहन सिंहजी ने थोड़ी ही देर में उनको परास्त कर दिया। कुछ तो जमीन पर पड़े थे और कुछ भाग गए। अन्याय सहन करना उनके स्वभाव में नहीं था। कायरता से उन्हें घृणा थी।

एक बार वे दिल्ली देवनगर शाखा पर आए। मैं भी उसी शाखा पर जाता था। शाखा के पश्चात् प्रेमजी के घर अल्पाहार था। मैं, सोहन सिंहजी और प्रेमजी—हम तीनों प्रेमजी के घर पहुँचे। कुरसियों पर बैठे तो देखा कि मेज पर कई प्रकार की मिठाइयाँ और फल रखे थे। सोहन सिंहजी ने प्रेमजी से प्रश्न किया, 'आप हर रोज यही अल्पाहार करते हैं?' प्रेमजी ने उत्तर में कहा, 'नहीं।' सोहन सिंहजी ने कहा, 'नहीं, तो उठाओ यह सब।' फिर खड़े हुए और रसोई के दरवाजे पर माताजी को प्रणाम किया और कहा, 'माताजी, जो आप अल्पाहार में देती हैं, वही हमें दीजिए।' माताजी ने वही अल्पाहार बनाया और हम सभी को खिलाया। सादगी एवं सरलता उनके जीवन का आदर्श था। वह हमने उनसे सीखा।

दिल्ली में शीत शिविर लगा था। लगभग 400 स्वयंसेवक उसमें भाग ले रहे थे।

अश्विनीजी (शारीरिक प्रमुख) मुख्य शिक्षक थे। सब स्वयंसेवक पंक्तियों में बैठे थे, परंतु शोर हो रहा था। अश्विनीजी विसल बजाए जा रहे थे। आज्ञा दे रहे थे तो भी शोर कम नहीं हो रहा था। पीछे सोहन सिंहजी खड़े थे। वे सारा दृश्य देख रहे थे। उन्होंने पीछे से आगे की ओर धीरे-धीरे बढ़ना शुरू किया। वे ज्यों-ज्यों आगे बढ़ रहे थे, शोर कम होता जा रहा था। जो स्वयंसेवक उनकी पीठ देखता जा रहा था, वह शांत होता जा रहा था। वे अश्विनीजी के पास पहुँचे। फिर सोहन सिंहजी ने अर्धवृत्त किया और आराम की स्थिति में आए। सारा वातावरण शांत था। उन्होंने कहा, 'जब यह विसल बजती है, इसका कुछ अर्थ होता है।' इतना कहकर वे वहाँ से हट गए। तभी एक स्वयंसेवक कहने लगा, 'यह सोहन सिंहजी नहीं, उनकी तपस्या और साधना बोल रही है।'

जब उनके पैरों में दर्द रहने लगा तो मैंने उनसे मालिश करने की अनुमति ले ली। मैं हर रोज जाता और उनकी मालिश करता। उनको आराम भी मिलता। मैंने एक विशेष तेल भी बनाया था। तभी उन्होंने मेरा नाम 'डॉक्टर जय भगवान' रख दिया। मालिश करते-करते जब 15 दिन हो गए और मैं जाने लगा तो उन्होंने मुझे बुलाया और पूछा, 'तुम्हें यहाँ आने में कितना समय लगता है?' मैंने उत्तर दिया, '1 घंटा 30 मिनट।' वे बोले, 'तो तुम्हें आने-जाने और मालिश करने में लगभग 3 घंटा 40 मिनट लग जाते हैं। सुनो, कल से तुम मालिश करने नहीं आना। यह सारा समय संगठन को दो। मुझे सुखभोगी मत बनाओ।' मैंने कहा कि मेरे पास बहुत समय है सोहन सिंहजी। परंतु वे नहीं माने। बोले कि 'व्यक्तिगत जीवन-सुविधा से संगठन महत्त्वपूर्ण है।'

हिंदू मंच के कार्यकर्ताओं का दो दिन का शिविर था। मेरे पास प्रांत अध्यक्ष की जिम्मेदारी थी। मुझे बुलाया और पूछने लगे कि तैयारी हो गई? मैंने 'हाँ' में उत्तर दिया। सोहन सिंहजी हँसकर बोले कि बिस्तर वगैरह सब लगवा दिए। मैंने कहा—लग जाएँगे। उसके तुरंत बाद गंभीर हो गए। बोले, 'तुम्हें अक्ल कब आएगी? कार्यकर्ताओं को सुविधाभोगी बना रहे हो। वे हिंदू मंच के कार्यकर्ता हैं। उनको कहो कि बिस्तर घर से लेकर आएँ।'

9 नवंबर, 1978 को मैं अमेरिका के न्यूयॉर्क शहर में चला गया। सन् 1979 में वहाँ एक कैंप लगा था, उसका मैं मुख्य शिक्षक था। उस कैंप में माननीय दत्तोपंतजी ठेंगड़ी आए थे। उस समय सोहन सिंहजी ने मुझे एक पत्र भी दिया था। माननीय भाऊरावजी भी आए थे। अमेरिका के लोग चाहते थे कि मैं वहीं काम करूँ। सोहन सिंहजी की इच्छा थी कि मैं भारत आकर संगठन का काम करूँ। सन् 1999 में मैंने उनको फोन किया कि यहाँ के कार्यकर्ता चाहते हैं कि मैं अमेरिका में काम करूँ। सोहन सिंहजी के शब्द थे, 'पाँव के नीचे से जमीन खिसकती जा रही है, तुम्हें विदेश की सूझी है! वापस आओ।' उनके ये तीन छोटे से वाक्य मेरे लिए आदेश थे। वहाँ के लोगों और

स्वयंसेवकों ने मुझे रोकने की बहुत कोशिश की। न्यूयॉर्क शाखा, कैंप, संपर्क और उत्सव आदि मनाने का उत्तरदायित्व सभी मेरे पास था। मेरा सबको एक ही उत्तर था—मैं उनकी आज्ञा नहीं टाल सकता। मुझे भारत ही जाना है।

मैं सन् 1999 में भारत आ गया। झंडेवाला पहुँचा तो वे बरामदे में खड़े थे। मैंने नमस्कार किया। उनका पहला प्रश्न था, 'अब तो नहीं जाएगा विदेश?' मेरा उत्तर था, 'नहीं।' वे बोले, 'मैंने तुम्हें संघ के काम के लिए बुलाया था; परंतु प्रेम गोयलजी, रमेश प्रकाशजी और कीरतजी ने तुम्हें हिंदू मंच में लेने का विचार बनाया है।' मैंने कहा, 'मैं इनकार कर देता हूँ।' उन्होंने कहा कि जो निर्णय हो चुका है, वही अंतिम है। वे अनुशासित और सकारात्मक सोचवाले व्यक्ति थे। संगठन की इच्छा व्यक्तिगत इच्छा से महत्त्वपूर्ण है, ऐसा मुझे उस दिन लगा।

(पूर्व प्रांतीय अध्यक्ष, हिंदू मंच, दिल्ली)

❑

शाखा से लेकर घर तक

—डॉ. हेमेंद्र कुमार राजपूत

माननीय सोहन सिंहजी का सान्निध्य मुझे उनके उत्तर-पश्चिम क्षेत्र के सह क्षेत्रीय प्रचारक और क्षेत्रीय प्रचारक रहने के दौरान विशेष रूप से मिला। मैं उन दिनों दिल्ली प्रांत के पूर्व विभाग का सायं कार्यवाह था। वे बैठकों में अकसर जोर देकर बोलते थे, 'अपने स्वयंसेवक पर विश्वास करें और उसकी कुव्वत देखें। उसे अपनी बुद्धि और विवेक का उपयोग करने दें। बैसाखी का सहारा मत दीजिए, परंतु उस पर ध्यान रखिए और सँभाल रखिए।' वे अधिकतर परम पूजनीय डॉक्टर साहब का उल्लेख करते थे। डॉक्टर साहब के स्वप्न को साकार करना है। उसके लिए नियमित शाखा और साथ ही शाखा व्यवस्थित हो। जब शाखा व्यवस्थित हो जाए, तब उसे प्रभावी शाखा बनाओ। शाखा का प्रभाव बस्ती और समाज में दिखाई देना चाहिए। वे कार्यकर्ताओं को विषय से भटकने नहीं देते थे। मुख्य शिक्षकों की बैठक में उनका मुख्य शिक्षकों से पहला प्रश्न होता था कि किन-किनकी शाखा में गट पद्धति व्यवस्था है? फिर प्रश्नों के माध्यम से ही गट पद्धति की महत्ता का विषय स्वयंसेवकों से ही पूछ-पूछकर पूर्ण करते थे।

जब उनका प्रवास दिल्ली के पूर्वी विभाग में होता तो प्राय: मैं उनके साथ होता था और संघ कार्यालय से संघ-स्थान तक जाते और लौटते समय गाड़ी में मैं उनसे परम पूजनीय श्रीगुरुजी के प्रसंग सुनता था। मेरा आग्रह-निवेदन देखकर वे सुनाते भी थे। एक बार उन्होंने बताया कि रोहतक (हरियाणा) के संघ शिक्षा वर्ग में श्रीगुरुजी प्रवास पर थे। शाखा के समय भारी वर्षा हुई। घुटनों तक पानी भर गया। फिर भी गुरुजी वहाँ उपस्थित रहे और शारीरिक कार्यक्रम भलीभाँति होते रहे। मैं गुरुजी के पास ही था। गण शिक्षकों को पद विन्यास की बारीकी भी समझाई। श्रीगुरुजी की ऐसी दृढता और संघ-स्थान की कठोरता का हमारे मन पर बड़ा प्रभाव पड़ा। दूसरा प्रसंग उन्होंने स्वयं का सुनाया। सोहन सिंहजी ने बताया कि 'हरियाणा में मैं जब तहसील प्रचारक था, तब प्राथमिक शिक्षा वर्ग के लिए तैयारी चल रही थी। तहसील कार्यवाह अचानक बीमार

पड़ गए। उन्होंने मुझे तहसील से वर्ग में जानेवाले 10 स्वयंसेवकों की सूची दी। कार्यवाहजी ने बताया कि इनमें से 7 पक्के हैं। मैं नया-नया प्रचारक था। वर्ग शुरू होने में तीन दिन का समय था। साइकिल से सबके पास गया। तहसील का क्षेत्र भी बड़ा था और जिनके पास जाता, कोई-न-कोई बहाना बनाकर स्वयंसेवक मना कर देते। एक दिन शेष रह गया। उधर, वर्षा होने लगी। वर्षा में भीगता हुआ एक नहर के किनारे-किनारे चल पड़ा। उस स्वयंसेवक का गाँव दूर था।

'नहर के किनारे की गीली मिट्टी साइकिल के पहियों से चिपक गई। साइकिल न आगे चले और न पीछे जाए। फिर साइकिल को झाड़ियों में डालकर पैदल ही चल पड़ा। मैं उस स्वयंसेवक के घर तो पहुँच गया, किंतु पसीना आने और वर्षा में भीगने से बुखार चढ़ गया। 10 स्वयंसेवकों में से 9 ने वर्ग में जाने से मना कर दिया। बस, यही एक स्वयंसेवक मेरी आशा का केंद्र था। वह भी ना-नुकुर करने लगा। तब उसकी दादी माँ ने अपने पौत्र से कहा, 'अरे, तन्ने देखा के ना, अ छोरा कित्ती दूर न आ रा स। तन्ने शरम ना क, जा इन्ने साथ, याँ खाली टिक्कड़ तोड़ेगा, छुट्टी न।' दादी की बात सुनकर मेरा उत्साह बढ़ा। वह स्वयंसेवक मेरे साथ वर्ग में आ गया। मैं निराश था कि दूसरी तहसीलों से कई-कई स्वयंसेवक आए और अपनी तहसील से केवल एक। जिला प्रचारक को कैसे बताएँ! डाँट भी लगी और सँभाला भी। मेरा मन खराब हो रहा था। मन में आता था कि इस संघ-कार्य में बड़ी मेहनत है, फल कुछ नहीं मिलता...मन करता कि छोड़कर चला जाऊँ। हरियाणा में श्रीगुरुजी का प्रवास था। जिज्ञासा समाधान की बैठक में मैंने इस घटना की व्यथा उनके सामने रख दी। तब पहले श्रीगुरुजी हँसे, फिर बोले, 'तुरंत फल खाने की इच्छा रखते हो। तुम्हारा परिश्रम व्यर्थ नहीं जाएगा। अपनी तरफ से तुमने पूर्ण परिश्रम किया। एक स्वयंसेवक आया तो उसे ही स्वीकार करो; परंतु जो 9 नहीं आए, उनसे नाराज मत होना, बराबर मिलते रहना। वे शाखा पर आते रहें, इसका ध्यान रखना और अगले वर्ग की सूची में उन्हें रखकर प्रयास करना। उनमें से अधिकतर वर्ग करेंगे। निराशा को अपने पास मत फटकने दो, आशावादी और विश्वास रखकर काम करो।' श्रीगुरुजी के इस कथन से मेरी सारी निराशा दूर हो गई और जैसा श्रीगुरुजी ने कहा था, अगले वर्ष के वर्ग में उनमें से 6 स्वयंसेवक प्रशिक्षण लेने आए।'

एक बार सोहन सिंहजी का प्रवास गांधी नगर जिले में कैलाश नगर की विद्यार्थी प्रभात शाखा पर था। संघ-स्थान महावीर पार्क में रेलवे लाइन के पास था। सर्दियों के दिन थे। बादल गरज रहे थे। मैं उन्हें कार से लेकर संघ-स्थान पहुँचा। लगभग 2-3 मिनट का विलंब हुआ। मा. सोहन सिंहजी ने वहाँ पहुँचते ही पूछा, 'मुख्य शिक्षक कौन हैं?' मैंने मुख्य शिक्षक को उनके पास बुलाया। उन्होंने मुख्य शिक्षक से कहा, 'आपने समय पर शाखा क्यों नहीं लगाई?' रास्ते में ही मुझसे उन्होंने शाखा का समय पूछ लिया

था। मुख्य शिक्षक ने कहा, 'आपकी प्रतीक्षा कर रहे थे।' तपाक से सोहन सिंहजी ने कहा, 'मेरे लिए शाखा लगाते हो या संगठन के लिए?' मुख्य शिक्षक से कुछ बोला नहीं गया। थोड़ी देर चुप रहकर सोहन सिंहजी बोले, 'अच्छा, चलो, अब शाखा लगाओ।' उस दिन शाखा की बैठक में उन्होंने समय-पालन का ही विषय लिया और परम पूजनीय डॉक्टर साहब के समय-पालन का एवं श्रीगुरुजी के समय पर पहुँचने का उदाहरण दिया।

समय पर ध्वजारोहण होना चाहिए, विलंब से आनेवाले ध्वज प्रणाम करके शाखा में आएँगे, किसी का भी इंतजार नहीं करना चाहिए। शाखा कार्यक्रम के बीच ही वर्षा प्रारंभ हो गई। स्वयंसेवक उस समय कबड्डी खेल रहे थे। तरुण कॉलेज विद्यार्थी स्वयंसेवक थे। मैंने सोचा कि सोहन सिंहजी की आयु अधिक है, सिर पर बाल भी नहीं रहे, बादल गरज रहे हैं, कहीं ओले न पड़ने लगें। और एक स्वयंसेवक का छाता लेकर जैसे ही मैं उनके पास गया, उन्होंने मुझे डाँट दिया, 'देख नहीं रहे आप, कितनी अच्छी कबड्डी खेल रहे हैं, वर्षा में भी···ये भी तो भीग रहे हैं। इस बात पर ध्यान करो कि कौन, कैसे और कितनी तन्मयता से खेल रहा है। इनमें से ही तो कार्यकर्ता बनाओगे।' उस दिन उन्होंने बैठक खड़े-खड़े ही ली। शाखा के बाद मेरे कंधे पर हाथ रखकर बोले, 'आज की शाखा में मजा आ गया! बहुत अच्छे तरुण हैं, सँभालना इन्हें।'

एक बार बैठक के बाद एक परिवार में भोजन था। भोजन के समय लगभग 10-12 कार्यकर्ता थे। उनमें दो नगर सायं प्रचारक भी थे। मैं सोहन सिंहजी के साथ ही बैठा था। ठीक उनके सामने एक नगर के सायं प्रचारक भी बैठे थे। वे बार-बार सब्जी और दाल ले रहे थे तथा कटोरी भरकर दाल को पी लेते थे। माननीय सोहन सिंहजी ने उन्हें देखा। वे थोड़ा धीरे-धीरे भोजन करते थे। मैंने भोजन जल्दी कर लिया था। मुझसे सोहन सिंहजी ने कान के पास धीमे से कहा, 'आपने भोजन कर लिया?' मैंने कहा, 'जी, कर लिया।' फिर उन्होंने कहा, 'अच्छा, सामने जो प्रचारक हैं, उनसे धीरे से कान में कहो कि इस परिवारवाले भी भोजन करेंगे। थोड़ा ध्यान रखें।' मैंने उठकर हाथ धोए और उन्हें जाकर धीरे से वह सब कहा, तब उनका हाथ रुका। बाद में एक दिन अवसर देखकर दो विभागों के प्रचारकों की बैठक में सोहन सिंहजी ने विषय में से विषय निकालकर ध्यान करवाया कि भोजन करते हुए हमें किन बातों का ध्यान रखना चाहिए।

वर्ष 2001 का एक प्रसंग ध्यान में आता है। श्री प्रेम कुमारजी हिमाचल प्रदेश के प्रचारक होकर चले गए। सुरेशजी प्रांत प्रचारक, सोहन सिंहजी क्षेत्रीय प्रचारक और प्रेमचंद गोयलजी सह क्षेत्रीय प्रचारक थे। सर्दियों के दिन थे। एक दिन मा. ठाकुर राम सिंहजी ने इतिहास विषय पर कुछ बातचीत करने के लिए मुझे बुलाया था। मैं इतिहास संकलन समिति के कार्यालय जा रहा था। सोहन सिंहजी उस समय बाहर बेंच पर बैठकर धूप सेंक रहे थे। मैं उनके सामने से प्रणाम करते हुए निकला। तुरंत उन्होंने मुझे

नाम लेकर आवाज दी। मैं उनके पास आया। अपने पास ही बैठा लिया और बातचीत करने लगे। घर के बच्चों के हालचाल पूछे। फिर बोले, 'रोहिणी विभाग के कैसे हाल हैं?' मैंने सकुचाते हुए कहा, 'अब मैं पूर्वी विभाग में पुनः आ गया हूँ।' कारण पूछा तो मैंने कहा कि वहाँ से आने का कारण मैंने मा. प्रेमचंद गोयलजी को बता दिया है। ऐसा जैसे ही मैंने कहा, वे कुछ देर तक शांत रहे। फिर बोले, 'बेटा छात्रावास में ही पढ़ रहा है या घर आ गया है?' मैंने जवाब दिया, 'जी, अब मेरे साथ ही है और दसवीं में पढ़ रहा है।' फिर थोड़ी देर तक चुप रहे। मैं जाने के लिए उठने लगा तो तुरंत बोले, 'अभी बैठो।' रुककर बोले, 'अब बच्चे बड़े हो गए हैं। अपना घर बनाने का इंतजाम करो। बड़े होकर बच्चे पूछेंगे, हमारे लिए आपने क्या किया? सारा समय संघ में लगा दिया, क्या उत्तर दोगे? आप गृहस्थ कार्यकर्ता हैं, प्रचारक नहीं हैं। इस विषय पर चिंतन करते हुए कुछ करिए।'

मैं ठाकुर राम सिंहजी से मिलकर घर चला आया और सोचता रहा कि मुझसे कोई गलती हो गई क्या? ऐसा क्यों कहा? सोहन सिंहजी भविष्य का कोई संकेत दे रहे हैं क्या? कई दिन चिंतन के बाद मैंने घर बनाने का निश्चय किया। दिल्ली में मेरी क्षमता के अनुसार मकान मिल नहीं पा रहा था। तब दिल्ली से बाहर वसुंधरा, गाजियाबाद में एक सोसायटी की सदस्यता ली और बैंक से ऋण आधार पर मकान लिया। संघ-कार्य में बराबर लगा ही था। अपने घर में अपने बच्चों के साथ रहते हुए संघ-कार्य करते-करते ध्यान में आया कि सोहन सिंहजी अपने कार्यकर्ता के प्रति कितने संवेदनशील थे। उसके भविष्य की भी पूरी चिंता उनके मन में रहती थी। यदि सोहन सिंहजी मुझे प्रेरित न करते तो मेरा घर नहीं बन पाता, क्योंकि मैंने कभी अपने घर के बारे में विचार ही नहीं किया था।

(वैशाली महानगर संघचालक, गाजियाबाद, उत्तर प्रदेश)

❑

कार्यालय साफ हो गया

—कैलाश चंद

राजस्थान का झुँझुनूँ, जिला ताँबा और उत्कृष्ट उद्यमी देने के लिए विश्वविख्यात है। इस जिले का एक नगर है पिलानी। यह तकनीकी शिक्षा में देश का गौरव स्थल है। देश के विभिन्न राज्यों से यहाँ छात्र-छात्राएँ तकनीकी शिक्षा के अध्ययन के लिए आते हैं। इसी नगर के तालाब के किनारे संघ कार्यालय है। पूर्व में यहाँ व्यायामशाला और अखाड़ा चलने के कारण यह 'अखाड़ा' नाम से प्रचलित हो गया था। यह कार्यालय जर्जर अवस्था में था। पुराना होने से जगह-जगह दीमक लगी हुई थी और दीवारों पर जगह-जगह मकड़ियों के जाले थे और जहरीले जानवरों का यहाँ ऐसे आना-जाना लगा रहता था। उस समय माननीय सोहन सिंहजी जयपुर विभाग प्रचारक थे। उन दिनों उनके कार्यक्रम झुँझुनूँ जिले में चल रहे थे। जयपुर विभाग में उस समय झुँझुनूँ, सीकर, जयपुर, टोंक जिले आते थे।

सोहन सिंहजी का पिलानी का भी कार्यक्रम बना। मैं उस समय प्रचारक बना ही था। किसी कारणवश बस देरी से आने के कारण वे कार्यालय में देरी से पहुँचे। उस समय रात के 10 बज रहे थे। तब सभी कार्यकर्ता सोने जा चुके थे। कार्यालय आते ही उन्होंने कहा कि देर बहुत हो चुकी है, आप भी विश्राम करें। हम कुछ कार्यकर्ता सुबह जल्दी उठकर कार्यालय की सफाई में लग गए। हमें पता था कि कार्यालय की क्या स्थिति है; किंतु सोहन सिंहजी इस पर कुछ टिप्पणी करें, उससे पहले ही हम उस स्थान को साफ करने में लग गए। कुछ ही देर में हम क्या देखते हैं कि सोहन सिंहजी हाथ में एक झाड़ू लेकर हमारे साथ लगे हुए थे। उनका वह रूप देख सब हक्के-बक्के रह गए। बहुत मना किया, किंतु वे माने ही नहीं। कहने लगे, 'साफ-सफाई तो हमारे जीवन का एक आवश्यक हिस्सा है। प्रतिदिन हम हमारे रहने के स्थान की सफाई का ध्यान नहीं रखेंगे तो फिर शरीर की सफाई बेकार है। इसमें कैसी शर्म, कैसी झिझक। हम यदि घर, शरीर, रहन-सहन, खान-पान में संयम और स्वच्छता का ध्यान नहीं रखेंगे तो समाज में

क्या आदर्श प्रस्तुत कर सकेंगे।' बस, फिर क्या था, सभी कार्यकर्ता दुगुने उत्साह से कार्यालय की सफाई में लग गए। वास्तव में श्रम-साधना और स्वच्छता का संस्कार उस दिन हमें सोहन सिंहजी से मिला।

सन् 1973 में मैं कोटा में माननीय ब्रह्मदेवजी के आदेश से जयपुर आया तो सोहन सिंहजी (जयपुर विभाग प्रचारक) ने पत्र देकर मा. बृजकिशोरजी अग्रवाल के पास झुँझुनूँ भेजा। पिलानी मेरा अधिकृत कार्यक्षेत्र बना। सोहन सिंहजी तीन-तीन दिन तक पिलानी में प्रवास करते थे। बी.आई.टी.एस., सीरी व महाविद्यालयीन क्षेत्र में 5 शाखाएँ चलने लगी थीं।

पिलानी के संघ कार्यालय (अखाड़ा) का पुराना भवन था, अत: दीमकों, मकड़ियों व सर्पीले जानवरों का निवास होने से स्वच्छता की अधिक आवश्यकता रहती थी। सोहन सिंहजी हमको साथ लेकर स्वयं सफाई में लगते थे। स्वच्छता के साथ-साथ श्रम-साधना का संस्कार भी हमें मिला।

पिलानी के एक बार प्रवास में कार्यालय से बी.आई.टी.एस. की शाखा पर जाना था तो साइकिल पर बैठाकर मैं उन्हें ले जाने लगा। तब मा. सोहन सिंहजी ने कहा कि मैं चलाऊँगा और तुम बैठो। उस आयु में मुझ युवा प्रचारक को बैठाकर उन्होंने असीम उत्साह का संचार किया।

पूज्य सरसंघचालक बालासाहबजी के ब्यावर में राजस्थान के सभी कार्यकर्ताओं के शिविर में मुझे मुख्य शिक्षक का दायित्व मिला था। शिविर से पूर्व की रात्रि में प्रारंभिक व्यवस्थाएँ कर मैं तंबू में लेट गया। कुछ क्षणों बाद सोहन सिंहजी ने आवाज लगाई। मैं उठा, उनके निर्देशन में संघ-स्थान की सब व्यवस्थाओं को पूर्ण करते हुए अगले दिन के लिए मार्गदर्शन प्राप्त कर आत्मविश्वास से विश्रांति हेतु गया।

संघ शिक्षा वर्गों में मुझसे प्रार्थना व एकात्मता स्तोत्र कहलवाते थे तो स्वयं सुन-सुनकर पूर्व तैयारी कराते। सन् 1984 शाहपुरा वर्ग में वर्ग का मुख्य शिक्षक कार्य उन्होंने मुझे सौंपा और आगे 1991 तक मैं लगातार संघ शिक्षा वर्गों के मुख्य शिक्षक के दायित्व का निर्वहन ठीक प्रकार से करता रह सका।

(राजस्थान क्षेत्र बौद्धिक शिक्षण प्रमुख, जयपुर)

❑

प्रसिद्धि-पराङ् मुखता के आदर्श

—कन्हैयालाल चतुर्वेदी

प्रभात शाखाओं के एक मंडल कार्यवाह से उन्हें कुछ बात करनी थी। उस समय वे राजस्थान प्रांत प्रचारक थे। मुझसे उन्होंने कहा, 'जरा पूछकर बताओ, उनको कब समय है?' मैंने उत्तर दिया, 'उनके पास समय-ही-समय है। आप कब मिलना चाहेंगे?' इस पर उन्होंने जो कहा, वह अचंभे में डालने वाला था। उन्होंने कहा, 'अरे भले, वह गृहस्थ है, नौकरी भी करता है और संगठन का कार्य भी करता है। उसका समय भी कीमती है। इसलिए पूछा कि उसको कब समय है। उसके घर चलना है।'

मंडल कार्यवाह से समय निश्चित हो जाने के बाद ही वे रात्रि में उनके घर गए। कार्यकर्ता की इतनी चिंता और इतना सम्मान वे करते थे।

जब वे राजस्थान में थे तो एक उक्ति बड़ी प्रचलित थी कि व्यवस्था का दूसरा नाम सोहन सिंहजी हैं। ऐसा सब लोग कहते थे। संघ शिक्षा वर्ग हो या कोई शिविर अथवा कोई बैठक, सभी की उत्कृष्ट एवं त्रुटिहीन व्यवस्था करना एवं करवाना उनके स्वभाव में था। सन् 1974 में जयपुर के पास कानोता में प्रांत का शिविर लगा हुआ था। रहने की व्यवस्था टेंटों में थी। तंबू बाँधने की रस्सी कमजोर न हो, इसका भी उन्हें ध्यान था। मैंने जयपुर की नानाजी की हवेली (पुराने कार्यालय) में उनको खुद रस्सियाँ बँटते हुए देखा है। स्वयं के उदाहरण से वे कार्यकर्ताओं को कार्य की प्रेरणा देते थे।

सन् 1984 में तय हुआ था कि देश का प्रत्येक प्रांत अपनी एक पत्रिका का प्रकाशन प्रारंभ करे, जो जन-जागरण का कार्य करे। उसी के अनुसार राजस्थान से भी एक जागरण पत्रिका निकालने की योजना बनी थी। सोहन सिंहजी ने एक दिन मुझे बुलाया और सारी बात समझाकर कहा कि इस पत्रिका का नाम खोजो। दो-तीन दिनों के विचार के बाद 'पाथेय' नाम ध्यान में आया। साधारणत: पत्र-पत्रिकाओं के नाम ऐसे नहीं होते, इसलिए बड़े डरते हुए 'पाथेय' नाम सोहन सिंहजी को बताया। उन्होंने तुरंत

स्वीकृति दे दी और कहा कि शुरू कर दो। जब उनसे जानना चाहा कि पत्रिका में सामग्री किस प्रकार की देनी है, तो उन्होंने कहा, 'सोचो और करो।'

इस प्रकार अप्रैल 1985 में 'पाथेय' नाम से राजस्थान की जागरण पत्रिका शुरू हुई। यह सोहन सिंहजी की विशेषता थी कि वे कार्यकर्ताओं को स्वयं स्फूर्ति से कार्य करने की प्रेरणा देते थे। कहीं कुछ गलत होता तो हल्का सा संकेत करते और अच्छा होने पर पीठ थपथपाते थे। संघ में प्रारंभ से ही प्रसिद्धि से दूर रहने के संस्कार मिलते हैं। संघ-संस्थापक प.पू. डा. हेडगेवारजी प्रसिद्धि-पराङ्मुखता के आदर्श थे। सोहन सिंहजी भी प्रसिद्धि से सदा दूर रहते थे। मान-सम्मान, प्रतिष्ठा आदि से वे कोसों दूरी बनाए रखते थे। रामनिवास बाग में स्वयंसेवकों का एकत्रीकरण था। यह वर्ष 1977 में आपातकाल समाप्त होने और संघ से प्रतिबंध हटने के लगभग बाद की बात है। माननीय ब्रह्मदेवजी तब प्रांत प्रचारक थे। कार्यक्रम में वे मंच पर थे और एक कुरसी सोहन सिंहजी के लिए खाली थी। सोहन सिंहजी मंच पर गए ही नहीं। ब्रह्मदेवजी ने एक कार्यकर्ता से उन्हें बुलाकर लाने को कहा। जब वे आए तो देवजी ने कहा, 'आपको यहाँ बैठना है, यह मेरा आदेश है।' इसके बाद ही सोहन सिंहजी जाकर देवजी के बराबर में मंच पर बैठे।

(संपादक, 'पाथेय कण', जयपुर)

❑

ध्येय व समर्पण का ज्योति-स्तंभ

—हितेश शंकर

समय बड़ा है, सबसे बड़ा; किंतु कुछ घटनाएँ ऐसी भी होती हैं, जो समय का सागर पार कर स्थिर हो जाती हैं। राष्ट्रीय स्वयंसेवक संघ के ज्येष्ठ प्रचारक माननीय सोहन सिंहजी का जीवन ऐसी ही घटना है। समाज-साधना की दिव्य ज्योति में झिलमिलाता ऐसा जीवन, जो 4 जुलाई, 2015 की रात्रि अपनी नियत यात्रा को पूरा कर सहस्रों कार्यकर्ताओं की स्मृति में स्थिर हो गया।

जीवन जब ध्येय से एकाकार हो जाता है तो उसे अलग-अलग देखना, अनुभव करना संभव नहीं। अंतर मिट जाता है, व्यक्ति ध्येय का प्रतीक हो जाता है। इस बात को समझना हो तो सोहन सिंहजी के जीवन में झाँकना चाहिए। यहाँ संघ ही जीवन है। सेना की अफसरी से मुँह मोड़, धूप-ताप में जलते, रेल के सामान्य डिब्बे में चलते, अति सीमित संसाधनों में काम चलाते सोहन सिंहजी 'स्वयं स्वीकृतं···कण्टकाकीर्ण मार्गम्' के ही तो प्रतीक थे।

'40 के दशक में संघ का प्रचारक होना सरल नहीं था, परंतु उन्होंने यह झलकने ही नहीं दिया कि इसमें कोई कठिनाई है। गुरुदक्षिणा के केवल दो अंकों तक सीमित रुपयों से वर्ष भर खर्च चलाना सरल नहीं था, परंतु उन्होंने यह सहजता से किया। कष्ट और कठिनाइयों को पार करने के लिए उन्होंने अनुशासन की जिस दृढता को स्वयं पर लागू किया, वह एक-एक घटना अब कार्यकर्ताओं के लिए जीवन भर की थाती है। अनुशासन और समय-पालन के लिए किसी को भी झाड़ पिला देनेवाले सोहन सिंहजी का दूसरा रूप वह है, जब वह कार्यकर्ताओं को दुलारते थे, सुख-दुःख पूछते और मन की हर एक गाँठ खोलते चले जाते थे। संघ का कार्य सदा चलनेवाला कार्य है। सोहन सिंहजी के बाद भी काम तो चलेगा, किंतु कार्यकर्ताओं को वह सख्ती, वे झिड़कियाँ, वह दुलार याद आता रहेगा, जिनसे पीढ़ियाँ प्रेरणा पा सकें।

ध्येय, समर्पण और अनुशासन का यह ज्योति-स्तंभ शाश्वत है, जिसकी यात्रा समय के साथ थी और जिसकी जगमग आगे भी ध्येयनिष्ठ कार्यकर्ताओं के पथ आलोकित करती रहेगी।

(संपादक, 'पाञ्चजन्य')

❑

वात्सल्य की पावन धारा

—नरेश गौड़

सन् 1968 में नवीन शाहदरा की सायं शाखा का मैं मुख्य शिक्षक था। प्राथमिक शिक्षण तथा अधिकारी शिक्षण वर्ग जाने योग्य स्वयंसेवकों की बैठक लेने माननीय सोहन सिंहजी पधारे थे। उन्होंने मुझे आदेश दिया कि प्राथमिक शिक्षण वर्ग में शिक्षक के नाते जाओ। आदेश में इतना स्नेह, इतना अपनापन था कि इनकार करने की कतई गुंजाइश ही नहीं थी। मैं शिक्षक बनकर चला गया। सन् 1969 में रामरूप विद्या मंदिर, शक्ति नगर में आयोजित एक शिविर को बदनाम करने का सरकारी षड्यंत्र हुआ। साम्यवादी सुभद्रा जोशी और शशि भूषण कांग्रेस में आ चुके थे। वे संघ को बदनाम करने का अवसर लगातार खोजते रहते थे। उसी दुष्प्रचार से प्रेरित होकर ऐसी कोशिश हुई कि शिविर को इस तरह प्रचारित किया जाए जैसे वह हथियारों के प्रशिक्षण का गैर-कानूनी केंद्र है। ऐसी कोशिश होने पर हम लोगों ने प्रतिरोध किया तथा विवाद काफी बढ़ गया। बदनाम करने तथा आरोपित करने की तो सत्ताधारी दल की योजना पहले से ही थी। हमने सोहन सिंहजी को तुरंत सूचित किया। श्री विजय कुमार मल्होत्राजी को बुलवाया। तब तक मुख्य द्वार नहीं खोला। बाद में जम्मू के एक स्वयंसेवक के साथ मुझे वर्ग से बाहर भेज दिया गया। किशनगंज में उस स्वयंसेवक के घर भोजन करके मुझे बाँकानेर में विस्तारक के नाते भेज दिया गया। वहाँ एक सायं शाखा चलाने का दायित्व सौंपा गया। दो दिन बाद रात को 11.45 बजे सूचना मिली कि मुझे सोहन सिंहजी ने बुलाया है। इतनी आत्मीयता और उनके प्रति इतनी गहरी श्रद्धा थी कि सुबह तक प्रतीक्षा करने का विचार तक मन में नहीं आया। उसी समय झंडेवाला कार्यालय पहुँचा। तब तक रात का एक बज गया था। परंतु सोहन सिंहजी अपने कक्ष में बैठे मेरी प्रतीक्षा कर रहे थे। उन्होंने मेरी जमानत का प्रबंध किया हुआ था। हर प्रकार की परिस्थिति का विचार करके उसके अनुसार प्रबंध करना उनकी दूरदृष्टि थी।

सोहन सिंहजी के परामर्श पर ही मेरठ विश्वविद्यालय से एल-एल.बी. की। एक

बार परीक्षा नहीं दी तो वे नाराज हुए और कहा कि वकालत अवश्य पास करनी है। सब दायित्व निभाते हुए भी इसे करना ही है। मैंने उनकी आज्ञा का सदैव प्राण्पण से पालन किया।

सन् 1971 में माननीय सोहन सिंहजी राजस्थान चले गए और दिल्ली में श्री विश्वनाथजी आ गए। 1972 में मैंने तृतीय वर्ष किया तथा प्रचारक बना। दिल्ली के ही अलीपुर, वकला नरेला क्षेत्र में कार्य किया। वर्ष 1973-74 में विद्यार्थी परिषद् में संगठन का दायित्व मिला।

वर्ष 1975 में 25 जून को देश में आपातकाल की घोषणा हुई। जुलाई 1975 में श्री राजकुमार भाटिया के साथ गुप्तचर सूचना पर पुलिस की गिरफ्त में आ गया। डी.आई.आर. में मुकदमा चला। आठ महीने बाद छूटने पर दस महीने भूमिगत रहा। उन्हीं दिनों श्री बापूराव मोघेजी से संबंध बने। सोहन सिंहजी से पत्र-व्यवहार निरंतर बना रहा। आपातकाल के समय भी उन्हें स्वयं से अधिक स्वयंसेवकों की चिंता रहती थी। उनके लिखे पत्रों में व्यक्तिगत, पारिवारिक, सामाजिक एवं देश की सब प्रकार की समस्याओं की चर्चा होती थी। सन् 1976 में मुझे विधि के द्वितीय वर्ष में प्रवेश मिलने पर सोहन सिंहजी ने लिखा, 'अब आपको ऐसी दिनचर्या बनानी होगी कि सप्ताह के दो दिन का पूरा समय उपयोग करना तथा शेष दिनों मिलने के लिए व्यक्तिगत जाना। अपनी पढ़ाई निश्चित समय में पूरी करनी ही चाहिए। एक बात और, कि हमें अपने मूल स्वभाव में परिवर्तन करना चाहिए, ताकि आगे के दायित्व तथा पढ़ाई का मेल ठीक बैठा सकें। दायित्व के अनुसार अपनी आदतों में परिवर्तन करेंगे तो समझ का पूरा लाभ उठा सकेंगे।' साथ ही लिखा कि 'अपने मन में कार्य करने की एक तेज भूख जगाओ, ताकि उसे पूरा करने की दृष्टि-सिद्धता उत्पन्न कर सकें।'

जब वे जयपुर जेल में थे तो मैंने उनको पत्र लिखकर जेल की दिनचर्या के बारे में जानने की इच्छा प्रकट की। उन्होंने लिखा कि मेरी दिनचर्या जानकर क्या करोगे? फिर भी, बता रहा हूँ। शायद पढ़कर कोई लाभ हो सके और मेरे पत्र का जवाब देकर एक स्वयंसेवक की जिज्ञासा शांत की, 'मैं यहाँ कारागार में सुबह 3 बजे उठता हूँ। निवृत्त होकर 4 से 6 बजे तक स्वाध्याय करता हूँ। 6.30 से 7.30 बजे तक शाखा लगाते हैं। शाखा में ही आसन-व्यायाम सब हो जाता है। इसके बाद एक घंटे तक सफाई आदि करता हूँ। 10.30 बजे तक मालिश आदि और फिर स्नान। 11 से 12 बजे तक चर्चा तथा 12.30 बजे भोजन करके 3 बजे तक समाचार-पत्र पढ़ने के बाद विश्राम करता हूँ। 4 बजे चाय के पश्चात् दो घंटे फिर स्वाध्याय करना। 6 से 7.30 बजे तक घूमना, फिर मंदिर की आरती में सम्मिलित होता हूँ। मंदिर भी अंदर ही बना है। 8 बजे भोजन के बाद रेडियो पर समाचार आदि। लगभग 10 बजे दूध पीता हूँ। फिर सो जाता हूँ। इन

दिनों यहाँ 48 मीसा बंदी हैं, जिनमें 30 अपने स्वयंसेवक हैं। सभी आयु में मुझसे बड़े तथा विचारों में परिपक्व हैं। एक पुस्तकालय भी बनाया हुआ है, जिसमें लगभग 400 पुस्तकें हैं।' उनकी एक-एक बात ध्यान करने पर उनसे प्रेरणा मिलती है।

(पूर्व विधायक, दिल्ली)

❑

संगठन रचना के महाज्ञाता

—ईश कुमार

कई दशकों तक माननीय सोहन सिंह के नेतृत्व और निर्देश के अनुसार विभिन्न अवसरों पर कार्य करने का मौका मिला। हर अवसर पर उन्हें विलक्षण व्यक्तित्व के धनी और संगठन रचना के महाज्ञाता के रूप में पाया। गटनायक स्तर से ऊपर के कार्यकर्ताओं के प्रति सोहन सिंहजी का विशेष आग्रह और ध्यान रहता था। वे कहते थे कि प्रत्येक कार्यकर्ता को शाखा के पहले और बाद में एक घंटे का समय देना ही चाहिए। वे कहते थे कि संघ-स्थान पर किसी भी स्तर के कार्यकर्ता को चाहिए कि वह खड़े होकर दर्शन नहीं करे···बल्कि वह खुद भी कार्यक्रम में भाग ले या कार्यक्रम करवाए। वे स्वयं भी सिर्फ कहते नहीं थे, बल्कि उसी के अनुरूप वे करते थे। संघ-स्थान पर जाकर 35-40 मिनट का शारीरिक कार्यक्रम वे स्वयं करवाते थे।

सोहन सिंहजी की विशिष्टता थी कि वे कार्यकर्ता के सुख-दुःख की विशेष चिंता करते थे। विशेष तौर पर एक छत के नीचे रहनेवाले स्वयंसेवक के परिवार की वे अधिक जिम्मेदारी महसूस करते थे। एक बार की बात है कि मैं तैयार होकर ऑफिस के लिए निकल रहा था···अचानक सोहन सिंहजी घर आ गए। मैंने देखते ही आश्चर्य व्यक्त किया कि आप इस समय? उन्होंने कहा कि आप काम पर जाइए। मैं आपकी माताजी के हाल-चाल पूछने आया हूँ। माताजी उस समय बीमार थीं···उनकी बहुत कठिनाइयाँ थीं। सोहन सिंहजी को सबकी चिंता रहती थी। कभी कोई बात हो जाए तो बहुत प्यार से समझाते थे, जिसके कारण हम कभी भी उनके कहे हुए को मानने से इनकार करने की सोच भी नहीं सकते थे।

दिल्ली को 5 भागों में बाँटा हुआ था। चारों दिशाओं के हिसाब से और पाँचवाँ झंडेवाला जिला। मेरे पास पश्चिमी जिले के शारीरिक प्रमुख की जिम्मेदारी थी। सोहन सिंहजी जिले के हिसाब से 5-6 दिन का लगातार प्रवास करते थे। उनका इस बात पर जोर रहता था कि यदि कोई स्वयंसेवक या स्वयंसेवक के परिवार का व्यक्ति अस्पताल में

है तो उनसे वे जरूर मिलकर आएँगे। वे यह ध्यान रखवाते थे कि शाखा से एक घंटे पहले और एक घंटे बाद स्वयंसेवकों से मिलना ही है। रात्रि का भोजन उसके बाद ही क्षेत्र में रहता। वे यह भी कहते थे कि सर्दियों में यदि स्वयंसेवकों से मिलने के कारण विलंब हो जाएगा तो किसी परिवार को परेशान करने की बजाय झंडेवाला कार्यालय जाकर भोजन कर लूँगा। वे कई बार स्वयंसेवकों के दर्द में डूब जाते। पानीपत के एक स्वयंसेवक एम्स में भरती थे। मैं सोहन सिंहजी के साथ उनसे मिलने गया। सोहन सिंहजी ने पूछा कि इनको जानते हो, मैंने कहा, हाँ। फिर वे बोले कि आपको पता है कि इन स्वयंसेवक की आर्थिक स्थिति कितनी खराब है...इनके भाई नहीं है, सिर्फ बहनें हैं। ये द्वितीय वर्ष शिक्षित बहुत समझदार स्वयंसेवक हैं। इनके साथ में अच्छी तरह व्यवहार करना है और इन्हें कोई भी कमी आए तो उसका ध्यान रखना है। यदि अपने स्तर पर उसकी पूर्ति नहीं हो सके तो मुझे बताना है।

वे किसी कार्यकर्ता-स्वयंसेवक के घर जाते तो उनके परिजनों और रिश्तेदारों से जरूर मिलते थे। एक बार एक कार्यकर्ता का बच्चा पानीपत की नहर में डूब गया। सोहन सिंहजी को पता चलते ही उनका फोन आया कि 4 स्वयंसेवकों को लेकर पानीपत चले जाइए। 72 घंटों बाद शव फूल कर ऊपर आ जाएगा, तब तक वहीं रहना है, दिल्ली नहीं लौटना है। हम लोग पानीपत पहुँच गए और 4 दिन तक वहाँ रुके रहे, लेकिन शव ऊपर नहीं आया। सोहन सिंहजी को पता चला तो उन्होंने रघुवीरजी सैनी को सूचित किया कि ईश कुमार को तुरंत दिल्ली भेज दीजिए। टैक्सी से आएँगे और तत्काल वापस जाना है। सोहन सिंहजी झंडेवाला कार्यालय में थे। मैं उनके निर्देशानुसार पहुँचा तो उन्होंने देखते ही कहा कि आपने 6 महीने पहले अपनी मौसी के पुत्र से परिचय करवाया था...मैंने आश्चर्य व्यक्त किया कि कौन से मौसी के बेटे...तो वे बोले, वही...जो सिंचाई विभाग में सचिव हैं, वे आपकी बात मानते हैं कि नहीं! मैंने कहा कि वे आपसे बहुत प्रभावित हैं और आपसे मिलना भी चाहते थे। सोहन सिंहजी ने कहा कि उनके पास चले जाइए और उनसे कहिए कि एक बार भाखड़ा नांगल का पानी बंद करवा दें तो शव दिखाई दे जाएगा। मैं अपने मौसेरे भाई के पास गया और सोहन सिंहजी की इच्छा उनको बताई। भाई ने कहा कि भाखड़ा नांगल का पानी रोक देने से 4 राज्यों में हड़कंप मच जाएगा...उनके मुख्यमंत्री विषय खड़ा कर देंगे। हाँ, यह संभव है कि पानी धीमे कर दिया जाए, इससे शव ऊपर आ जाएगा। वैसा ही किया गया और बल्लियों के बीच में फँसे हुए शव का पता चल गया। तभी पुलिस आ गई और इस बात पर जोर देने लगी कि पोस्टमार्टम करेंगे। लेकिन सोहन सिंहजी के यहाँ तक निर्देश थे कि शव निकलते ही काफी बदबू हो जाएगी, इसलिए नीम की पत्तियाँ और अगरबत्तियाँ जलानी हैं तथा पोस्टमार्टम की कोई आवश्यकता नहीं है। इस तरह बिना पोस्टमार्टम के शव की अंत्येष्टि हुई।

दिल्ली के रामलीला मैदान में स्वयंसेवकों का बड़ा एकत्रिकरण था। परम पूजनीय श्री गुरुजी आनेवाले थे। सोहन सिंहजी का मुझे निर्देश हुआ कि उस कार्यक्रम में आपको संपद् लेना है। तब तक अश्विनीजी ही लेते थे। मैंने झिझक प्रकट की तो उन्होंने कहा कि हमने तय किया है। यह भी बताया कि एक शब्द भी न तो ज्यादा बोलना है और न कम बोलना है। माइक पर बोलने का अभ्यास नहीं है तो अभ्यास कर लीजिए। झंडेवाला कार्यालय में ऊपर माइक रखा हुआ है। इतनी जोर से नहीं बोलना है कि आवाज गूँजने लगे और न इतना धीमे बोलना है कि सुनाई ही नहीं दे। मैंने जाकर अभ्यास किया, फिर सोहन सिंहजी के पास गया। तब वे बोले कि अब बगल के कमरे में चले जाइए। उसे अंदर से बंद कर लीजिए और वहाँ से तेज स्वर में आदेश दीजिए, यदि दीवार चीरकर आवाज पहुँच जाए तो इसका मतलब होगा कि माइक काम नहीं करे तो भी कोई दिक्कत नहीं आएगी। यदि ऐसा कर पाते हैं तो आप संपत् लेंगे, नहीं तो अश्विनीजी लेंगे। मैंने वैसा ही किया और उसके बाद जब सोहन सिंहजी के पास पहुँचा तो उन्होंने कहा कि आप कर सकते हैं।

पीरागढ़ी शिविर की बात है। तूफान आ गया और बाल स्वयंसेवक पानी नहीं भर पाए। घड़े खाली थे। मैं भरने लगा। सारे घड़े भर लिये तो देखा कि दूसरी तरफ भी 12 घड़े और पड़े हैं। रात को 2 बज गए थे। मैं उन्हें भरने के लिए बढ़ा तो देखा कि सोहन सिंहजी आ रहे हैं। उन्होंने मुझे देखते ही कहा कि ये घड़े मैंने भर दिए हैं। साथ ही, उन्होंने अस्थाई रूप से बनाए गए फ्लश के 10 शौचालय भी तेजाब से साफ कर दिए थे। इतनी मेहनत से कि वे चमक रहे थे। जब पीरागढ़ी शिविर का समापन हुआ तो उन्होंने कहा कि जो कार्यकर्ता रात भर जगकर काम कर सकें, उन्हें रोकना है, क्योंकि कार्यक्रम स्थल पर सुबह एक भी पत्ता नहीं रहना चाहिए। हम लोगों ने रात भर लगकर पूरी सफाई की। बिजली के खंभे लगाए गए थे। सोहन सिंहजी ने हमारे साथ लगकर वे खंभे कंधों पर उठाए और उन्हें रखवाया। इस तरह सोहन सिंहजी को परिश्रम करते देखकर हम उन्हें किसी भी बात को मना नहीं कर पाते थे।

मेरी शादी की बात है। आशीर्वाद समारोह में तत्कालीन प.पू. सरसंघचालक माननीय बालासाहब देवरस आनेवाले थे। सोहन सिंहजी ने पूछा कि सरसंघचालक जी आनेवाले हैं, कोई भी व्यवधान न हो, इसके लिए क्या सोचा है। मैंने आनेवालों की संख्या 700-800 बताई और यह भी कहा कि जैसा माननीय माधवरावजी कहते हैं, वैसा ही होगा। यानी, दूल्हा घोड़ी पर चढ़े तो स्वदेशी वेषभूषा हो, 100 से ज्यादा बाराती न हों और देसी घी का प्रयोग हो। सोहन सिंहजी पूरे समय तक आशीर्वाद समारोह में रहे और उन्होंने बाद में संतोष व्यक्त किया कि जैसा कहा गया था, वैसा ही हो गया। उन्हें इतना भी ध्यान था कि 674 लोग आए थे।

सोहन सिंहजी के एक भांजे दिल्ली में ही स्वयंसेवक थे। सोहन सिंहजी को दिल्ली आए पाँच-छह वर्ष हो गए थे, लेकिन वे कभी अपने परिजनों से मिलने नहीं गए। जब भांजे ने इच्छा प्रकट की तो हम लोगों ने उनसे बात की। उन्होंने कहा कि उस क्षेत्र का प्रवास होगा तो वहाँ अल्पाहार रख लेंगे। यह था सोहन सिंहजी का व्यक्तिगत व्यवहार।

एक बार एक कार्यकर्ता का काम था। सोहन सिंहजी से सिफारिश का आग्रह किया गया तो वे बोले यह तो ध्यान रखिए कि लँगोटी वालों को क्यों तंग करते हैं। आप जाइए और बातचीत करिए। काम नहीं हो, तब बताइएगा। हम लोग डेसू के चेयरमैन से मिले और सारी बात बताई तो काम हो गया। यह सोहन सिंहजी की धाक थी। एक बार जब एक कार्यकर्ता के पुत्र का एम.बी.बी.एस. का एक पेपर खराब हो गया तो सोहन सिंहजी से निवेदन किया कि फलाँ परीक्षक को वे कह देंगे तो वह पास हो जाएगा। सोहन सिंहजी ने कहा कि मान लीजिए कि कहने से वह पास भी हो गया तो यदि किसी को टीका लगाना हुआ और उसने गलत लगा दिया तो उसके लिए कौन जिम्मेदार होगा। हम सोहन सिंहजी के इस तर्क के सामने निरुत्तर थे। जब कार्यकर्ता को सोहन सिंहजी की यह बात समझाई गई तो वे भी समझ गए। कोई गलत काम लेकर सोहन सिंहजी के पास जाता तो वे इस तरह समझाते थे कि कुछ कहने की गुंजाइश ही नहीं बचती थी।

(वरिष्ठ कार्यकर्ता, दिल्ली)

पारदर्शी व्यक्तित्व के धनी

माननीय सोहन सिंहजी की अद्भुत विशेषता यह थी कि वे जैसे थे, वैसे सबके सामने स्पष्ट थे। उनसे हम प्रेम भी बहुत करते थे और उनसे डरते भी थे। उनको कोई भी गलत बात बरदाश्त नहीं होती थी। उनके सामने जाने से पहले यह सोचना पड़ता था कि क्या सावधानियाँ रखनी चाहिए। वे जिस बात को ठीक समझते थे, उसको वे बेबाक होकर कह देते थे। मैं चुनाव जीतकर पहली बार लोकसभा पहुँचा तो उससे पहले वे मुझसे मिले और उन्होंने यह बताया कि लोकसभा में किन बातों का विशेष ध्यान रखना चाहिए तथा किस तरह के विषय उठाने उपयोगी सिद्ध होंगे। जब 1966 में मैं मुख्य कार्यकारी पार्षद (मुख्यमंत्री समकक्ष) बना तो वे दिल्ली के प्रचारक थे और हमेशा हम सबकी सँभाल रखते थे। सन् 1965 के भारत-पाक युद्ध के दौरान दिल्ली की ट्रैफिक व्यवस्था स्वयंसेवकों ने सँभाली। कनॉट प्लेस पर स्वयंसेवकों को देखकर कुछ लोगों को यह आपत्ति हुई कि स्वयंसेवकों ने हाफ पैंट क्यों पहनी हुई है…लेकिन यह स्पष्ट कर दिया गया कि जब कोई व्यवस्था सँभालते हैं तो विशेष प्रकार की वेशभूषा नहीं होगी तो आम लोग कहे हुए का पालन क्यों करेंगे।

हरियाणा में डबवाली की घटना है। भीषण आग लगी और कई बच्चों की दर्दनाक

मौतें हुईं। बच्चों को बचाने में एक प्रचारक की भी मृत्यु हो गई। रात को अचानक सोहन सिंहजी का फोन आया कि डबवाली चलना है। देर रात हो रही थी। एक बार खयाल आया कि सुबह जाना उचित होगा। लेकिन सोहन सिंहजी का स्पष्ट निर्देश था कि अभी चलना है। हम लोग साथ डबवाली गए; बहुत रात हो गई। वहीं रुकना पड़ा। सोहन सिंहजी ने वहाँ जाकर सारे विषयों की जानकारी ली और तत्संबंधित निर्देश दिए। सोहन सिंहजी जिस बात को उचित समझते थे, उस पर वे अडिग रहते थे। वे जैसा कहते थे, वैसा ही उनका अपना व्यवहार होता था, इसलिए उनके कहे हुए को टाल नहीं सकते थे।

—विजय कुमार मल्होत्रा

पूर्व मुख्य कार्यकारी पार्षद, दिल्ली

❑

हमारे आदर्श प्रचारक

—रघुवीर सैनी

65 वर्षों तक माननीय सोहन सिंहजी से संपर्क रहा। उन्होंने जो भी कहा, वह हमने माना। वे हमारे लिए सबकुछ थे। छोटी-से-छोटी बात बताते और हम वैसा ही करते। उनकी एक ही दृष्टि थी कि संघकार्य सर्वोपरि है और हम सब उसके लिए बने हैं। इसलिए मजबूत संघ कार्य खड़ा करना ही हमारा लक्ष्य है और हम उनके आदेश से वैसा ही करने में जुटे रहे। उनकी कोई भी बात हम टाल ही नहीं सकते थे।

सन् 1949 में मेरा उनसे परिचय हुआ। उससे पहले संघ पर प्रतिबंध लगा तो कक्षा 8 में पढ़ने के दौरान मैंने भी सत्याग्रह किया। सायं शाखा से मैं अकेला किशोर स्वयंसेवक था। जब जेल से आया तो संघ से बहुत प्रभावित होकर लौटा। कुछ ही महीनों बाद सोहन सिंहजी से परिचय हुआ। वे तब पानीपत के नगर प्रचारक बनकर आए थे। एक दिन की बात है। मैंने बाजार से एक आने के दो किलो आम लिये और उन्हें खाना शुरू कर दिया। इतने में देखा कि सोहन सिंहजी आ रहे हैं। उन्होंने मुझे देखते ही पूछा, "आम खाना नहीं आता!" और, मुझे अपने साथ संघ कार्यालय ले गए। वहाँ एक बालटी ली और उसमें आम रख दिए। आधे घंटे बाद आम को ठीक से साफ करके उसके मुँह का हिस्सा हटाकर हाथ से दबाकर ढीला किया और फिर आम को खाना बताया। उन्होंने कहा कि आम खाते समय मुँह नीचे रखना चाहिए। यदि आम धोकर खाओगे तो उसके कारण कोई बीमारी नहीं आएगी। इसी तरह एक बार मैं और एक अन्य स्वयंसेवक पृथ्वीराजजी दौड़ते हुए जा रहे थे; साथ ही, कीकर की दातुन भी करते जा रहे थे। सामने देखा कि साइकिल पर सोहन सिंहजी आ रहे हैं। उन्होंने देखते ही साइकिल रोकी और पूछा कि कहाँ जा रहे हो। हमने बताया कि कार्यक्रम में देर नहीं हो जाए, इसलिए दौड़ते हुए जा रहे हैं। वे बोले कि कल कार्यालय आना। साथ में कीकर की दो दातुन भी लेकर आना। दूसरे दिन कार्यालय गया तो उन्होंने पहले दातुन को धोया; फिर उसे कई बार चबाकर उसका ब्रुश बना लिया। दातुन करने के बाद दो टुकड़े करके समझाया कि यह जीभ साफ करने के

काम आएगी। वे खुद भोजन भी करते तो उन्हें आधे घंटे से लेकर पौन घंटे तक लगता था। जैसा कि हम सुनते-पढ़ते हैं कि रोटी को बत्तीस बार चबाना चाहिए; संभवत: वे वैसा ही करते थे।

जब भी सोहन सिंहजी का ध्यान करते हैं तो परम पूजनीय डॉक्टरजी की छवि सामने आकर खड़ी हो जाती है। पानीपत में प.पू. श्री गुरुजी का प्रवास था। वे जीटी रोड पर सुल्तान सिंहजी के घर ठहरनेवाले थे। सोहन सिंहजी ने कहा कि वहाँ सफाई वगैरह का पूरा ध्यान रखना है। हम लोगों ने एक-एक कमरे को ठीक ढंग से साफ करके चादरें बिछा दीं। इसके बाद सोहन सिंहजी देखने के लिए आए। उन्होंने दो कमरे देखे और कुछ नहीं बोले। तीसरे कमरे में गए तो उनको एक जगह से चादर उठी हुई दिखाई दी। उन्होंने तुरंत वहाँ से चादर और दरी हटवाई तो पता चला कि वहाँ कुछ कूड़ा दबा रह गया है। उन्होंने उसे हटवाकर ठीक से चादर बिछवाई। फिर कहा कि डॉक्टरजी की जीवनी पढ़ी है न···किस तरह छोटी-से-छोटी बात पर ध्यान रखना चाहिए। जैसे डॉक्टरजी की अस्वस्थता के दौरान उनकी चादर तो गीली है, तब उसे पता चला कि डॉक्टरजी ने खुद चादर धोई है। आशय यह कि स्वयंसेवक के किए हुए कोई भी काम में कहीं कमी नहीं रहनी चाहिए।

मैं झंडेवाला कार्यालय में रहता था और पानीपत लौट रहा था। माननीय माधवरावजी ने कहा कि सोहन सिंहजी बीमार हैं···आपको यहीं रहना है। मैं डॉक्टर कटारियाजी के यहाँ गया, जहाँ सोहन सिंहजी का इलाज चल रहा था। डॉक्टरों ने बताया कि दवा-खानपान का ठीक से ध्यान रखा गया तो सोहन सिंहजी एक सप्ताह में ठीक होकर बिस्तर से उठ सकते हैं। हम उसी तरह उनका ध्यान रखते थे···लेकिन सोहन सिंहजी हमेशा इस बात की चिंता करते थे कि उनके ऊपर एक भी पैसा फालतू खर्च नहीं हो जाए। एक दिन एक स्वयंसेवक के पास से मैं कुछ फल ले आया। सोहन सिंहजी ने देखते ही नाराजगी प्रकट की। वे बोले, ''क्या जरूरत थी इनकी! पता नहीं है कि स्वयंसेवक कितने मुश्किल से गुरुदक्षिणा करते हैं। याद है न, पानीपत में स्वयंसेवक किस तरह शनिवार-रविवार को स्टेशन पर कुली का काम करके गुरुदक्षिणा के लिए राशि एकत्रित करते थे।'' मैंने उन्हें बताया कि इन पर पैसा खर्च नहीं हुआ है तो वे शांत हुए। सात-आठ दिन बाद वे ठीक होकर बिस्तर से उठने लगे।

सोहन सिंहजी के कहने पर ही मैं प्रचारक निकला और मुझे अंबाला शहर का प्रचारक बनाया गया। सोहन सिंहजी का प्रवास था। हम एक कार्यकर्ता के यहाँ भोजन करने गए। कार्यकर्ता ने सिर्फ सोहन सिंहजी के लिए थाली लगाई तो उन्होंने पूछा कि रघुवीरजी के लिए क्यों नहीं! मैंने बताया कि मंगलवार का व्रत करता हूँ। वे तुरंत बोले कि प्रचारक को भोजन करना चाहिए। भोजन नहीं करेंगे तो काम कैसे करेंगे। उनका कहना

ही हमारे लिए सबकुछ था, मैंने उसी दिन से मंगलवार का व्रत छोड़ दिया। पढ़ाई के दौरान भी मैंने सोहन सिंहजी से इच्छा प्रकट की कि मैं हॉस्टल में रहकर पढ़ना चाहता हूँ, ताकि वहाँ शाखा लगा सकूँ। उन्होंने कहा कि कार्यालय पर रहकर ही काम करो और संघ की योजना से करो, मैंने वैसा ही किया। प्रचारक रहते समय सोहन सिंहजी ने कहा कि अब वकालत करके घर को सँभालो। मुझे लगा कि कहाँ स्वर्ग से लौटने को कह रहे हैं। लेकिन उन्होंने कहा कि चार भाई हैं, पढ़ रहे हैं, उन्हें कौन सँभालेगा! तो सोहन सिंहजी यह देखते थे कि किस समय किसको क्या काम करना चाहिए।

एल.एल.बी. करने के बाद मुझे करनाल के संघचालक लाला सीतारामजी के पास भिजवाया। एक दिन मैं लालाजी के यहाँ गया तो देखा कि सोहन सिंहजी लालाजी की मालिश कर रहे हैं। बाद में पता चला कि वे रोज दो-ढाई घंटे आकर लालाजी की मालिश करते हैं। लालाजी को लकवा मार गया था और उनके ठीक होने की गुंजाइश बहुत कम थी। सोहन सिंहजी ने कई महीनों तक उनके यहाँ जाकर उनकी मालिश की, जब तक कि लालाजी चलने-फिरने के लायक नहीं हो गए।

एक बार सोहन सिंहजी से मिलने जयपुर गया। देखा कि सोहन सिंहजी चाय पी रहे हैं। हमने उन्हें पहले कभी चाय पीते हुए नहीं देखा था। इसलिए हम लोग भी नहीं पीते थे। उन्होंने मुझे देखकर मेरे लिए भी चाय मँगवाई। मैंने पूछा कि आप तो चाय पीते ही नहीं हैं। सोहन सिंहजी ने कहा कि राजस्थान में हरियाणा जितना दूध नहीं होता, इसलिए जहाँ जो स्थिति हो, उसके लिए सहज रहना चाहिए।

सोहन सिंहजी ने सिखाया कि जहाँ भी कार्यकर्ता काम करे, उसे अपनी स्पष्ट पहचान छोड़नी चाहिए। मतलब यह कि वहाँ पर संघ का काम सबसे अच्छा हो। मेरी बलराम शाखा में 7080 स्वयंसेवक होते थे। उन्हें यह देखकर अच्छा लगता। दिल्ली में संघ शिक्षा वर्ग लगा तो दिल्ली के बाद सबसे अच्छी संख्या 25 अंबाला से ही थी। सोहन सिंहजी ने कहा कि इस वर्ग में रहना है। मैंने कहा कि मेरा तो द्वितीय वर्ष किया हुआ है तो बोले कि दुबारा कर लोगे तो भी क्या बुराई है, 25 स्वयंसेवक हैं, उनको नियमित सँभालने की भी तो जरूरत पड़ेगी। वर्ष 1956 में मैं सायं कार्यवाह था और उनका आदेश हुआ कि मुझे विस्तारक के रूप में शाहबाद जाना है। वहीं, पानीपत के नगर कार्यवाह शिवदत्तजी चाहते थे कि इतना अच्छा काम है तो मुझे उसे छोड़कर नहीं जाना चाहिए। सोहन सिंहजी ने कहा कि जाना ही है। वे बोले कि केवल पानीपत ही नहीं है, सब जगह संघ का काम खड़ा होना चाहिए। एक ही जगह रहेंगे तो प्रचारक कैसे निकलेंगे। साथ ही, मुझे जाते समय यह भी निर्देश दिए कि पाँच दिन में वहाँ सायं शाखा खड़ी करनी है; तब वहाँ सायं शाखा नहीं थी। बोले कि पाँच दिन बाद मैं शाखा देखने आऊँगा। सिर्फ पाँच दिन का समय और सोहन सिंहजी का आदेश। एक जगह देखा कि कुछ बच्चे हॉकी खेल

रहे हैं और कुछ दूसरा खेल खेल रहे हैं। मैंने उनके पास जाकर पूछा कि हॉकी का सबसे बड़ा खिलाड़ी अपने देश में कौन है, जिसे सारी दुनिया में जाना जाता है। वे बच्चे जवाब नहीं दे पाए तो मैंने बताया कि ध्यानचंद। इसी तरह, कुछ शिवाजी की बातें बताईं। उन बच्चों को मेरी बातें बहुत अच्छी लगीं। वे बोले कि गुरुजी कल भी आइएगा। मैंने कहा कि मैं गुरु नहीं हूँ, मैं तो आपका भाई हूँ। दूसरे दिन भी गया, उसी तरह की बातें हुईं और उन बच्चों को बहुत अच्छी लगीं। फिर मैंने कहा कि 15-20 मिनट हॉकी और खेल लो; फिर मैं तुमको कुछ नए खेल बताऊँगा। इसके बाद उनको संघ से जुड़े हुए कुछ खेल बताए और बैठाकर शिवाजी की कहानियाँ सुनाईं। वे बच्चे बहुत प्रभावित हुए और इस तरह शाखा लगने लगी। पाँचवें दिन सोहन सिंहजी आ गए...वे शाखा देखकर प्रसन्न हुए। उस दिन 60 संख्या थी। यह सब हमें सोहन सिंहजी ने सिखाया। मैं ही नहीं, ऐसे कितने ही कार्यकर्ता हैं, जिन्हें सोहन सिंहजी ने छोटी-छोटी बात सिखाकर तैयार किया।

सोहन सिंहजी मुझसे आठ-दस साल बड़े थे। लेकिन कभी उन्होंने पाँव के हाथ नहीं लगाने दिया। आखिरी समय के एक साल पहले जरूर एक बार मैं उनके चरण स्पर्श कर सका। मैं ही नहीं, मेरी धर्मपत्नी भी उनसे बहुत प्रभावित रहीं। मैं जब सोहन सिंहजी से मिलने जाता तो वे भी कहतीं कि मुझे ले चलिए। सोहन सिंहजी के आखिरी दिनों में मैं सपत्नीक उनसे मिलने गया तो उन्होंने जरूर पत्नी को भी पैर के हाथ लगाने दिए। ऐसे संघ में कर्मठ प्रचारक हुए हैं, जिन्होंने संघ कार्य के सामने अपने स्वास्थ्य और जीवन का बिल्कुल ध्यान नहीं रखा। सोहन सिंहजी वैसे ही अलग विलक्षण प्रचारक थे, जिनमें हम परम पूजनीय डॉक्टरजी की छवि देखते थे।

(पूर्व जिला संघचालक, पानीपत)

❑

अविचल साधक : माननीय सोहन सिंहजी

वीरव्रती प्रचारक

माननीय सोहन सिंहजी से मिलने और उनसे वार्त्ता का अवसर मुझे नहीं मिला; लेकिन सार्वजनिक जीवन में ऐसे कितने ही लोगों से मेरा संपर्क हुआ, जो न केवल सोहन सिंहजी से प्रभावित हुए, बल्कि उनके कारण उनकी जीवन-शैली ही राष्ट्र केंद्रित हो गई। राजस्थान आने पर सोहन सिंहजी के विशिष्ट कार्यों की और विस्तार से जानकारी मिली। मैंने जितना उनके बारे में सुना है, उनके आधार पर कह सकता हूँ कि वे वीरव्रती प्रचारक थे और उन्होंने अपने जीवन का पल-पल समाज व राष्ट्र के लिए समर्पित कर दिया।

—कल्याण सिंह

राज्यपाल, राजस्थान

अनुकरणीय व्यक्तित्व

माननीय सोहन सिंहजी द्वारा सिद्धांतों को दिया जानेवाला महत्त्व सदैव अनुकरणीय बना रहेगा और अनुशासन के मामले में उनसे हमेशा प्रेरणा ली जाती रहेगी। मेरी पूज्य माताजी से उनके काफी अच्छे संपर्क थे और वे बराबर परिवार के हाल-चाल लेते रहते थे। सोहन सिंहजी बीस वर्ष की आयु से ही संघ के विचार को जन-जन तक पहुँचाने में जुट गए थे। राजस्थान में संघ के काम को बढ़ाने में उन्होंने बहुत योगदान दिया। भारतीय जनता युवा मोर्चा के जरिए जब मैं पहली बार राजनीति में आई थी, तब उनसे मुलाकात हुई। उनसे मैंने बहुत कुछ सीखा है। सभी को स्नेह करते थे; लेकिन सिद्धांतों के प्रति बहुत कठोर थे। उन्होंने कहा कि एक बार टिकट को लेकर कोई बात हुई, तब उन्होंने कहा कि सिद्धांतों से कभी समझौता नहीं करना है। हमने श्री भैरोंसिंहजी शेखावत से कहा कि हमें तो डाँट पड़ गई, अब आप ही बात कीजिए। उन्होंने हमें समझौता नहीं करते हुए सही रास्ते पर चलना सिखाया। जब मैं अंतिम बार दिल्ली गई थी, तब उनसे

मुलाकात करने का मौका मिला। तब मुझे मालूम नहीं था कि यह मौका अंतिम होगा। वे सरलता व सादगी की प्रतिमूर्ति और बड़े आदर्श थे। उन्होंने राजस्थान को अपनी कर्मभूमि बनाया, यह हम सबका सौभाग्य है।

—वसुंधरा राजे
मुख्यमंत्री, राजस्थान

सोहन सिंहजी का प्रसाद

माननीय सोहन सिंहजी के प्रथम कार्यक्षेत्र करनाल का प्रसाद पाकर धन्य हुआ हूँ। वहाँ की जनता ने बताया तो लगता है कि सोहन सिंहजी का आशीर्वाद ही प्राप्त हुआ। उसी उच्च कोटि की प्रेरणा से हरियाणा की सेवा करने का अवसर मिला है। इसे बखूबी निभाऊँ, यही उनके प्रति मेरी सच्ची श्रद्धांजलि होगी।

—मनोहर लाल खट्टर
मुख्यमंत्री, हरियाणा

चुंबकीय व्यक्तित्व

राष्ट्रीय स्वयंसेवक संघ के षष्ठिपूर्ति वर्ष में मुझे सोहन सिंहजी के साथ रहने का सुअवसर प्राप्त हुआ। लोक में जो यह धारणा है कि संघ मुसलिम-विरोधी है, उसके उत्तर में उनके बौद्धिक में जो मैंने सुना, उससे अनेक मुसलिम बंधुओं के हृदय परिवर्तित हो गए। उनका कहना था कि हिंदुओं से अधिक मुसलमानों को भारत वसुंधरा से प्रेम करना चाहिए, क्योंकि हिंदू समाज अपने अंतिम संस्कार में 4 गुणा 8 हाथ भूखंड में अनेक पीढ़ियों के अंतिम संस्कार करता है। वहीं मुसलिम परंपरा में प्रत्येक व्यक्ति के लिए उतनी ही भूमि अलग से तय की जाती है। मैं राम जन्मभूमि आंदोलन में उनके इन विचारों को संप्रेषित करता था। उसका परिणाम यह हुआ कि गुढ़ा गौड़जी सभा में एक मुसलिम युवक 'भारत माता की जय' के साथ हमारे अभियान में शामिल हो गया। यद्यपि कट्टरपंथी मुसलमानों ने उसको बहुत भ्रमित किया, किंतु मेरे साथ दशाधिक सभाओं में वह युवक भारत माता के प्रति समर्पण भाव की अभिव्यक्ति करता रहा।

सोहन सिंहजी का व्यक्तित्व 'वज्रादपि कठोराणि मृदूनि कुसुमादपि'—स्वयं के प्रति कठोर एवं कार्यकर्ताओं के प्रति कोमल भाव से कठोर परिश्रम कर संघ शक्ति का अद्भुत जागरण किया।

देश के प्रमुख राजनेता उनकी छोटी सी बात का भी बहुत सम्मान करते थे। एक बार मैं और सीकर के जिला संघचालक परशुरामजी अग्रवाल दिल्ली संघ कार्यालय पहुँचे। उद्देश्य था अकालग्रस्त गोवंश का रक्षण। महाराष्ट्र से अकालग्रस्त गायों के

लिए चारे की निःशुल्क व्यवस्था हो चुकी थी। परिवहन का खर्चा गो-भक्तों से संभव नहीं हो रहा था। हम लोगों ने सोहन सिंहजी से निवेदन किया कि यदि भारत सरकार मालगाड़ी की निःशुल्क व्यवस्था कर सके तो राजस्थान में गो माताओं की सेवा हो जाएगी। उन्होंने तत्काल मानव संसाधन विकास मंत्री श्री मुरली मनोहर जोशी को फोन किया, हमारा मिलने का समय निर्धारित हो गया। हम लोग मुरली मनोहरजी से मिले। उन्होंने कहा, 'इस पवित्र काम के लिए यह सरकार सोहन सिंहजी की बात को आज्ञा मानकर स्वीकार करती है।' इसके कारण महाराष्ट्र से पूरी मालगाड़ी चारे से भरकर आ गई, जिससे सैकड़ों ट्रक चारा राजस्थान की गोशालाओं को वितरित किया गया।

—स्वामी राघवाचार्य महाराज

रेवासा धाम, सीकर

माँ जैसा स्नेह

सन् 1984 में मैं तेज बुखार से पीड़ित था। पूरा शरीर 104 डिग्री ताप से तप रहा था। शरीर में तेज दर्द हो रहा था। दो-तीन दिन हो गए थे। मा. सोहन सिंहजी प्रवास से आए। पता चला तो तुरंत मेरे पास आकर पानी की पट्टी करने लगे और हाथ-पैर दबाने लगे। मुझे उनके स्नेहिल स्पर्श से अत्यंत आत्मीय अनुभूति मिली। मेरे मन पर 30 वर्षों के बाद भी उनके स्नेह की छाप अमिट है।

अंतिम समय में भी वे ध्येयवाद पर चले। 4 जुलाई की रात्रि 11 बजे अनायास ही मैं और मेरे सहयोगी जितेंद्र कुमारजी उनके दर्शन करने कमरे में गए। उनकी सेवा में लगे प्रबंधक जितेशजी और अंकुरजी बहुत चिंतित थे कि कल रात्रि से भाईसाहब ने अन्न-जल कुछ भी नहीं लिया है। मैंने भाईसाहब के सिर पर हाथ फेरा (जो मुझे उनके द्वारा 30 वर्ष पहले सीखने को मिला था) और कहा कि थोड़ा पानी पी लीजिए। उन्होंने अपना काँपता हुआ हाथ मेरे हाथ में देकर सहमति जताई और मैंने 5-6 चम्मच पानी पिलाया। मेरे मन में कई विचार चल रहे थे। कमरे में आकर मैं डायरी लिखने लगा। मैंने लिखा—'सोहन सिंहजी जैसे कर्मयोगी और तपस्वी की यह स्थिति प्रारब्ध है या ईश्वर की कोई लीला है, समझ में नहीं आता है।'

जैसे ही मैंने डायरी लिखकर पूर्ण की, प्रबंधक अंकुरजी दौड़कर मेरे पास आकर कहने लगे, 'भाईसाहब, सोहन सिंहजी की साँस नहीं आ रही है।' दौड़कर डॉ. योगेंद्रजी को बुलाया गया और जाँच करवाई गई। रात्रि 11.40 बजे वे हमारे बीच से चले गए। उसी समय निर्णय लिया कि नेत्रदान करवाया जाए। जिस व्यक्ति के जीवन की प्रत्येक

कृति में संघ-ही-संघ हो, ऐसा साक्षात् ध्येयवादी जीवन मरकर भी अमर हो गया। अपने जीवनादर्श से अनेक जीवन प्रकाशित कर अपने जीवन को सार्थक बना गए।

—गोपाल आर्य

कार्यालय प्रमुख, रा.स्व. संघ कार्यालय, झंडेवाला

राष्ट्र के लिए समर्पित

हरियाणा में आज जो संघ और विभिन्न संगठनों का विशाल कार्य खड़ा दिखाई देता है, वह माननीय सोहन सिंहजी जैसी विभूतियों के कारण ही है। देश की स्वतंत्रता और विभाजन के पहले से ही सोहन सिंहजी प्रचारक के रूप में हरियाणा आए और गाँव-गाँव में संघ-कार्य खड़ा किया। उन्होंने विपरीत परिस्थितियों में अनुकूल वातावरण तैयार करवाया और किसी भी तरह की कठिन परिस्थितियों में नहीं झुकनेवाले कार्यकर्ताओं का निर्माण किया। सोहन सिंहजी हमारी प्रेरणा थे। सन् 1970 में झज्जर में जब मैं विस्तारक था, तब उनके संपर्क में आया। स्वयं के बारे में कठोरता और स्वयंसेवक के लिए उनको रात भर रोते देखा है। 72 वर्ष का प्रचारक जीवन उन्होंने बिताया। इस काल में उन्होंने तिल-तिलकर अपने को राष्ट्र के लिए होम कर दिया।

—रामविलास शर्मा

शिक्षा मंत्री, हरियाणा सरकार

ऋषि-तुल्य जीवन

मा. सोहन सिंहजी से मेरी पहली मुलाकात सन् 1984 के बाद दिल्ली में हुई। उसके बाद जब भी मिलना होता था तो वे मुसकराते हुए मिलते थे; लेकिन कार्य के बारे में हर बात पूछते थे। कभी-कभी तो वे मुझसे पूछते थे कि क्या प्रबुद्ध लोग शाखा भी जाते हैं? उनका पूरा जीवन एक ऋषि की तरह था। किसी भी परिस्थिति में रहना हो, कैसा भी कार्य करना हो तो उनसे सीखा जा सकता है। मैं जब भी प्रातःकाल कार्यालय गया तो उन्हें अपने आवास और उसके आस-पास की सफाई करते हुए देखा। उनके कमरे में एक भी धूल कण नहीं दिखता था। कुछ समय तक मेरे पास धर्म जागरण का कार्य था। उन दिनों वे मुझे पास बैठाकर जनसंख्या के धार्मिक आँकड़ों की बड़ी ही गहराई से जानकारी लेते थे। फिर सवाल भी करते थे कि ये आँकड़े जमीनी हैं भी या नहीं। वे प्रत्येक कार्य में बड़ी ही तल्लीनता और गहराई के साथ लगते थे। उनकी एक प्रमुख विशेषता थी कि जब भी वे फुरसत के क्षणों में बैठते थे तो कार्यकर्ता का ही नहीं, बल्कि उसके परिवार के प्रत्येक सदस्य का हाल जानने का प्रयास करते थे। एक दूसरी विशेषता थी कि जब भी कोई उन्हें कोई पुस्तक पढ़ने को देता था तो उसे वे रख लेते थे।

समय मिलने पर वे उस पुस्तक को अवश्य पढ़ते थे और उसके बारे में चर्चा भी करते थे। दूसरी मुलाकात में ही वे संबंधित व्यक्ति को पुस्तक वापस भी कर देते थे। इन उदाहरणों से प्रमाणित होता है कि वे कितना व्यवस्थित जीवन जीते थे। ऐसा व्यवस्थित जीवन विरले लोगों का ही होता है।

—राजेंद्र चड्ढा

(रा.स्व. संघ के वरिष्ठ प्रचारक)

राष्ट्र समर्पित स्मृति शेष

सन् 1986 में भारतीय शिक्षण मंडल में मुझे राष्ट्रीय संगठन मंत्री का दायित्व मिला हुआ था। केंद्र ने नई शिक्षा नीति के बारे में भारतीय शिक्षण मंडल का अभिमत जानना चाहा। अतः समस्त उत्तरी राज्यों का एक त्रि-दिवसीय चर्चा वर्ग जयपुर में आयोजित किया गया। मैंने सोहन सिंहजी से मार्गदर्शन चाहा। बड़े प्रेम से संपूर्ण व्यवस्था समझाई। छोटी-से-छोटी व्यवस्था से लेकर संपूर्ण कार्य कैसे संपन्न हो। लगभग सभी तैयारियाँ हो चुकी थीं। तीन दिन पहले सोहन सिंहजी का घर आना हुआ। वर्ग की समस्त जानकारी मैं उन्हें बताने लगा। इतनी ही देर में उन्होंने मुझसे कहा, 'मेरे स्कूटर पर बैठो।' मैं तो हक्का-बक्का रह गया। मन में डर था कि न जाने कहाँ व्यवस्था में चूक हो गई। कुछ ही समय में हम आर्यसमाज भवन पहुँच गए। उन्होंने मुझसे पूछा, 'बिजली, पानी, स्नान, शौचालय, भोजन आदि व्यवस्थाओं पर अच्छे से विचार कर लिया है न?' मैंने 'हाँ' में उत्तर दिया। उन्होंने फिर पूछा, 'स्नान के बाद कार्यकर्ता कपड़े कहाँ सुखाएँगे?' मैंने कहा, 'उसके लिए पंडाल के पीछे की तरफ रस्सियाँ बँधवा दी गई हैं।' उन्होंने कहा, 'चलो, देखते हैं।' जहाँ रस्सी बँधी थी, हम वहाँ पहुँचे। रस्सी देखकर सोहन सिंहजी ने कहा, 'यह रस्सी गीले कपड़ों का वजन सहन कर पाएगी?' अब मैं चुप, क्योंकि कभी सोचा ही नहीं था कि इतनी बारीकी से यह भी पूछा जा सकता है। मैंने कहा, 'थोड़ा मुश्किल है।' तब उन्होंने कहा, 'अरे भले आदमी, जब इतने सारे लोगों के गीले कपड़े रस्सी पर सूखेंगे तो रस्सी मजबूत होनी चाहिए या नहीं!' खैर, जो कमी थी, सब पूरी कर ली गई। कार्यकर्ता के लिए उनके मन में कितनी संवेदना थी, यह कल्पनातीत है। एक बार रोहतक प्रवास के अवसर पर कार्यालय में उनसे भेंट हो गई। जलपान के पश्चात् मुझे अपने साथ लिया और दोपहर तक 10-12 घरों में कार्यकर्ताओं की कुशलक्षेम, स्वास्थ्य आदि की जानकारी ली। किसी घर में कोई दिवंगत हो गया तो परिवार को कैसे धैर्य बँधाया, सांत्वना दी, आश्चर्यचकित करनेवाला दृश्य था। समाज में सामाजिक संवेदना कैसे जाग्रत् हो, यह पाठ सहज भाव से मुझे सोहन सिंहजी से सीखने को मिला।

जनता शासनकाल था। मुख्यमंत्री श्री भैरोंसिंहजी और अनेक स्वयंसेवक, जो मंत्री

पद पर थे, स्वाभाविक रूप से 'भारती भवन' मिलने के लिए आ जाया करते थे। जब वे जाते तो वहाँ उपस्थित स्वयंसेवक उनके सम्मान की दृष्टि से शिष्टाचारवश उन्हें बाहर द्वार तक छोड़ने जाते। यह दृश्य सोहन सिंहजी को अच्छा नहीं लगा। कार्यालय में सभी को बुलाया और अत्यंत सख्ती से कहा कि 'यहाँ भारती भवन में आनेवाले मंत्रिगण स्वयंसेवक हैं और वे इसी नाते मिलने के लिए हम सबके पास आते हैं। उनके साथ स्वयंसेवकों जैसा ही व्यवहार होना चाहिए।' बस, उसके पश्चात् वह बंद हो गया। उनका कथन था कि उन्हें सामान्य स्वयंसेवक रहने दो, इतना ही नहीं, किसी भी मंत्री-अधिकारी की गाड़ी में बैठना, यह सुविधा हमारी आदत बिगाड़ देगी, ऐसा उनका स्पष्ट कथन था। निर्माण की कितनी सूक्ष्म प्रक्रिया, आश्चर्य होता है।

जीवन के संध्याकाल में वे दिल्ली में संघ कार्यालय केशव कुंज में रहने लगे। प्रवास की दृष्टि से जब भी दिल्ली जाना होता, उनसे भेंट होती। प्रथम तो वे मुझसे भारतीय शिक्षण मंडल की प्रगति के बारे में सुनते, फिर धीरे से समझाते, 'शिक्षा का यह संगठन है। संख्या बल पर अधिक ध्यान न देकर देश के श्रेष्ठ विद्वानों को जोड़ो। जिनकी पढ़ने में रुचि हो, उन्हें सदस्य बनाओ और अपने लक्ष्य व उद्देश्य का सदा ध्यान रखो। कार्यकर्ताओं से अपनत्वपूर्ण आत्मीयता का व्यवहार आवश्यक है।' आदि। उस अस्वस्थ अवस्था में भी उन्होंने कभी अपने स्वास्थ्य या रुग्णता की चर्चा नहीं की। जोर देकर पूछने पर भी 'सब ठीक है। जाओ, अपना कार्य करो।' कहकर टाल देते थे।

—धर्मनारायण अवस्थी

पूर्व संगठन मंत्री, भारतीय शिक्षण मंडल

परिवार की भी चिंता करते

जयपुर में पहले एक शाखा से अधिक का काम देखनेवाले कार्यकर्ताओं की साप्ताहिक बैठक प्रत्येक बुधवार को होती थी। गोपालजी के रास्ते में स्थित कार्यालय में यह बैठक रात्रि 8 बजे से प्रारंभ होकर 11 बजे तक चलती थी। किसी कारणवश एक बार बैठक थोड़ी लंबी चली। बैठक समाप्त होने के बाद श्रीनिवासजी अग्रवाल (तत्कालीन महानगर कार्यवाह) ने सभी कार्यकर्ताओं को भोजन के लिए घर चलने को कहा और यह भी बताया कि बच्चे की ससुराल से सिंजारा आया है, इसलिए चलना ही पड़ेगा। सोहन सिंहजी इस आग्रह को टालना चाहते थे; लेकिन कार्यकर्ताओं के मन को देखते हुए उन्होंने कहा, 'जैसा रामकिशोरजी (तत्कालीन विभाग कार्यवाह) कहें, वैसा ही कर लेंगे।' रामकिशोरजी ने 'हाँ' कर दी। अतः भोजन के लिए श्रीनिवासजी के यहाँ जाना तय हुआ।

हम सभी ने अपनी-अपनी साइकिल उठाई और संघ कार्यालय से सीधे रामगंज बाजार स्थित उनके घर जा पहुँचे। उस समय रात के 12 बज रहे थे। घर पहुँचकर अपनी प्रचलित शाखा शैली में सबने जोर-जोर से आवाज लगाई, जबकि घर के मुखिया हमारे साथ थे। हमारे शोर ने घर के सदस्यों को ही नहीं, पूरे मोहल्ले को उठा दिया।

दरवाजा खुला और हम लोग भोजन के लिए सीधे छत पर चले आए। गरमी के दिन थे। हमने दरी-पट्टी बिछाई और भोजन की प्रतीक्षा करने लगे। हमारे सभी क्रिया-कलाप सोहन सिंहजी चुपचाप देख रहे थे। कुछ देर बाद सभी को हाथ धोने का आग्रह किया गया तो सोहन सिंहजी उखड़ पड़े। हमारा चेहरा देखने लायक था। खैर, चुपचाप हम लोगों ने भोजन करना प्रारंभ किया। दो कार्यकर्ता भोजन करवा रहे थे। मौन अवस्था में भोजन चल रहा था। सभी का भोजन हो जाने के बाद चलने की तैयारी थी। तभी सोहन सिंहजी ने मेरी ओर देखते हुए सभी को कहा, 'अरे, भले आदमियो, तुमने भोजन के लिए रात 12 बजे सोते हुए घरवालों को जगा दिया। उनकी दशा क्या हुई होगी, यह सोचने का विषय है। हमारे इस व्यवहार से घर के सदस्यों के मन पर क्या संस्कार हुआ होगा, कभी इसका विचार किया!'

हम सभी के सिर नीचे की ओर झुके हुए थे; लेकिन उनके एक-एक शब्द हमें यही प्रेरणा दे रहे थे कि हमेशा कार्यकर्ता की ही नहीं, उसके परिवार की भी बराबर चिंता करनी चाहिए। साथ ही एक बात और सीखने को मिली कि सदैव समय को ध्यान में रखकर कार्य करना चाहिए। हमारे कार्य से किसी को असुविधा हो, यह ठीक नहीं।

—रामेश्वर भारद्वाज

प्रदेश अध्यक्ष, संस्कार भारती, राजस्थान

नियमितता, निष्ठा और अनुशासन

माननीय सोहन सिंहजी से मेरा पहला परिचय फरवरी 1972 में नानाजी की हवेली स्थित कार्यालय में हुआ था। कार्यालय पहुँचे तो प्रांत कार्यवाह माननीय दादाभाई से मिले और उन्होंने ही हमें माननीय सोहन सिंहजी से मिलवाया। उस समय केवल औपचारिक परिचय तक ही चर्चा सीमित रही; किंतु उस चर्चा में जो आत्मीयता उन्होंने दिखाई, उससे हृदय गद्गद हो गया। शाखा में जाने की नियमितता पर जाने की बात की तो मैंने अपनी विवशता प्रकट कर दी। अकाल सहायता विभाग में मैं लगभग 6 वर्ष से कार्य कर रहा था। वहाँ कार्याधिक्य के कारण शाम 7 से 8 बजे तक कार्यालय में ही रुकना पड़ता था, अतः सायं शाखा में भाग नहीं ले पाता था। प्रभात शाखा लगती तो थी, परंतु उसमें नियमितता नहीं थी। अतः मैं एक अनियमित स्वयंसेवक था, जो अवकाश के दिन ही शाखा में जा पाता था। सोहन सिंहजी का कहना था कि अकेले सही, पर

प्रभात शाखा में संघ-स्थान पर ध्वज प्रणाम तो कर ही सकते हो।

उसके बाद लगभग तीन वर्ष तक उनसे विशेष रूप से मिलना नहीं हो सका। कभी कार्यालय जाता तो नमस्कार कर आता था। उनके व्यक्तित्व की आभा को देखते हुए प्रांत प्रचारक स्तरीय अधिकारी से मिलने में मन में डर-सा रहता था। अपने साथियों से सुनता कि छोटी-से-छोटी भूल भी उनकी पैनी नजर से छुप नहीं सकती थी और उस पर उपालंभ भी मिल जाता था। अत: कार्यक्रमों के अलावा सदा उनकी निगाह में आने से बचता रहता था। इसके अतिरिक्त सरकार में भी मुझे विशिष्ट योजना संगठन में लगाकर एक ऐसे दायित्व में फँसा दिया गया था, जहाँ प्रवास पर जाना रहता था। नीतिगत चर्चाओं में सचिवों और मंत्रियों से चर्चा करने में समय लग जाता था। उस समय मेरे तीन मंत्री सर्वश्री शिवचरण माथुर, मुख्यमंत्री; श्री परसराम मदेरणा, कृषि एवं पशुपालन मंत्री एवं श्री चंदनमलजी बैद, भूजल संसाधन मंत्री थे और उनके साथ योजनाओं पर चर्चा कार्यालय समय के बाद ही हो पाती थी। सो अनियमितता यथावत् बनी रही और इसकी जानकारी सोहन सिंहजी को थी। उनकी तरफ से संदेश मिलते रहते थे कि काम स्वयंसेवक वाली निष्ठा से करते रहो।

दूसरी विशेष चर्चा का अवसर सन् 1977 में आया। आपातकाल के बाद राजस्थान में जनता सरकार बनी। उसमें ललित किशोरजी चतुर्वेदी मंत्री बने और मुझे उनका विशिष्ट सहायक नियुक्त कर दिया गया। उस समय मैं जनजाति विकास विभाग का उपसचिव था और जनजाति क्षेत्र के लिए उपयोजना बनाने का कार्य कर रहा था। वर्षों से उपेक्षित समाज की सेवा का अवसर मुझे मिला था और उसे मैं छोड़ना नहीं चाहता था। मैंने जानना चाहा कि आखिर यह हुआ कैसे, तो मुझे पता लगा कि मेरे ही एक साथी भँवरलालजी शर्मा ने मेरा नाम सोहन सिंहजी को प्रस्तावित किया था और उनकी अनुमति से ऐसा हुआ है। मैं जब इस विषय में उनसे मिला तो उनका कहना था कि हमारी योजना से ही हुआ है और तुम्हें अपना यह दायित्व उठाना है। मना करने का तो प्रश्न ही नहीं था, अत: तब से उनसे जो जुड़ाव हुआ, वह उनके जीवनपर्यंत रहा और ललितजी भी मुझसे सदैव परामर्श करते रहे।

तीसरी बार का प्रकरण इस दूसरी बार मिलने के कुछ ही समय बाद हुआ। ललित किशोरजी चतुर्वेदी के पास शिक्षा मंत्रालय था और उसमें स्थानांतरणों की सिफारिशों का अंबार लगा हुआ था। मेरे कार्य ग्रहण से पूर्व विभाग को मंत्री महोदय की ओर से ट्रांसफर लिस्ट भेज दी गई थी। उनमें से कई स्थानांतरणों पर बाद में विवाद भी रहा। मेरे सामने भी वैसी ही एक लंबी सूची प्रस्तुत की गई और चाहा गया कि यह सूची विभाग को भेज दूँ। मैंने मना कर दिया और विधानसभा से आते हुए ललितजी से कहा कि नानाजी की हवेली चलते हैं। वहाँ सोहन सिंहजी, दादाभाई, किशन भैयाजी से मिलने

चलेंगे। वहाँ सोहन सिंहजी को मैंने कहा कि जिस प्रकार मंत्रीजी का कार्यालय चल रहा है, उससे मैं सहमत नहीं हूँ। अत: मुझे मुक्त कर दिया जाए। सोहन सिंहजी ने ललितजी से कहा कि नरसिंहजी का कहना ठीक है। यह सब तो बंद करिए और इनकी सलाह से काम करिए। यह स्पष्ट संकेत था और मुझे वहीं ठहरना पड़ा।

चौथा विशेष अवसर वह आया, जब मैं सेवानिवृत्त हो गया। शिक्षा से मेरा जुड़ाव प्रारंभ से ही रहने के कारण उस क्षेत्र में थोड़ा-थोड़ा कार्य मैं कर रहा था; किंतु वह सब स्वत: प्रेरित था। एक दिन सुबह लगभग 8 बजे सोहन सिंहजी नगर कार्यवाह के साथ घर पर पधारे। मेरा स्वास्थ्य उस दिन ठीक नहीं था, अत: मैं लेटा हुआ था। अचानक घर पर देखकर मुझे अत्यंत संकोच हुआ और मैंने कहा कि मुझे आदेश दिया होता तो मैं ही कार्यालय आ जाता। उन्होंने कहा कि 'आज मैं अपने काम से आया हूँ। मुझे आपको किस योजना से जोड़ना है, यह आपकी पसंद पर निर्भर करेगा।' मैंने निवेदन किया कि जनजाति कल्याण कार्य की योजना से जहाँ से आपने मुझे इधर योजित किया था, वह सर्वाधिक सेवा और कार्य चाहती है, अत: वह क्षेत्र और शिक्षा का क्षेत्र, ये मेरे मनपसंद सेवा प्रकल्प हैं। उन्होंने मुझे गुणवंत सिंहजी कोठारी और मधुकर गंगाधर भाटवड़ेकरजी से मिलने को कहा। तब से उनके निर्देशानुसार आदर्श विद्या मंदिर, केशव विद्यापीठ, विद्या भारती और वनवासी कल्याण परिषद् में अपनी क्षमतानुसार कार्य कर रहा हूँ।

—नरसिंह भट्ट

पूर्व प्रशासनिक अधिकारी, जयपुर

समाज-सुधार के प्रेरणास्त्रोत

जब पूर्व प्रांत प्रचारक माननीय ब्रह्मदेवजी बड़ी जिम्मेदारी के लिए लौटे, तब सोहन सिंहजी ने राजस्थान के प्रांत प्रचारक का कार्यभार सँभाला। जहाँ वे राजस्थान के सभी जिलों में पूर्णकालिक कार्यकर्ता बढ़ाने में लगे थे, साथ-साथ परम पूजनीय श्रीगुरुजी के समय से विभिन्न क्षेत्रों में चल रहे सेवा कार्यों में भी उनका महत्त्वपूर्ण योगदान रहा। जयपुर में शिक्षा की दृष्टि से आदर्श विद्या मंदिर के विस्तार में बालिका विद्यालय भी प्रारंभ है। साथ ही जामडोली ग्राम में केशव विद्यापीठ में छात्रावास, बी.एड. कॉलेज को प्रारंभ करने में तथा सारे जिलों में आदर्श विद्या मंदिर खोलने में उनका बड़ा योगदान रहा।

वनवासी अंचल के बाँसवाड़ा, डूँगरपुर और प्रतापगढ़ के गाँवों में ईसाइयों के प्रचार से वनवासी बंधु 'जय यीशू' कहने लगे थे। आपके मार्गदर्शन में सैकड़ों विद्यालय चलाकर फिर से उन्हें हिंदू परंपरा के साथ जोड़ा गया। अब वे गायत्री मंत्र और 'जय श्रीराम' कहने लगे हैं।

अजमेर के ब्यावर क्षेत्र में चारों ओर सम्राट् पृथ्वीराज चौहान के वंशज हैं। जो धर्मांतरित हुए, वे भी हिंदू रीति-नीति में विश्वास करते हैं। उस क्षेत्र में देवबंद से मुल्ला-मौलवियों ने आकर नमाज पढ़वाने, दाढ़ी रखवाने और धन का लालच देकर व्यापक तौर पर धर्म-परिवर्तन करवाना शुरू कर दिया। माननीय सोहन सिंहजी की प्रेरणा से पृथ्वीराज जयंती मनाई जाने लगी। ब्यावर, चांग, बाबरा आदि स्थानों पर कुलदेवी आशापुरा माता मंदिरों का निर्माण तथा ब्यावर में सम्राट् पृथ्वीराज चौहान की मूर्ति के साथ विशाल आशापुरा माता मंदिर एवं विद्यालय छात्रावास की योजना से हजारों ग्रामीण बंधु फिर से अपनी जाति 'चौहान' के रूप में रहने लगे। मुसलिम वायुमंडल की जगह चौहान वंशीय वातावरण बनने लगा। यह सोहन सिंहजी के मार्गदर्शन में ही संभव हुआ।

इसी प्रकार, श्रीराम जन्मभूमि अयोध्या के आंदोलन कारसेवा में उनकी प्रेरणा से राजस्थान से लगभग 1,400 कारसेवकों को भेजना और रास्ते में खाने-पीने, विश्राम और आगे का मार्गदर्शन भी हमें उनसे मिलता था।

राजस्थान में पुराने जमाने से गो-भक्ति प्रसिद्ध है। इसके फलस्वरूप 1,500 गोशालाएँ आज भी चल रही हैं; लेकिन साथ-साथ कुछ कसाई सक्रिय होकर मेलों से गोवंश खरीदकर उत्तर प्रदेश के बूचड़खानों में कत्ल करने ले जाते थे। उन दिनों सोहन सिंहजी के प्रयास से और विश्व हिंदू परिषद् की वरिष्ठ मार्गदर्शक राजमाता विजयाराजे सिंधियाजी के मार्गदर्शन में सन् 1995 में गोवंश हत्या निरोधक कानून का निर्माण और गोसेवा आयोग का गठन तत्कालीन मुख्यमंत्री भैरोंसिंहजी शेखावत द्वारा विधानसभा में पारित करवाकर हुआ।

इसी प्रकार के कई समाज-सुधारों के लिए पिछड़ी बस्तियों में भी सेवा के रूप में चिकित्सालय खुलवाने में सोहन सिंहजी का योगदान रहा।

—जयबहादुर सिंह शेखावत

अध्यक्ष, गोवंश संरक्षण संवर्धन परिषद्, राजस्थान

दूरदृष्टि से कार्यकर्ता का चयन

सोहन सिंहजी का जब जयपुर महानगर में प्रवास होता तो बैठक के बाद समीक्षा बैठक होती तो किस कार्य के लिए कौन व्यक्ति उचित होगा, यह चयन हमारी अपेक्षा उनका उपयुक्त होता। उनका चयन वास्तव में अच्छे परिणाम देता, यह उनकी दूरदृष्टि थी; जबकि कार्यकर्ताओं से ही उपयुक्त नाम का चयन करवाने की कला में भी निपुण भाईसाहब हम सभी से नाम तय करवाकर हमसे कार्य करवाते थे।

सोहन सिंहजी का कार्यकर्ताओं से व्यक्तिगत संपर्क रखकर उनकी व्यक्तिगत समस्याओं एवं पारिवारिक स्थितियों की जानकारी लेकर उनका समाधान करना भी

उनकी बातों का हिस्सा होता था। 10 मिनट की बातों में 8 मिनट तक पारिवारिक एवं व्यक्तिगत वार्त्ता करके मात्र 2 मिनट में अपनी योजना भी समझा देते थे। उस वार्त्ता से हमारे अंदर ऊर्जा शक्ति का संचय हो जाता और हम अपने-अपने कार्य के लिए दोगुने जोश से जुट जाते, जो आज भी प्रेरणा देते रहते हैं।

मैं जब पहली बार विधायक चुनकर आया, तब स्वयंसेवक विधायकों की बैठक हुई थी। उस समय लगभग 51-52 कार्यकर्ता विधायक चुनकर आए थे। बैठक में उन्होंने सबसे महत्त्वपूर्ण बिंदु को समझाते हुए बताया कि संघ के कार्यकर्ता से विधायक बनने के बाद जनता की अपेक्षाओं पर खरा उतरना है; लेकिन विधायकों को मिलनेवाली सुविधाओं जैसे—बँगला, सोफे, गाड़ी और अन्य आधुनिक सुविधाओं के गुलाम नहीं होकर अपने धरातल पर रहकर कार्य करना है; क्योंकि हम संघ के स्वयंसेवक पहले हैं, विधायक बाद में। सोहन सिंहजी ने हमेशा छोटी-छोटी बातों को समझाने की आदत से कई स्वयंसेवकों को बड़ा बना दिया, लेकिन कभी भी अपने बड़े होने की अनुभूति नहीं होने दी।

—रामेश्वर भारद्वाज

प्रदेश अध्यक्ष, संस्कार भारती, राजस्थान

सादगी एवं उच्च विचारधारा से दर्प पर विजय

माननीय सोहन सिंहजी का जीवन सादगी एवं उच्च विचारधारा से युक्त था। उन्होंने अपने विचारों एवं सादगी से दर्प पर विजय प्राप्त की और स्वयं का कार्य हमेशा स्वयं ही करते थे, जिससे उनका शारीरिक स्वास्थ्य भी हमेशा अच्छा रहा। काम, क्रोध, मद, लोभ एवं मोह पर उनका प्रभुत्व था, अर्थात् उन्होंने सभी अवगुणों पर विजय प्राप्त की हुई थी। राष्ट्रीय स्वयंसेवक संघ के संस्थापक परम पूजनीय डॉ. हेडगेवारजी एवं द्वितीय सरसंघचालक श्रीगुरुजी के स्वप्नों को उन्होंने आगे बढ़ाया तथा प्रतिक्षण राष्ट्र-सेवा एवं प्राणिमात्र की सेवार्थ सक्रिय रहे। मनोरंजन एवं भौतिकता से दूर रहनेवाले सोहन सिंहजी ने मुझे तीसरी बार जनसंघ का चुनाव लड़ने का आदेश दिया और भैरोंसिंहजी शेखावत एवं गिरधारी लालजी भार्गव को कहा, 'मुझे भँवरजी पर पूरा विश्वास है कि वे मेरी बात नहीं टालेंगे।' अनुशासन एवं सिद्धांतों से तिल भर भी समझौता नहीं करते हुए सदैव पालन किया। एक बार सभी कार्यकर्ताओं से अनौपचारिक चर्चा करते हुए कहा कि अगर हम जिम्मेदार एवं दायित्ववान कार्यकर्ता समय के पाबंद नहीं रहेंगे तो हमारी नई पीढ़ी के व्यक्तित्व-निर्माण में कमी रह जाएगी, अर्थात् संपूर्ण जीवन में समय के पाबंद रहे तथा उनके मुँह से किसी की निंदा नहीं सुनी।

संघ के विभिन्न कार्यक्रमों के माध्यम से मिलते हुए व्यक्तिगत चर्चा को अधिक

महत्त्व देकर घर-परिवार एवं आस-पड़ोस की जानकारी भी जुटा लेते तथा समय रहते कई समस्याओं का समाधान भी कर देते और आधे समय में अपनी बात एवं सुझाव देकर काम में जुटा देते। संघ की प्रार्थना उनके जीवन का हिस्सा था, अर्थात् ऐसा कोई दिन नहीं था, जिस दिन उनकी संघ की प्रार्थना नहीं हुई हो। प्रातःकाल से लेकर रात्रिकालीन दीप-विसर्जन तक उनकी दिनचर्या व्यवस्थित रहती थी, अर्थात् उनका अनुशासन स्वयं के प्रति भी उतना ही कठोर होता, जितना वे दूसरों से अपेक्षा रखते थे।

—भँवरलाल शर्मा

पूर्व प्रदेश अध्यक्ष, भाजपा, राजस्थान

यशस्वी कमांडर को श्रद्धांजलि

भारती भवन में वह लाल चमकता चेहरा, चहरे पर सख्त दिखती लकीरें, उनकी उपस्थिति ही कोलाहल को शांत कर देती थी। पहली बार कोई देखे तो लगता था, सेना के किसी कमांडर से भेंट हुई हो। लेकिन कुछ समय बाद ही अहसास हो जाता था कि सख्त चेहरे के पीछे कितना कोमल हृदय छिपा हुआ है। सोहन सिंहजी उन विरले प्रचारकों में थे, जिनके संपर्क में आकार लोहा कंचन बन गया। स्कूल में पढ़ते समय तरुण स्वयंसेवक के तौर पर निकट से सोहन सिंहजी से संपर्क हुआ; एक दशक तक निरंतर मिलता रहा। लेकिन गिनती के दस मौके ऐसे आए, जब उन्होंने कुछ कहा, नहीं तो आमतौर पर उनका मौन ही निर्देश और सलाह होती थी।

तोपखाना शाखा में अधिकतम संख्या दिवस था। माननीय ब्रह्मदेवजी ने हमारे सामने शर्त रख दी, जब तक 400 स्वयंसेवक नहीं होंगे, तब तक नहीं आएँगे। हम प्रयास में जुट गए। सोहन सिंहजी को पता चला तो उन्होंने मुझे बुलाया और पूछा, कैसी तैयारी चल रही है? देवजी को किसी भी सूरत में शाखा लाना है। उत्साह बढ़ाया। पूरी शाखा के स्वयंसेवक रात-दिन जुट गए। हमारी संख्या 450 थी। जयपुर महानगर में हम तीसरे स्थान पर थे। देवजी शाखा पर आए। जब भी स्वयंसेवक के सामने कोई चुनौती होती तो उसके साथ खड़े हो जाते, उत्साह बढ़ाते। मेरा नियमित संपर्क था, पर मुझे कभी याद नहीं है बैठक के अलावा कभी शाखा की बात की। व्यक्तिगत प्रश्न होते थे, 'भले मानुष, पढ़ाई कैसी चल रही है? इन दिनों क्या पढ़ रहे हो? घर में क्या स्थिति है?' अच्छे अंकों के लिए कुछ सुझाव देते और छोटी-छोटी घटनाएँ बताते, जो जीवन के संघर्ष से जुड़ी होती थीं।

एक बार पैरालिटिक अटैक हुआ; लेकिन यह उनकी जिजीविषा ही थी कि जिसके दम पर वे पुनः स्वस्थ हो गए। उस दौरान वे लगातार कार्यालय में रहे। यही वह समय था, जब इस अथक यात्री को प्रवास पर नहीं देखा—लगातार प्रवास, गाँव-गाँव तक जाना। केवल कार्यक्रम के लिए प्रवास नहीं, वे कार्यकर्ताओं से मिलने के लिए प्रवास

करते थे। उनके समय में संघ से जुड़े हर संगठन में लगातार कार्यकर्ता-निर्माण होता रहा। उनके विषय में सब जानते हैं, किस तरह से संघ के कठिन समय में चने खाकर संघ-कार्य का विस्तार किया। इतने कड़क थे कि प्रवास के लिए किराए के पैसे का उपयोग कभी नहीं किया। तीन-तीन दिन तक भूखे रहे। लेकिन यह कठोरता स्वयं के लिए थी, कार्यकर्ता के लिए नहीं, उसकी परेशानियों का सदैव ध्यान रखते थे। परम पूजनीय सरसंघचालक माननीय बाला साहब के जयपुर प्रवास पर मुझे सुरक्षा व्यवस्था में लगाया गया। मुझे और मेरे साथी को रात्रि के प्रहर की जिम्मेदारी थी। रात 1.30 बजे जब हम दोनों ने देखा, सब सो चुके हैं, चारों ओर ताले लगे हैं और सुरक्षित माहौल है, हम दोनों सामने के बगीचे में सो गए। कुछ समय बाद ही सोहन सिंहजी की आवाज कानों में पड़ी, अरे भले लोगो, कैसी सुरक्षा कर रहे हो? चलो कोई बात नहीं, नींद आ गई होगी!' फिर हमें चाय बनवाकर पिलाई और कहा, 'अब मत सो जाना। नींद आए तो मुझे जगा देना।' माननीय बाला साहब की सुरक्षा के लिए और भी व्यवस्था थी, लेकिन कार्यकर्ता कैसे सजग, निष्ठावान और कर्मठ बनें, उस समय यह उनकी चिंता थी। वे न तो हमसे नाराज हुए, न ही हमें डाँटा। माननीय बाला साहब की सुरक्षा के साथ कार्यकर्ता-निर्माण उनका लक्ष्य था।

मेरा जब 'राजस्थान पत्रिका' में चयन हुआ, उन्हें पता चला तो उन्होंने बुलाया और कहा, 'आजकल पत्रकार पढ़ते नहीं हैं। तुम ऐसा मत करना। अध्ययन नियमित होना चाहिए।' एक सूची भी बनवाई, कौन सी पुस्तक किसलिए पढ़नी चाहिए। कुछ पुस्तकें अपनी ओर से भी दीं। यह सोहन सिंहजी का बिल्कुल अलग रूप था। मुझे कल्पना भी नहीं थी। बोले, 'इस क्षेत्र में नकारात्मकता बहुत है। तुम्हारी जिम्मेदारी ज्यादा है। माहौल बनाने के लिए बहुत परिश्रम करना होगा। अपना उदाहरण बनाना होगा कि लोग इस क्षेत्र में आगे बढ़ें। उन्हें सहयोग जरूर करना।' उनकी यह बात रह-रहकर याद आती है, मानसून में थोड़ी सी फिसलन होती है तो उनकी बात याद आ जाती है, फिर सँभल जाते हैं। ऐसे दिग्दर्शक कमांडर को एक सैनिक का सैल्यूट!

—प्रताप राव

वरिष्ठ पत्रकार, जयपुर

व्यसन-मुक्ति पर जोर

माननीय सोहन सिंहजी का जीवन समिधा-तुल्य था। जिस प्रकार यज्ञ में दी जानेवाली समिधा स्वयं को समाप्त करके वायुमंडल को शुद्ध करती है, उसी प्रकार सोहन सिंहजी ने अपना जीवन राष्ट्र को समर्पित करके बुराइयों को खत्म करने का प्रयत्न किया।

संघ-कार्य के दौरान स्वयंसेवकों से व्यक्तिगत संबंध के माध्यम से व्यसन-मुक्ति का कार्य भी करना उनकी आदत में था। जब-जब महाविद्यालय के छात्रों या युवा स्वयंसेवकों से मिलते तो इस विषय को प्राथमिकता से उनके समक्ष रखते तथा व्यसन से दूर रहने का संकल्प दिलवाते। संघ के विभिन्न कार्यक्रमों में उनका बौद्धिक सुनने का मौका कई बार मिला। बौद्धिक में उनका प्रमुख विषय व्यक्तित्व-निर्माण रहता तथा व्यक्तित्व-निर्माण से ही राष्ट्र का निर्माण होगा, ऐसी उनकी दृष्टि थी। साथ ही कार्यक्रमों के मीडिया के द्वारा प्रचार से परहेज था। उनका मानना था कि वैचारिक सकारात्मक सोच का निर्माण व्यक्तिशः ज्यादा असरकारक होता है, न कि खबरों का प्रकाशन होने से, अतः व्यक्तिगत रूप से समझना और समझाना आवश्यक है। उनके माध्यम से संघ के विभिन्न प्रकल्पों से भी सीधा जुड़ाव रहा। विद्या भारती, गो संवर्धन समिति, विश्व हिंदू परिषद्, सेवा भारती, संस्कार भारती सहित आनुषंगिक संगठनों के दायित्ववान, स्वयंसेवकों से व्यक्तिगत संपर्क रहा और उनको मार्गदर्शन का कार्य भी समय-समय पर रहा। उनका कठोर व्यवहार एवं कोमल हृदय वास्तव में बहुत कुछ सिखा गया।

—चंद्रराज लोढ़ा

कार्यकर्ता, रा.स्व. संघ, जयपुर

छोटी बातों का महत्त्व

माननीय सोहन सिंहजी का संपूर्ण जीवन व्यक्तित्व-निर्माण एवं राष्ट्र-निर्माण के लिए समर्पित रहा। जब वे जयपुर आए थे तो उनसे मिलने की उत्सुकता रही और जब साक्षात् उनसे मिला तो जितना उनके बारे में सुना, उससे कई गुना अनुशासन और व्यवस्थाओं के मामले में उन्हें सटीक पाया। संघ शिक्षा वर्ग में मैंने उन्हें देखा कि रात्रि में 12 बजे के बाद प्रातःकाल की व्यवस्थाओं में स्वयं लगे हैं तथा शौच आदि के लिए प्लास्टिक के डिब्बे एवं काँच की बोतलें गिनती करते हुए व्यवस्थापकों को बताया कि 18-20 डिब्बे कम हैं। सुबह हमारे स्वयंसेवकों को परेशानी होगी, इसलिए अविलंब व्यवस्था करनी चाहिए। इस प्रकार की छोटी-छोटी व्यवस्थाओं को ध्यान में रखकर कार्य करना उनका स्वभाव था। अनुशासनप्रिय व्यक्तित्व के धनी सोहन सिंहजी स्वभाव से व्यवहार में जितने कठोर थे, उतने ही मन एवं हृदय से कोमल थे। उनके हृदय में कार्यकर्ताओं के प्रति सहयोग का भाव रहता था, जो अंतर्मन तक छू लेता था। संघ के उत्सवों की तैयारी की दृष्टि से एक बार ध्वज मंडप, साज-सज्जा की जिम्मेदारी एवं भारत माता के चित्र तथा अन्य व्यवस्थाओं की जिम्मेदारी मिली। कार्यक्रम से पूर्व जब मैं सोहन सिंहजी से मिला तो उन्होंने मुझसे पूछा कि अगरबत्ती के साथ माचिस की व्यवस्था है कि नहीं, अर्थात् छोटी-से-छोटी व्यवस्था को महत्त्व देकर उसे पूर्ण करना

उनकी सबसे बड़ी विशेषता थी।

उनके साथ कई बार रहने का अवसर मिला। राष्ट्रीय चिंतन के साथ-साथ व्यक्तिगत परेशानियों का समाधान भी वे चुटकियों में कर देते थे। बच्चे कैसे हैं, उनकी पढ़ाई कैसी चल रही है, घर में कोई परेशानी तो नहीं है आदि कई प्रश्नों के माध्यम से अंतर्मन की बातें जानकर उनका समाधान भी कर देते थे। और तो और, चूल्हे तक संपर्क रखकर आत्मीयता एवं अपनत्व का भाव रखना भी उनके सरल व्यक्तित्व में था।

—दामोदर दास मोदी

कोषाध्यक्ष, विश्व हिंदू परिषद्, राजस्थान

सच्चा समर्पण और संघ-कार्य

सन् 1982 की बात है। माननीय सोहन सिंहजी राजस्थान के प्रांत प्रचारक थे। एक बार बाराँ जिले के प्रवास पर आए। तब जिला कार्यवाह का दायित्व मुझ पर था। मैं एक साधारण परिवार का सदस्य था और किराए के एक मकान में रहता था। उसमें मात्र एक छोटा सा कमरा और एक छोटी सी रसोई थी, सो प्रांत प्रचारकजी की आवास और भोजन व्यवस्था नगर में अन्य स्वयंसेवकों के यहाँ की गई थी। बाराँ आते ही सोहन सिंहजी ने मुझसे संपूर्ण कार्यक्रम को लिखकर देने को कहा तो मैंने आवास, भोजन, संघ-स्थान, बैठकों की संपूर्ण जानकारी लिखकर उनको दे दी। लिखित जानकारी देने के बाद उन्होंने मुझसे कहा कि इसमें जिला कार्यवाह के यहाँ मेरा एक समय भी भोजन तय नहीं है। मैंने संकोच करते हुए उनसे निवेदन किया कि मैं तो किराए के एक छोटे से मकान में रहता हूँ, जिसमें मात्र एक छोटा सा कमरा और छोटी सी रसोई है। आपके बैठने के लिए न ही टेबल-कुरसी है और न ही पर्याप्त जगह है। उन्होंने कहा, 'आप लोग भी कहीं तो बैठकर भोजन करते होंगे।' ऐसा कहकर एक समय का भोजन मेरे यहाँ तय कर दिया। मेरी समझ में नहीं आ रहा था कि इतने बड़े अधिकारी को मैं कैसे भोजन कराऊँगा। लेकिन उन्होंने छोटे से कमरे में बैठकर बहुत ही शांत भाव से मेरे यहाँ भोजन किया और संघ-कार्य के साथ-साथ परिवार के बारे में पूरी जानकारी ली। बाराँ जिले का संघ-कार्य प्रांत के अग्रणी जिले में आता था। मैंने संकोच करते हुए उनसे निवेदन किया कि जिले का काम काफी बढ़ गया है। मेरे पास न तो स्वयं की बाइक है और न ही स्वयं का मकान है। इसलिए बाहर से कार्यकर्ता मिलने आते हैं तो बाहर खड़े-खड़े ही बात करनी पड़ती है। ऐसे में जिला कार्यवाह के दायित्व से मुझे मुक्त कर अन्य किसी साधन-संपन्न कार्यकर्ता को जिला कार्यवाह बना दिया जाए तो उचित रहेगा। उन्होंने तपाक से कहा कि 'साधन और संपन्नता से संघ नहीं चलता है। सच्चे मन और समर्पण भाव से ही संघ-कार्य बढ़ता है।' मैं मन-ही-मन कार्यकर्ता के प्रति

उनकी गहरी सोच देखकर आत्मविभोर हो गया। सोहन सिंहजी ऐसे कुशल संगठक कार्यकर्ताओं की सार-सँभाल करनेवाले महान् व्यक्ति थे, जो हमेशा-हमेशा याद रहेंगे।

—द्वारका प्रसाद गोस्वामी

शीशवाली, बाराँ

अटलजी की चिंता

भारतीय जनसंघ के दो राष्ट्रीय अध्यक्ष लगातार दो वर्षों में काल कवलित हो गए। मई 1967 में पं. दीनदयालजी के चुनाव प्रचार से लौटते समय तत्कालीन अध्यक्ष डॉ. रघुवीर का सड़क दुर्घटना में देहावसान हो गया; उसके बाद पं. दीनदयालजी के अध्यक्ष बनने के कुछ दिनों बाद ही सन् 1968 में उनकी हत्या हो गई। दोनों ही अवसरों पर उनके साथ कोई और कार्यकर्ता मौजूद नहीं थे। इसके बाद श्री अटल बिहारी वाजपेयी जनसंघ के राष्ट्रीय अध्यक्ष बने। माननीय सोहन सिंहजी उन दिनों दिल्ली में प्रचारक थे। उनका सोचना था कि जनसंघ के राष्ट्रीय अध्यक्ष पद पर रहनेवाले नेतृत्वकर्ता के जीवन को जितना अधिक जोखिम है, उसको ध्यान में रखकर समुचित व्यवस्था होनी चाहिए। मैं सुप्रीम कोर्ट में वकालत करता था। उसी दौरान मेरा अटलजी से संपर्क हुआ। अटलजी ने तभी बताया था कि सोहन सिंहजी ने व्यवस्था की है कि मैं जब दिल्ली से बाहर जाऊँ तो मेरे साथ कोई एक कार्यकर्ता जाना ही चाहिए। उन्हीं दिनों अटलजी के राजस्थान आने का कार्यक्रम बना तो सोहन सिंहजी ने एक कार्यकर्ता की जिम्मेदारी सुनिश्चित की कि अटलजी के साथ राजस्थान जाना है। तब अटलजी से मेरा संपर्क हो चुका था और मैंने अटलजी के साथ ढाल की तरह रहने की इच्छा प्रकट की थी। इसलिए राजस्थान प्रवास से पूर्व अटलजी की सूचना आई कि उनके साथ वे भी राजस्थान चलें। तब मैं अटलजी के साथ सहयोगी के रूप में जुड़ा था। वह साथ अब तक बना हुआ है।

—शिवकुमार पारीक

निजी सहायक, श्री अटल बिहारी वाजपेयी

दूरदृष्टि

सन् 1980 के मध्य मैंने स्नातक की परीक्षा पास की। सी.ए. में प्रवेश लेना था, लेकिन कहीं प्रवेश की व्यवस्था नहीं हो रही थी। एक बार रात्रि का समय था। संघ कार्यालय में भोजन के पश्चात् माननीय सोहन सिंहजी टहल रहे थे। उन्होंने मेरी और विद्यार्थी परिषद् के तत्कालीन प्रदेश संगठन मंत्री श्री महेशजी की चर्चा सुन ली और उसी क्षण अंदर आकर बोले, 'महेशजी, शंकरजी के विषय में अपने बृजजी (बृजकिशोरजी अग्रवाल) प्रांत व्यवस्था प्रमुख से चर्चा की है क्या?' महेशजी ने कुछ उत्तर नहीं दिया

तो वे समझ गए। उन्होंने शीघ्र कहा—बृजजी को फोन लगाओ। बृजकिशोरजी सी.ए. थे, वे झुंझुनूं रहते थे। उन्होंने उनसे फोन पर मेरे विषय में बताया व कहा, 'कल बृजजी यहीं आ रहे हैं। आप उनसे मिल लें।' मैं दूसरे दिन उनके जयपुर ऑफिस गया और मेरा सी.ए. में प्रवेश हो गया। उस दिन मुझे लगा कि उनके मन में कार्यकर्ता के प्रति कितनी चिंता है।

राजस्थान में प्रौढ़ शिक्षा का कार्यक्रम वर्ष 1978 से 1980 के मध्य काफी चला। संघ की ओर से एक संस्था बनाई गई, जिसके प्रमुख श्रीमान बाबूलालजी वर्मा (अजमेर) को बनाया गया था। इस कार्यक्रम में राज्य सरकार से अनुदान राशि मिली थी। एक दिन सोहन सिंहजी ने मुझे कार्यालय बुलाकर कहा कि इनका सारा हिसाब बनाकर ऑडिट करवाएँ। मैंने सारा हिसाब देखा तो उसमें 50,000 रुपए की अनुदान राशि करीब दो वर्ष में सरकार से आई थी। हिसाब बना लिया, लेकिन ऑडिट नहीं करवाया। एक दिन उन्होंने गंभीरता से कहा, 'शीघ्र ऑडिट करवाओ और जो पैसा बचा हो, वह पैसा, ऑडिट रिपोर्ट और सामान प्रौढ़ शिक्षा के ऑफिस में देकर आओ।' बृजकिशोरजी से ऑडिट करवाकर दो वर्षों की रिपोर्ट, कुछ लालटेन, ब्लैक बोर्ड, चाक के डिब्बे एवं अन्य सामान की कार्बन कॉपी से सूची बनाई और एक ठेले में रखकर प्रौढ़ शिक्षा के ऑफिस 3-4 कार्यकर्ताओं सहित पहुँचे। वहाँ कोई भी बचा सामान, रिपोर्ट और कुछ शेष राशि लेने को तैयार नहीं था। शाम को 4 बजे तक भारी प्रयास के बाद एक अधिकारी तैयार हुए। उन्होंने हमें मुहर लगाकर हस्ताक्षर कर कार्बन कॉपी पर रसीद दे दी और ऑडिट रिपोर्ट पर भी हस्ताक्षर कर दे दिए। मैंने आकर सोहन सिंहजी को बताया तो उन्होंने कहा, 'यह रिकार्ड सँभालकर रखना।' कुछ समय बाद विधानसभा में कांग्रेस के सदस्यों ने संघ पर आरोप लगाया कि संघ से जुड़ी संस्थाओं को प्रौढ़ शिक्षा कार्यक्रम के लिए अनुदान दिया गया था, लेकिन सारा पैसा गबन कर लिया।

यह विषय श्री भँवरलालजी शर्मा (विधायक, हवामहल) संघ कार्यालय में लेकर आए। घूमते हुए यह विषय मेरे पास आया और मैंने भँवरलालजी को सारे कागज व रिपोर्ट दिखाई। उन्होंने मुझसे कागज ले लिये और अगले दिन विधानसभा में पूरा विषय रखा तथा संघ पर लगे आरोपों को निराधार बताया, जिसका सत्ता पक्ष के पास कोई जवाब नहीं था। सोहन सिंहजी प्रवास पर थे। जब वे प्रवास से आए तो उन्होंने कहा कि मुझे पता था कि संघ पर कभी भी आरोप लग सकते हैं, इसलिए आप लोगों को बार-बार मैं उसका ऑडिट करवाकर विभाग को रिकार्ड देने की बात कहता था।

—शंकरलाल अग्रवाल

सी.ए., जयपुर

आश्चर्यजनक, लेकिन सत्य

वर्ष 1954-55 की घटना है। पानीपत के सायंकाल के स्वयंसेवकों के वन विहार का कार्यक्रम था। कार्यक्रम के बाद वापस लौटते समय ओमप्रकाश नाम का एक स्वयंसेवक कहीं पीछे छूट गया और घर नहीं पहुँच पाया। सबको चिंता होने लगी। बहुत खोजबीन हुई, लेकिन कोई सुराग नहीं मिला। परिवारवालों ने मा. सोहन सिंहजी के विरुद्ध पुलिस थाने में शिकायत दर्ज करवा दी। पुलिस पूछताछ के नाम पर उन्हें तंग करने लगी। कई दिन बीतने के बाद भी ओमप्रकाश का कोई सुराग नहीं लग पा रहा था। इधर पुलिस बार-बार सोहन सिंहजी को थाने बुलाकर लगातार पूछताछ कर रही थी। 4-5 दिन बाद अचानक ओमप्रकाश की माताजी सोहन सिंहजी के पास पहुँचीं और कहा कि 'मुझे क्षमा करें। मुझे आपके विरुद्ध पुलिस थाने में शिकायत दर्ज नहीं करवानी चाहिए थी।' आखिर ओमप्रकाश की माँ ने ऐसा क्यों कहा? हुआ यह था कि उस रात माँ को स्वप्न में ओमप्रकाश ने कहा कि 'माँ, इसमें सोहन सिंहजी का कोई दोष नहीं है। गलती मेरी ही है। मैं ही वन विहार के कार्यक्रम से लौटते समय रास्ते में अन्य लड़कों के साथ नहर पर नहाने के लिए रुक गया था और वहीं पर नहाते समय मैं पानी के तेज बहाव में बह गया और सँभल नहीं पाया।

'मेरा मृत शरीर सोनीपत जिले में पड़नेवाली नहर की झाल के किनारे पर पड़ा है। मुझे वहाँ से उठा लाओ और सोहन सिंहजी को भी साथ लाना। जब माँ ने इस घटना का जिक्र सोहन सिंहजी के सामने किया तो वे परिवार के लोगों के साथ उस झाल पर पहुँचे। वहाँ कई लाशें अटकी पड़ी थीं। अब उन लाशों में से ओमप्रकाश की पहचान करना एक चुनौती का काम था, क्योंकि कई दिन तक पानी में बहने के कारण शरीर में पानी भर चुका था। शरीर के सभी अंग फूले हुए थे। पहचान करना मुश्किल हो रहा था। लेकिन यह भगवान् की ही कृपा थी कि उन लाशों के बीच में एक बाजू ऊपर उठी हुई थी, जिस पर ओमप्रकाश नाम लिखा हुआ था। उसी से उसकी पहचान हो पाई। तब सोहन सिंहजी ने अन्य लोगों के साथ मिलकर ओमप्रकाश के मृत शरीर को बाहर निकाला, यानी राष्ट्र कार्य करते समय आनेवाली विपत्तियों में भगवान् ने भी उनका पूरा साथ दिया।

—ओमप्रकाश कंसल

विभाग कार्यवाह, कुरुक्षेत्र, रा.स्व. संघ, हरियाणा

माँ ने भी कहा, 'तू जा'

जब मैं रोहतक विभाग का प्रचारक था, तब एक बार मा. सोहन सिंहजी का रोहतक में प्रवास था। संघ कार्यालय, रोहतक में रहनेवाले एम.बी.ए. तथा व्यावसायिक

शिक्षा लेनेवाले विद्यार्थियों के साथ उनकी बैठक हुई। बैठक का विषय था कि संघ-कार्य के लिए हमें भी समय देना चाहिए। उस समय बातचीत में उन्होंने कहा कि जब मैं प्रचारक बनने के लिए माँ से इजाजत लेने गया और मैंने माँ से कहा कि मुझे प्रचारक बनने जाना है, देश के लिए कुछ करना है, तो माँ ने बहुत ही सहजता से कहा कि 'मुझे तो पहले से ही यह पता था कि तू घर छोड़कर जाएगा। इसलिए तू जा।' मैंने माँ से पूछा कि उन्हें ऐसा क्यों लगा? तो माँ ने कहा, 'सुन, बहुत समय पहले घर पर भिक्षा के लिए एक संन्यासी बाबा आए थे। भिक्षा लेने के बाद उन्होंने मुझसे पूछा कि यह जो बालक खेल रहा है, क्या यह आपका पुत्र है? मैंने कहा—हाँ, यह मेरा पुत्र है। तो संन्यासी बाबा ने कहा—'यह बड़ा होकर घर छोड़ देगा, घर-परिवार नहीं बसाएगा। यह देश के लिए बहुत बड़ा काम करेगा। इसे रोकना मत।' यह घटना सुनने और सुनाने में जितनी छोटी है, उससे कहीं अधिक प्रेरणा देनेवाली है।

—डॉ. सुरेंद्र कुमार

हिसार विभाग प्रचारक, रा.स्व. संघ, हरियाणा

सोहन सिंहजी के साथ जाना है

वर्ष 2005 में कुरुक्षेत्र में उत्तर क्षेत्र का संघ शिक्षा वर्ग द्वितीय वर्ष लगा था। वर्ग में मा. सोहन सिंहजी तथा मोहनराव भागवतजी भी आए थे। वर्ग का प्रवास कार्यक्रम पूर्ण करने के बाद दोनों को दिल्ली जाना था। संयोग से दोनों अधिकारियों को जनशताब्दी एक्सप्रेस से दिल्ली जाना था। गाड़ी सुबह 9.15 बजे की थी। मा. भागवतजी ने रात्रि में मुझसे पूछा कि सुबह स्टेशन पर कौन-कौन साथ चलनेवाले हैं, कैसे चलेंगे, स्टेशन लेकर जानेवाली गाड़ी किस समय आएगी, स्टेशन जाने में कितना समय लगेगा? आदि-आदि। मैंने उन्हें बताया कि यहाँ से स्टेशन तक पहुँचने में 10 से 15 मिनट का समय लगेगा और सुबह सोहन सिंहजी भी साथ चलेंगे, क्योंकि उनको भी इसी रेलगाड़ी से दिल्ली जाना है। सुबह मैंने देखा कि एक घंटा पहले ही मा. भागवतजी अपने सहयोगी के साथ सामान लेकर कक्ष के बाहर खड़े थे। उनके हाथ में एक अटैची थी। मैंने उनको कहा कि 'सामान मुझे दे दीजिए, मैं गाड़ी में रख देता हूँ। ट्रेन आने में अभी एक घंटा है और स्टेशन तक पहुँचने में मुश्किल से 15 मिनट लगेंगे।' मेरी बात सुनकर उन्होंने कहा कि 'राजेशजी, माननीय सोहन सिंहजी के साथ जाना है न, तैयार तो रहना पड़ेगा!'

—राजेश कुमार

सह-प्रचार प्रमुख, रा.स्व. संघ, हरियाणा

सुख-दुःख में सहयोगी

मैं लगभग 35 वर्ष तक मा. सोहन सिंहजी के सान्निध्य में रहा। वे हर कार्य स्वयं करते थे, यहाँ तक कि अपने कपड़े भी खुद ही धोते थे। पिछले दिनों जब वे अस्पताल से वापस आए तो बहुत ही कमजोर लग रहे थे। जब वे लाचार हो गए, तब उन्होंने कहा कि 'मेरे कपड़े धो देना।'

बीमारी के दौरान डॉक्टर उन्हें खाने-पीने में कुछ परहेज बताते थे तो वे कहते थे, 'फिर क्या खाऊँ, हर चीज तो मना कर रहे हो।' फिर कहते थे, 'जो भी बताना है, दयाशंकर को बताओ। वही जाने, क्या खिलाएगा और क्या नहीं।' वे अपने कमरे को भी साफ करने नहीं देते थे। खुद ही करते थे। कभी विशेष सफाई की जरूरत होती थी तो उनके सोने के बाद चुपचाप उनके कमरे में जाता था और सफाई कर देता था। सफाई के दौरान कभी वे जाग जाते थे तो गुस्सा करते थे। फिर कुछ देर बाद मैं पुचकारते भी थे। घर-द्वार, माता-पिता, बाल-बच्चे—सबके बारे में पूछते थे। वे मेरे सुख-दुःख का भी खयाल रखते थे।

—दयाशंकर
कर्मचारी, केशव कुंज, दिल्ली

वे महामानव थे

मा. सोहन सिंहजी एक श्रेष्ठ प्रचारक और महामानव थे। उनका जीवन अद्‌भुत था। मैं जब नौवीं कक्षा में पढ़ता था, तभी से वे हमारे घर आते थे। घर के हर व्यक्ति से उनका प्रत्यक्ष संबंध था। बच्चों से भी वे बहुत ही आत्मीयता के साथ मिलते थे और उनका हाल-चाल पूछते थे। मैं उनके सामने ही बड़ा हुआ और हमारी घर-गृहस्थी भी बसी। बाद में मेरा बेटा भी झंडेवाला में पढ़ने लगा। जब वह नौवीं कक्षा में पढ़ रहा था तो उन्होंने एक दिन उसे अपने पास बुलाया और पूछा कि क्या पढ़ते हो? फिर उन्होंने उससे अनेक तरह की बातें कीं और कुछ खाने के लिए भी दिया। वे अपने आचरण से स्वयंसेवकों को प्रेरित करते थे।

—रमेश प्रकाश
पूर्व प्रांत संघचालक, रा.स्व. संघ, दिल्ली

स्वयंसेवकों के प्रेरणास्त्रोत

माननीय सोहन सिंहजी की कर्मनिष्ठा आश्चर्यचकित करती थी। वहीं कार्यकर्ताओं के सच्चे शुभचिंतक के रूप में वे एक-एक बात की चिंता करते दिखाई देते। सोहन

सिंहजी सबकी चिंता करते थे, लेकिन अपनी चिंता नहीं करते थे। एक बार मलकागंज के पास हंसराज कॉलेज में शिविर लगा। शिविर से पूर्व तैयारी के लिए कुछ स्वयंसेवक भेजे गए। मैं प्रबंधक के रूप में गया था। सोहन सिंहजी के मार्गदर्शन में कार्य चल रहा था। स्नान के लिए नलों की फिटिंग, अस्थायी शौचालय निर्माण, भोजनालय निर्माण आदि कार्य किए गए थे। उन दिनों दिन-रात काम चलता रहा। हम लोगों ने देखा कि सबकी चिंता करते हुए छह दिनों तक सोहन सिंहजी सोए ही नहीं। इतनी कर्मनिष्ठा सोहन सिंहजी में ही देख सकते थे।

सोहन सिंहजी ने मुझ जैसे हजारों स्वयंसेवकों को गढ़ा और एक नई दिशा दिखाई। उनके मार्गदर्शन में अनेक स्वयंसेवकों ने दुनिया भर में ख्याति पाई और संघ की विचारधारा को आगे बढ़ाया। मैं उनसे पहली बार सन् 1961 में मिला था। उन जैसे प्रचारकों के कारण ही मैं अपने जीवन में कुछ कर पाया। उन दिनों मैं संघ प्रशिक्षण के लिए समय नहीं निकाल पा रहा था। एक दिन सोहन सिंहजी ने कहा कि इस वर्ष तुम्हें प्रशिक्षण वर्ग में जाना ही होगा। मैंने कहा कि समय नहीं निकाल पा रहा हूँ, तो बोले, 'किसी काम के लिए संकल्प लेना होता है। आज ही संकल्प लो कि वर्ग में जाना है तो चले जाओगे।' मैंने वही किया और राजेंद्र नगर में लगे वर्ग में चला गया। इसके बाद जब भी ऐसी कोई बात होती तो मैं उनके संकल्प को याद करता और आगे बढ़ जाता। इससे जीवन में बड़ा लाभ हुआ।

उन दिनों दिल्ली में सायं का कार्य माननीय इंद्रेशजी देखते थे। कुछ समर्पित स्वयंसेवकों को इंद्रेशजी अपने साथ ले जाते थे और उन्हें सोहन सिंहजी से मिलवाते थे। इसी क्रम में एक बार इंद्रेशजी ने मेरे भतीजे आदित्य शील को सोहन सिंहजी से मिलवाया। आदित्य पर सोहन सिंहजी का इतना प्रभाव पड़ा कि आदित्य ने लगातार तीनों वर्ष का प्रशिक्षण प्राप्त कर लिया। इसके बाद सोहन सिंहजी ने उन्हें विस्तारक के नाते कार्य करने के लिए हरियाणा भेजा। वे वहाँ एक कॉलेज में पढ़ाते भी थे और सुबह-शाम संघ-कार्य करते थे। आपातकाल के समय छुट्टी के दिन वे दिल्ली आए और कुछ कार्यकर्ताओं के साथ आपातकाल-विरोधी पोस्टर लगाते हुए लोदी रोड पर पकड़े गए। इसके बाद उन्हें जेल भेज दिया। आपातकाल समाप्त होते ही वे मेयो कॉलेज में लगे। सोहन सिंहजी भी जयपुर पहुँच गए थे।

शील उनसे मिलने जाते तथा मार्गदर्शन लेते। फिर शील को मस्कट (खाड़ी देश) में शिक्षक की नौकरी मिली। वह और मैं परामर्श लेने सोहन सिंहजी के पास गए। तभी उन्होंने शील का परिचय चमनलालजी से करवाया। वे विदेश विभाग देखते थे। उन्होंने मस्कट में मिलने तथा ठहरने का ठिकाना बताया। मस्कट से शील आबूधाबी चले गए। विदेश में रहते हुए सोलह वर्षों में वे प्रति वर्ष दिल्ली आते। सब कार्यों में से समय

निकालकर सोहन सिंहजी तथा चमनलालजी से मिलने कार्यालय अवश्य जाते। कई बार मैं भी शील के साथ गया था।

विदेश से लौट आए तो वे डी.ए.वी. में प्रधानाचार्य चयनित हुए। काँगड़ा में तीन साल रहकर नेपाल में वीरगंज में स्थानांतरित किया गया। सोहन सिंहजी ने वहाँ के हिंदू संघ से भी संपर्क करवा दिया। शील नेपाल से दिल्ली आना चाहते थे। चंडीगढ़ या हरियाणा में स्थान कहीं न मिला तो उन्हें ए.सी.पी. सीमेंट फैक्टरी, दुर्ग में प्रधानाचार्य का पद मिला। वहाँ के भी सभी अधिकारियों से सोहन सिंहजी ने ही परिचय करवाया। प्रधानाचार्य रहते हुए भी शील संघ-कार्य में सक्रिय रहे। दुर्भाग्य से शील अब से दस वर्ष पूर्व ही दिल का दौरा पड़ने से दिवंगत हो गए; परंतु हर परिस्थिति और हर समस्या पर सोहन सिंहजी का मार्गदर्शन उन्हें मिलता रहा।

कार्यकर्ताओं के प्रति सोहन सिंहजी की आत्मीयता ही ऐसी थी। नरेश गौड़ महीनों से पलंग पर थे। रीढ़ का ऑपरेशन हुआ था। परंतु जब सोहन सिंहजी के दिवंगत होने की सूचना मिली तो उन्होंने मुझे फोन किया। मैंने बताया कि जाना तो चाहता हूँ, परंतु आज स्कूटर नहीं है। नरेश गौड़ बोले, 'मेरे साथ कार में चलो। मैं तो खड़ा होने के लायक भी नहीं हूँ। परंतु सोहन सिंहजी की मृत्यु की सूचना पाकर न जाऊँ, यह मैं सोच भी नहीं सकता।' हम दोनों निगम बोध घाट पहुँचे। अंत तक पहुँच पाए; परंतु सीढ़ियाँ चढ़ना कठिन था, अत: नीचे से ही अपनी शॉल एक कार्यकर्ता को पकड़ा दी और वहीं से हाथ जोड़े। ऐसे प्रेरक व्यक्तित्व युगों में दिखाई पड़ते हैं।

—आचार्य मायाराम पतंग

दिल्ली

डेढ़ रुपए का व्यय वृत्त

सन् 1997-98 में माननीय सोहन सिंहजी श्रीगंगानगर जिले के प्रवास पर आए। भोजन के लिए कार से जाना तय किया हुआ था। कार के पहुँचने में विलंब होने लगा तो उन्होंने तत्काल कहा कि कार के कारण विलंब करना उचित नहीं है, रिक्शे से चले चलेंगे। वे रिक्शे पर बैठकर चले गए। बीच में कार भी पहुँच गई। लेकिन सोहन सिंहजी ने कहा कि गंतव्य पर मिल जाएँगे; लौटते समय आ जाएँगे।

इसी तरह सन् 1993 की घटना है। सोहन सिंहजी का व्यय वृत्त देखने में आया। एक महीने का कुल व्यय डेढ़ रुपए ही था। वह भी उन्होंने डेढ़ रुपए देकर एक समाचार-पत्र खरीदा था। इस तरह उनका एक-एक कार्य प्रेरणादायी होता।

—लिंबा राम

प्रांत प्रचारक, जयपुर

कार्यालय है या होटल!

जयपुर में प्रांतीय कार्यालय भारती भवन बना। एक कार्यालय ने उस अवसर पर गलीचा भेंट किया। माननीय सोहन सिंहजी ने बाद में कहा कि इसे ऊपर ताक पर रखवा दिया जाए। कार्यालय में दरी पर ही बैठना चाहिए। इसी तरह सीकर में कार्यालय बना तो बाहर से उसके सौंदर्यीकरण पर विशेष ध्यान रखा गया था। सोहन सिंहजी ने देखा तो नाराज हुए। उन्होंने आपत्ति की, 'हम कार्यालय बनवा रहे हैं या होटल!' एक-एक विषय का इतना ध्यान रखते कि एक बार जीप से श्री महावीरजी जाना था। हमने उनसे बहुत आग्रह किया कि आप प्रांत प्रचारक हैं, आप आगे बैठिए; लेकिन वे नहीं माने। उन्होंने श्री ओमप्रकाश आर्य और मुझे आगे की सीटों पर बैठवाया और खुद पीछे बैठे। मैं वानप्रस्थी प्रचारक निकला तो क्या दृष्टिकोण होना चाहिए, यह संक्षिप्त रूप से लेकिन स्पष्टता से समझाया।

—जगदीश आर्य

जिला संघचालक, करौली, राजस्थान

गणतंत्र दिवस की वह परेड

सन् 1962 के चीनी आक्रमण के बाद देश में निराशा का वातावरण छाया हुआ था। इस वातावरण में कुछ परिवर्तन हो, इसके लिए भारत सरकार ने निर्णय किया कि आनेवाले गणतंत्र दिवस (26 जनवरी, 1963) की परेड में कुछ सामाजिक संगठनों को भी सहभागिता के लिए आमंत्रित किया जाए।

इसके लिए दिल्ली पुलिस कमिश्नर ने सामाजिक संगठनों की बैठक बुलाई। राष्ट्रीय स्वयंसेवक संघ को विशेष रूप से उस बैठक में बुलाया गया। संघ की ओर से दिल्ली के तत्कालीन संघचालक लाला हंसराज गुप्ता और प्रचारक सोहन सिंहजी बैठक में शामिल हुए। बैठक रात को रखी गई थी।

बैठक में भाग लेनेवाले सभी संगठनों के कार्यकर्ताओं की संख्या पर विचार हो रहा था। दिल्ली के पुलिस कमिश्नर ने पूछा, 'आपके कार्यकर्ताओं की कितनी संख्या रहेगी?' लाला हंसराजजी ने सोहन सिंहजी की तरफ देखते हुए कहा—तीन हजार। बैठक में उपस्थित सभी लोग संख्या सुनकर हमारी ओर आश्चर्य की दृष्टि से देख रहे थे। सोहन सिंहजी ने कमिश्नर से पूछा, 'क्या हम अपने कार्यकर्ताओं को गणवेश (संघ वेश) पहनाकर ला सकते हैं?' कमिश्नर बहुत खुश हुए। उन्होंने कहा, 'यह तो और भी अच्छी बात है। आपको कल सुबह 5 बजे परेड की तैयारी हेतु नेशनल स्टेडियम पहुँचना है।'

कमिश्नर ने फिर पूछा, 'परेड में आनेवाले कार्यकर्ताओं के लिए आपको कितनी बसों की आवश्यकता है?' सोहन सिंहजी ने कहा—60 बसें। साथ ही यह भी कहा कि बसों को किन-किन स्थानों पर कब-कब जाना है, यह हम बता देंगे।

सोहन सिंहजी ने कार्यालय पहुँचते ही सभी कार्यकर्ताओं को बुलाया। सभी स्वयंसेवकों को निर्धारित समय पर नियत स्थान पर पहुँचने को कहा गया। इसके साथ ही सभी बसों पर राष्ट्रीय स्वयंसेवक संघ के बैनर के साथ स्पष्ट रूप से क्रमांक लिखने और बस चालक एवं उसके सहयोगी के चाय-नाश्ते की समुचित व्यवस्था करने को भी कहा। बैठक समाप्त हुई। सभी अपनी-अपनी तैयारी में लग गए। समय कम, कार्य अधिक था। सोहन सिंहजी स्वयंसेवकों के साथ सुबह 5 बजे नेशनल स्टेडियम में मौजूद थे। सभी लोग आश्चर्यचकित थे कि इतने कम समय में जितनी संख्या बताई गई थी, उसी संख्या में कार्यकर्ता उपस्थित थे।

—कमांडर बालकृष्ण जायसवाल
पूर्व महासचिव, पूर्व सैनिक सेवा परिषद्

भोजन तो एक बहाना था

माननीय सोहन सिंहजी जयपुर विभाग के प्रचारक थे। मेरे घर पर उनके भोजन का कार्यक्रम रखा गया। दोपहर का भोजन था। समय से पहले ही वे आ गए। मैं भोजन की व्यवस्था में लग गया। उन्होंने मुझे बुलाया और कहा कि 'क्या भोजन तुम ही बनानेवाले हो?' मैंने कहा कि 'नहीं, भोजन तो माताजी एवं पत्नी ही बनाएँगी।' फिर उन्होंने कहा कि 'भाई बैठो, भोजन आराम से बनने दो।' उन्होंने मुझे अपने पास बैठाया और फिर इधर-उधर की बातें प्रारंभ कीं। परिवार के विषय में वार्त्ता की। मैं आदर्श विद्या मंदिर, राजपार्क में अध्यापन कार्य कर रहा था। विद्यालय की स्थिति, कल्पना, योजना, दायित्व संबंधी गहन बातें पूछताछ कीं। उन दिनों मैं छात्रावास प्रमुख भी था, उससे संबंधित भी वार्त्ता की। अंत में संघ-कार्य से संबंधित मार्गदर्शन किया। इस बीच में ही भोजन की प्रक्रिया भी संपन्न होती गई। लगभग तीन घंटे का समय ऐसे बीत गया, मानो मुझे जीवन भर का पाथेय मिल गया। आज जब मैं उस प्रसंग को याद करता हूँ तो मुझे लगता है कि भोजन तो एक बहाना था। मैं अपने कार्य और लक्ष्य की ओर बढ़ता जाऊँ, यही उनकी दृष्टि थी।

राजस्थान, पंजाब, हरियाणा, दिल्ली क्षेत्र का संघ शिक्षा वर्ग दिल्ली के सालवान स्कूल में आयोजित था। उन दिनों मैं झुँझुनूँ जिले में प्रचारक था। शिक्षक के नाते मैं संघ शिक्षा वर्ग में गया था तथा सायंकाल शाखा विकिर के पश्चात् शिक्षकों का वर्ग लगता है। सोहन सिंहजी उन दिनों हरियाणा में विभाग प्रचारक थे। वर्ग में शारीरिक की विशेष

देखभाल और मार्गदर्शन का दायित्व उन पर था। एक बार सभी दक्ष की स्थिति में थे। मैं भी दक्ष की स्थिति में था। सोहन सिंहजी घूमकर सबकी स्थिति देख रहे थे। मैंने देखा कि वे मेरे हाथ खींच रहे हैं और हाथ की उँगलियाँ थोड़ी सी ढीली-ढाली और खुली हुई सी थीं। उन्हें उन्होंने कड़क स्थिति में किया। बात छोटी सी थी, पर यही बड़ी बात थी। मैं उस घटना को भुला नहीं पाता। जब भी दक्ष की स्थिति में खड़ा होता हूँ तो लगता है कि सोहन सिंहजी की दृष्टि मुझ पर पड़ रही है, जो मुझे इंगित कर रही है कि सतर्क रहो।

जयपुर महानगर का शरद शिविर आयोजित हुआ। सोहन सिंहजी विभाग प्रचारक थे। उसमें सबको दायित्व दिए गए। मुझे बौद्धिक प्रमुख का दायित्व दिया गया। जिन-जिनको जो दायित्व दिए गए थे, उनको अलग-अलग समय देकर पूर्णता से बातचीत की गई। इसी प्रकार से मुझे भी समय दिया गया। मैं उनके पास गया। बौद्धिक विभाग की चर्चा प्रारंभ हुई। उन्होंने मुझसे पूछा कि बौद्धिक विभाग की आपने क्या योजना बनाई? मैंने कुछ छोटी-मोटी बातें बताईं। फिर उन्होंने पूर्व में लिखी हुई एक परची निकाली। उसमें बौद्धिक योजना से संबंधित लिखी हुई एक-एक बात पर विस्तार से मुझे समझाया। मेरी कल्पना ही नहीं थी कि इतने सारे विचार की आवश्यकता है। छोटी-से-छोटी बात को गहराई से प्रस्तुत किया। मैं सोचता हूँ कि जो दृष्टि उन्होंने दी, वह मेरे लिए मार्गदर्शक थी, जिसके कारण मैं आगे अनेक संघ शिक्षा वर्गों में बौद्धिक प्रमुख के दायित्व-निर्वहण में सक्षम हो सका।

—निरंजन शर्मा

पूर्व प्रचारक, रा.स्व. संघ

सार्वजनिक जीवन और सादगी

सन् 1991 में जयपुर में भारतीय जनता पार्टी का राष्ट्रीय अधिवेशन था। मुझे संयोजक की दृष्टि से व्यवस्था की जिम्मेदारी दी हुई थी। अधिवेशन शुरू होने से एक दिन पहले मैंने मा. सोहन सिंहजी को जाकर निवेदन किया कि वे एक बार अधिवेशन स्थल पर आकर व्यवस्थाओं पर दृष्टि डाल लेंगे तो हम लोगों को बहुत खुशी होगी। वे रात को वहाँ आए। उन्होंने वह स्थान देखा, जहाँ प्रतिनिधियों के स्नान के लिए नल लगाए हुए थे। उन्होंने देखकर पूछा, 'भले आदमी! स्नान के बाद कार्यकर्ता कपड़े कहाँ सुखाएँगे?' बात छोटी सी थी, लेकिन एक भारी कठिनाई से बच गए। तत्काल वहाँ सामने की ओर रस्सियाँ बाँधी गईं। इससे अधिवेशन में कार्यकर्ताओं को काफी सुविधा हो गई।

मेरी छोटी बहन का विवाह था। सोहन सिंहजी आशीर्वाद देने पधारे। वहाँ अन्य

लोग भी बड़ी संख्या में आए थे। सजावट भी अच्छी की हुई थी। सोहन सिंहजी ने जाते-जाते कहा, 'सार्वजनिक जीवन है तो लोग आएँगे ही; लेकिन इसमें सदैव इस बात का ध्यान रखना चाहिए कि समारोह सादगी भरा हो। सार्वजनिक जीवन में सादगी से ही लोगों को प्रेरणा दी जा सकती है, समाज में अच्छे संस्कार विकसित किए जा सकते हैं।'

एक अन्य घटना राजनीति से जुड़ी हुई है। उनकी अस्वस्थता के दौरान मैं मिलने गया। मैंने राजस्थान की स्थितियों को लेकर मन की बातें उनके सामने रखीं। उन्होंने पहले मेरी बातें ध्यान से सुनीं, फिर कहा, 'आप लोग तृतीय वर्ष शिक्षित स्वयंसेवक हैं। राजनीति में हैं तो वहाँ कौन सी चीज कैसे ठीक की जाए, इसका निर्णय आप लोगों को ही अपने संस्कारों के आधार पर करना चाहिए।'

—घनश्याम तिवाड़ी
पूर्व मंत्री, राजस्थान

स्वयंसेवकों के प्रेरणास्त्रोत

सन् 1947 में हमारे गाँव में शाखा लगती थी, तभी से मैं संघ से जुड़ा हूँ। गांधीजी की हत्या के बाद देहात क्षेत्र में संघ की सभी गतिविधियाँ बंद हो गईं। इसके बाद विश्व हिंदू परिषद् के नाहरगढ़ जिले में श्री मुरलीजी प्रचारक के रूप में आए। उन्होंने देहात क्षेत्र के पाँच लोगों को जोड़ा और हमें देहात में कार्य करने के लिए प्रेरित किया। हमें पता चला कि माननीय सोहन सिंहजी गाँव के ही रहनेवाले हैं। हमने उनसे मिलने की इच्छा प्रकट की। सन् 1986 में हम विश्व हिंदू परिषद् के झंडेवाला कार्यालय बैठक में गए। बैठक में पता चला कि सोहन सिंहजी संघ कार्यालय में ही हैं। बैठक समाप्त होने के पश्चात् हम उनसे मिलने चले गए। हमने अपना परिचय दिया। वे हम लोगों से मिलने के बाद बहुत खुश हुए। हमने देहात की समस्याओं से उन्हें अवगत करवाया। उन्होंने हम लोगों को समझाया कि आप लोग पाँचों अलग विभागों से जुड़े हुए हैं; इसमें अधिकारी भी हैं, पूर्व सैनिक भी हैं तथा किसान भी हैं, जो कि अपनी शैली में वार्त्ता करते हैं। हमें उनसे उन्हीं की शैली में बात करनी चाहिए, तभी वे मन से हमसे जुड़ेंगे। हमने यही तरीका अपनाया, जिससे कि क्षेत्र के सभी गाँवों के लोग हमसे जुड़ते चले गए। उसके बाद हमने जितने भी कार्यक्रम किए और उस दौरान राम जन्मभूमि आंदोलन से जुड़े जो भी कार्य आए, उनमें देहात क्षेत्र का भरपूर समर्थन मिला। इस कार्य के बाद हम लोग सोहन सिंहजी से मिले और उन्हें बताया तो उन्होंने हमारी पीठ थपथपाई और बहुत खुश हुए। उन्होंने कहा कि जिस क्षेत्र में भी आप काम करें, इसी लगन से करते रहिएगा।

एक बार मैं दो कार्यकर्ताओं के साथ झंडेवाला कार्यालय में सोहन सिंहजी से

मिलने गया। हमने उन्हें प्रणाम किया तथा नीचे दरी पर बैठ गए। तभी उन्होंने कहा कि कुरसियों पर बैठो। हम श्रद्धापूर्वक नीचे ही बैठे रहे तो वे स्वयं भी नीचे बैठ गए और कहा कि संघ में कोई ऊँच-नीच का भेदभाव नहीं होता। सभी स्वयंसेवक समान रूप से आदर पाने योग्य हैं। इस तरह वे मार्गदर्शन करते थे।

—मानसिंह

संरक्षक, नाहरगढ़ सेवा भारती, दिल्ली

आदर्श संगठननिष्ठ

मेरे पिताजी सहारनपुर (उत्तर प्रदेश) से सन् 1960 में आजीविका हेतु दिल्ली आ गए थे। इसमें संघ बंधुओं का सहयोग सार्थक बना। फिर 1964 में पूरा परिवार दिल्ली पहुँच गया। उस समय मैं नौवीं कक्षा का विद्यार्थी था। शाखा में जाने का क्रम तो पिताजी के साथ सहारनपुर में ही शुरू हो गया था। उसको पुनः नियमितता दिल्ली आकर मिली। सायंकाल शाखा कंपनी बाग (पुरानी दिल्ली स्टेशन) में लगती थी। शाखा में ही पहली बार श्री सोहन सिंहजी के दर्शनों का सौभाग्य मिला। उनका लहजा मजबूती से अपनी बात को रखने का रहता था, इसलिए उनका प्रभाव तुरंत ही बन जाता था। दिल्ली का संघ कार्यालय झंडेवाला हमारे क्षेत्र से अधिक दूर नहीं था, इसलिए संघ कार्यालय जाना—गणवेश का सामान एवं संघ साहित्य लाना और कार्यालय पर श्री सोहन सिंहजी से मिलना सहज ही हो जाता। 50 साल पहले दिल्ली बहुत छोटी थी, इसलिए दिल्ली के प्रचारक से मिलना भी सरल था।

सन् 1966 में दिल्ली में दो बड़े विशाल आयोजन श्री सोहन सिंहजी की देख-रेख में संपन्न हुए, जो अपने आप में ऐतिहासिक बन गए। 7 नवंबर, 1966 को गो-हत्या बंदी के लिए संसद् पर एक विशाल प्रदर्शन का आयोजन हुआ, जिसमें 10 लाख गो भक्तों ने भागीदारी की। ऐसे आयोजनों में संघ की अप्रत्यक्ष भूमिका भरपूर मात्रा में रही। वैसे, 1952 में संघ ने गोरक्षा हेतु 1.75 करोड़ हस्ताक्षर जो कराए थे, यह प्रदर्शन उसी का विस्तार था। दूसरा बड़ा आयोजन तरुण शिविर का था, जो कि पीरागढ़ी चौक पर आयोजित किया गया था। यह पूरे देश का 7,500 संख्यावाला पहला बड़ा शिविर था। पूज्य गुरुजी तीन दिन शिविर में स्वयं उपस्थित रहे। अटलजी को उस शिविर में खाकी नेकर और दंड सहित गणवेश में देखकर कुछ हद तक अचंभित भी हुए। सन् 1967 में दिल्ली चुनाव में जनसंघ नगर निगम, महानगर परिषद् (विधानसभा) और 7 में से 6 सांसद जीतकर राजनीतिक दृष्टि से अपना लोहा स्थापित करने में कामयाब हुए। यह श्री सोहन सिंहजी द्वारा संघ को जो संगठनात्मक मजबूती दी गई थी, उसी के परिणाम का सुफल प्राप्त हुआ था। सन् 1970 में वे दिल्ली से हरियाणा गए और 1973 में फिर जब

प्रचारक के रूप में मैंने यात्रा शुरू की तो विभिन्न बैठकों में फिर से सोहन सिंहजी का मार्गदर्शन मिलने लगा। संघ यात्रा में अनगिनत नींव के पत्थरों के जीवन खप गए हैं। 'वन लाइफ वन मिशन'—'तेरा वैभव अमर रहे माँ, हम दिन चार रहें न रहें', 'चाहता हूँ देश की धरती तुझे कुछ और भी दूँ—सोहन सिंहजी ने अपने कष्ट-साध्य जीवन से जो मानदंड प्रतिष्ठापित किए हैं, इसी से प्रेरित होकर बढ़ते रहेंगे।

—राष्ट्र प्रकाश

गोरक्षा, विश्व हिंदू परिषद्

निर्भीक व्यक्तित्व

माननीय सोहन सिंहजी निर्भीक एवं दबंग व्यक्तित्व के धनी थे। वे शांत स्वभाव के थे, किंतु अनुशासनप्रिय थे। वे ध्येय के प्रति समर्पित थे। उनके सामने लक्ष्य स्पष्ट था। उसे प्राप्त करने में आनेवाली बाधाओं से वे कोई समझौता नहीं करते थे। सोहन सिंहजी धीर-गंभीर प्रकृति के व्यक्ति थे। व्यर्थ की बात करते रहना उनके स्वभाव में नहीं था।

उस समय प्रो. विजय कुमार मल्होत्राजी दिल्ली के मुख्य कार्यकारी पार्षद थे। झंडेवाला कार्यालय में सोहन सिंहजी फोन पर मल्होत्राजी को किसी बात पर कड़ाई से बोल रहे थे, 'यह काम आज हो जाना चाहिए।' कार्य के प्रति सोहन सिंहजी की प्रतिबद्धता और कार्यकर्ताओं पर उनके इस प्रभाव के कारण ही वे इस तरह प्रबलतापूर्वक आग्रह कर पाते थे। जिम्मेदार कार्यकर्ताओं द्वारा दिए गए सुझावों का वे सम्मान करते थे।

अखिल भारतीय साहित्य परिषद्, दिल्ली प्रदेश की वर्ष में एक बार ऐसी बैठक होती थी, जिसमें सोहन सिंहजी वर्ष भर के कार्य का मूल्यांकन करते थे और भविष्य में कार्य का विस्तार हो, इसलिए प्रेरणा देते थे। ऐसी बैठकों में आए वरिष्ठ कार्यकर्ता को अपने पास बैठाते थे। जिम्मेदार कार्यकर्ताओं द्वारा दिए गए सुझावों का वे सम्मान करते थे। एक बार अपने एक वरिष्ठ अधिकारी का बौद्धिक चल रहा था। उस बौद्धिक में एक सुझाव आया कि यदि किसी एक क्षेत्र में दो व्यक्तियों का वैमनस्य चल रहा है तो दबंग व्यक्ति के सम्मुख यदि दूसरे व्यक्ति को आगे लाया जाता है तो उस क्षेत्र में असंतोष रोका जा सकता है। यही बात मैंने प्रेमजी गोयल से कही और अनुरोध किया कि हमारे क्षेत्र में ऐसा हो जाए तो असंतोष को रोका जा सकता है। प्रेमजी के सोहन सिंहजी से इस बारे में निवेदन करने पर उन्होंने ऐसा ही किया और उस क्षेत्र में बढ़ते हुए वैमनस्य को रोक लिया।

सोहन सिंहजी बहुमुखी प्रतिभा के धनी थे। शरीर अस्वस्थ होते हुए भी मन स्वस्थ

रहता था। किसी दूसरे की सहायता लेकर सीढ़ी चढ़ना उन्हें पसंद नहीं था। खुद कष्ट सहकर इस बाधा को पार कर जाते थे।

—जीत सिंह जीत

राष्ट्रीय उपाध्यक्ष, अखिल भारतीय साहित्य परिषद्

पथ-प्रदर्शक

मुझे 55 वर्षों से संघ का कार्यकर्ता बने रहने का सौभाग्य मा. सोहन सिंहजी जैसे अनेक प्रेरक व्यक्तियों के कारण प्राप्त हुआ। प्यार भी इतना कि कभी निराशा नहीं आई और डाँट भी इतनी कि आँसू निकल आए। 55 वर्षों से निरंतर संघ-स्थान से संपर्क बने रहने तथा दायित्ववान कार्यकर्ता के नाते कार्यरत रहने की जिद भी संभवत: इसी कारण बनी हुई है। दिल्ली प्रांत के बौद्धिक प्रमुख के दायित्व ने मुझे मा. सोहन सिंहजी के निकट लाने का कार्य किया।

मा. सोहन सिंहजी का नाम सुनते ही स्मरण आता है एक कड़क व्यक्ति। थोड़ी सी भी चूक होने पर डाँट लगानेवाले, अचूक व्यवस्थाएँ, सूक्ष्मतम बिंदुओं पर ध्यान, कार्यक्रम पूर्ण होने के बाद असीम स्नेह। कार्यकर्ताओं की बैठक में बात करते-करते गुस्सा प्रकट करते हुए कहना—हमारा कार्यकर्ता 2-2 घंटे रोजाना टी.वी. देखता है। शाखा पर देरी से जाना और विकिर होते ही सीधे घर आना, स्वयंसेवकों से कोई व्यक्तिगत व पारिवारिक संबंध नहीं, संपर्क नहीं। अस्वस्थता की सूचना मिलने पर भी फोन से काम चलाना, हमारे कार्यकर्ताओं का ऐसा स्वभाव बन रहा है। हम प्रतिज्ञित स्वयंसेवक हैं; परंतु लकीर पर चलना और कोई नया प्रयोग नहीं करना आदत बन गई है। भूल गए कि टोली खड़ी होती है सफाई व संबंध से, आत्मीयतापूर्ण व्यवहार से, न कि बौद्धिक देने और बैठकें लेने से।

मा. सोहन सिंहजी के अति अस्वस्थता के दिनों में भी मेरा मिलने जाना होता रहा। सायंकाल चाय के समय चाय मँगाते थे। साथ बिठाकर पीने का आग्रह रहता था। पहले परिवार का, समर्थ शिक्षा समिति व विद्यालय दायित्व की बात करते थे। संघ के दायित्व निर्वहण की बात विस्तार से होती थी।

—गोविंद राम अग्रवाल

दिल्ली प्रांत संयोजक, स्वदेशी जागरण मंच

गुणों का व्यावहारिक कार्यान्वयन

प्रवास के दौरान किशनगंज के नगर कार्यवाह रहे आनंदजी के साथ मोटर साइकिल

पर पीछे बैठकर माननीय सोहन सिंहजी जा रहे थे। चलते-चलते अचानक मोटर साइकिल उछल पड़ी। सोहन सिंहजी ने पूछा, 'क्या हुआ?' आनंदजी ने कहा, 'सड़क पर गहरा गड्ढा था।' सोहन सिंहजी ने कहा, 'कैसे कार्यवाह हो, जिसको यह नहीं पता कि कौन सी सड़क पर कहाँ गड्ढा है!' उनका तात्पर्य था कि यहाँ पर प्रवास करते हो या नहीं। दक्ष में आँख की पुतली हिला देनेवाले भी सोहन सिंहजी की नजर से नहीं बच सकते थे।

माननीय सोहन सिंहजी के व्यवहार को देखकर सहज ही डॉ. हेडगेवार की छवि सामने आ जाती है। जब डॉ. हेडगेवार किसी के पास आर्थिक सहायता हेतु गए तो उसने दो-टूक कहा, 'सामाजिक कार्य करनेवाले पैसों का दुरुपयोग करते हैं। सही हिसाब तक नहीं रखते।' तभी डॉ. हेडगेवार ने उनके समक्ष संघ के आय-व्यय का समग्र लिखित ब्योरा रख दिया। इसमें रेशम बाग संघ-स्थान पर खेलते-खेलते एक पैसा मिलने का जिक्र पढ़कर उसको आश्चर्य हुआ। इसलिए डॉ. हेडगेवार की प्रेरणा से चलनेवाले कार्य की आर्थिक व्यवस्था की एक विशेषता यह है कि वे सिद्धांत पर चलते हैं।

सोहन सिंहजी आय-व्यय के हिसाब और उसकी अपव्ययता रोकने के लिहाज से वैसा ही प्रतिबिंब थे। वे कहते थे कि संगठन के व्यवहार से जो साख बनती है, उसके कारण संगठन में पैसे की कमी नहीं हो सकती। सोहन सिंहजी के व्यवहार में ही संघ झलकता था। सोहन सिंहजी के कमरे में घुसते ही स्वयंसेवक को वे कई बार सुई-धागे से अपनी फटी हुई बनियान व कुरते की सिलाई करते हुए दिखाई देते थे। ऐसे सरलतम व्यक्तित्व थे। उनकी हर बात प्रेरणास्पद होती थी।

—जगदीश पाल

संस्थापक सदस्य, भाऊराव सेवा न्यास

अखिल भारतीय कार्यकारिणी, स्वदेशी जागरण मंच

ध्येय-निष्ठा का जाज्वल्यमान नक्षत्र

राष्ट्रीय स्वयंसेवक संघ के वरिष्ठ प्रचारक सोहन सिंहजी के प्रति विचार-मंथन करने पर भारतीय चिंतन के पुरोधा परम पूज्य श्रीगुरुजी के भाषणों में आई एक पंक्ति 'शिवो भूत्वा शिव यजेत्', यानी शिव की पूजा शिव बनकर ही की जाती है, मेरे मानस-पटल पर परिलक्षित हो रही है। इसी संदर्भ में मुझे श्रीमद्‍भगवद्‍गीता के तीसरे अध्याय के 21वें श्लोक में भगवान् श्रीकृष्ण के उपदेश का संस्मरण हो रहा है—

यद्यदाचरति श्रेष्ठस्तत्तदेवेतरो जनः।
स यत्प्रमाणं कुरुते लोकस्तदनुवर्तते॥

अर्थात्—श्रेष्ठ पुरुष जो आचरण करता है, अन्य पुरुष भी वैसा ही आचरण करते हैं। वह जो कुछ प्रमाण कर देता है, समस्त मनुष्य समुदाय उसी के अनुसार बरतने लग जाता है। ये वचन भी हमें सावधान करते हैं कि अपना आचरण व चिंतन अपने ध्येय के अनुकूल रखने की सावधानी चाहिए।

सोहन सिंहजी के ध्येयनिष्ठ जीवन को देखते हुए ऐसा प्रतीत होता है मानो उपनिर्दिष्ट विचार उनकी कर्म-कठोरता, सजगता, प्रतिबद्धता, ध्येयनिष्ठा का अनुमोदन कर रहे हैं। सोहन सिंहजी ने सन् 1942 में बी.एस-सी. की शिक्षा प्राप्त कर वायुसेना में अधिकारी के पद पर चयन हो जाने पर भी नौकरी न कर संघ के प्रचारक बन देशभक्ति का ज्वलंत उदाहरण प्रस्तुत कर त्याग-तप का मार्ग अपनाया। वे सहर्ष कंटकाकीर्ण मार्ग पर चल निकले। ठीक ही कहा गया है कि दृढ मनवाले अपने लक्ष्य को प्राप्त करने में आनेवाली बाधाओं की परवाह नहीं करते। श्री भर्तृहरि ने भी निम्न श्लोक से इस विचार की पुष्टि की है—

प्रारभ्यते न खलु विघ्न भयेन नीचैः
प्रारम्भ विघ्ननिहता विरमन्ति मध्याः।
विघ्नै मुहुमुहिरयि प्रतिहन्यमानः
प्रारब्ध युत्तमजना न परित्यजन्ति॥

अर्थात्—उत्तम वर्ग के मनुष्य विघ्नों के बार-बार आघात करने पर भी अपने शुरू किए काम को नहीं छोड़ते, चाहे कितनी ही विघ्न-बाधाएँ क्यों न आएँ।

इसी प्रकार किसी कवि ने कहा है कि—

हंस से होता है क्या कि वह मोती का खाना छोड़ दे।
सारी दुनिया चाहे उसकी रट लगाना छोड़ दे।
हम न छोड़ेंगे चाहे हमको जमाना छोड़ दे॥

मैं उन दिनों सायं का कार्यकर्ता था, जब सोहन सिंहजी दिल्ली महानगर प्रचारक थे। उस समय की एक घटना का स्मरण होता है। एक बार दिल्ली नगर की शाखाओं का गुरुदक्षिणा के कार्यक्रमों की समाप्ति पर नगर के प्रमुख कार्यकर्ताओं की रात्रि में सोहन सिंहजी के सान्निध्य में झंडेवाला कार्यालय में बैठक थी, जिसमें पूरी दिल्ली नगर की गुरुदक्षिणा के कुल योग का आकलन हुआ तो पाया कि पूरे दिल्ली नगर की गुरुदक्षिणा एक लाख नहीं हो पाई। दो-तीन वर्षों से ऐसा हो रहा था। कुल जोड़ हर बार 90 हजार से 1 लाख रुपए के बीच ही रहता। यहाँ विचार सब करते कि वह दिन कब आएगा, जब हमारी पूरे नगर की गुरुदक्षिणा 1 लाख हो पाएगी। सामाजिक कार्य हो, चाहे अन्य, उसको सुचारु रूप से कर पाने के लिए धन की आवश्यकता तो रहती ही है। उसके संकलन के लिए सजगता, स्वच्छता, पवित्रता, आवश्यकता एवं लक्ष्य के अनुसार

पारदर्शिता के साथ योजनापूर्वक प्रयास की अपेक्षा रहती ही है, जिसके लिए सोहन सिंहजी का मार्गदर्शन हम सबको सदैव उपलब्ध रहता था।

संघ-कार्य के लिए आयु सीमा का कोई बंधन नहीं। यदि शरीर स्वस्थ है तो सोहन सिंहजी की तरह वृद्धावस्था में भी संघ-कार्य किया जा सकता है। यह ईश्वरीय कार्य है।

परम पूज्य श्रीगुरुजी का भी कहना था कि 80 वर्ष की उम्र में भी स्वयंसेवक को शाखा में जाना चाहिए, यानी स्वयंसेवक का पूर्ण जीवन संघ को समर्पित रहे। सोहन सिंहजी ने उसी तरह अपना सारा जीवन जिया।

श्रीमद्भगवद् गीता के 18वें अध्याय में सात्त्विक कार्यकर्ता के गुणों का निरुपम करते हुए बताया गया है कि सात्त्विक कार्यकर्ता वह है, जो संग-रहित है; जो अहंकार के वचन न बोलनेवाला, धैर्य और उत्साह से युक्त तथा कार्य के सिद्ध होने और न होने में हर्ष-शोक आदि विकारों से रहित है, वह सात्त्विक कहा जाता है। सात्त्विक कार्यकर्ता, जो त्याग के मार्ग पर चलने को सिद्ध हुआ है, जिसने इस पवित्र संघ-कार्य/ईश्वरीय कार्य को अपना जीवन समर्पित करने का दृढ निश्चय कर रखा हो, उससे इतर वह सोच भी नहीं सकता। ऐसे निर्मोही व तपस्वी व्यक्ति की तुलना हमारे जैसा गृहस्थ जो कोल्हू के बैल की तरह सांसारिक मोह-ममता में उलझा हुआ है, कल्पना भी नहीं कर सकता।

एक तीसरी घटना का मुझे स्मरण आता है। वर्ष 2001 में मेरे छोटे सुपुत्र समदर्शी का विवाह अजमेर में एक कपूर परिवार में हुआ। वह परिवार भी संघ से जुड़ा हुआ था। मैं पहली बार उस परिवार का घर-बार देखने अजमेर गया तो वहाँ का संघ कार्यालय देखने की मेरी इच्छा हुई। जब मैं वहाँ गया तो कार्यालय के द्वार पर लिखा मिला—'मातृ मंदिर'। मुझे वह पढ़कर बहुत प्रसन्नता हुई। उस समय कार्यालय में केवल एक ही कार्यकर्ता मिला। मैंने जब उनसे पूछा, 'यह कार्यालय के द्वार पर 'मातृ मंदिर' नाम किसने लिखा है?' उस कार्यकर्ता से पता चला कि इस कार्यालय का यह नामकरण सोहन सिंहजी द्वारा हुआ है। यह नाम उन्होंने ही रखने को कहा है। मुझे लगा कि सोच के धरातल पर सब स्वयंसेवक एक ही प्रकार की सोच रखते हैं। ठीक ही कहा जाता है कि दिल से दिल को राह होती है।

एक चौथी घटना का स्मरण आता है। एक बार मैं दिल्ली संघ कार्यालय झंडेवाला के बाहर से जा रहा था तो मन में आया कि भीतर जाकर अपने प्रचारक एवं अन्य बंधुओं के दर्शन कर लिये जाएँ। जब भीतर गया तो भोलानाथजी, जो कार्यालय में स्वागत कक्ष सँभालते थे, वहाँ पर उनके स्थान पर कोई अन्य सज्जन विराजमान थे, जिनसे मेरा परिचय नहीं था; पर उनके पास ही सोहन सिंहजी एवं दो अन्य व्यक्ति—इस प्रकार चार लोग बैठे थे। मुझे सोहन सिंहजी ने अपने पास बैठने के लिए कहा और

फिर बताने लगे कि ये दोनों जो बैठे हैं, भोलानाथजी के सुपुत्र हैं, उन्हें लेने आए हैं। भोलानाथजी काफी अस्वस्थ चल रहे हैं। उनकी पत्नी का स्वर्गवास हो गया है। घर गए थे, पर मन वहाँ नहीं लगता, वापस कार्यालय आ गए हैं। यहाँ आकर भी काफी अस्वस्थ हैं। इनके घर बच्चों को संदेशा भेजा गया था कि इनको कुछ समय के लिए घर ले जाओ। ये लेने आए हैं, लेकिन वे जाने को तैयार नहीं।

मुझे लगा, कितनी आत्मीयता, सात्त्विकता, अपनत्व माननीय सोहन सिंहजी अपने में सँजोए हुए हैं। एक परिवार के मुखिया की भाँति प्रत्येक बात की चिंता करनेवाले हमारे ये वरिष्ठ प्रचारक हैं, जो मेरे जैसे एक साधारण कार्यकर्ता से भी स्नेह रखते हैं। मुझे आभास हुआ कि बड़े वरिष्ठ लोगों के सान्निध्य से बहुत कुछ मिलता है। उनकी साधारण बातचीत भी हमारे लिए बड़ी उपयोगी होती है। इसलिए तो कहा गया है कि—

महाजनो: येन गत: स पन्था।

बड़े लोगों का अनुसरण करना चाहिए। उनकी हर बात सारगर्भित और शास्त्र-सम्मत होती है।

—योगेंद्र लांबा

झंडेवाला विभाग, पूर्व विभाग वार्ड प्रमुख

व्यक्ति, संगठन और राष्ट्र

सन् 1965 में प्रयाग विश्वविद्यालय से एम.एस-सी. कर दिल्ली वापस आ गया। दिल्ली के चार कॉलेजों में नौकरी के लिए प्रयास किया। लगने लगा कि दिल्ली के कॉलेजों में दिल्ली विश्वविद्यालय से पास हुए विद्यार्थी को ही नौकरी मिलती है। मैं माननीय सोहन सिंहजी से मिलने झंडेवाला गया। अपना परिचय दिया और बताया कि पिताजी की बीमारी के कारण दिल्ली आना पड़ा। यह भी बताया कि मैंने सन् 1963 में वाराणसी में प्रथम वर्ष की संघ शिक्षा प्राप्त की। माननीय सोहन सिंहजी ने मेरे परिवार की चिंता करते हुए सुझाव दिया कि मुझे किसी विद्यालय में पी.जी.टी. भौतिक-शास्त्र के लिए प्रयास करना चाहिए। मदनलालजी खुराना उस समय झंडेवाला कार्यालय में थे। उन्हें बुलाकर सोहन सिंहजी ने मेरी नौकरी के लिए लाला हंसराज गुप्ताजी से बात करने को कहा। खुरानाजी ने उसी समय लाला हंसराज गुप्ताजी से बात की और उन्होंने अगले दिन अपने घर बुला लिया। अगले दिन बातचीत करने के बाद तुरंत बाल भारती विद्यालय में पी.जी.टी. भौतिक-शास्त्र का नियुक्ति-पत्र दे दिया। पिताजी को प्राइवेट नौकरी पसंद नहीं थी। उन्हें लगता था, प्राइवेट नौकरी करते हुए मैं राजनीति में प्रवेश कर लूँगा। मैं पुन: सोहन सिंहजी के पास गया और पूरी जानकारी उन्हें दी। सोहन सिंहजी ने पिताजी की आज्ञा का पालन करने के लिए कहा। मुझे मोतीबाग के कन्या विद्यालय में नौकरी

मिल गई। सोहन सिंहजी के कहने पर ईश कुमारजी चड्ढा से मिला और सायं शाखा के मंडल की जिम्मेदारी सौंपी गई।

सन् 1968 में सोहन सिंहजी ने मुझे विस्तारक के नाते कार्य करने के लिए कहा। आदेश का पालन करने के लिए छह मास की छुट्टी की व्यवस्था कर ली। दुर्भाग्य से उसी समय पिताजी का स्वर्गवास हो गया। सोहन सिंहजी घर पर आए। काफी समय घर पर रहे और मुझे घर की पूरी जिम्मेदारी निभाने के लिए कहा। प्रमुख स्थानीय कार्यकर्ताओं को मेरी पूरी सहायता करने के लिए कहा। एक महीने में माननीय सोहन सिंहजी चार बार घर पर आए। परिवार का हाल-चाल पूछा और मुझसे कहा कि संघ हर प्रकार की सहायता करेगा। मेरे लिए यह बहुत बड़ी राहत थी।

सन् 1967 में अध्यापकों की माँगों को लेकर पूरी दिल्ली में आंदोलन चला। उस समय अध्यापक संगठन कांग्रेस एवं साम्यवादियों के हाथों में था। हमारे बहुत से स्वयंसेवक अध्यापक भी जेल गए। सोहन सिंहजी का मानना था कि अध्यापकों के किसी भी आचरण के पीछे शिक्षा प्रदान करने का भाव होना चाहिए। उन्होंने हम प्रमुख कार्यकर्ताओं को झंडेवाला बुलाया। राष्ट्रीय दृष्टिकोण से समझाया कि हमें अपना अलग संगठन बनाना चाहिए। उनकी बात बड़े महत्त्व की थी। इसके बाद दिल्ली अध्यापक परिषद् की स्थापना की गई। सरकारी विद्यालय, निगम विद्यालय, नई दिल्ली नगर पालिका विद्यालय, प्राइवेट विद्यालयों की अलग-अलग शाखाओं को प्रारंभ किया गया और पूरी दिल्ली में सदस्यता प्रारंभ की गई। हर महीने सोहन सिंहजी अध्यापक परिषद् के पदाधिकारियों की बैठक लेते थे। समय के साथ सदस्यता बढ़ती गई और आज भी अध्यापक परिषद् अध्यापकों की समस्याओं को लेकर संघर्ष करती रहती है। आपातकाल में हमारे 72 अध्यापकों को नौकरी से निलंबित किया या नौकरी से निकाल दिया गया। गर्व की बात यह रही कि हमारे एक भी अध्यापक ने माफी नहीं माँगी।

—पृथ्वीराज साहनी

पूर्व महापौर, दिल्ली

अन्न के कण-कण का सदुपयोग

बीमारी के कारण माननीय सोहन सिंहजी का शरीर पूरी तरह साथ नहीं देता था, किंतु फिर भी वे उससे सारा काम निकाल लेते थे। मैं गया तो बीमारी की दशा में संघ कार्यालय में रहकर उनकी सेवा के लिए था, किंतु देखा कि वे तो अपना सारा कार्य स्वयं ही कर लेते थे और स्वयं से ज्यादा वे मेरा ध्यान रखते थे कि मैंने कुछ खाया कि नहीं इत्यादि। मैं पूछता रहता कि क्या काम करना है और वे मौन-ही-मौन मुसकराते हुए मुझे बैठने या पढ़ने को कह देते। धीरे-धीरे मुझे जब उनकी आवश्यकताओं का

ज्ञान हुआ, उनकी कार्य-पद्धति समझ में आई और मैं अग्रसर होकर उनके दैनिक कार्य में हाथ बँटाने लगा, तभी उनकी छोटी-मोटी सेवा में सहभागी बन सका। किसी भी कमरे से बाहर निकलने से पूर्व उस कक्ष की बत्ती बंद करना, पानी का नल हो, गरम पानी का गीजर या छत पर लगा पंखा हो, मैंने कभी आधे मिनट के लिए भी बेकार चलते नहीं देखे। उन्होंने मुझे एक बार बुलाकर कहा कि 'विनोद, देखो, स्नानागार का नल खुला है।' मैं था तो स्नानागार के पास ही, किंतु मैं दंग था कि आखिर यह आवाज मुझे लाँघकर इन तक कैसे पहुँच गई! मुझे पता नहीं चल सका और वे अपनी परेशानी को भूलकर पानी की चिंता कर रहे थे। एक दिन भोजनालय में सुबह के अल्पाहार में नमकीन रोटियाँ बनी थीं, जो बहुत ही स्वादिष्ट लगीं। पूछने पर महाराज ने बताया कि रात्रि की बची रोटियों को फ्राई करके बनाया गया है। मैं हतप्रभ रह गया। महाराज ने आगे बताया कि सोहन सिंहजी का कहना है कि देश में करोड़ों लोग हैं, जिन्हें एक बार का खाना भी नहीं मिल पाता। अत: अन्न के एक-एक कण का सदुपयोग करना चाहिए।

—विनोद बंसल

प्रवक्ता, विश्व हिंदू परिषद्, दिल्ली

संगठन दृष्टि का बीज मंत्र

सन् 1957 में हिंदी रक्षा आंदोलन के दौरान पाँच महीने की जेल यात्रा के बाद मैं घर-बार छोड़कर प्रचारक बनना चाहता था। लेकिन माननीय सोहन सिंहजी ने मना कर दिया। वे बोले कि पहले पढ़ाई पूरी करो। सन् 1959 में प्रथम वर्ष का शिक्षण वर्ग करते ही फिर प्रचारक बनने की इच्छा बलवती हो गई। सोहन सिंहजी ने तब भी लिखित में देने के बाद प्रचारक बनने की अनुमति दी कि मैं पहले बाकी की पढ़ाई पूरी करूँगा। प्रचारक निकला, तब सोहन सिंहजी मुझे कुरुक्षेत्र जिले के लाडवा कस्बे में छोड़ने आए। कार्यालय के नाम पर एक कमरा बीच बाजार में था। वहाँ पर कस्बे के प्रमुख स्वयंसेवकों को बुलाकर मेरा परिचय करवाया, फिर हमने कार्यालय के नीचे दुकान करनेवाले एक स्वयंसेवक के घर खाना खाया। उसके बाद उन्हें वापस करनाल जाना था, अत: मैं उनको बस अड्डे तक छोड़ने के लिए आया। बस में अभी देरी थी। वे मुझे एकांत में ले गए और मुझसे कहा कि मैं कुछ बातों का ध्यान दिला रहा हूँ, ठीक से सुनो।

उन्होंने कहा कि 'यहाँ की शाखा पुरानी है। सन् 1948 में जब संघ पर प्रतिबंध लगा, उसके कारण बहुत से स्वयंसेवक जेल में गए। इस कारण कइयों के कारोबार बंद हो गए। उनके परिवारों को काफी कष्ट सहना पड़ा। जब संघ पर से प्रतिबंध हटा,

स्वयंसेवक जेलों से वापस आए। तब तक उनके काम तथा परिवार की स्थिति काफी बिगड़ चुकी थी। उन्होंने अपने कारोबार को फिर से खड़ा करने में पूरा समय लगाया और शाखा के नाम पर वे काफी निराश थे। शाखा के नाम से ही वे और उनके परिवार काफी दु:खी थे। ऐसे स्वयंसेवकों के प्रति तुम्हारे मन में कोई दुर्भावना नहीं आनी चाहिए। तुम मत सोचना कि ये अपने आपको स्वयंसेवक तो कहते हैं, लेकिन शाखा में नहीं आते। यह कहना उपयुक्त होगा कि शाखा और संघ के प्रति उनके मन में विपरीत भाव आया हुआ है। इन सभी के प्रति आदर और सम्मान का भाव रखते हुए इनसे संपर्क बनाए रखना है, चाहे ये शाखा में आएँ या नहीं आएँ या तुम्हें भी बुरा-भला कहें।'

उनकी इस सीख ने मुझ पर काफी गहरा प्रभाव डाला। इस सीख का यह परिणाम निकला कि मैंने लगातार ऐसे स्वयंसेवकों के साथ उनके प्रति सम्मान व आदर भाव रखते हुए संपर्क बनाए रखा। आगे चलकर उन्हीं स्वयंसेवकों में से शाखा के मुख्य शिक्षक बने, कार्यवाह बने, संघचालक बने और अन्य क्षेत्रों के लिए भी उन्हीं स्वयंसेवकों ने कई प्रकार के कार्यभार सँभाले।

मैं कुरुक्षेत्र तहसील का प्रचारक था। माननीय सोहन सिंह का इस क्षेत्र में प्रवास था। रादौर नाम का एक कस्बा है। वहाँ के प्रवास में रात्रि की बैठक के बाद सोहन सिंहजी सहित हम लोग कार्यालय में ही सोए। रात्रि के 2 बजे होंगे। मेरी नींद खुली तो देखा कि वे उठकर कमरे में चक्कर काट रहे हैं। मैं उठा और पूछा कि आपकी तबीयत तो ठीक है? बोले कि 'तुम सो जाओ। मुझे नींद नहीं आ रही थी, इसलिए चक्कर लगा रहा हूँ।' मैंने उन्हें कहा कि 'कुछ तो बात है, जो आपको परेशान कर रही है, जिससे नींद नहीं आ रही है। मुझे कुछ तो बताइए। मैं ऐसे आपको देखकर कैसे सो पाऊँगा!' बोले, 'अरे, वे कौशलजी हैं न (करनाल जिला जनसंघ के संगठन मंत्री), उनके परिवार में 6-7 बच्चे हैं, पत्नी हैं, माताजी हैं, घर भी किराए का है। उनकी जो आय है, उससे घर नहीं चल पा रहा है। समझ में नहीं आ रहा कि क्या करूँ, इसलिए नींद नहीं आ रही है।' यह था सोहन सिंहजी का आत्मीय भाव और स्वयंसेवकों के परिवारों के प्रति उनकी चिंता।

—मूलचंद चावला
अध्यक्ष, अनुशासन समिति, भाजपा दिल्ली प्रदेश

वे सर्वोत्तम संगठनकर्ता थे

मैं सन् 1942 में स्वयंसेवक बना था। मैं दिल्ली सरकार के एक विद्यालय में शिक्षक था। मैंने नागपुर से सिविल डिफेंस का प्रशिक्षण प्राप्त किया था। सन् 1967 में मैंने परीक्षा और साक्षात्कार में सफलता प्राप्त की। अत: सिविल डिफेंस एवं होम गार्ड

विभाग में चयन हो गया। परंतु मैं अध्यापक पद छोड़कर वहाँ जाना नहीं चाहता था। मैं इस दुविधा के हल के लिए माननीय सोहन सिंहजी से झंडेवाला कार्यालय मिलने गया और उन्हें अपनी दुविधा बताई। उन्होंने मुझे सिविल डिफेंस में पदभार सँभालने के लिए कहा। मैं मान नहीं रहा था। तब उन्होंने मेरी कमर में एक मुक्का लगाया और कहा कि 'हमारी आज्ञा यही है। संघ के स्वयंसेवक हर विभाग में होने चाहिए।' मैं तभी शिक्षक का पद छोड़कर सिविल डिफेंस विभाग में चला गया। वहाँ कड़ी मेहनत की। मुझे राष्ट्रपति पदक मिला। मैंने कई स्वयंसेवकों को शस्त्र चलाने का प्रशिक्षण दिया।

सन् 1995 में मैंने जोधपुर (राज.) से द्वितीय वर्ष का शिक्षण प्राप्त किया। वहाँ पूरे शिविर का प्रबंध कार्य मा. सोहन सिंहजी सँभाल रहे थे। वे सारी व्यवस्थाओं पर बारीकी से ध्यान रखते थे और उन्हें कभी आराम करते नहीं देखा।

एक बार दिल्ली में तीन दिन के शीत शिविर में जाना हुआ। वहाँ भी सोहन सिंहजी प्रबंध व्यवस्था सँभाल रहे थे। श्रीगुरुजी को आभास हुआ कि सोहन सिंहजी सात दिनों से सोए नहीं थे। उन्होंने उन्हें राजस्थान भेजा। वहाँ वे कई दिनों तक सोते रहे।

सोहन सिंहजी अनुशासन के लिए जाने जाते थे। समय-पालन उनके जीवन का अभिन्न अंग बन गया था। 92 वर्ष की आयु में बीमारी के कारण उनका स्वर्गवास हुआ तो बड़ा दुःख हुआ। मेरी आँखों में स्वतः आँसुओं की धारा बहने लगी। प्रभु से मेरी प्रार्थना है कि वे पुनः भारत माता के सपूत के रूप में जन्म लें और भारत को विश्व गुरु बनाने में अपना अनथक प्रयास करें।

—रामसिंह यादव

संरक्षक, सेवा भारती, नाहरगढ़ जिला

दूरगामी सोच से परिपूर्ण

माननीय सोहन सिंहजी का व्यक्तित्व गहन चिंतनशील, दूरगामी सोच, गौरवशाली इतिहास व परंपरा-युक्त जीवन-शैली एवं आयामों को सुदृढ करनेवाला था।

मैं सार्वजनिक जीवन में ऐसा कार्यकर्ता था, जिसके पीछे न तो बड़ा वोट बैंकवाला जातीय संबल था, न ही आर्थिक सुदृढता। थी तो केवल कुछ कर गुजरने की प्रबल इच्छा। इस सबके लिए प्रचलित भाषा में गॉड फादर भी कोई नहीं था। संघ का स्वयंसेवक होने के कारण इतिहास से जुड़े महापुरुषों से संबंधित कार्य करने में सर्वाधिक सतत मार्गदर्शन और आशीर्वाद मुझे यदि मिला तो माननीय सोहन सिंहजी से मिला।

बात वर्ष 1994 की है। मैं भारतीय जनता पार्टी में प्रदेश महामंत्री का दायित्व निर्वहन कर रहा था। अचानक एक दिन मुझे अजमेर नगर सुधार न्यास के अध्यक्ष पद पर नियुक्ति का राज्य सरकार का आदेश प्रसारित हुआ। श्री रामदासजी अग्रवाल प्रदेशाध्यक्ष

थे। मेरे मन में आया कि भाजपा संगठन का कार्य करना ज्यादा अनुकूल रहेगा और अपने मन की बात करने मैं सोहन सिंहजी के पास गया। विनम्रता से थोड़े शब्दों में उक्त निवेदन किया कि मैं तो पार्टी में ही कार्य करूँ तो ठीक है। उन्होंने सुना और कहा कि 'तुम्हें मालूम है क्या कि तुम्हें नगर सुधार न्यास का अध्यक्ष क्यों बनाया?' मैंने गरदन हिलाते हुए निवेदन किया कि 'नहीं।' उन्होंने कहा, 'एक स्वयंसेवक द्वारा ऐतिहासिक कार्य करने के लिए और सार्वजनिक जीवन में कुछ प्रतिमान खड़े करने के लिए कुछ करके दिखाओ।'

बस, इतना सुनकर स्वयंसेवक का अनुभव हुआ। दायित्व-बोध की प्रेरणा लेकर वापस आ गया और उस दिन से लेकर आज तक कुछ इतिहास के प्रतिमान खड़े करने की दिशा में जो कुछ बन पड़ता है, करने में लगा हुआ हूँ। हर क्षण इतिहास, महापुरुष, संत, शूरमाओं के जीवन सोते और उठते दिमाग में घूमते रहते हैं।

नगर सुधार न्यास के अध्यक्ष का दायित्व सँभालते ही अपने न्यासियों के साथ पहली बैठक में सम्राट् पृथ्वीराज चौहान का स्मारक बनाने का संकल्प लिया। पग-पग पर कठिनाइयों के पहाड़ों से संघर्ष करना पड़ा। सहारा और मार्गदर्शन था तो माननीय सोहन सिंहजी का। अनेक कठिनाइयों से पार पाने में उन्होंने व्यावहारिक रास्ता बताया।

बस, माननीय सोहन सिंहजी का प्रतिमान खड़े करने का वाक्य तब से लेकर आज तक मन-मस्तिष्क में गूँजता रहता है। वहीं से कार्य करने की प्रवृत्ति और दिशा का रास्ता तय हुआ। महापुरुषों, संतों, शूरमाओं के स्मारक और पेनोरमा निर्माण और कुछ सूझता ही नहीं। राजनीतिक क्षेत्र में कार्य करते हुए अनेक बार कठिन और उलझे हुए विषयों पर उनका मार्गदर्शन लेने जाने का अवसर मिला। हर विषय पर बारीकी से सभी पहलुओं पर सुनते थे। कुछ नहीं कहा तो पूछते थे। वे सूत्र के रूप में कार्य का रास्ता बताते थे। व्यक्तिगत जीवन-शैली और अनुशासन के विषय में कठोर थे। पिछले कार्यकाल में कुछ और स्मारकों एवं पेनोरमा का निर्माण होने पर मैं दिल्ली में उनसे मिलने गया। स्मारकों की पुस्तक प्रस्तुत की। एक-एक पृष्ठ को देखा और एक छोटा वाक्य बोला—'अच्छा किया।' फिर पूछा—क्या सोचते हो? जो मन में था, निवेदन किया। बोले 'स्वास्थ्य का ध्यान रखना।' अनेक अवसर, अनेक विषय और सटीक समाधान कहीं मिला तो उन्हीं से। उनकी प्रबल इच्छा थी कि वीरवर दुर्गादास राठौड़ और महाराणा राजसिंहजी का भव्य स्मारक बने। महाराणा राजसिंहजी के पेनोरमा की तो इस वर्ष मुख्यमंत्री वसुंधरा राजे ने स्वीकृति दे दी है और वीर दुर्गादास राठौड़ के लिए प्रयास जारी हैं।

—ओंकारसिंह लखावत

अध्यक्ष, राजस्थान धरोहर संरक्षण एवं प्रोन्नति प्राधिकरण

मंत्र रूप प्रेरणा

जुलाई 1982 में सेवानिवृत्त होकर मैं सीकर आ गया। यहाँ आते ही मुझे जयपुर विभाग के सह-विभाग कार्यवाह का दायित्व दिया। सन् 1983 का संघ शिक्षा वर्ग उदयपुर में था। इसके कार्यवाह का दायित्व मुझे दिया गया। यह मेरे लिए नया अनुभव था। माननीय सोहन सिंहजी, प्रांत प्रचारक के मार्गदर्शन में मैं अपना दायित्व भली प्रकार निभा सका। सन् 1989 में प.पू. डॉ. हेडगेवार जन्म-शताब्दी वर्ष समाप्त होते हुए संपन्न प्रांतीय बैठक तथा शिक्षक वर्ग में मुझे सह-प्रांत कार्यवाह का दायित्व दिया गया। उस समय के सह प्रांत कार्यवाह ओमप्रकाशजी आर्य को सह-प्रांत संघचालक का दायित्व दिया गया। उस समय प्रांत कार्यवाह गिरिराजजी शर्मा (दादाभाई) थे। सीकर विभाग को सीकर जिले के जिला प्रचारक अजय कुमारजी प्रथम विभाग प्रचारक के रूप में मिले। उस समय सोहन सिंहजी द्वारा दिया गया मार्गदर्शन सदा मेरे लिए स्मरणीय तथा प्रेरक रहा। उन्होंने मुझे चेताते हुए कहा था, 'देखो, अब तक आप विभाग के सर्वेसर्वा थे। अपनी इच्छा व योजना से बैठकों आदि को संचालित करते थे। तब विभाग प्रचारक आपके साथ जिला प्रचारक के रूप में रहे हैं; किंतु अब विभाग उनकी योजना से चलेगा। यदि वे आपको किसी बैठक में बुलाते हैं, तभी संबोधित करना और वह भी उनके द्वारा बताए गए विषय पर ही। कई बार बड़े कार्यकर्ता छोटों पर हावी हो जाते हैं और उनको स्वतंत्र योजना बनाने में बाधक हो जाते हैं। इससे छोटे कार्यकर्ता का विकास नहीं हो पाता। आप प्रांत के अधिकारी हो और वह विभाग प्रचारक हैं, जो दायित्व व अनुभव में आपसे छोटा है। उसका आपके मार्गदर्शन में विकास हो, इसके लिए अपने ऊपर नियंत्रण आवश्यक है।' उनके दिए मंत्र को मैंने क्षेत्र का दायित्व मिलने पर भी पूरी तरह निभाने का प्रयत्न किया।

—मोतीसिंह राठौड़

पूर्व क्षेत्रीय कार्यवाह, रा.स्व. संघ

पुस्तक 'मेरी जीवन यात्रा' से उद्धृत

धीर-गंभीर एवं पुष्प की तरह कोमल थे

मा. सोहन सिंहजी के इस महान् गुण का परिचय व उनसे भेंट प्रथम बार शीत शिविर में सन् 1984 में हुई। शिविर स्थल कानोता के पास निर्जन जंगलों में था और आवास व्यवस्था तंबुओं में की गई। मैं कोटा से दो बस लेकर उस शिविर में सम्मिलित हुआ। संख्या लगभग 1,000 होगी। तिथि से दो दिन पूर्व मा. सोहन सिंहजी एक टेंट लगाकर रहने लगे। शिविर के मुख्य शिक्षक रामकिशोरजी पारीक और कार्यवाह सूरजमलजी थे। समस्त व्यवस्थाओं जैसे आवास, भोजनशाला, शारीरिक, बौद्धिक, पथ-संचलन,

विनोद सभा, इमरजेंसी काल, खेल व बौद्धिक प्रतियोगिताओं इत्यादि की योजनाएँ मा. सोहन सिंहजी ने बड़े मनोयोग से कीं। विभिन्न स्थानों से स्वयंसेवक सवेरे से ही आए हुए थे। मा. सोहन सिंहजी ने अपना डेरा पूछताछ केंद्र के टेंट में लगाया। प्रातःकाल से लेकर रात्रि विश्राम तक समयबद्ध निर्धारित रचना के अनुसार दिनचर्या हो, इस पर उनकी सूक्ष्म दृष्टि बनी रही और परिणाम उनके प्रयासों के अनुरूप ही हुआ। उस पूरे काल में ऐसा शीत शिविर का अनुभव फिर कभी नहीं हुआ। मेरे इस प्रथम मिलन से मेरे अंतर्मन पर उनके इस महान् कर्तव्य की गहरी छाप अंकित हो गई।

वर्ष 1975–77 में आपातकालीन स्थिति में वे कोट-पैंट व शर्ट में रहे। बहुत समय तक वे गिरफ्तारी से बचते रहे, लेकिन 1976 में पकड़े गए। उस समय नानाजी की हवेली में मात्र श्रीमान सत्यनारायणजी, जो आज भी भारती भवन के वस्तु भंडार का कार्य देख रहे हैं, को पुलिस ने गिरफ्तार नहीं किया। सन् 1977 में आपातकाल हटने के बाद मा. ब्रह्मदेवजी दिल्ली चले गए और मा. सोहन सिंहजी को प्रांत प्रचारक का दायित्व मिला। कोटा से आकर मैं उनसे नानाजी की हवेली कार्यालय में मिला। उनसे निवेदन किया कि कोटा संघ कार्यालय का निर्माण कार्य पूरा हो चुका है। सन् 1974 में कोटा के विभाग प्रचारक रहे मा. सूरज प्रकाशजी के स्थान पर स्व. मा. ठाकुरदासजी विभाग प्रचारक होकर आ गए थे और सिंध से आए हुए संघ-कार्यकर्ता, जिनका नाम डॉ. आसनानी था, वे सरकार के गुप्तचर बन गए और उनके संकेतों के आधार पर प्रतिबंध लगते ही मा. ठाकुरदासजी पकड़े गए। सन् 1977 में प्रतिबंध हटते ही उन्हें कोटा विभाग प्रचारक का दायित्व दिया। वे भी स्पष्ट निर्णय नहीं कर सके। उन्होंने मुझे आदेश दिया कि तुरंत जयपुर जाकर सोहन सिंहजी से निर्णय कराओ। मैं जयपुर आया और मा. सोहन सिंहजी से मिलकर यह समस्या उन्हें बताई। उन्होंने कहा, 'मुहूर्त निकलवाकर विधि-विधान से यज्ञ-हवन कराओ और भवन का नाम 'सूरज सदन' रखो।' उनकी आज्ञा का अक्षरशः पालन हुआ और वे स्वयं यज्ञ में सम्मिलित भी हुए। उनके आदेशानुसार हमने मा. ब्रह्मदेवजी को भी दिल्ली से बुलाया। तुरंत निर्णय से संघ कार्यालय का शुभारंभ हुआ।

चूँकि मेरा निवास रेलवे स्टेशन और बस स्टैंड से अति निकट स्थित था, इसलिए सोहन सिंहजी ने उस समय मेरे निवास का सदुपयोग किया। कार्यालय नानाजी की हवेली में था। कार इत्यादि का साधन उपलब्ध नहीं था। अतः जब कभी भी उन्हें प्रातःकाल की ट्रेन पकड़नी होती थी तो वे रात्रि-विश्राम मेरे निवास पर करते थे। मैं प्रातः शाखा के लिए 5 बजे उठता तो वे शौच, स्नान, संध्या-वंदन एवं ध्यान आदि से निवृत्त होकर थैला उठाकर चलने की तैयारी में रहते थे। यह तब संभव हो पाता कि वे 3 बजे उठें। मैंने उनसे पूछा तो पता चला कि यह उनका दैनिक अभ्यास था, चाहे उन्हें

ट्रेन या बस में जाना हो या नहीं। प्रभात शाखा पर प्रतिदिन समय पर पहुँचने के लिए भी इतनी जल्दी उठना आवश्यक नहीं था; लेकिन उनका साधु स्वभाव उन्हें 3 बजे बाद सोने ही नहीं देता था।

—डॉ. क्रांति कुमार जैन

पूर्व निदेशक, राजस्थान कृषि विश्वविद्यालय

वे कार्यकर्ता की चिंता करते थे

माननीय सोहन सिंहजी हमारे क्षेत्रीय प्रचारक थे। गाजियाबाद में विद्या भारती द्वारा संकुल प्रमुखों के शिविर समाप्ति के बाद हम उनसे मिलने दिल्ली आए। संध्या का समय था। वे झंडेवाला कार्यालय के प्रांगण में टहल रहे थे। वहाँ पहुँचने के बाद सभी कार्यकर्ताओं को विशाल कक्ष में सामान रखने तथा चाय के लिए कहा। कुछ विषयों पर आवश्यक चर्चा करने के लिए मुझे कमरे में ले गए। बातचीत पूरी होने पर हम भोजन करने के लिए कार्यालय से बाहर जाने लगे तो उन्होंने आवाज देकर हमें बुलाया और पूछा, 'कहाँ जा रहे हो?' मैंने कहा, 'बाहर थोड़ा घूमकर आते हैं।' उन्होंने कहा, 'भोजन हुआ आप लोगों का?' मैंने थोड़ा रुककर कहा, 'नहीं।' उन्होंने कहा, 'चलो भोजनालय में, पहले भोजन करो।' मैंने कहा, 'संघ कार्यालय है। हम बाहर भोजन करके आते हैं।' तो वे नाराज हुए और कहा, 'यहाँ व्यवस्था है, चलो इधर भोजन करो।' उनके आदेश को टाल नहीं सके। वे स्वयं भोजनालय में गए, परंतु भोजनालय बंद हो चुका था। उन्होंने भोजनालय के कार्यकर्ता को बुलाया और कहा, 'कितना भोजन है, देखो और तुरंत भोजन बनाकर इन कार्यकर्ताओं को भोजन कराओ।' वह भोजन बनाने लगा। उन्होंने स्वयं थालियाँ लगाकर गुड़ व आचार के साथ भोजन परोसा और धीरे-धीरे गरम रोटियाँ भी सिंककर आने लगीं। हमने जब तक भोजन किया, तब तक सोहन सिंहजी वहाँ बैठे रहे। बाद में मेरा हाथ पकड़कर टहलने लगे। उन्होंने कहा, 'यह भोजन किसका है? यह तुम्हारे जैसे गृहस्थ कार्यकर्ताओं का है। तुम प्रवास से आए हो, ऐसे समय तुम्हें कार्यालय में भोजन नहीं मिलेगा तो किसको मिलेगा?' उन्होंने कहा, 'तुम्हारे जैसे गृहस्थ कार्यकर्ताओं के सहयोग से ही प्रचारक टिककर कार्य करता है। तुम लोग प्रवास में उनकी चिंता नहीं करो तो तीन दिन भी वह प्रचारक नहीं टिक सकता। यह अपना परिवार है।' उनके यह विचार सुनकर मेरी आँखों में आँसू आ गए। कार्यकर्ता के प्रति मातृत्व जैसा भाव उनमें देखा। फिर सोने की व्यवस्था के लिए गए। गद्दे, रजाई व तकिया दिलवाए। प्रातः अल्पाहार के बाद हमें आने दिया। ऐसे महान् व्यक्तित्व के धनी थे सोहन सिंहजी।

सन् 1984 की बात है। मैं दौसा आदर्श विद्या मंदिर में प्रधानाचार्य था। मेरी बहन

की शादी थी। शादी मेरे गाँव आभानेरी से की थी। उस समय मा. सोहन सिंहजी हमारे विभाग प्रचारक थे। उन्हें मैंने शादी में आने का आग्रह किया था। वे शादी में पधारे थे। शादी के चार सप्ताह बाद हमारे जिला प्रचारक मा. मूलचंदजी को मुझसे मिलने भेजा। मा. मूलचंदजी ने शादी के सारे समाचार पूछे और खर्चा आदि के बारे में भी पूछा, 'कितना खर्चा हो गया? मुझे सोहन सिंहजी ने कहा है कि पूरी जानकारी करो और आवश्यक लगे तो उनका सहयोग करना।' माननीय सोहन सिंहजी मेरे जैसे सामान्य कार्यकर्ता की इतनी चिंता करते थे, यह जानकर संघ के प्रति मेरा समर्पण कई गुना बढ़ गया। वे प्रत्येक कार्यकर्ता की ऐसी ही चिंता करते थे।

इसी तरह एक बार वे मुझे पूर्व जिला प्रचारक श्री अशोकजी शर्मा के घर मिलने गए। उन दिनों अशोकजी गृहस्थ थे और बीमार चल रहे थे। घर जाकर उनकी पत्नी से घर का सारा हाल पूछा और किसी भी प्रकार की आवश्यकता व सहयोग के लिए पूछा। ऐसा था उनका एक-एक कार्यकर्ता के प्रति आत्मीयता का भाव।

सोहन सिंहजी का जब हमें सान्निध्य मिलता था तो उनका प्रवास के संबंध में पहले पत्र मिलता था। उसमें वे कुछ कार्यक्रमों का सुझाव लिखकर भेजते थे। हम प्रमुख कार्यकर्ता बैठकर उनके सुझावों को ध्यान में रखते हुए स्थानीय आवश्यकतानुसार कार्यक्रमों की रचना करते थे। उन दिनों माननीय रामप्रसादजी जिला प्रचारक थे। कार्यालय की सँभाल और एक-एक वस्तु को बहुत व्यवस्थित रखते थे, क्योंकि सोहन सिंहजी इन बातों को बारीकी से देखते थे। जब प्रवास पर आते तो कार्यालय पर ही रहते थे। दौसा कार्यालय पर पहुँचते ही थोड़ी देर बाद कार्यक्रम की प्रति माँगते थे। उसमें आने से लेकर जाने तक की सब व्यवस्था लिखी होती थी। भोजन-अल्पाहार-चाय किस-किस कार्यकर्ता के घर है आदि। वे प्रत्येक कार्यक्रम व शाखा पर समय से 5 मिनट पहले पहुँचते थे। शाखा में स्वयं गण लेते, नए-नए खेल खिलाते थे। शारीरिक व चर्चा के माध्यम से कार्यकर्ता की पहचानकर उसके बारे में स्थानीय कार्यकर्ताओं को उसका विकास करने पर ध्यान दिलाते थे। अत: वे कार्यकर्ता-निर्माण के कुशल शिल्पी थे।

बात सन् 1973 की है। दौसा से हम पाँच कार्यकर्ता नागपुर तृतीय वर्ष के लिए जानेवाले थे। संघ कार्यालय, दौसा में बैठक चल रही थी। बैठक के बाद हमारे नागपुर जाने के टिकट की व्यवस्था की बात चल रही थी। एक अधिकारी ने कहा, 'महाविद्यालय में हमारे दो कार्यकर्ता प्राध्यापक हैं—प्रो. एन.एल. शर्माजी व प्रो. विमल प्रसादजी अग्रवाल। उनसे कहकर कॉलेज से इनके जाने-आने का रियायती टिकट बनवा लेना चाहिए।'

सोहन सिंहजी हमारे विभाग प्रचारक थे। उनका दौसा प्रवास था। वे हमारी सारी बातें सुन रहे थे। उन्होंने उस अधिकारी को बुलाया और पूछा, 'क्या ये तृतीय वर्ष

जानेवाले कार्यकर्ता महाविद्यालय के छात्र हैं?' उन्होंने कहा कि नहीं। 'तो फिर कॉलेज से इनका रियायती टिकट क्यों बनवा रहे हो? तृतीय वर्ष ही गलत कार्य करके करा रहे हो तो उनको क्या संस्कार दोगे? और ये संघ-कार्य तथा समाज में कैसे प्रामाणिकता का परिचय देंगे? ऐसा सोचना ही गलत है।' यह सुनकर हमें लगा कि यह बात बहुत छोटी है, परंतु इसका जीवन पर कितना गलत प्रभाव पड़ने वाला था। इतना बारीकी से ध्यान रखकर माननीय सोहन सिंहजी कार्यकर्ता को सही दिशा देकर उसके व्यक्तित्व में निखार लाते थे।

—बाबूलाल शर्मा

पूर्व प्रांत कार्यवाह

❑

राष्ट्रीय दृष्टिकोण और दूरदृष्टि

—गोपाल शर्मा

आपातकाल के दौरान जयपुर जेल में बंद सभी दलों के प्रमुख नेताओं से सोहन सिंहजी का संपर्क हुआ। वहाँ संघ के कार्यकर्ताओं में वरिष्ठ होने के नाते सोहन सिंहजी ने अपने आचरण और कर्मनिष्ठा से न केवल सभी का पूरा ध्यान रखा, बल्कि उन्हें संबल दिया और ऐसी व्यवस्थाएँ करवाईं, जिनके कारण कार्यकर्ताओं का मनोबल बना रहे और उनके परिवार दृढतापूर्वक संकट का मुकाबला कर सकें। अन्य दलों के नेता तो संघ-कार्यकर्ताओं के संपर्क में आकर इतने अभिभूत हुए कि वे अपनी राजनीतिक पृष्ठभूमि तक भूल गए और किसी मौके पर वे बिछुड़े भी तो उनकी आँखों में आँसू थे।

सन् 1977 के प्रारंभ में मकर संक्रांति का उत्सव आया तो जेल में समारोह का-सा माहौल हो गया। सोहन सिंहजी की प्रेरणा से राजस्थान के प्रमुख सर्वोदयी नेता गोकुल भाई भट्ट को कार्यक्रम का अध्यक्ष बनाया गया। वरिष्ठ प्रचारक माननीय धनप्रकाशजी का बौद्धिक हुआ। श्री गोकुल भाई ने इस अवसर पर विभाजन और संघ पर प्रतिबंध पर विशेष रूप से ध्यान केंद्रित किया। उन्होंने जोर देकर कहा, 'अब देश की परिस्थिति बदली हुई है। हम इस आंदोलन और परिस्थिति के कारण निकट आए हैं। विचार से बहुत निकट हैं, इसकी कल्पना भी पहले नहीं थी। आज स्थिति को सँभालने और सुधारने के लिए हम साथ-साथ चल सकते हैं।' यही वह समय था, जब विभिन्न नेतागण रिहा होते समय सोहन सिंहजी से विशेष तौर पर मिलकर गए। सर्वोदयी नेता और बाद में स्वास्थ्य मंत्री बने श्री त्रिलोकचंद जैन ने कहा, 'मैंने संघ को निकट से नहीं देखा था। यहाँ रहकर खूब देखा। आज मैं इतना प्रभावित और कृतज्ञ हूँ कि वर्णन संभव नहीं है। हम विचार और व्यवहार में इतने निकट हैं, इसकी कल्पना भी नहीं थी।'

राजस्थान के प्रमुख समाजवादी नेता और बाद में गृहमंत्री बने प्रो. केदार ने जेल से जाते समय

कहा, 'देश के लिए नींव के पत्थर के समान; जिनको न पद, न पुष्प, न जयकार और न नाम की जरूरत है, ऐसे लोग पहली बार देखे। उन्हीं का त्याग सर्वश्रेष्ठ है। उन्हीं के काम के परिणाम से इतनी बड़ी संख्या में युवा वर्ग इस आंदोलन में कूद पड़ा। यह युवा वर्ग स्वयं के परिवार की, काम-धंधों की, पढ़ाई आदि की सभी बातों को एक ओर फेंककर आगे बढ़ गया। यह अनुपम उदाहरण है। यही भविष्य की आशा भी है। मैं बहुत प्रभावित हूँ।' राजस्थान की राजनीति में महत्त्वपूर्ण स्थान रखनेवाले केंद्रीय मंत्री रहे श्री दौलतराम सारण ने कहा, 'मुझे इतने उत्तम लोगों के साथ रहने का मौका मिलेगा, यह मेरी कल्पना में भी नहीं था। मैंने एक परिवार देखा, भिन्न-भिन्न स्थानों से आए सभी एक परिवार के नाते रहे और मुझे मेरे घर से भी अधिक चिंता करनेवाले भाई मिले। मैं इतना कृतज्ञ हूँ कि वर्णन नहीं कर सकता। कोई भूल हो गई हो तो क्षमा कर दें।' दौलतरामजी ने सोहन सिंहजी से जाने से पूर्व पूछा कि अब उनके लिए क्या आज्ञा है? सोहन सिंहजी ने कहा, 'हमारी शक्ति अपने देश और समाज के कल्याण में लगे, हम सभी एक साथ एक दिशा में चल सकें, अपनी तो यही इच्छा है।'

दौलतरामजी ने जवाब दिया, 'यही होगा, आप विश्वास रखिए।'

लोकनायक जयप्रकाश नारायण के सहयोगी रहे देश के प्रमुख सर्वोदयी नेताओं में गिने जानेवाले श्री सिद्धराज ढड्ढा ने जेल से विदा होते समय कहा, 'जेल जीवन ने हमको एकत्र किया है। एक-दूसरे को समझने का, निकट आने का अवसर दिया है। यह काम बाहर कभी होनेवाला नहीं था। सभी भ्रम व आशंकाएँ दूर हो रही हैं। हम एक-दूसरे के अत्यधिक निकट आए हैं। ऐसा लग रहा है कि कोई विशेष अंतर नहीं है।' सोहन सिंहजी से व्यक्तिगत बातचीत में सिद्धराजजी ने कहा, 'हमारी शक्ति चालू राजनीति में नहीं तो समाज या लोक-जागरण में अवश्य ही लगेगी।'

इस तरह आपातकाल में जेल में बंद रहने के दौरान सोहन सिंहजी सभी के लिए प्रेरणा का केंद्र बने रहे। वहीं वे कार्यकर्ताओं की समस्या का समाधान करने की कोशिशें भी करते रहे। जेल में बंद विद्यार्थियों की परीक्षाएँ हो सकें, इसके लिए भी उन्होंने प्रयत्न किया और साथ ही यह भी ध्यान रखा कि संघ के कार्यकर्ता-स्वयंसेवक राजनीति से अधिक प्रभावित न हों। संघ के स्वयंसेवक ही नहीं, अन्य दलों के परिवारवालों की भी उन्होंने चिंता की और बाहर से व्यवस्थाएँ करवाईं। संगठन कांग्रेस से जुड़े हुए जो नेता जेल में बंद थे, उनके परिवारों का भी उन्होंने ध्यान रखा। एक पत्र में सोहन सिंहजी ने ब्रह्मदेवजी को लिखा—'अपने संगठन में कुछ लोग, विद्यार्थी या प्रचारक पूरा समय देनेवाले ऐसे हैं, जिनको भोजन स्वयं ही बनाना पड़ता है। कभी खाते हैं, कभी नहीं। तीन कार्यकर्ता मिलने आए थे। तीनों कमजोर हो गए हैं। ऐसे तो बीमार हो जाएँगे। मेरा सुझाव है कि जहाँ वे रहते हैं, वहीं किसी निकट के श्रद्धालु घर में पेइंग गेस्ट करके हम

प्रबंध करवाएँ, नहीं तो ये अंदर से टूट जाएँगे।'

सोहन सिंहजी के जेल से लिखे पत्रों से पता चलता है कि उन्हें जहाँ कार्यकर्ताओं के एम.ए. की परीक्षा देने की चिंता थी, वहीं यह चिंता भी थी कि फीस के 1,350 रुपए लगेंगे। उनकी व्यवस्था की जानी है। दूसरी ओर, जेल में बंद कार्यकर्ताओं के परिवारों की पीड़ा भी उन्हें सताती रहती। उन्होंने ब्रह्मदेवजी को लिखा कि उजलाजी (पूर्व मंत्री) का काम 300 रुपए से चलता नहीं है। बच्चे जब मिलने आते हैं तो पुराने-फटे कपड़े दे जाते हैं। ये बैठी-बैठी सीती रहती हैं। दूसरी बार आते हैं तो वे कपड़े देकर दूसरे ले लेती हैं। बच्चे बड़े हैं, फीस आधी मिलाकर काफी हो जाती है। पति अभी खाली हैं। यह सब होते हुए कुछ भी दुर्बलता नहीं आई, यह हमारा सौभाग्य ही है। सोहन सिंहजी ने जेल से चाहा कि उजलाजी के परिवार को 500 रुपए मिलते रहें तो काम चल जाएगा। संगठन कांग्रेस के नेता कागदीजी के परिवार के बारे में भी सोहन सिंहजी की चिंता दिखाई दी। उन्होंने कागदीजी से पूछा कि 'परिवार में तंगी तो नहीं है?' तो कागदीजी ने कहा कि 'ठीक चल रहा है।' दूसरे दिन कागदीजी की धर्मपत्नी मिलने आईं तो उनसे भी परिवार की स्थिति के बारे में पूछा। सोहन सिंहजी की यह चिंता सदैव बनी रहती कि परिवारों को सँभाला जाना बहुत जरूरी है।

राजस्थान और सोहन सिंहजी

माननीय सोहन सिंहजी जयपुर विभाग के प्रचारक से लेकर क्षेत्रीय प्रचारक तक रहे। बाद में संघ-कार्य की दृष्टि से दिल्ली गए। ढाई दशकों के काल में उन्होंने राजस्थान को राष्ट्रीय स्वयंसेवक संघ के अभेद्य दुर्ग, और कार्यकर्ताओं को समर्पित व्यक्तित्वों की श्रृंखला में परिवर्तित करने के उद्दाम कार्य-कौशल का परिचय दिया। उनके समय में ही शाखाओं का जाल बिछा। शाखाएँ 1,000 तक पहुँचीं और 38 साल पहले प्रचारकों की संख्या थी 200। डॉ. हेडगेवार जन्मशती समारोह वर्ष के दौरान उन्होंने प्रदेश के हर गाँव में कोई-न-कोई कार्यक्रम करने की योजना बनाई और उसे मूर्त रूप दिलवाकर दिखला दिया। रामजन्मभूमि मुक्ति आंदोलन में राजस्थान की देश भर में महत्त्वपूर्ण भूमिका रही, इसका श्रेय संपूर्ण समाज को तो है ही, लेकिन उसके पीछे सोहन सिंहजी की ही अंतर्दृष्टि और योजना काम कर रही थी।

राजस्थान में औपचारिक रूप से संघ-कार्य सन् 1942 के बाद प्रारंभ हुआ, परंतु संघ-स्थापना के प्रारंभिक 10 वर्षों में राजस्थान से संघ का संपर्क हो चुका था। सन् 1934-35 के दौरान माननीय बाबा साहब आप्टे के पिलानी आने का उल्लेख प्राप्त होता है। 1937 में जब दीनदयालजी उपाध्याय और सुंदरसिंहजी भंडारी कानपुर में साथ पढ़ा करते थे तो दीनदयालजी से सुंदरसिंहजी को पता चला कि जब दीनदयालजी पिलानी में

इंटरमीडिएट कर रहे थे तो उनकी वहाँ बाबा साहब आप्टे से मुलाकात हुई। कार्यक्रम की दृष्टि से पहला कार्यक्रम वर्ष 1940 में परम पूजनीय आद्य सरसंघचालकजी के स्वर्गवास के बाद डीडवाना में श्रद्धांजलि-स्वरूप हुआ। तब बच्छराजजी व्यास अपने गृहनगर डीडवाना आए हुए थे और वहीं उन्हें डॉक्टरजी के स्वर्गवास की सूचना मिली तो एक कार्यक्रम आयोजित करके डॉक्टरजी का पुण्य स्मरण किया। इसके बाद जोधपुर में गोविंदरावजी फडणवीस के शाखा शुरू करने का उल्लेख मिलता है। वर्ष 1942 के बाद कार्य फैलने लगा। सुंदरसिंहजी भंडारी ने उदयपुर में और विश्वनाथजी लिमये ने अजमेर क्षेत्र में काम शुरू किया। लिमयेजी ने दो-तीन वर्षों में अजमेर, ब्यावर, नसीराबाद, डीडवाना के साथ-साथ जयपुर, जोधपुर और उदयपुर के कार्य को भी संगठित करने का प्रयास किया।

बच्छराजजी व्यास डीडवाना के रहनेवाले थे; लेकिन अपने पिताजी के साथ नागपुर जाकर रहने लगे थे और वहीं संघ के संपर्क में आए। बाद में वे भारतीय जनसंघ के राष्ट्रीय अध्यक्ष भी बने और एकाधिक बार महाराष्ट्र विधान परिषद् के सदस्य चुने गए। वे गृहस्थ थे और इसके बाद भी प्रचारक निकले और सन् 1944 में उन्हें प्रचारक के रूप में राजस्थान भेजा गया। तब राजस्थान नाम के रूप में अंगीकार नहीं किया गया था। बड़ी-बड़ी रियासतों में प्रदेश बँटा हुआ था और उन्हीं रियासती रचनाओं के हिसाब से संघ-कार्य को गति देने का सफल प्रयत्न किया गया। हालाँकि उनसे पहले विश्वनाथजी लिमये एकमात्र प्रचारक के रूप में कार्यरत थे और सुंदरसिंहजी भंडारी ने भी विस्तारक के रूप में कार्य प्रारंभ किया। बच्छराजजी सन् 1946 तक राजस्थान रहे और उस दौरान संघ-कार्य की मजबूत नींव रखी जा सकी।

प्रारंभिक अवस्था में राष्ट्रीय स्वयंसेवक संघ का काम 'राम सेवक संघ' के नाम से चला। ब्रिटिश सरकार के अफसरों ने कार्य में अड़चनें डालने और रजिस्ट्रेशन वगैरह का दबाव बनाया; लेकिन आगे चलकर ये विषय गौण हो गए और संघ-कार्य बढ़ता गया। उस समय के काम के तरीके का आकलन इससे किया जा सकता है कि सन् 1945 में उदयपुर के खेमली से हल्दीघाटी तक पैदल यात्रा निकाली गई और स्वयंसेवकों ने मस्ती में गीत गाते हुए मीलों तक का सफर किया और इससे संगठनात्मक भाव का भी निर्माण हुआ।

सन् 1944 में प्रांत में 50 से ऊपर शाखाएँ पहुँच चुकी थीं। एक ही वर्ष में वह संख्या दोगुनी हो गई। 1946 में 125 नियमित शाखाएँ थीं और 15-20 स्थानों पर एकत्रीकरण शुरू हो चुका था। जयपुर में उस दौरान एक बड़े कार्यक्रम का आयोजन हुआ, जिसमें 1,000 स्वयंसेवकों की उपस्थिति में पहली बार आम जनता का ध्यान संघ के प्रति आकर्षित हुआ। यहाँ यह भी उल्लेखनीय है कि कोटा और चित्तौड़ में संघ-

कार्य मध्य भारत के कार्यकर्ताओं ने प्रारंभ किया और भरतपुर तक उत्तर प्रदेश के कार्यकर्ताओं का संपर्क बना हुआ था। ज्यादातर स्वयंसेवक बाल-किशोर-तरुण और युवा ही थे, लेकिन उन्हीं में से मजबूत टोली तैयार होती रही। सन् 1959 में पं. लेखराजजी के स्थान पर ब्रह्मदेवजी प्रांत प्रचारक बनकर आए। 'देवजी' के नाम से प्रसिद्ध ब्रह्मदेवजी के ओजस्वी स्वरूप ने राजस्थान में नई जागरूकता पैदा की। उन्होंने स्वयंसेवकों के सामने 500 शाखाएँ खड़ी करने का नया लक्ष्य रखा। वे स्थान-स्थान पर बौद्धिकों के द्वारा स्वयंसेवकों का इस तरह आह्वान करते कि कार्यकर्ताओं का रोम-रोम संघ-कार्य के लिए मचलने लगता। ब्रह्मदेवजी ने विविध क्षेत्रों की ओर भी दृढता से ध्यान दिया। उनके समय में राजस्थान से निकलनेवाले प्रचारकों की संख्या 40 को पार कर गई। उसी दौरान राजस्थान का अलग से संघ शिक्षा वर्ग लगना शुरू हुआ और आपातकाल तक राजस्थान में 500 शाखाएँ तक पहुँच गईं। 60 प्रचारक हो गए और संघ शिक्षा वर्ग में 700 स्वयंसेवक पहुँचने लगे। राजस्थान को उस दौर में परम पूजनीय श्रीगुरुजी के प्रवास का लगातार लाभ मिला। श्रीगुरुजी पहली बार स्वतंत्रता-प्राप्ति से पूर्व भी राजस्थान पधार चुके थे। सिंध से आते समय उन्होंने लूणी होकर पहले जोधपुर और फिर जयपुर का प्रवास किया। जब संघ शिक्षा वर्ग राजस्थान में लगने लगे तो उनके प्रवास और अधिक हुए। सुंदरसिंहजी भंडारी, गिरिराजजी शास्त्री, दयाशंकरजी भार्गव, सुरेंद्रसिंहजी खाचरियावास, राधाकृष्णजी रस्तोगी, गोविंदरामजी हुकमाणी, रामराजजी व्यास, सूरज प्रकाशजी, ज्योति स्वरूपजी, भँवरसिंहजी, किशन भैयाजी, धनप्रकाशजी, जयदेवजी पाठक, नरमोहनजी, ओमप्रकाशजी आर्य, लक्ष्मणसिंहजी शेखावत, ठाकुर दासजी टंडन, वैद्य भागीरथजी, रघुवीरसिंहजी, मोतीसिंहजी राठौड़, हस्तीमलजी, राजेंद्रजी, शंकरलालजी, सुरेशजी जैसे वरिष्ठ कार्यकर्ताओं और प्रचारकों के नेतृत्व में राजस्थान में संघ-कार्य आगे बढ़ता रहा।

सन् 1972 संघ-कार्य की दृष्टि से राजस्थान में सीमोल्लंघन का वर्ष है। सोहन सिंहजी को ब्रह्मदेवजी के सहयोगी के रूप में विभाग प्रचारक बनाकर जयपुर भेजा गया। 1975 में आपातकाल लगा और संघ पर प्रतिबंध। आपातकाल लगने के लगभग 6 महीने बाद सोहन सिंहजी एक बैठक लेने जा रहे थे, तब उन्हें गिरफ्तार कर लिया गया। इसके बाद वे पूरे आपातकाल के दौरान जयपुर जेल में रहे। आपातकाल समाप्त होने के बाद राजस्थान में सोहन सिंहजी का प्रखर रूप सामने आया। सन् 1977 में रामनिवास बाग में परम पूजनीय सरसंघचालक माननीय बालासाहब देवरस का विशाल कार्यक्रम हुआ। राजस्थान के कई स्थानों पर माननीय रज्जू भैया का प्रवास हुआ और सभी स्थानों पर सफल कार्यक्रम हुए। सोहन सिंहजी ने आपातकाल हटते ही स्वयंसेवकों के सामने लक्ष्य रखा कि 1,000 शाखाएँ होनी चाहिए। उस समय संघ-कार्य के विस्तार की चर्चा

होते समय 1,000 शाखाओं का होना बड़ी बात हुआ करती थी। अत्यल्प समय में राजस्थान में शाखाओं की संख्या 1,000 पहुँच गई। प्रचारकों की संख्या 200 हो गई। विविध क्षेत्रों में आनुषंगिक संगठन तेजी से आगे बढ़े। सोहन सिंहजी ने हर क्षेत्र में छाँट-छाँटकर ऐसे प्रचारकों को लगाया, जिन्होंने उन क्षेत्रों में न केवल प्रभाव स्थापित किया, बल्कि उन संगठनों को सिरमौर बना दिया। सोहन सिंहजी की कल्पना थी कि किसी भी तहसील का कोई गाँव ऐसा नहीं होना चाहिए, जहाँ संघ की शाखा नहीं लगती हो। सन् 1978-79 में आदर्श के रूप में अंता तहसील थी, वहाँ रात्रि शाखाओं का जाल बिछा हुआ था। प्रांत के सभी प्रचारकों को अंता ले जाया गया और वहाँ काम दिखाया गया।

परम पूजनीय डॉक्टरजी के जन्म-शताब्दी वर्ष पर संघ की ओर से देश भर में तब तक का सबसे बड़ा संपर्क अभियान चलाया गया तो राजस्थान ने अग्रणी भूमिका का निर्वाह किया। जन्म-शताब्दी वर्ष के अवसर पर देश के 2,09,059 गाँवों में जाकर स्वयंसेवकों ने डॉक्टरजी के बारे में विस्तार से जानकारी दी। 27,852 आम सभाएँ और 38,149 गोष्ठियाँ व बैठकें आयोजित कीं। राजस्थान में सघन जन-संपर्क अभियान चला। राजस्थान के 34,639 गाँवों में से 20,288 गाँवों में संघ के कार्यकर्ता पहुँचे तथा घर-घर जाकर, लोगों को एक जगह एकत्रित करके डॉक्टरजी के बारे में बताया। कोटा, जैसलमेर और नागौर जिलों के हर गाँव में संघ के कार्यकर्ता पहुँचे। 43 ऐसी तहसीलें रहीं, जिनका कोई गाँव संपर्क से अछूता नहीं रहा। इस दौरान 3,904 जनसभाएँ और 6,653 बैठकें आयोजित की गईं। स्वयंसेवकों ने घर-घर जाकर डॉक्टरजी की 91,247 जीवनियाँ और 53,849 सशुल्क फोटो पहुँचाए। प्रदेश के कुल 13,87,378 परिवारों में संघ का संपर्क संभव हुआ।

राम जन्मभूमि आंदोलन ने देश में नया अध्याय रचा तो इस आंदोलन की रचना राजस्थान में इस तरह तैयार हुई कि जगह-जगह स्थायी प्रभाव भी छोड़ा और आंदोलन में भी राजस्थान हर हिसाब से अग्रणी भूमिका निभाने में सफल रहा। इस रचना का श्रेय सोहन सिंहजी को ही है। राजस्थान के वनवासी क्षेत्र विशेष रूप से सक्रिय हुए। अयोध्या में राम जन्मभूमि के लिए बलिदान देनेवालों में भी राजस्थान के कारसेवक सबसे आगे थे और विभिन्न संकटों को पार कर कई-कई दिनों की संघर्षपूर्ण यात्रा करके अयोध्या पहुँचने में सफल रहे।

माननीय सोहन सिंहजी के समय ही 'केशव विद्यापीठ' की योजना बनी, शिलान्यास हुआ और कार्यान्वयन हुआ। उनकी दृष्टि उन क्षेत्रों पर विशेष रूप से थी, जो धर्मांतरित होने के कारण अपना अतीत भूल चुके थे और बाहर से सांप्रदायिक लोग उन क्षेत्रों में पहुँचकर समाज के समक्ष समस्या खड़ी कर रहे थे। इस हिसाब से वनवासी क्षेत्रों,

अजमेर-ब्यावर के गाँवों और मेवात क्षेत्र पर उन्होंने संघ-कार्य खड़ा करवाने का विशेष प्रयत्न करवाया। राजस्थान के सीमावर्ती जैसलमेर-बाड़मेर न केवल संवेदनशील जिले थे, बल्कि उन क्षेत्रों में पाकिस्तान से आकर लोग भारत-विरोधी गतिविधियों को प्रश्रय देते थे और लगातार तस्करी में लगे हुए थे। सन् 1965 और 1971 के युद्धों में स्वयंसेवकों ने सेना की मदद में बड़ी भूमिका का निर्वाह किया था। जब आपातकाल के बाद संघ-कार्य तेजी से बढ़ा तो सोहन सिंहजी ने इस बात पर विशेष जोर दिया कि सीमावर्ती क्षेत्रों के हर गाँव में शाखा लगनी चाहिए। सीमा क्षेत्र के लिए विशेष रूप से 'सीमा जन-कल्याण समिति' का गठन हुआ। राजस्थान प्रदेश के कार्यालय की दृष्टि से 'भारती भवन' के निर्माण के समय सूक्ष्मतर विषयों पर भी उन्होंने ध्यान दिया। प्रतिष्ठित पाक्षिक 'पाथेय कण' सोहन सिंहजी की विस्तृत सोच के परिणामस्वरूप ही व्यापक रूप लेता गया। राजस्थान में भारतीय मजदूर संघ ने अन्य सभी संगठनों को पीछे छोड़ दिया। भारतीय किसान संघ की राजस्थान शाखा प्रभावी संगठन के रूप में उभरी। शिक्षा के क्षेत्र में स्वयंसेवकों ने आदर्श प्रस्तुत करके दिखाया और प्रभावी काम भी खड़ा किया।

सोहन सिंहजी ने राजस्थान आने के बाद यहाँ के गौरवशाली अतीत और राष्ट्रीय भावना को जाग्रत् करने के लिए प्रभावशाली प्रयत्न किए। मेवाड़ आदर्श के रूप में प्रत्यक्ष था, जहाँ के कण-कण से स्वतंत्रता के जयघोष के स्वर गुंजायमान होते थे। सोहन सिंहजी का मानना था कि मेवाड़ का इतिहास विश्व भर में अपनी विशिष्ट पहचान लिये हुए है। इस इतिहास में ऐसे अनेक अद्वितीय उदाहरण भरे पड़े हैं, जो वर्तमान पीढ़ी को हिंदू संस्कृति के श्रेष्ठतम जीवन-मूल्यों से परिचित करवाकर देश के लिए अपना जीवन समर्पण करने का संस्कार दे सकते हैं।

मेवाड़ में महाराणा प्रताप की पुण्य स्थली चावंड और विश्व-प्रसिद्ध हल्दीघाटी अत्यंत महत्त्व के प्रेरणादायी स्थान हैं। इन स्थानों की दुर्दशा एवं उपेक्षा से सोहन सिंहजी का अंतःकरण व्यथित था। उन्होंने उदयपुर निवासी वैद्य रामेश्वर प्रसादजी कुमावत एवं सार्वजनिक निर्माण विभाग के मुख्य अभियंता श्री गोविंद सिंह टांक को इस कार्य के लिए उत्प्रेरित किया। परिणामस्वरूप चावंड और हल्दीघाटी आज गौरवपूर्ण अवस्था में हैं। सोहन सिंहजी ने तत्कालीन मुख्यमंत्री भैरोंसिंहजी शेखावत से मिलकर उन्हें भी अपने पूर्वजों की थाती को संरक्षित करने के लिए प्रेरित किया।

चावंड में महाराणा प्रताप का पुण्य स्थल तालाब के बीच में अवस्थित है। वर्षा काल में वह पूरी तरह डूब जाता था। इनके प्रयासों द्वारा पुल बनाकर एवं पुण्य स्थल का भराव कर उसे ऊँचा किया गया तथा उसका पूर्ण विकास कर पूर्व प्रधानमंत्री श्री अटलबिहारी वाजपेयी से उसका लोकार्पण करवाया गया। आज वहाँ जाने पर प्रत्येक नागरिक को प्रेरणा और गौरव की अनुभूति होती है।

इसी भाँति सन् 1952 में पूर्व राष्ट्रपति डॉ. राजेंद्र प्रसाद के हल्दीघाटी आगमन पर जब उन्होंने हल्दीघाटी दर्रे के सदंर्भ में पूछा तो जवाब मिला कि उस दर्रे को हटाकर वहाँ सड़क निकाल दी गई है। इस पर वे अत्यंत क्षुब्ध हुए और कहा कि 'पुरातात्त्विक-ऐतिहासिक महत्त्व के स्थानों के साथ छेड़खानी नहीं की जानी चाहिए।' यह घटना वर्षों बाद जब सोहन सिंहजी को मालूम हुई तो उन्होंने गोविंद सिंह जी टांक के माध्यम से हल्दीघाटी दर्रे के मूल स्वरूप को पुनर्निर्मित करवाकर सड़क का दूसरा मार्ग बनवाया। आज जब हम हल्दीघाटी में जाएँगे तो हल्दीघाटी का वह दर्रा, जिसमें से महाराणा प्रताप की सेना ने निकलकर मुगल सेना पर आक्रमण किया था, वह अपने मूल स्वरूप में देखने को मिलेगा। सोहन सिंहजी की विशेष दृष्टि यह थी कि ये प्रेरणादायक स्थल हैं, इसलिए इन्हें पर्यटन केंद्र के रूप में नहीं, बल्कि श्रद्धा-स्थल के रूप में विकसित किया जाना चाहिए। इनके पुनर्निर्माण में यह ध्यान रखा गया।

मेवाड़ का प्रेरणादायी इतिहास जीवंत रूप में देखने को मिले, इसके लिए उदयपुर स्थित प्रताप गौरव केंद्र के निर्माण की प्रेरणा भी उन्होंने ही दी। उनका निर्देश था कि ऐसे प्रेरणादायी प्रसंगों को देखकर भावी पीढ़ी में देश के लिए जीवन समर्पित करने का भाव जाग्रत् होगा। उनके इसी भाव को केंद्र में रखकर 25 बीघा जमीन पर यह निर्माण कार्य किया जा रहा है। अभी तक महाराणा प्रताप की धातु निर्मित 57 फीट ऊँची प्रतिमा का निर्माण हो गया है। भारत माता का एक भव्य मंदिर भी बन गया है। विभिन्न परिसरों के निर्माण के साथ दो फिल्मों का निर्माण भी किया गया है, जिससे मेवाड़ एवं भारत के इतिहास की गौरवमयी जानकारी जनता को मिल सके। इसके अलावा, मेवाड़ के इतिहास पर एक घंटे का लाइव मेकैनिकल शो भी तैयार किया गया है। भारत के बारे में ठीक से जानकारी देने के लिए भारत दर्शन लाइट एंड साउंड शो भी तैयार किया गया है। हल्दीघाटी युद्ध दीर्घा, मेवाड़ रत्न दीर्घा, राजस्थान गौरव दीर्घा, महाराणा प्रताप एवं मेवाड़ पर चित्र प्रदर्शनी का निर्माण भी किया गया है। 20,000 गमलों से सुसज्जित इस परिसर में वॉटर फॉल, विक्रय केंद्र, कैंटीन आदि सुविधाओं का विस्तार किया जा रहा है। आनेवाले समय में इसे 5-6 घंटे में देखा जा सकेगा। संपूर्ण परिसर के अवलोकन के पश्चात् भारत माता को साक्षी मानकर देश, समाज व धर्म के लिए जीने का संकल्प करके जन मानस अपने जीवन को क्रियाशील कर सकेगा। इससे देशवासियों में देश के लिए काम करने का जज्बा पैदा हो सकेगा। सोहन सिंहजी की दिव्य एवं अद्वितीय दृष्टि के प्रतीक के रूप में हम इन राष्ट्रीय तीर्थों को देखकर उनके विशिष्ट व्यक्तित्व की कल्पना कर सकते हैं। उन्होंने अपने जीवन में अनेक कार्यकर्ताओं को इस प्रकार का कार्य करने की प्रेरणा दी।

'80 के दशक की समाप्ति राजस्थान में जयपुर सहित कुछ क्षेत्रों में भीषण बाढ़

की विभीषिका लेकर आई। राजस्थान के लिए आश्चर्यजनक स्थिति थी। जयपुर में लगातार इतना पानी बरसा कि बहुत बड़ा हिस्सा डूब में आ गया या डूबने के कगार पर पहुँच गया। सोहन सिंहजी की प्रेरणा से राजस्थान बाढ़-पीड़ित सहायता एवं पुनर्वास समिति का गठन हुआ और केशवपुरा आदर्श ग्राम की स्थापना का निर्माण किया गया। 1982 में इसका लोकार्पण तत्कालीन सरसंघचालक प.पू. बालासाहब देवरस के कर कमलों से संपन्न हुआ।

लौहपुरुष सदृश महापुरुष

मजबूत देह यष्टि, विशाल चमकता ललाट, गौर वर्ण, आँखों की तीक्ष्णता, एक-एक शब्द तौलकर बोलने और व्यवहार पारदर्शिता की विशिष्टता के कारण उनमें वीरव्रती-कर्मयोगी का पर्याय देख सकते थे। संगठन के प्रति निष्ठा, अनुशासन और पूर्ण समर्पण की त्रिवेणी के संगम ने उन्हें विराट् व्यक्तित्व के धनी के रूप में ढाल रखा था। उन्होंने जिन विषयों को आदर्श माना, उनका जीवनपर्यंत निर्वाह किया। कथनी-करनी की समानता तो उनमें साक्षात् प्रतिबिंबित थी। वे थे माननीय सोहन सिंहजी।

सोहन सिंहजी के पहली बार ठीक से दर्शन वर्ष 1978 के आखिर में हुए, जब अचानक एक संघर्ष और गिरफ्तारी के बाद 18 वर्ष की उम्र में मैं विस्तारक-प्रचारक निकला। जयपुर स्थित संघ कार्यालय में अत्यंत छोटे और साधारण से कक्ष में उनसे मिला तो उन्होंने बस आँखें उठाकर देखा। बोले, ठीक है। जोधपुर से अलग करके नए-नए बने पाली विभाग के प्रचारक और पहले झुँझुनूँ के जिला प्रचारक रह चुके गोपीचंदजी के सान्निध्य में मुझे जालोर-पाली नगर भेजने का मतलब शायद मेरे लिए अभिभावक की कमी पूरी करवाना भी था। सोहन सिंहजी का मेरे मन पर स्थायी प्रभाव पड़ा, जब मैं किशनगढ़ (अजमेर) के संघ शिक्षा वर्ग में द्वितीय वर्ष कर रहा था। मैं काफी बीमार हो गया। तीन-चार दिन तक बेसुध-सा ही दवा लेता रहता, पड़ा रहता। एक दिन शाम को शाखा समय से पहले सोहन सिंहजी को मेरे दो-तीन कपड़े लाकर रखते हुए मैंने देखा। वे धोकर समेटे हुए थे। मैंने उनकी तरफ देखा। उन्होंने कहा, 'गंदे पड़े थे, अब पहनने के काम आ जाएँगे।' यह देखकर और सुनकर मेरी आँखों में आँसू आ गए। कहाँ वे सोहन सिंहजी, जिनसे हम आँख नहीं मिला पाते थे और कहाँ पितृ-तुल्य ये। बाद में पता चला कि वे कपड़े वे खुद ही धो लाए थे। अस्तु, मैं जैसे अचानक विस्तारक निकला, वैसे ही तत्कालीन सह-सरकार्यवाह माननीय यादवरावजी जोशी के पाली विभाग प्रवास के दौरान गोपीचंदजी के आकस्मिक देहावसान के बाद उनका अस्थि-कलश अपने हाथों से तीर्थराज पुष्कर में प्रवाहित करके वापस चला गया।

गोपीचंदजी की अंत्येष्टि में सोहन सिंहजी उपस्थित थे और पाली में हुई शोकसभा

के बाद उन्होंने कहा था कि तुम अस्थि-कलश लेकर पुष्कर जाना। लेकिन अस्वस्थ और वृद्ध पिताजी के पास जाने के बावजूद सोहन सिंहजी से पत्र-व्यवहार बना रहा। पत्र का जवाब देना उनके स्वभाव का अंग था। उन्हें यह जानना अच्छा लगा था कि मैं पूरी तरह सक्रिय हूँ। लेकिन वे चाहते थे कि मैं कहीं भी रहूँ, लेकिन किसी काम में लग जाऊँ, ताकि आत्मनिर्भर हो सकूँ। उन्होंने कहीं अध्यापक लगने का सुझाव भी दिया। लेकिन पिताजी के देहावसान, मेरे विवाह और अति सक्रियता के कारण फिर जीवन को राजस्थान में ही ठिकाना मिला। सन् 1985 में श्री भैरोंसिंहजी शेखावत के पास आकर रहने लगा और 'राजस्थान पत्रिका' से जुड़ गया। उसके बाद के 10-11 वर्षों तक सोहन सिंहजी से लगातार मिलता रहा, उनसे दिशा मिलती रही और एक स्वयंसेवक की दृष्टि बनी रह सकी। उसी दौरान एक बार फिर मैं काफी बीमार पड़ गया। ईश्वर की कृपा से ही दूसरा जीवन मिला। सवाई मानसिंह अस्पताल में हर सुविधा मिली हुई थी; लेकिन सोहन सिंहजी ने एक कार्यकर्ता को विशेष रूप से लगाया हुआ था, क्योंकि वे जानते थे कि परिवार के नाम पर कोई सँभालनेवाला नहीं है। उन वर्षों में उनकी इतनी कृपा बनी हुई थी कि वे देर-देर तक विभिन्न विषयों पर बात करते, घर का हाल-चाल पूछते, व्यायाम की सलाह देते। धीरे-धीरे वे मुझे गंभीर मानने लगे और राजनीति तथा राजनेताओं को लेकर भी चर्चा करने लगे। यह जानते हुए भी कि मैं भैरोंसिंहजी शेखावत से कितना अधिक जुड़ा हुआ और उनका अति विश्वासपात्र हूँ, लेकिन सोहन सिंहजी को अपने स्वयंसेवक पर पूरा भरोसा था।

परम पूजनीय आद्य सरसंघचालकजी के जन्म-शताब्दी वर्ष पर एक ऐसा अवसर उपस्थित हुआ, जब मेरी संवाददाता की नौकरी जा सकती थी। सोहन सिंहजी की इच्छा थी कि राजस्थान की समिति में प्रचार मंत्री का दायित्व सँभालना है। मैंने स्थिति स्पष्ट कर दी कि पत्रिका प्रबंधन किसी संगठन से जुड़ने का पक्षधर नहीं है और कोई स्वयंसेवक उस समय जयपुर की पत्रकारिता में था भी नहीं, इसलिए थोड़ी अलग स्थिति हो जानेवाली थी; लेकिन चूँकि सोहन सिंहजी का कहना था, इसलिए यह विश्वास था कि होनेवाले किसी नतीजे के प्रति चिंता करने की जरूरत नहीं है, क्योंकि वे हैं न। उस समय पत्रकारिता के क्षेत्र में मेरी सक्रियता से वे बहुत खुश थे। कुछेक बार इतनी आत्मीयता से देखते और किसी बात पर जोर से हँसते तो मन गद्‌गद हो उठता।

दो अवसरों पर, जब मैंने घर बनाया और अपना अखबार शुरू करने की बात आई, तब जरूर उन्होंने बहुत ध्यान से मेरी बातें सुनीं और अखबार निकालने के प्रश्न पर तो हानि-लाभ और खर्चे को लेकर सवाल भी किए। उनको मेरी ईमानदारी और कर्मठता पर पूरा विश्वास था; लेकिन जब मैंने मकान बनाने का हिसाब-किताब दिया तो वे और खुश हुए। अखबार निकालने का निर्णय करते समय उनकी चिंताएँ मैं ठीक

से समझ नहीं सका। इसके कारण कई वर्षों का भरपूर उपयोग नहीं कर पाया। वे साझीदार और संसाधनों को लेकर जो सवाल पूछ रहे थे, उन सवालों से बाद में मुझे रूबरू होना पड़ा।

उसी दौरान 'राजस्थान पत्रिका' के संस्थापक श्री कर्पूरचंदजी कुलिश ने संघ-भाजपा शासन को लेकर तीन अति आलोचनात्मक लेख लिखे। चूँकि उस समय राजस्थान की पत्रकारिता का पर्याय पत्रिका हुआ करती थी, जो जनमानस में कोई भी विवाद खड़ा करने में सक्षम थी। उन लेखों को लेकर सभी जगह आम धारणा यह बनी कि ये भैरोंसिंहजी के संकेत पर लिखे गए हैं। दूसरी ओर कुलिशजी को लगता था कि इतनी बेबाक टिप्पणियाँ करने की क्षमता उनमें ही है। कुलिशजी ने जब मुझसे उन लेखों पर आम प्रतिक्रिया जाननी चाही तो मैं उनसे निवेदन कर चुका था कि उन्हें पूर्वग्रहपूर्ण माना जा रहा है; क्योंकि उनमें अन्य दलों से आए उन मंत्रियों के बारे में तो कुछ लिखा हुआ ही नहीं है, जो वास्तव में भ्रष्टाचारी माने जाते हैं। चूँकि कुलिशजी पुराने स्वयंसेवक थे, प्रथम प्रतिबंध के दौरान जेल भी गए थे और विभिन्न अधिकारियों से उनका संपर्क भी बना रहता था, इसलिए सोहन सिंहजी भी कुलिशजी को पसंद करते थे। लेकिन उन्हें लेखों की कुछ बातें काफी आपत्तिजनक लगीं। उन्होंने मुझसे चर्चा की। मैंने उनको यथास्थिति बताई कि इन लेखों का संबंध भैरोंसिंहजी से नहीं है। भैरोंसिंहजी तो खुद दुविधा में हैं कि उनका नाम नाहक आ रहा है। सारी बातें सुनकर सोहन सिंहजी मेरी बात से सहमत हो गए और इसके बाद उनकी मुखाकृति और गंभीर हो गई। उस समय एक स्थिति यह भी आई कि कुलिशजी ने संघ कार्यालय जाकर सोहन सिंहजी से मुलाकात करके अपना पक्ष रखा। बाद में यह विषय परम पूजनीय सरसंघचालकजी तक भी गया। कुछ पत्र-व्यवहार और इस्तीफे वगैरह के विषय भी आए; लेकिन सोहन सिंहजी ही थे कि उन्होंने इस विषय का पटाक्षेप करवाया।

यह सोहन सिंहजी के विराट् व्यक्तित्व की ही खासियत रही कि उन्होंने कभी भाजपा और संघ का घालमेल नहीं होने दिया। उन्होंने संघ के प्रदेश मुख्यालय 'भारती भवन' को जैसे आचार्य चाणक्य की कुटीर का स्वरूप दिया हुआ था। उन्हें संगठन और हिंदू हितों की तो सदैव चिंता रही, लेकिन कभी भी उन्होंने राजनीति की दलदल में संघ और उसके प्रमुख कार्यकर्ताओं को नहीं फँसने दिया। हालाँकि कुछेक मुद्दे ऐसे आए, जब उनके और भैरोंसिंहजी के विचारों में भिन्नता भी दृष्टिगोचर हुई; लेकिन सोहन सिंहजी ने अपने विचारों को सुझावों तक सीमित रहने दिया। भैरोंसिंहजी के लिए अल्पमत सरकार को चलाए रखना प्राथमिकता रही और सोहन सिंहजी के लिए संघ की मर्यादाएँ अहम् थीं। वह संभवत: राजस्थान में सांगठनिक नेतृत्व का स्वर्णकाल था। एक ओर सोहन सिंहजी जैसे तपस्वी-कर्मयोगी प्रांत प्रचारक और दूसरी ओर भैरोंसिंहजी

जैसे व्यापक जनाधारवाले ईमानदार और समर्पित जननेता। सोहन सिंहजी उस अवसर को संगठनानुकूल बनाने के लिए सदैव प्रयत्नशील रहते। दूर से जाननेवालों के लिए सोहन सिंहजी और भैरोंसिंहजी दो धुरी थे, लेकिन दोनों का बड़ा कद था और वे एक-दूसरे की मर्यादा एवं गंभीरता समझते थे। दोनों एक-दूसरे की अनुपस्थिति में भी एक-दूसरे का उल्लेख करते तो उनमें प्रगाढ़ सम्मान का भाव होता। उनकी यह महानता थी कि सोहन सिंहजी कभी राजनीतिक विषयों में नहीं डूबे और भैरोंसिंहजी ने कभी सोहन सिंहजी के महत्त्व को कम करके नहीं आँका। सोहन सिंहजी को हमेशा चिंता रही कि राजनीति के कारण संघ-कार्य को कोई हानि नहीं होने पाए। दूसरी ओर, वे इसके लिए सतत प्रयत्नशील रहे कि स्वयंसेवक भले राजनीति सहित किसी भी क्षेत्र में सक्रिय हों, उनका स्वयंसेवकत्व बना रहना चाहिए और उनका स्वयंसेवकत्व आहत भी नहीं होना चाहिए। इसके कारण उन दो विराट् व्यक्तित्वों में एक लक्ष्मण रेखा भी कायम रही।

एक विशद प्रश्न आया, जब वर्ष 1992 में माननीय सुंदर सिंहजी भंडारी को राज्यसभा चुनाव के लिए राजस्थान आमंत्रित किया गया। वह विशुद्ध राजनीतिक पहल थी और संघ में शीर्ष स्तर पर सहमति प्राप्त थी; लेकिन वह निर्णय राजस्थान के बाहर ही हुआ, इसलिए आश्चर्यजनक भी रहा। सोहन सिंहजी के लिए बड़ा विषय यह था कि भंडारीजी जैसे ज्येष्ठ व्यक्तित्व की हार नहीं होनी चाहिए और सबकुछ सफलतापूर्वक भलीभाँति संपन्न हो गया तो वे बड़े प्रसन्न हुए। सोहन सिंहजी को नित्य प्रतिदिन की राजनीति से कोई मतलब नहीं था। हाँ, वे यह जरूर सोचते कि राजनीति के कारण किसी स्वयंसेवक का भविष्य दाँव पर नहीं लग जाए और न कार्यकर्ता का दुरुपयोग हो। किस कार्यकर्ता को किस विषय पर कितनी बात किस तरह करनी चाहिए, इसके प्रति वे उसे सदैव सचेष्ट रखते थे। कई बार लगता, वे विषपायी शंकर की तरह हैं। उनमें कितने ही कड़े विषयों को पचाने की अद्‌भुत क्षमता थी। हल्की प्रतिक्रिया की तो उनसे कल्पना ही नहीं की जा सकती थी। उनके कठोर मुखमंडल पर विद्यमान तीक्ष्णता से भेदती हुई दृष्टि ऊपर उठती तो वह सामनेवाले को चीरती चली जाती। उनसे आँखें मिलाकर बात करना किसी के लिए भी आसान नहीं था। दूसरी ओर वे सोहन सिंहजी थे, जो कार्यकर्ताओं के दिलों पर अधिकार रखते थे और उनके एक इशारे पर कार्यकर्ता समर्पण के लिए तत्पर रहते थे।

मैंने 'कारसेवा से कारसेवा तक' पुस्तक लिखी तो सोहन सिंहजी ने व्यवस्था की कि वह प्रांत और अन्य प्रांतों के कार्यकर्ताओं तक पहुँचनी ही चाहिए। तीन महीनों में 20,000 पुस्तकों की बिक्री हुई। उससे होनेवाली आय से जयपुर में घर बनना संभव हो सका। इससे पहले मैं 'राजस्थान पत्रिका' की साप्ताहिक इतवारी पत्रिका में कार्यरत था, तब परम पूजनीय डॉक्टरजी जन्म-शताब्दी वर्ष पर विशेष अंक प्रकाशित हुआ। वह भी

उन्हें काफी पसंद आया। पहली कारसेवा के इतवारी पत्रिका के विशेषांक की तो इतनी माँग हुई कि डेढ़ लाख प्रतियाँ प्रकाशित होने के बाद पत्रिका प्रकाशन ने उसे और प्रकाशित करने से इनकार कर दिया। माननीय रज्जू भैया ने भी पत्र लिखकर उस अंक की सराहना की। इन सबके पीछे सोहन सिंहजी की दिशा, दृष्टि और संबल ही काम कर रहे थे।

पिछले वर्षों की बात है। एक प्रादेशिक कार्यकर्ता के सामने उन्होंने मेरा जिक्र किया। मैं अगले दिन उनके दर्शन करने पहुँच गया। 5 अगस्त, 2009 की दोपहर थी। वे लेटे हुए थे, उठकर बैठ गए। मेरे द्वारा संचालित 'महानगर टाइम्स' को दिल्ली में वे नियमित पढ़ते ही थे। समाचार-पत्र के राष्ट्रीय विचारों के अनुकूल होने से वे पूरी तरह संतुष्ट थे; लेकिन फिल्मी पेज पर छपनेवाले चित्रों को लेकर नाराज भी थे। हम लोग तो उनके विगत यानी परिवार-जाति-रिश्तों वगैरह के बारे में कुछ जानते ही नहीं थे। उन्होंने कभी अपने अंदर किसी को झाँकने ही नहीं दिया। उस दिन मैं परिवार के बारे में पूछ बैठा। गंभीरता से ओत-प्रोत थरथराती आवाज में उन्होंने दो-चार रिश्तेदारों और पूरे परिवार के बारे में बताया। उसी दिन उनके जिले-गाँव वगैरह का पता चला; लेकिन उस समय वे कहीं खोए हुए नहीं थे, बल्कि जैसे वर्णन भर कर रहे थे।

राजस्थान की भी विस्तार से चर्चा की। वे बोले, 'हम लोग भैरोंसिंहजी के खिलाफ एक भी शब्द नहीं कहते थे। कभी कोई बात ध्यान में आई तो उनको बता देते थे। यह उनका बड़प्पन था कि वे तत्काल मान लेते थे।' उन्होंने इस बात की पीड़ा व्यक्त की कि अत्यधिक और अनावश्यक महिमामंडन नेताओं में स्वाभाविक अभिमान ला देता है। इससे बचना अत्यंत कठिन है। इस संदर्भ में उन्होंने भैरोंसिंहजी की स्वीकारोक्ति का जिक्र किया। उन्होंने बताया कि वे एक बार भैरोंसिंहजी के आग्रह पर उनके आवास पर लक्ष्मण सिंहजी के साथ भोजन करने गए। उनकी बिटिया ने भोजन परोसा। भोजन करते समय भैरोंसिंहजी ने ही कहा, 'जब मैं बँगले से रवाना होता हूँ, तब से जिंदाबाद के नारे लगने शुरू होते हैं और जहाँ भी जाता हूँ तो 'सिंह-सिंह' गूँजता रहता है। स्वाभाविक रूप से अभिमान आ जाता है।' बातचीत के दौरान सोहन सिंहजी ने भैरोंसिंहजी के केशव कुंज आने की बात भी कही। उन्होंने बताया कि अब भैरोंसिंहजी को लगता है कि जैसा वे सोचते थे, वैसा राजस्थान में नहीं हो रहा है। सोहन सिंहजी ने बताया, 'मैंने उनसे कहा कि जब हम किसी को विशेष जिम्मेदारी देते हैं और प्रमुख पद पर बैठाते हैं तो उसको सँभालने का भी पूरा दायित्व निभाना पड़ता है। यदि हम सारा उस पर छोड़ देंगे तो स्वाभाविक रूप से अपेक्षा पूरी नहीं होगी।' सोहन सिंहजी उस दिन टुकड़ों में रुक-रुककर बोल रहे थे। वे बोले, 'समस्या यह है कि व्यक्ति का सिर्फ दोष निकालने से काम नहीं चलेगा। व्यक्ति को सँभालते रहना भी पड़ता है। राष्ट्रीय स्वयंसेवक संघ

इतना बड़ा संगठन है। यह कोई देवताओं का संगठन तो है नहीं। व्यक्ति हैं तो कुछ कमियाँ होना भी स्वाभाविक है। उनको सँभालते रहना, ठीक करते रहना, यही संगठन का काम है।'

दिल्ली में संघ-कार्य के विस्तार की दृष्टि से भी सोहन सिंहजी का काफी योगदान रहा। दिल्ली के वरिष्ठ नेताओं की सक्रियता उनके समय में ही बढ़ी। जब एक वरिष्ठ नेता पार्टी के प्रति अनुशासनहीन होने लगे तो सोहन सिंहजी की व्यक्तिगत प्रतिक्रिया आज भी कानों में गूँज रही-सी लगती है। सोहन सिंहजी ने बताया कि उन्होंने उन नेता को कहा, 'आपको समझना चाहिए कि आप किस तरह अध्यापक बने। एक कमरे में रहते थे। कार्यकर्ताओं ने कहाँ-से-कहाँ तक पहुँचाया। क्या सब भूल गए? इतना अहंकार! एक कार्यकर्ता को इन सब बातों पर हमेशा सोचते रहना चाहिए।' मैंने उन्हें बताया, 'दादा भाई (राजस्थान के तीन दशकों तक प्रांत कार्यवाह रहे पं. गिरिराज शास्त्री) का सार्वजनिक अभिनंदन हो रहा है। मुझे भी कार्यक्रम संयोजक के रूप में जोड़ा हुआ है। प.पू. सरसंघचालकजी रहेंगे।' उन्होंने कहा, 'दादा भाई का अभिनंदन ठीक है। वे हमारे में सबसे बड़े हैं। कार्यक्रम भली प्रकार पूरी तैयारी से होना चाहिए।' फिर 'महानगर टाइम्स' की चर्चा हुई तो उन्होंने कठोरता से कहा, 'महिलाओं के नग्न चित्र छपने बंद होने चाहिए। एक समाचार-पत्र तो करता यही है। अखबार निकालते हैं तो स्वयंसेवक भाव ही पाठकों के समक्ष जाना चाहिए।'

सोहन सिंहजी नहीं रहे तो उनसे जुड़े रहे हजारों कार्यकर्ताओं की क्या स्थिति हो रही होगी, यह वे समझते हैं, जो पारिवारिक आघात का महत्त्व समझ सकते हैं। वे एक आदर्श थे। उनके सहयोगी रहे और तैयार किए कार्यकर्ता राष्ट्रीय महत्त्व के पदों पर भी हैं, उन सबके लिए भी सोहन सिंहजी बहुत बड़ा स्थान रखते हैं। मैंने सरदार पटेल को नहीं देखा, न वैसी जिम्मेदारी सोहन सिंहजी को मिली; लेकिन वे लौहपुरुष सदृश ही थे।

(संपादक, 'महानगर टाइम्स', जयपुर)

❑

कार्यकर्ता की पारिवारिक सार-सँभाल

छोटी-छोटी व्यवस्थाओं की चिंता

19 नवंबर, 1995 को मेरे बड़े पुत्र चि. संजय का विवाह था। उससे एक दिन पूर्व पूरे महानगर का एकत्रीकरण था। उस कार्यक्रम में मा. शेषाद्रिजी (सरकार्यवाह) प्रवास में पधारे थे। मेरे पास महानगर कार्यवाह का दायित्व था। कार्यक्रम ठीक प्रकार से पूर्ण हुआ। मा. सोहन सिंहजी भी पूरे समय जयपुर में ही थे। मेरे घर पर एक सप्ताह पहले आकर सभी प्रकार की छोटी-से-छोटी व्यवस्थाओं की जानकारी कर, यहाँ तक कि दूल्हे का वेश कैसा होगा, इसकी जानकारी एवं सुझाव सहित चिंता करते हुए विवाह की व्यवस्थाओं में मार्गदर्शन किया।

कार्य के लिए स्वयं सिद्ध रहना

राजा पार्क विद्यालय में संघ शिक्षा वर्ग (प्रथम वर्ष) लगा हुआ था। मेरे पास बौद्धिक विभाग का दायित्व था। सभी शिक्षकों व प्रबंधकों की बैठक माननीय सोहन सिंहजी के साथ प्रात: 5 बजे थी। जानकारी ली कि सब तैयार होकर आए हैं? सबने 'हाँ' कहा। फिर पूछा कि सबने लँगोट पहना है? तो उसमें कुछ ने कहा कि नहीं। उन्होंने उन्हें वापस लँगोट पहनकर आने को कहा। 'व्यायाम करके आए हो न?' उसमें भी कुछ का नकारात्मक उत्तर था। उन्होंने तुरंत सबको 13 सूर्य नमस्कार करवाए और फिर बैठक प्रारंभ की।

नैपुण्य वर्ग की सार्थकता

महानगर का मासिक नैपुण्य वर्ग रहता था। यह वर्ग चौमूँ हाउस शाखा पर था। माननीय सोहन सिंहजी भी उसमें पधारे थे। गण शिक्षक गण ले रहा था, लेकिन कुछ

ढीला था। माननीय सोहन सिंहजी स्वयं गण लेने लगे और पूरी कसावट के साथ गण लिया। फिर बाद में कहा कि नैपुण्य वर्ग में स्वयंसेवकों की पूरी कसावट होनी चाहिए, जिसमें वे शाखा पर जाकर ठीक प्रकार से गण ले सकें।

मितव्ययिता की भावना को प्रेरित करना

30 मई, 1997 को मेरे मँझले पुत्र विजय का विवाह था। विवाह स्थल था 'श्री कुंज', जो काफी बड़ा था और पुत्रवधू के पिता थे श्री हनुमानजी शर्मा, जो प्रांत के महामंत्री थे। विवाह में दोनों पक्षों की संख्या काफी अच्छी थी। उस विवाह में श्री विमल अग्रवालजी के साथ सोहन सिंहजी भी पधारे। प्रवेश द्वार पर काफी भीड़ देखकर वहीं रुके और मुझे देखकर कहने लगे कि 'भाई, पूरे महानगर को ही आमंत्रित किया है क्या?' उनकी यह बात सुनकर मुझे आभास हुआ कि स्वयंसेवक की दृष्टि कैसी होनी चाहिए।

—कुंज बिहारी शर्मा

जयपुर महानगर, वर्तमान में विद्या भारती कार्यकर्ता

श्रद्धा के पात्र

माननीय सोहन सिंहजी का ध्यान आते ही एक लंबा-तगड़ा और गठा हुआ शरीर, गोरा रंग, श्वेत केश, धीर-गंभीर चेहरा, भारी और रोबीली आवाज स्मृति-पटल पर उभरती है। एक आदर्श स्वयंसेवक ही नहीं, एक आदर्श प्रचारक और राजस्थान में कितने ही स्वयंसेवकों की श्रद्धा के पात्र और प्रेरणा के स्रोत हैं माननीय सोहन सिंहजी।

सन् 1983 में कॉलेज विद्यार्थियों के लिए संघ शिक्षा वर्ग जुलाई मास में झुँझुनूँ के खेमीसती मंदिर में लगा था। गरमी में कुछ स्वयंसेवक छत पर सोते थे। उस दिन वर्षा हुई थी। रात्रि में कुछ ठंड हो गई थी। मैं भी छत पर सो रहा था। रात्रि 12 बजे के लगभग आँखें खुलीं तो देखा, मा. सोहन सिंहजी छत पर घूम रहे हैं। एक स्वयंसेवक के पास ओढ़ने के लिए कुछ नहीं था, सोहन सिंहजी अपनी चादर उसे ओढ़ाकर नीचे चले गए। उस घटना ने मेरे किशोर मन पर ऐसा प्रभाव डाला कि संघ और सोहन सिंहजी के प्रति श्रद्धा प्रगाढ़ हो गई। कठोर अनुशासन और गंभीरता की प्रतिमूर्ति थे सोहन सिंहजी। चेहरे की भाव-भंगिमा ऐसी कि उनके सामने खड़े होने की हिम्मत ही नहीं होती थी। उनकी बैठकों में और बौद्धिक के समय ऐसी चुप्पी रहती थी कि स्वयं की साँसों की ध्वनि भी सुनाई पड़ जाती थी; परंतु उनका अंत:करण एकदम निर्मल एवं पवित्र था।

सन् 1984 में मुझे खैरथल में विद्या मंदिर प्रारंभ करने का दायित्व दिया गया था। एक वर्ष तक विद्यालय में सेवा देकर मैं अध्ययन हेतु अलवर आ गया था। एम.ए. कर

सरकारी नौकरी के लिए प्रयत्न करने का विचार था। उन दिनों कोटपूतली के राष्ट्रीय विद्या मंदिर में तत्कालीन प्रधानाचार्य से कोई गड़बड़ हो गई थी और उसे हटा दिया गया था। 5 जनवरी, 1986 को माननीय सोहन सिंहजी का अलवर प्रवास हुआ। उसी दिन श्री फूलचंदजी भिंडा (तत्कालीन जिला व्यवस्थापक एवं वर्तमान में विराट नगर के विधायक) और कोटपूतली जिला प्रचारक श्री पुरुषोत्तमजी अलवर आए। उन्होंने मा. सोहन सिंहजी से कोटपूतली में प्रधानाचार्य के लिए किसी कार्यकर्ता को भेजने का निवेदन किया। सोहन सिंहजी ने जिला प्रचारकजी से चर्चा की तथा प्रभुजी से एवं मुझसे भी चर्चा की तो मैंने प्रभुजी को कोटपूतली जाने से मना कर दिया, क्योंकि मेरा विद्या मंदिरों में नौकरी करने का विचार नहीं था। सायंकाल सोहन सिंहजी ने मुझे अपने कक्ष में बुलाया तो श्री प्रभुजी ने मुझसे कहा, 'आप तो भाईसाहब को कह देना कि मैं तो पढ़ाई करूँगा। इसलिए कोटपूतली जाने में असमर्थ हूँ।' मैं मा. सोहन सिंहजी के कक्ष में गया। कोटपूतली विद्यालय की चर्चा करते हुए मा. सोहन सिंहजी ने कहा कि वहाँ विद्यालय की बड़ी चिंताजनक स्थिति है। आपको कल ही वहाँ जाना है। सोहन सिंहजी ने बिना मेरी राय जाने निर्णय सुना दिया। मेरी उनके सामने ना कहने की हिम्मत ही नहीं हुई। मैं बाहर आया तो विभाग कार्यवाह श्री श्यामजी भट्ट ने मजाक में कहा—इनके चेहरे पर तो 12 बज रहे हैं। प्रभुजी ने पूछा—क्या रहा? मैंने कहा, 'मुझे तो कुछ कहने का अवसर ही नहीं मिला। कल ही जाने के आदेश हुए हैं।' मैं अगले ही दिन कोटपूतली पहुँच गया।

वहाँ कार्य करते तीन वर्ष हो गए थे। विद्यालय भी अच्छा चल रहा था; परंतु प्रबंध समिति के कुछ लोगों का व्यवहार मन के अनुकूल नहीं था। मैं भी अभिमान की सीमा तक स्वाभिमानी था। मैंने विद्यालय से त्यागपत्र दे दिया। शायद भिंडाजी ने मा. सोहन सिंहजी को त्यागपत्र की सूचना दी होगी। अगले ही दिन सोहन सिंहजी को दिल्ली से जयपुर जाना था। बीच में वे कोटपूतली रुके और विद्यालय आए। मुझसे कुछ नहीं पूछा। आते ही कहा, 'आपको विद्या मंदिर की सेवा में किसने भेजा था?' मैंने कहा—आपने। 'तो फिर त्यागपत्र देते समय मुझसे क्यों नहीं पूछा? भविष्य में ऐसा निर्णय बिना मुझसे पूछे मत करना।' मुश्किल से 5–6 मिनट वहाँ रुके और जयपुर चले गए। ऐसा अधिकार रखते थे वे अपने कार्यकर्ता पर।

—रामानंद चौधरी
राजा पार्क विद्यालय, जयपुर

वह प्रश्न और प्रेरणा

सन् 1981–82 की बात है। मैं गाँव से कॉलेज में पढ़ने के लिए जयपुर आया था।

उस समय मेरे पास विवेकानंद शाखा के कार्यवाह का दायित्व था। महानगर प्रचारक मा. गोपालजी आर्य थे। एक बार हमारी बैठक लेने सोहन सिंहजी आए। बैठक मनोहरजी के निगम स्थान पर थी। हम सब कॉलेज विद्यार्थी थे। सोहन सिंहजी द्वारा पूछा गया प्रश्न आज भी मुझे स्मरण आता रहता है, जिसके कारण मुझे सही रास्ते पर चलने की प्रेरणा मिलती रहती है। मा. सोहन सिंहजी ने हम सभी से पूछा कि क्या जीवन में कभी ऐसा अवसर आया है, जब आप कोई गलत काम करने को होते हैं और आपको उसी समय अपने संघ का स्वयंसेवक होने का आभास होता है, जिसके कारण आप उस गलत काम को करने से रुक जाते हैं? इस पर मैंने अपना अनुभव बताया कि हम हमारे गाँव बघाई से नीमकाथाना कॉलेज में पढ़ने जाते थे। हम में से कई स्वयंसेवक भी थे। विद्यार्थी कंडेक्टर को टिकट के पैसे नहीं देते थे, लेकिन हम स्वयंसेवक ही टिकट के पैसे इसलिए देते थे कि हम संघ के स्वयंसेवक हैं। यह प्रश्न आज भी याद आता रहता है।

—महेंद्र सिंहल

प्रांत प्रचार प्रमुख, जयपुर

ईश्वरीय स्पर्श

शिक्षकों व मुख्य शिक्षकों के नैपुण्य वर्ग में एक शिक्षक खेल के कालांश में प्रतिस्पर्धात्मक खेल खिला रहे थे। दो स्वयंसेवकों का संघर्ष चल रहा था और दोनों में से कोई कम नहीं पड़ रहा था। अत: शिक्षक महोदय ने व्हिसिल बजाकर खेल रोक दिया। माननीय सोहन सिंहजी ने तुरंत शिक्षक महोदय को कहा, 'अरे भले आदमी, जब वे दोनों परिणाम की ओर बढ़ रहे थे तो तुमने उन्हें लक्ष्य-प्राप्ति से वंचित क्यों कर दिया? यह परिणामोन्मुख व्यक्तित्व के लिए सरलता से अपना मैदान छोड़कर अलग हो जाने की मानसिकतावाला बना सकता है, तो फिर व्यक्ति अपेक्षित परिणाम (लक्ष्य) हेतु संघर्षशील कैसे बनेगा?'

मानवीय मनोविज्ञान पर सोहन सिंहजी का जैसे गहरा अध्ययन था और वे एक-एक स्वयंसेवक को उचित दिशा की ओर चलने के लिए मनोवैज्ञानिक प्रयत्न करते रहते थे। स्वयंसेवक को माँजना, तराशना एवं उसे उचित आकार देना, यह मा. सोहन सिंहजी का सदैव ध्येय रहता था।

तृतीय वर्ष संघ शिक्षा वर्ग में जाने के लिए 5-6 वर्षों से लगातार अधिकारियों का आग्रह चल रहा था। जब जाने का निर्णय हुआ तो माननीय सोहन सिंहजी के साथ तृतीय वर्ष जानेवाले शिक्षार्थियों की बैठक थी। बैठक समाप्ति के पश्चात् एक-एक शिक्षार्थी को बुलाकर उसके परिवार की जानकारी लेते। जब मेरी बारी आई और मैंने अपने परिवार की स्थिति बताई तो अत्यंत आत्मीयता से बोले, 'अरे भले आदमी, इतने

वर्षों से अकेले ही संघर्ष कर रहे थे। हम सब किसलिए हैं? पहले बता देते तो समाधान निकल आता। अब शिक्षा वर्ग में इस ओर चिंता मत करना।' एक सप्ताह बाद घरवालों का पत्र नागपुर वर्ग में मिला तो मन प्रसन्नता से भर गया। माननीय सोहन सिंहजी स्वयं घर पर गए और परिवार के साथ करीब एक घंटे बैठे। सरलता से बात करते-करते परिवार की व्यथा को समझा और तुरंत उस समस्या के निदान के लिए मेरे एक अधिकारी को दायित्व दिया कि तुरंत इसका समाधान करके नागपुर सूचित करो। अगले सप्ताह घर वालों के पत्र द्वारा माननीय सोहन सिंहजी के घर आगमन एवं सहायता के समाचार मिले तो मैंने आत्मीयतापूर्ण स्नेह का अनुभव किया, जो वर्णन नहीं कर सकता।

नागपुर वर्ग से लौटने के पश्चात् जब भी मा. सोहन सिंहजी से मिलना होता तो वे मेरे परिवारजनों का नाम ले-लेकर उनका हाल-चाल पूछते थे। इस व्यवहार ने मेरे जीवन की दिशा ही बदल दी। न जाने कितने स्वयंसेवकों के साथ उनका परिवार के संरक्षक के नाते अत्यंत स्नेहपूर्ण संपर्क रहा होगा, यह कल्पना से परे है।

एक संघ शिक्षा वर्ग में पानी का अत्यंत अभाव था। स्वयंसेवकों के पीने के लिए एवं भोजन बनाने के लिए ही पानी की उपलब्धता थी। नहाने-धोने आदि अन्य आवश्यकताओं की पूर्ति के लिए शिविर स्थान पर पानी उपलब्ध नहीं था। मा. सोहन सिंहजी के परामर्श के बाद शिविर स्थान के आस-पास के खेतों के किसानों से पानी उपलब्ध करवाने के लिए संपर्क कर निवेदन किया तो वे सभी प्रसन्नतापूर्वक तत्पर हो गए। प्रात: स्नान के लिए स्वयंसेवकों को व्यवस्थानुसार खेतों की ओर भेजा गया। स्नान करने के लिए स्वयंसेवकों को एक लंबी कतार में बैठने के लिए आज्ञा दी गई और कुछ स्वयंसेवकों द्वारा कुओं के पंप द्वारा निकाले पानी को लंबे पाइप द्वारा स्वयंसेवकों पर एक सिरे से अंतिम सिरे पर डालकर भिगोया गया और पंप बंद कर दिया गया। करीब दो मिनट का समय शरीर को रगड़-रगड़कर साफ करने के लिए दिया गया और एक बार पुन: पंप चालू करके पंक्तिबद्ध बैठे स्वयंसेवकों पर पानी की बौछार की गई। साथ ही स्नान-समाप्ति की सूचना दे दी गई। शिविर में विशाल संख्या में उपस्थित स्वयंसेवकों के लिए इस प्रकार की गई व्यवस्था जिस मस्तिष्क की उपज थी, वे मा. सोहन सिंहजी ही थे। वे अत्यंत व्यवस्था-प्रिय थे। एक-एक व्यवस्था पर पूरी तरह विचार करके समाधान निकालना उनका स्वभाव था।

रात को 11-12 बजे तक कार्यकर्ताओं की बैठकें लेते और प्रात: स्वयंसेवकों के जागरण से पूर्व पुन: व्यवस्थाओं में संलग्न दिखते। पता नहीं वे कब सो पाते थे और कब जग पाते थे, किसी को पता ही नहीं हो पाता था।

—रामपाल सिंह

पुंडरीक नगर, जयपुर

प्रभावी व्यक्तित्व

बहुत पहले की बात है। मैं सन् 1966 में बाँसवाड़ा से टोंक महाविद्यालय में स्थानांतरित होकर आ गया था। टोंक के संघ कार्यकर्ताओं को जब इस बात का पता चला तो उन्होंने मुझसे संपर्क साधना प्रारंभ कर दिया। मैं भी किसी उचित उत्तरदायित्व का निर्वाह करने को लालायित था। यूँ तो विश्व हिंदू परिषद् की स्थापना सन् 1964 में ही हो गई थी, किंतु टोंक में न तो विधिवत् परिषद् की इकाई स्थापित हुई थी और न कोई कार्यक्रम ही आयोजित किया गया था। सन् 1967 के रक्षाबंधन पर एक सार्वजनिक कार्यक्रम रखा गया, जिसकी अध्यक्षता टोंक के तत्कालीन कलेक्टर श्री जोशी ने की तथा मुख्य अतिथि पुलिस अधीक्षक श्री तिवाड़ी थे। जिला प्रचारक श्री माणकजी माहेश्वरी और कार्यवाह श्री रामधनजी माथुर थे। रक्षाबंधन के निमंत्रण-पत्रों में मेरे नाम के साथ 'संगठन मंत्री विहिप' लिख दिया गया था और यह दायित्व मेरे पास कई वर्षों तक चलता रहा। जब तक अधिकृत रूप से यह सूचित नहीं किया कि विहिप का संगठन मंत्री केवल संघ का जिला प्रचारक ही होगा। मुझे संगठन मंत्री के दायित्व से मुक्ति मिल गई थी, किंतु मैं एक कार्यकर्ता के रूप में विहिप का कार्य अधिक लगन से करता रहा।

एक दिन सवेरे-सवेरे ही जिला प्रचारकजी तथा श्री विमल प्रसादजी अग्रवाल के साथ एक अत्यंत प्रभावशाली व्यक्तित्व मेरे द्वार पर था। मैं अचंभित था। मैं पहचानता भी नहीं था। माननीय सोहन सिंहजी प्रांत प्रचारक के रूप में नए-नए नियुक्त हुए थे। गोरा-चिट्टा प्रशस्त ललाट, भीतर तक पैठ रखनेवाली दृष्टि, मृदु और मितभाषी, प्रसन्न मुख, जीवंत व प्रभावोत्पादक शरीर-यष्टि, हँसते-बोलते वक्त मुख से चमकनेवाली दंत पंक्ति सामनेवाले को नतमस्तक कर देती। उन्होंने संक्षिप्त वार्त्तालाप में मेरे विहिप के कार्यक्रमों की जानकारी ले ली। मैं अब तक भी उनके आगमन का कारण समझ नहीं सका था। तब उन्होंने संकेत दिया कि यदि आपको संघ में ही कोई दायित्व दिया जाए तो? प्रांत प्रचारकजी के अत्यंत प्रभावी व्यक्तित्व के सामने ना-नुकुर करने का साहस मुझ जैसा सामान्य कार्यकर्ता कैसे कर सकता था। किंतु अंदर की झिझक के साथ मैंने निवेदन किया कि मैं विहिप के कार्यों में इतना रम गया हूँ कि इसी संगठन में अधिक सघन काम करना चाहता हूँ। फिर जैसी संगठन की इच्छा। मेरे इस संक्षिप्त उत्तर से उन्होंने मेरे मन को पढ़ लिया था, इसलिए उन्होंने दोबारा यह प्रसंग नहीं उठाया।

मैं सन् 1996 में जयपुर विभाग का संघचालक नियुक्त हो गया। उसी समय मा. वीरेंद्र प्रसादजी अग्रवाल विभाग संघचालक से सह-प्रांत संघचालक बनाए गए थे। कार्यकर्ताओं की बैठक टोंक में रखी गई थी और परिचय करवाने का दायित्व मुझे सौंपा गया था। मैंने माननीय सोहन सिंहजी का परिचय तो विस्तार के साथ करवाया था, किंतु

वीरेंद्र प्रसादजी अग्रवाल के संबंध में मैंने केवल सह-प्रांत संघचालक के दायित्व का ही संकेत दिया। तभी मा. सोहन सिंहजी ने मा. वकील साहब का सामाजिक प्रतिष्ठावाला परिचय दिया कि मा. वकील साहब राजस्थान सरकार के एडवोकेट जनरल भी हैं। बाद में जब छोटी टीम के साथ बैठे तो मा. सोहन सिंहजी ने मुझे बताया कि किसी का परिचय करवाना हो तो पहले जानकारी जुटानी चाहिए, तभी व्यक्ति का प्रभावी परिचय मिलता है। मैंने तभी से गाँठ बाँध ली। अत्यंत सरल और संक्षिप्त विधि से उन्होंने मेरी परिचय प्रणाली में वृद्धि कर दी।

—डॉ. लक्ष्मी नारायण 'चातक'
पूर्व प्रांत संघचालक, जयपुर

कार्य-विभाजन और कार्यान्वयन का कौशल्य

मैं जब श्रीगंगानगर जिले का कार्य देख रहा था, प्रवास पर एक शाखा में मेरे विषय में माननीय सोहन सिंहजी ने बातों-ही-बातों में बाल्यकाल से प्रचारक जीवन प्रवेश तक चर्चा की और मेरा झुकाव साहित्य, विशेषत: विवेकानंद साहित्य, की ओर ध्यान में आने पर आगामी संघ शिक्षा वर्ग के पश्चात् मेरी नियुक्ति साहित्य क्षेत्र के लिए की। इसके पश्चात् दायित्व को योग्य प्रकार समझने के लिए तत्कालीन अ.भा. बौद्धिक प्रमुख मा. बापूराव मोघेजी से मार्गदर्शन प्राप्त करने के लिए दिल्ली जाने को कहा। मैंने विभिन्न साहित्य देखने की इच्छा व्यक्त की। तत्काल ही स्वीकृति मिली और विशेष रूप से बैंगलौर का प्रवास किया। क्रमश: दिसंबर में कार्य प्रारंभ किया।

नवंबर-दिसंबर 2010 में मुझे मुंबई में साइटिका का कष्ट हुआ। वेदनाकारी कष्ट हुआ, असह्य···इतना कि मित्र के घर सातवें माले पर रहते हुए नीचे कूदने का मन करता था। आश्रयदाता मित्र को आपत्ति का सामना न करना पड़े, इसलिए मैं आत्महत्या नहीं कर पाया। उसी समय मुझे स्मरण आया कि माननीय सोहन सिंहजी को भी यह कष्ट है। पूछने पर एक बार बताया था कि बहुत वेदनाकारी कष्ट होता है, साथ में उन्हें रक्तचाप भी था; परंतु वे किस प्रकार मूक रहकर कष्ट सहते थे, भुक्तभोगी होने पर समझ में आया। इतना होने पर भी प्रात: प्राय: 3 बजे उठना, कार्यालय की एवं कई बार शौचालयों की सफाई स्वयं करना, नित्य व्यायाम और यह सब मूक तपश्चर्या, चर्चा नहीं करना, वस्त्र प्रक्षालन एवं अन्यान्य व्यक्तिगत कार्य स्वत: करना। इस विषय में वे प्राय: अंत तक पूर्णतया कर्तव्य-कठोर बने रहे।

कोई कार्यक्रम-शिविर, बैठक का आयोजन हो, बारीकी से एक-एक छोटे-से-छोटे बिंदु का पूर्ण विचार कर कार्य-विभाजन करवाना और उसका भलीभाँति कार्यान्वयन, यह उनकी कार्यशैली का स्थायी भाव था। यह शैली संक्रामक होकर नीचे के कार्यकर्ताओं

तक जा सकी, यह उनका कौशल्य ही था।

श्रीगंगानगर में एक बार स्वयंसेवकों पर षड्यंत्रपूर्वक वामपंथियों का आक्रमण हुआ। यह अप्रत्याशित आक्रमण था। यद्यपि स्वयंसेवकों ने यथोचित उत्तर देने का प्रयास किया; परंतु संख्या बल एवं सुसज्जित योजनाबद्ध आक्रमण से मुकाबला समुचित न हो सका तथा पुलिस केस भी बना। तत्कालीन जनता सरकार में स्थानीय विधायक, जो गृहमंत्री भी थे, विरोधियों की ओर झुके हुए थे, पक्षपात कर रहे थे। सोहन सिंहजी श्रीगंगानगर पधारे। उन्होंने संबंधित एस.पी. को जिला संघचालक डॉ. तुहीरामजी के घर बुलाया। एस.पी. को गंभीर स्वर में कहा, 'हमारे सत्त्व की परीक्षा लेने की कोशिश मत करना। न्याय का पक्ष लेकर उचित कार्यवाही करो।' उनकी गंभीर व तेजस्वी छवि के आगे पुलिस अधिकारी नतमस्तक हुआ। अभिवादन कर लौटा। कहना न होगा कि यथोचित् परिणाम आया।

प्रकृति गंभीर होते हुए भी हास्य-विनोद, संस्मरण कथन, सबकुछ इतना सरस होता था कि यह समझ में नहीं आता था कि अनेक शारीरिक कष्ट होते हुए भी अतीव गंभीर मुख-मुद्रा एवं तज्जन्य आभा में से हास्य रस कैसे प्रस्फुटित हो रहा है! अत्यंत रोचक प्रसंग किस कोने में उनके हृदय में छुपे हुए थे। उन्होंने एक बार माननीय एकनाथजी रानाडे द्वारा विवेकानंद शिला केंद्र का अधिकार प्राप्त करने से लेकर बहुसंख्य सांसदों द्वारा शिला स्मारक के लिए सहयोग एवं अनुदान, राज्य सरकारों द्वारा आर्थिक सहयोग से लेकर उद्घाटन का सारा प्रसंग इस प्रकार सुनाया कि वह जीवंत विवरण अब भी मन पर उसी प्रकार अंकित है। इतना सरस ढंग से सुनाया कि समय का पता भी नहीं चला। कभी सुना था कि परम पूजनीय डॉक्टरजी रोचक प्रसंग सुनाया करते थे। सारी रात बीत जाती थी। कुछ वैसा ही अनुभव सोहन सिंहजी के सान्निध्य का भी है। विषय भी वैविध्यपूर्ण होते थे।

—रमेश चंद्र इसरानी
पूर्व प्रचारक, जयपुर

गलत नहीं हो सकते सिख

वर्ष 1980-81 में वनवासी कल्याण परिषद् के कार्य के लिए श्रीगंगानगर गया हुआ था। वहाँ के जिला प्रचारक श्री नरेंद्रजी मेघ साथ-साथ ही प्रवास करते थे। उन्हीं दिनों माननीय सोहन सिंहजी का जिले में प्रवास था। हम लोग भी साथ-साथ ही थे। हमें प्रात: उठने में कुछ विलंब भी हो जाता, लेकिन माननीय सोहन सिंहजी काफी जल्दी उठकर अपने वस्त्रों की धुलाई कर तैयार हो जाते थे। एक दिन मैंने कहा, 'यह सेवा तो मैं कर दूँगा।' लेकिन उनका उत्तर था, 'तुम तो एक-दो दिन ही साथ हो, यह

मेरा प्रतिदिन का काम है।' हम लोग एक कार्यकर्ता के यहाँ भोजन कर रहे थे। उन्हीं दिनों पंजाब में भिंडराँवाला द्वारा खालिस्तान का बहुत उग्र विवाद चल रहा था। श्रीगंगानगर जिला भी अछूता नहीं था। भोजन करते समय मेरे मुँह से बात निकली, 'भाईसाहब, ये सिख लोग हिंदू मोनो पर जगह-जगह आक्रमण कर रहे हैं, मंदिरों में गोमांस व सींग फेंकने की घटनाएँ हो रही हैं।'...मैं आगे बोलता, तभी उन्होंने एकदम आक्रोशित भाषा में मेरी बात काट दी, 'तुम्हारे मुँह से 'सिख' शब्द क्यों निकला? यह सब पाकिस्तान के प्रायोजित एजेंट कर रहे हैं। सिख भी हिंदू हैं। वे ऐसा कदापि नहीं कर सकते। तुम संगठन के कार्यकर्ता हो। तुम्हारे मुँह से निकला हर शब्द समाज पर असरकारक होगा।' मुझे अपनी गलती का एहसास हो गया था।

मैं और श्री ललितजी माथुर परिषद् कार्य के लिए जयपुर आए हुए थे। ललितजी को ज्वर हो गया। प्रात: स्मरण के बाद चाय और ज्वर की गोली दे रहा था, इतने में सोहन सिंहजी का आना हुआ। मुझसे ललितजी की बीमारी का हाल पूछा और कहा कि मेरे कमरे में आलमारी के ऊपर गद्दा पड़ा हुआ है, लाकर इनके लिए बिछा दो। वह गद्दा उनके स्वयं के बिछाने का ही था। उस दिन दरी पर ही उन्होंने विश्राम किया। एक कार्यकर्ता के प्रति उनका यह पितृ-तुल्य भावनावाला भाव था।

मैं परिषद् कार्य की सीधी जिम्मेदारी से निवृत्त होकर भीलवाड़ा आश्रम पर ही कार्य कर रहा था। मेरा पैतृक गाँव घाणेराव (पाली) है। गाँववालों के विशेष आग्रह को टाल न सका और सन् 1988 में गाँव के सरपंच की जिम्मेदारी ले ली। कुछ दिनों बाद उदयपुर बैठक में गया तो सोहन सिंहजी को प्रणाम करते ही उन्होंने मेरी तरफ देखकर कहा, 'तुम केवल एक गाँव में सिमटकर बैठ जाओगे, यह उम्मीद मैं तुमसे कैसे कर सकता हूँ?' ये शब्द आज भी मेरे मन में तीर की तरह लग रहे हैं। मेरी भूल का एहसास करवाया, जो हर पल आज भी याद है।

श्रीगंगानगर जिले में अनाज संग्रह कार्यक्रम के दिनों में कार्य के प्रति जानकारी लेते हुए पूछा कि तुम किस ढंग से अनाज संग्रह करते हो? मैंने कहा, 'मंडी के विशेष व्यक्तियों को साथ लेकर हर दुकान पर अपनी बात रखकर पत्रक देते हैं तथा एक-एक, दो-दो बोरी अनाज संग्रह करते हैं।' उन्होंने सुझाव दिया, 'अनाज संग्रह केवल समाज के पास पहुँचने का तथा हमारी व्यवस्था को सुचारु चलाने का माध्यम है, हमारा लक्ष्य नहीं। अनाज कितना मिला, कम मिला या ज्यादा मिला, यह हमारा सोच नहीं होना चाहिए। हमने कितने लोगों तक अपनी बात पहुँचाई तथा समाज के कितने लोग सहृदयता से हमारे साथ जुड़े, यह आंदोलन की तरह होना चाहिए। रेहड़ीवाले, सब्जी बेचनेवाले, दैनिक दिहाड़ी करनेवाले मजदूर भी इस समस्या से अवगत होने चाहिए और सहभागी होने चाहिए। उनके भी पास जाओ और उनका भी सहयोग लो।'

दूसरे दिन से जब मजदूरों, रेहड़ीवालों, सब्जीवालों से बात की, कार्य और धर्मांतरण

की समस्या से अवगत करवाया, उनसे केवल दो-दो किलो अनाज की बात की तो सभी के चेहरे पर प्रसन्नता झलक गई और उत्साहित होकर कहा कि 'आप इतना कम सहयोग लेने को तैयार हैं तो हम पाँच-पाँच किलो अनाज अवश्य देंगे। इतने अच्छे कार्य के लिए हम इतना सहयोग तो खुशी-खुशी कर सकते हैं।' मजदूरी एवं छोटा धंधा करनेवालों के मन में दानदाता बनने का स्वाभिमान झलक रहा था। उनकी यह प्रेरणा सदा मेरा मार्गदर्शन करती रही।

—वैद्य राधाकृष्ण 'साथी'

गणपति आयुर्वेद औषधालय, दादाई, पाली

मार्गदर्शन का विशिष्ट भाव

माननीय सोहन सिंहजी मार्च 1972 से 1977—आपातकाल तक जयपुर विभाग में प्रचारक रहे। मैं उस समय टोंक जिला प्रचारक था। उनके सान्निध्य में बहुत सी बातें सीखने को मिलीं। सन् 1974 के महाविद्यालय शिविर की दृष्टि से स्थान देखना था। वे टोंक जिले में प्रवास करते हुए चाकसू के पास सिलकिया (शीतला माता का मंदिर) में कुछ तिबारियाँ एवं छोटे कमरे थे, देखने गए। मैं मोटर साइकिल से उनके साथ था। नाप-जोख की, लेकिन स्थान छोटा था, जँचा नहीं। फिर हम पदमपुरा बाड़ा आए। वहाँ मंदिर परिसर में धर्मशाला थी। उसके कमरों की नाप-जोख कदमों से की और उस स्थान पर पानी, बिजली, स्वच्छता एवं सुरक्षा—सब बातों की बारीकी से जानकारी करवाई। बातों-ही-बातों में शिविर के लिए स्थान का चयन एवं व्यवस्था सिखा दी।

यह घटना रक्षाबंधन के आस-पास की है। सोहन सिंहजी का टोंक के बाद उनियारा का प्रवास था। बरसात का समय था और मोटर साइकिल से प्रवास था। मैं मोटर साइकिल चला रहा था और वे पीछे बैठे थे। काली मिट्टी होने के कारण एक-दो बार फिसलते-फिसलते बचे। आगे घास ग्राम के पास नाला बह रहा था। अब समस्या आई कि इसे कैसे पार करें। देखा कि किनारे पर कट्टे रखे हुए थे। उन पर होकर ही जाया जा सकता था। हम उतर गए और मैंने मोटर साइकिल को पैदल आगे बढ़ाना शुरू किया। लेकिन ऊँचाई के कारण ऊपर चढ़ना संभव नहीं था। तत्क्षण सोहन सिंहजी ने बिना संकोच किए पिछला पहिया उठाकर कट्टों के ऊपर चढ़ा दिया और हम नाला पार करके समय से पूर्व कार्यक्रम में उनियारा पहुँच गए। मुझे संकोच हुआ, लेकिन उन्होंने समय-पालन एवं सहयोग में किसी प्रकार का बंधन स्वीकार नहीं किया।

एक बार और टोंक जिले का प्रवास था। भाद्रपद मास का समय था। बसों में भीड़ तथा अनियमितता भी थी। डिग्गी से टोंक जाना था। बस स्टैंड शहर से बाहर था। काफी देर तक बस नहीं आई। बैठने की भी कोई जगह नहीं थी। फिर भी, वे एक पत्थर पर बैठकर कार्यकर्ताओं को पत्र लिख रहे थे। काफी समय तक बस नहीं आई तो नाराज भी

हुए कि 'भले आदमी, मेरा समय क्यों जाया किया?' व्यवस्था बनाने से पूर्व विचार कर उसके अनुसार चलने का आचरण वे अपने व्यवहार से सिखाते थे।

—माणक चंद
प्रबंध संपादक, 'पाथेय कण'

रोम-रोम में भारत माता

मेरे बाबा सोहन सिंहजी आज भले ही हमारे बीच में उपस्थित न हों, परंतु वे हमारे हृदय में विद्यमान हैं और विद्यमान रहेंगे। उनके रोम-रोम में और रक्त की प्रत्येक बूँद में भारत माता का नाम लिखा हुआ था। मुझे आज भी 5 जुलाई का वह दृश्य पूर्ण रूप से याद है, जब मेरे बाबाजी को केशव कुंज झंडेवाला से उनकी अंतिम यात्रा के साथ निगम बोध घाट की ओर लेकर जा रहे थे तो कितने ही कार्यकर्ता-स्वयंसेवक उनकी केवल एक झलक के लिए इस प्रकार से उत्तेजित थे, उत्साहित थे कि मैं उसे अपने शब्दों में बयान नहीं कर सकता। उस समय मैं अपने पिताजी के साथ अपने बाबाजी के चरणों में बैठा हुआ था। वह समय मेरे लिए बड़ा ही गौरवपूर्ण था। जब वे जीवित थे तो मैंने उनसे बहुत कुछ सीखा। वे जाते-जाते बिना कुछ कहे मुझे एक सीख दे गए कि व्यक्ति का नाम उसके नाम से न होकर उसके काम से होता है।

—विनय यादव
मा. सोहन सिंहजी के बड़े भ्राता के पौत्र

परिवार को गर्व

मुझे गर्व है कि ऐसी महान् आत्मा ने मेरे परिवार में जन्म लिया और मैं उस परिवार का हिस्सा हूँ। उनके व्यक्तित्व और कर्तृत्व के बारे में जितना भी कहा जाए, कम होगा। उन्होंने वसुधैव कुटुम्बकम् की भावना से जन्म लिया था। मुझे और मेरे संपूर्ण परिवार को उनके जाने का दुःख नहीं है, अपितु गर्व है कि ईश्वर ने हमारे परिवार में ऐसी महान् आत्मा को दिया। मैंने एक छोटी कक्षा में एक-दो पंक्तियाँ पढ़ी थीं, जो मुझे आज आत्मसात् हुई हैं—एकः चन्द्रः तमो हन्ति। वास्तव में संसार का अंधकार मिटाने के लिए एक चंद्रमा ही काफी है। वास्तव में मेरे बाबा के सामने हम सब असंख्य तारों के समान हैं, हम सब उनके सामने असंख्य तारे हैं। मैं और मेरा परिवार हाथ जोड़कर ईश्वर से यही प्रार्थना करते हैं कि हे ईश्वर, हे परमात्मा! प्रत्येक घर में ऐसी महान् आत्मा आए, जो सच्चा देशभक्त हो, सच्चा राष्ट्रभक्त हो। मुझे आज भी याद है,

जब वे एम्स में भरती थे, उनके शरीर में पीड़ा बहुत ज्यादा थी। तब मैंने उनका हाथ पकड़ा, तब भी उनको सबकी चिंता थी। उन्होंने मेरे साथ कल्याण मंत्र बोला।

—सोनिया यादव

मा. सोहन सिंहजी के बड़े भ्राता की पौत्री

वे स्मृतियाँ

जब माननीय सोहन सिंहजी अस्वस्थ हुए तो परिचारक रखने का विचार हुआ और एक दिन बुला भी लिया गया। जब उन्हें पता चला तो उन्होंने आग्रहपूर्वक मना कर दिया। फिर हमारे अत्यंत आग्रह करने पर प्रबंधक रखने को तैयार हो गए; परंतु वैतनिक नहीं रखने को कहा। दिल्ली प्रांत के प्रचारक, विस्तारक और विद्यार्थी विस्तारक उनकी व्यवस्था में आते थे और उनके जीवन की घटनाओं को सुनकर कागज पर लिखते थे। उन्हें भी जीवन भर संघ-कार्य करने की प्रेरणा मिलती थी। वे अकसर सायंकाल कमरे के बाहर बैठ जाते थे। एक बार बैठने का कारण पूछने पर उन्होंने बताया, 'आते-जाते स्वयंसेवकों को देखकर सायं शाखा की स्थिति की जानकारी हो जाती है।' श्री गोपालजी आर्य और मुझे बुलाकर सायं शाखा की ओर ध्यान देने के लिए कहते थे। अत्यंत अस्वस्थ होने पर कमरे से बाहर नहीं आते थे। पूछने पर बताया, 'आते-जाते कार्यकर्ता अपना कार्य छोड़कर मेरे पास आ जाते हैं। मैं ऐसा नहीं चाहता कि मेरे कारण संघ-कार्य में हानि हो।'

परम पूजनीय सरसंघचालकजी की कार के काफिले का एक्सीडेंट हो गया तो मुझे बुलाकर पूछा कि पूजनीय सरसंघचालकजी कार में कहाँ बैठते हैं? मैंने कहा कि पीछे की सीट पर तो उन्होंने कहा कि 'पीछे की सीट सुरक्षित होती है, इसलिए पीछे ही बैठा करें।'

मैं कुरुक्षेत्र में जिला प्रचारक था। 2002 में अ.भा. कार्यकारी मंडल की व्यवस्था के लिए सोहन सिंहजी ने जनवरी से ही मुझे पत्र लिखने प्रारंभ कर दिए। आज भी उन पत्रों की प्रतियाँ मेरे पास हैं, जिनके आधार पर किसी भी वर्ग की व्यवस्था की जा सकती है।

विजयादशमी के दिन उनका जन्म-दिवस होता है। जन्म-दिवस मनाने के लिए मना करवा दिया करते थे। इसलिए एक बार हमारी टोली विजयादशमी के उपलक्ष्य में हवन बताकर उन्हें यज्ञ-स्थल पर लाई और उनका जन्मदिन मनाया। पुराने कार्यकर्ताओं से मिलकर वे भी प्रसन्न थे। कार्यक्रम में मा. सुरेश सोनीजी और अन्य प्रमुख कार्यकर्ता उपस्थित थे। एक बार उन्होंने बुलाकर पूछा, 'आजकल कार्यालय में किस-किस कार्य

से कार्यकर्ता आते हैं?' मैंने बताया कि कुछ संगठन के काम से, कुछ कार्यालय देखने और सरकार में स्वयंसेवक होने के कारण व्यक्तिगत कार्यों से भी आते हैं। उन्होंने कहा कि 'सबका उचित समाधान होना चाहिए, यह आप लोगों का दायित्व है।'

पहले कभी भी उनके मुख से उनकी तकलीफों के बारे में नहीं सुना। परंतु गत एक वर्ष से वे कहते थे, 'अब शरीर साथ नहीं देता⋯किसी दिन अचानक चला जाऊँगा।'

—रूपेश कुमार

सह-प्रांत प्रचारक, जम्मू-कश्मीर

अभिभावक-मार्गदर्शक स्वरूप

सन् 1962 में मैंने संघ शिक्षा वर्ग द्वितीय वर्ष का प्रशिक्षण पूरा किया। उन दिनों शकूर बस्ती रेलवे क्वार्टर में रहा करता था। सन् 1963 में तृतीय वर्ष शुरू होने से 10 दिन पहले माननीय सोहन सिंहजी घर पधारे और कहा कि तृतीय वर्ष के प्रशिक्षण के लिए नागपुर जाना है। रेलवे की नौकरी से छुट्टी लेने की मुश्किल और मेरी धर्मपत्नी का प्रसव समय निकट होने के कारण मैंने नागपुर जाने में अपनी असमर्थता व्यक्त की। उन्होंने मुझे कई बार नागपुर जाने का आग्रह किया, परंतु मैं उन्हें अपनी कठिनाई बताता रहा। अंत में उनके विचारों से प्रभावित होकर दफ्तर से नागपुर जाने के लिए छुट्टी ली और पत्नी की देख-रेख के लिए अपनी बहन को बुलाकर मैं नागपुर चला गया। यह था उनका अपने स्वयंसेवक पर अधिकार।

आपातकाल के कुछ समय पश्चात् दिल्ली प्रांत के संघ-कार्यवाह रमेश प्रकाशजी ने मुझे राजनीति में लाने का विचार किया। वे मुझे शकूर बस्ती क्षेत्र से विधायक का चुनाव लड़वाना चाहते थे। मैं उन दिनों भारतीय मजदूर संघ (दिल्ली प्रदेश) का अध्यक्ष था। यह बात जब रमेश प्रकाशजी ने सोहन सिंहजी के सामने रखी तो वे थोड़ी देर तक तो चुप रहे, फिर कड़े शब्दों में रमेश प्रकाशजी से बोले, 'जो कार्यकर्ता मजदूर संघ के अध्यक्ष होकर पूरी दिल्ली प्रदेश का कार्यभार सँभाल रहे हैं, उन्हें आप शकूर बस्ती तक सीमित कर देना चाहते हैं!' रमेश प्रकाशजी ने मुझे सारी बात बताते हुए कहा, 'हम तो वहाँ से डाँट खाकर आ गए।' यह सोहन सिंहजी की दूरगामी सोच का उदाहरण है।

भारतीय मजदूर संघ की गतिविधियों पर सोहन सिंहजी का बड़ा ध्यान रहता था और इस बारे में वे विस्तार से चर्चा भी किया करते थे। ऐसी ही एक चर्चा के दौरान उनके पूछने पर मैंने उन्हें बताया कि मजदूर संघ की कार्यकारिणी में कुल 21 सदस्य हैं, जिनमें से 7 कार्यकर्ता कोर कमेटी में हैं। आगे पूछने पर मैंने बताया कि इनमें से अधिकांश अग्रवाल, ब्राह्मण, पंजाबी, सिंधी, जाट आदि समाज के कार्यकर्ता हैं। सोहन सिंहजी बोले कि 'ये सभी तो उच्च वर्ग व अगड़ी जाति से हैं। मजदूर संघ जैसे संगठन

में संतुलन बनाए रखने के लिए आपको कुछ पिछड़े एवं उपेक्षित वर्गों को भी जोड़ना चाहिए, ताकि उन व्यक्तियों को भी मजदूर संघ में प्रतिनिधित्व प्राप्त हो।' फिर सोहन सिंहजी के सभी वर्गों को जोड़ने के सोच को हमने कार्यान्वित किया।

—राजकुमार गुप्ता

पूर्व अध्यक्ष, भारतीय मजदूर संघ, दिल्ली

अंबाला जेल की वह रात

मेरे पिता श्री प्यारेलालजी गुप्ता को माननीय सोहन सिंहजी के साथ कार्य करने का अवसर मिला। अंबाला जेल में घटित एक प्रसंग पिताजी अकसर सुनाया करते थे। घटना उस समय की है, जब संघ पर प्रथम प्रतिबंध के बाद सोहन सिंहजी, पिताजी वगैरह जेल में थे। एक रात को जेल में अचानक बिजली चली गई। एक स्वयंसेवक ने अँधेरे में उपहासवश चप्पल दूसरे पर फेंक दी। दूसरे ने तीसरे और फिर चौथे, पाँचवें के ऊपर फेंकते गए। इस कार्य से नाराज होकर एक कार्यकर्ता खड़ा होकर कहने लगा, 'मुझे नहीं पता था कि संघ के लोग इस तरह का घिनौना कार्य भी करते हैं। शर्म आनी चाहिए। यदि मुझे पहले पता होता तो मैं क्यों घर-बार छोड़कर जेल आता!' जब बिजली आई तो सोहन सिंहजी ने खड़े होकर पूछा कि कौन बोल रहे थे? उन स्वयंसेवक ने कहा कि मैं बोल रहा था। सोहन सिंहजी ने समझाते हुए कहा, 'मैं मानता हूँ कि चप्पल चलाना अच्छा कार्य नहीं था; किंतु हमें धैर्य रखना चाहिए। यह हमारे धैर्य की परीक्षा थी। इस कंटकाकीर्ण मार्ग में ऐसे अनेको अवसर आ सकते हैं...आज तो अनायास यह कार्य हो गया, किंतु जान-बूझकर भी ऐसे अवसर आएँगे और हमारी परीक्षा लेंगे। हमें विचलित हुए बिना अनुशासित सिपाही के रूप में अपना आचरण प्रस्तुत करना होगा।' उनकी इस गहरी सोच ने सभी स्वयंसेवकों पर व्यापक प्रभाव छोड़ा।

—वेदप्रकाश गुप्ता

नई दिल्ली

स्वावलंबी

उन दिनों माननीय हो. वे. शेषाद्रिजी अस्वस्थ थे और दिल्ली के झंडेवाला कार्यालय में ही रहकर उनका इलाज चल रहा था। मुझे 15 दिनों तक शेषाद्रिजी की सेवा में रहने का सौभाग्य मिला। एक दिन भोजनालय से दोपहर का भोजन करके निकलने लगा तो देखा कि माननीय सोहन सिंहजी भोजन करके बाहर आ रहे हैं। मैंने उनके हाथ से थाली लेकर रसोई घर में रखने का प्रयास किया। उन्होंने तुरंत रोक दिया और मुझसे

कहा कि वह स्थान दिखाओ, जहाँ जूठे बरतन रखते हैं। मैंने वह स्थान बताया तो वहाँ अपनी थाली रख दी और फिर मुझसे पूछा कि थाली सही स्थान पर रखी है या नहीं। वे कभी अपने से जुड़े किसी काम में किसी अन्य का सहयोग लेना पसंद नहीं करते थे।

—नीरज कुमार

27/65, विश्वास नगर, शाहदरा, दिल्ली

अनुशासन और त्याग

सन् 1951 में कक्षा चार में पढ़ते समय माननीय सोहन सिंहजी के संपर्क में आया। उनकी प्रेरणा से आज तक संघ परिवार से जुड़ा हुआ हूँ। सन् 1956 की बात है। करनाल से 10 मील दूर कार्यक्रम रखा गया। हम तीन कार्यकर्ता 5 मिनट विलंब से पहुँचे। विलंब से आने के कारण हमें घर वापस भेज दिया गया। हमारे मन में आया कि अब हम शाखा में नहीं जाएँगे। उसी दिन शाम को सोहन सिंहजी घर पर पहुँच गए। उन्होंने समझाया कि समय का पालन नहीं करेंगे तो आगे नहीं बढ़ सकेंगे। हम निरुत्तर हो गए।

एक दिन सोहन सिंहजी साइकिल से नीलोखेड़ी से करनाल पहुँचे। वहाँ पता चला कि अल्पाहार की कोई व्यवस्था नहीं है। उन्होंने वहाँ पहुँचते ही खिचड़ी बनाई और स्नान के लिए चले गए। उसी दौरान एक कार्यकर्ता और आ गए। सोहन सिंहजी ने उनसे पूछा कि भोजन किया है या नहीं? यह पता चलने पर कि कार्यकर्ता ने भोजन नहीं किया हुआ है, उन्होंने यह कहते हुए वह खिचड़ी उन कार्यकर्ता को खिला दी कि आपके लिए खिचड़ी बनाई है। वे खुद भूखे रह गए। ऐसा निस्पृह व्यक्तित्व था उनका।

—यशपाल आर्य

डब्ल्यू जेड/ए 6, कृष्णापुरी, दिल्ली

भारत विकास परिषद् क्यों ?

संघ तथा संबंधित संगठनों के प्रति माननीय सोहन सिंहजी की सोच यत्र-तत्र कार्य का प्रमुख आधार बन जाती। उनका दृष्टिकोण स्पष्ट रहता और वे उसे कार्यकर्ताओं में सीधे संप्रेषित कर देते। वर्ष 2005 की बात है। मेरे पास भारत विकास परिषद् दिल्ली प्रांत दक्षिण के अध्यक्ष पद का दायित्व था। सोहन सिंहजी ने भारत विकास परिषद्, दिल्ली के सभी पदाधिकारियों की बैठक झंडेवाला कार्यालय में ली। परिचय आदि के बाद उन्होंने चर्चा प्रारंभ की। विषय था—'भारत विकास परिषद् किन लक्ष्यों को लेकर समाज में कार्य कर रहा है?' सभी उपस्थित बंधुओं ने उत्तर कुछ इस प्रकार दिए, 'उच्च पदोंवाले लोगों को जोड़ना, अपनी विचारधारावाले लोगों का क्लब की तरह संगठन

बनाना, सदस्यों को मनोरंजन के लिए तैयार करना, स्वास्थ्य जाँच शिविर लगवाना, सदस्यों को पिकनिक पर ले जाना, महिलाओं की भागीदारी सुनिश्चित करना इत्यादि।' सोहन सिंहजी ने चर्चा में कहा कि केवल बिंदुओं से संकेत करें, लंबी व्याख्या न करें। उन्होंने आगे कहा कि स्पष्ट करें कि भारत विकास परिषद् क्या चाहती है और किन सिद्धांतों पर खड़ी है? तब किसी ने कहा कि परिषद् का उद्देश्य भारतीय संस्कृति के आधार पर सदस्यों को संस्कारित कर अभावग्रस्तों के सेवा कार्यों में लगाना है। सोहन सिंहजी ने विषय को और सुधारते हुए कहा, 'हमें पाश्चात्य सभ्यता के आधार पर समाज को नहीं चलाना है। प्रबुद्ध तथा संपन्न लोगों को उनकी योग्यता, अनुभव एवं अर्थ का उपयोग करके राष्ट्र तथा समाज को सुसंस्कारित, सशक्त, स्वस्थ तथा समर्थ बनाना है।' ऐसी स्पष्ट व सटीक कल्पना थी उनकी।

—भूषणलाल पाराशर
जनकपुरी, नई दिल्ली

उनकी आत्मीयतापूर्ण महानता

माननीय सोहन सिंहजी से मेरा परिचय सन् 1960 में हुआ, जब मैंने श्रीराम कॉलेज ऑफ कॉमर्स में बी.कॉम. में प्रवेश लिया। उसके बाद परिचय निरंतर बढ़ता गया। बी.कॉम के बाद एम.कॉम. किया, फिर श्रीराम कॉलेज में ही प्राध्यापक बन गया।...वह दिन मेरे लिए आज भी अविस्मरणीय है, जब सन् 1968 में मेरा सिविल सर्विस के लिए चयन हो गया था। मैं और सोहन सिंहजी लगभग एक घंटे तक साथ बैठे। यह मेरे भविष्य के लिए अति महत्त्वपूर्ण क्षण था कि मुझे भविष्य में किधर जाना है, या तो आई.पी.एस. (पुलिस) में जाना है या फिर प्राध्यापक ही रहना है। उन्होंने सहज भाव से कहा कि दोनों ही क्षेत्र देश-सेवा के लिए महत्त्वपूर्ण हैं और मुझे अपना निर्णय स्वयं लेना चाहिए। दोनों क्षेत्रों की बारीकी से जानकारी लेकर और अपनी योग्यता एवं क्षमता को ध्यान में रखकर उन्होंने अपनी राय बिल्कुल नहीं दी। मैंने बाद में सबकुछ विचार करने के बाद आई.पी.एस. को चुना और जब उन्हें बताया तो उन्होंने बहुत प्रसन्नता प्रकट की। उन्होंने कहा कि तुमने अपना रास्ता स्वयं चुना है। और यशस्वी होने का आशीर्वाद भी दिया। जब भी मिलना होता था, वे सबसे पहले मेरी सेहत और मेरे परिवार के बारे में विस्तार से बात करते थे। बाद में पूछते थे कि मैं किस प्रकार अपने कार्यों के द्वारा देश-समाज की भलाई के लिए क्या योगदान कर पा रहा हूँ? जब मैं बताता था कि मैं क्या कुछ कर पाया हूँ तो वे बहुत प्रसन्न होते थे। उन्हें प्रसन्न देखकर मेरा उत्साह और बढ़ जाता था। यह एक जबरदस्त प्रेरणा होती थी।

—आर.एस. गुप्ता, दिल्ली

कार्यकर्ताओं के शिल्पकार

प्रचारक रहते हुए माननीय सोहन सिंहजी के साथ अनेकों बैठकों में रहने का अवसर प्राप्त हुआ। सोहन सिंहजी का आग्रह रहता था कि स्वयंसेवक के मन को पूरी तरह समझना चाहिए। वे बताते थे कि यदि चेहरा लंबा (लटका हुआ) है तो स्वयंसेवक को शाखा शारीरिक में या जो भी आपने खेल आदि करवाए, उसमें उसको आनंद नहीं आया। वे खेल उसके लायक नहीं थे। यदि स्वयंसेवक का चेहरा तिरछा है तो आपने उसके शारीरिक में आते हुए आनंद को बीच में रोक दिया, जैसे कि कबड्डी का खेल चल रहा है और स्वयंसेवक को उसमें खूब जोश व आनंद आ रहा है। वह जीत की इच्छा से जी-जान लगाकर खेल रहा है और ठीक उसी समय शिक्षक ने सीटी बजाकर खेल को समाप्त करने की घोष्णा कर दी, अर्थात् आनंद अधूरा रह गया। यदि स्वयंसेवक का चेहरा आड़ा है, मुसकराता हुआ तो स्वयंसेवक को आनंद आया और वह शाखा में नित्य प्रति आएगा और भविष्य में कार्यकर्ता बनेगा।

सोहन सिंहजी संघ शिक्षा वर्ग प्रारंभ होने से पहले शिक्षकों की बैठक लेते थे। ऐसी अनेक बैठकों में रहना हुआ। उनके विषय हमेशा गहरे होते। शिक्षक कैसा है—कमजोर, ढीला या अपने विषय की जानकारी नहीं है तो शिक्षार्थी भी वैसा ही बनेगा। शिक्षकों को कठोर शारीरिक तथा अपने विषय की पूरी जानकारी बारीकी से करवाना। पहले करके दिखाना, फिर करवाना अधिक, जिससे स्वभाव में विषय आएँ। केवल भाषण से विषय को नहीं सिखाना, बल्कि स्वयं भी कई-कई बार करके दिखाना। सोहन सिंहजी शिक्षकों को शारीरिक करके दिखाते थे, फिर बार-बार करवाते थे। ऐसे थे वे शिल्पकार।

—राजेंद्र कुमार

मीडिया प्रमुख, शिक्षा संस्कृति उत्थान न्यास

कविता बिटिया के विवाह की सोचो

वर्ष 1966-67 से मेरा कार्यक्षेत्र अखिल भारतीय साहित्य परिषद् हो जाने के कारण संघ-कार्य का कोई सीधा दायित्व नहीं होने से माननीय सोहन सिंहजी से सीधा संबंध धीरे-धीरे हटकर माननीय माधवरावजी मुक्त तथा बापूरावजी मोघे से आता था। मेरी स्वयं की गृहस्थी की जिम्मेदारियाँ भी बढ़ती जा रही थीं। ऊपर से काल की काली छाया भी इसी दौरान कुछ-न-कुछ आघात छोड़ गई। मैंने प्राचार्य पद से स्वैच्छिक सेवानिवृत्ति ले ली। बड़ी बिटिया कविता एम.एस-सी. के अंतिम वर्ष में दिल्ली विश्वविद्यालय में पढ़ रही थी और उससे दो छोटे पुत्र तथा पुत्री की शिक्षा का आर्थिक भार भी मिलाकर पर्याप्त कष्टकारी था, तो भी हम आसन्न जिम्मेदारी से अभी भी बेखबर ही थे।

उसी दौरान सन् 1989 के ग्रीष्मकाल में सायंकाल झंडेवाला कार्यालय में माननीय कौशल किशोरजी (तत्कालीन अखिल भारतीय सह-बौद्धिक प्रमुख और भारतीय साहित्य परिषद् के प्रभारी परामर्शदाता) से परिषद् के राष्ट्रीय अधिवेशन की तिथियों आदि के विषय में सलाह लेने के लिए बरामदे में पहुँचा ही था कि सोहन सिंहजी ने आवाज देकर बुला लिया। घर-परिवार की कुशलक्षेम पूछी और बोले, 'अब तो कविता बिटिया के विवाह की सोचो। कुरुक्षेत्रवाले सतीश मित्तलजी तो तुम्हारे उत्तर प्रदेश के सहारनपुर के ही मूल निवासी हैं; जानते ही होंगे उनके पुत्र के विषय में बात चलाकर देखो। कौशलजी से इस विषय में भी चर्चा करो।'

संयोग था या ईश्वरीय इच्छा। कौशलजी अगले दिन हरीनगर में इंजीनियरों के उस वर्ग में बौद्धिक देने जानेवाले थे, जिसमें डॉ. सतीशजी मित्तल (अब अखिल भारतीय इतिहास संकलन योजना के राष्ट्रीय अध्यक्ष और कुरुक्षेत्र विश्वविद्यालय के तत्कालीन इतिहास विभागाध्यक्ष) के बड़े सुपुत्र संजय मित्तल भी सहभागी थे। अगले ही दिन मैं भी कौशलजी के साथ वहाँ चला गया। समय चक्र बड़ी तीव्र गति से घूमा और कविता बिटिया का विवाह सोहन सिंहजी के आशीर्वाद से 1 जनवरी, 1989 को धूमधाम से संपन्न भी हो गया। हमें पता भी न चला, क्योंकि न कोई दान-दहेज की माँग, न लेन-देन की, न सौदेबाजी। मानो घर बैठे साक्षात् मुनि विश्वामित्र समान सोहन सिंहजी रामजी को ही जनकपुरी में ले आए।

—आनंद आदीश

दिल्ली

स्कूटर चलाकर लाए

'याद रखिए, वही चला सकता है। जो खुद चलता है। वही जला सकता है, जो खुद जल रहा है। बुझा हुआ दीपक किसी को जला नहीं सकता, खुद नहीं चलनेवाला किसी का मार्गदर्शन नहीं कर सकता।' 29 नवंबर, 1980 को अजमेर विभाग की बैठक में माननीय सोहन सिंहजी ने विशेष रूप से यह विषय रखा। सोहन सिंहजी जो कहते थे, वही उनके जीवन से परिलक्षित होता था। आपातकाल के बाद प्रथम प्रवास पर जब वे भीलवाड़ा आए तो दो दिनों तक मेरे आवास पर उन्हें ठहराने का हमें सौभाग्य प्राप्त हुआ। रात्रि में सोने से पूर्व पलंग की चादर पर एक सलवट भी होती तो उसे ठीक करके पलंग पर लेटते थे। सोने से पूर्व स्नानघर-शौचालय आदि की पूरी जानकारी ली। प्रातः 4 बजे के पूर्व उठकर, स्नान आदि कार्यों से निवृत्त होकर पत्र-लेखन पर बैठ जाते। सभी कार्य इस प्रकार करते कि कोई आवाज नहीं हो। घर के शेष व्यक्तियों को उनके कारण जरा भी अलग वातावरण महसूस नहीं हो। वे एक बार भीलवाड़ा से मांडल

कार्यक्रम में स्कूटर पर बैठकर गए। कार्यक्रम के पश्चात् रात्रि में हम स्कूटर से वापस भीलवाड़ा के लिए रवाना हो गए। थोड़ी सी दूर चलने पर उन्होंने कहा, 'सर्दी है। रात्रि का समय है। मात्र शर्ट पहन रखी है!' मैंने कहा कि गरम कपड़े पहनना मेरे स्वभाव में नहीं है। बोले, 'रोको, मुझे भी स्कूटर चलाना आता है। तुमको सर्दी लग जाएगी। बीमार हो जाओगे। बहुत काम करना है।' वे खुद स्कूटर चलाकर लाए। कार्यकर्ता की इतनी चिंता रहती थी उनको।

—रवींद्र कुमार मानसिंहका
भीलवाड़ा

भाव-विभोर हो गए बुलाकीदासजी

माननीय सोहन सिंहजी से बहुत निकटता का परिचय रहा। उनकी प्रत्येक बैठक में कुछ समय कार्यकर्ता की सँभाल के लिए रहता था। कार्यकर्ताओं की सँभाल के अनेक उदाहरण हैं। एक उदाहरण पुराने कर्मठ कार्यकर्ता बुलाकीदासजी का है। सन् 1962-63 की बात है। उनकी बेटी की शादी तय हुई थी। जैसे ही सोहन सिंहजी को जानकारी मिली, उन्होंने यथाशीघ्र बुलाकीदासजी को झंडेवाला कार्यालय बुलाकर बेटी के विवाह से संबंधित सभी तैयारियों की विस्तार से जानकारी ली। इसके बाद उन्हें आश्वस्त करते हुए कहा कि संगठन से जो भी सहयोग आप ठीक समझते हों, वह निस्संकोच बताएँ। बुलाकीदासजी यह सुनकर भाव-विभोर हो गए और जीवनपर्यंत उनको हमेशा याद रखते रहे, अंत तक सक्रिय कार्यकर्ता बने रहे।

—रामचंद्र
भजनपुरा

मेरे पथ-प्रदर्शक

माननीय सोहन सिंहजी का प्रेरक व्यक्तित्व, प्यार इतना कि कभी निराशा नहीं आई और डाँट इतनी कि आँसू निकल आएँ। 55 वर्षों से निरंतर संघ-स्थान से संपर्क बने रहने और दायित्ववान कार्यकर्ता के नाते कार्यरत रहने की जिद भी संभवतया इसी कारण बनी हुई है। दिल्ली प्रदेश के बौद्धिक प्रमुख के दायित्व ने मुझे सोहन सिंहजी के निकट लाने का कार्य किया। प्रत्येक मास बौद्धिक माला और 15 घंटों का कार्यकर्ताओं का नियमित प्रशिक्षण, प्रत्येक विभाग की बौद्धिक पुस्तिका, प्रत्येक उत्सव से पूर्व बौद्धिक प्रशिक्षण, यह विद्या प्राप्त हुई। स्वदेशी जागरण मंच के प्रांत संयोजक के दायित्व संबंधी मार्गदर्शन मिलता रहा।

सोहन सिंहजी का नाम सुनते ही स्मरण आता है एक दृढ अनुशासित व्यक्तित्व।

थोड़ी सी भी चूक होने पर कड़ाई, अचूक व्यवस्थाएँ, सूक्ष्मतम बिंदुओं पर ध्यान, कार्यक्रम पूर्ण होने के बाद असीम स्नेह। कार्यकर्ताओं की बैठक में बात करते-करते गुस्सा प्रकट करते हुए कहना, 'हमारा कार्यकर्ता 2-2 घंटे रोजाना टी.वी. देखता है। शाखा पर देरी से जाना और विकिर होते ही सीधे घर आना। स्वयंसेवकों से कोई व्यक्तिगत व पारिवारिक संबंध नहीं, संपर्क नहीं। अस्वस्थता की सूचना मिलने पर भी फोन से काम चलाना हमारे कार्यकर्ता का स्वभाव बन रहा है। हम प्रतिज्ञित स्वयंसेवक हैं; परंतु लकीर पर चलना और कोई नया प्रयोग नहीं करना आदत बन गई है। भूल गए कि टोली खड़ी होती है संपर्क व संबंध से, आत्मीयतापूर्ण व्यवहार से, न कि बौद्धिक देने और बैठकें लेने से।' इस तरह वे हमेशा प्रेरणा के स्रोत बने रहे।

—गोविंद राम अग्रवाल

संयोजक, स्वदेशी जागरण मंच, दिल्ली प्रांत

आत्मीयता, स्नेह एवं समरसता

दिसंबर 1972 में माननीय सोहन सिंहजी का मुकुंदगढ़ झुंझुनूँ में प्रवास था। कार्यवाह होने के नाते मेरी विशेष सक्रियता थी। स्वयंसेवकों की बैठक व शेष के प्रस्थान के बाद उन्होंने मुझे अपने पास बैठाया और मेरे परिवार के बारे में चर्चा की तथा माता-पिता, भाई-बहनों की कुशलक्षेम पूछने के बाद आगे बढ़ने के लिए मार्गदर्शन दिया। तत्पश्चात् भोजन का टिफिन खोला, जिसमें पतासी जैसी पतली पाँच चपातियाँ, दाल एवं सब्जी थी। मुझे भी भोजन करने के लिए कहा। मेरे घर जाकर भोजन करने की बात कहने पर उन्होंने मुझे आग्रह करके अपने पास बैठाया और कहा कि 'सुबह से बैठक की व्यवस्था में लगे हुए हो और थके हुए हो। अतः मेरे साथ ही भोजन कर लो।' मैंने असहजता से मना करने की कोशिश की; लेकिन उन्होंने मुझे बड़ी आत्मीयता के साथ उसी टिफिन में भोजन करवाया, अर्थात् बारी-बारी से चपाती को एक ही पात्र की दाल में डुबोकर हमने ढाई-ढाई चपाती का भोजन किया। उस दिन लगा कि सोहन सिंहजी के अंतर्मन में वात्सल्य, आत्मीयता व स्नेह रस का महासागर था। उनके इस सद्व्यवहार से मुझे नई दिशा मिली और मैं उनके मार्गदर्शन के अनुसार आगे बढ़ता गया।

इस घटना ने मुझे बिना कुछ समझाए बहुत कुछ समझा दिया। उनके इस पिता-तुल्य व्यवहार, स्नेह, प्रेम व वात्सल्य की छाप आज भी मेरे हृदय-पटल पर विद्यमान है।

आपातकाल के दौरान सीकर के प्रचारक अशोकजी कंबोज एवं जिला प्रचारक महेशजी शर्मा को गिरफ्तार कर लिया गया। उस दौरान झुँझुनूँ के प्रचारक कैलाशजी ने अपना नाम बदलकर 'महावीर' रख लिया एवं सीकर चले गए तथा डॉ. दुर्गाजी माहेश्वरी अपना नाम 'दीनदयाल' रखकर झुँझुनूँ आ गए। सत्याग्रह की तैयारियों के लिए सोहन

सिंहजी का मुकुंदगढ़ प्रवास तय हुआ तथा बस स्टैंड से मेरा घर नजदीक एवं सुरक्षित होने के कारण जिला प्रचारक दुर्गाजी ने तय किया कि जिला बैठक मेरे निवास पर ही होगी। मैंने यथाशक्ति बैठक की तैयारी की और रात्रि में सोहन सिंहजी पधारे। उस समय जाने-ले जाने के लिए वाहन की व्यवस्था भी नहीं थी और किसी को कानोंकान खबर भी नहीं हो, इस दृष्टि से मेरा निवास ही बैठक के लिए अच्छा विकल्प था, क्योंकि विरोधियों एवं पुलिस का भी डर था; लेकिन बैठक सफलतापूर्वक सफल रही। उस दौरान सोहन सिंहजी ने सत्याग्रह के बारे में विशेष जानकारी दी। 14 नवंबर,1975 को सत्याग्रह करना था, गिरफ्तारियाँ देनी थीं। अत: सभी को प्रोत्साहित किया और उस समय मुकुंदगढ़ से ही 10 सत्याग्रहियों ने गिरफ्तारी दी तथा झुँझुनूँ जिले से करीब 100 स्वयंसेवकों ने गिरफ्तारियाँ दीं। मैंने भी 18 दिसंबर, 1975 को सत्याग्रह किया एवं जेल गया। इस दौरान नारायणसिंहजी शेखावत, जसवंतसिंहजी शेखावत सहित वरिष्ठ कार्यकर्ताओं की मुख्य भूमिका रही।

वर्ष 1980 से नवंबर 1982 तक मैं भारतीय रिजर्व बैंक, जयपुर में नियुक्त रहा। इस अवधि में सोहन सिंहजी से लगातार मार्गदर्शन मिला। दिसंबर 1982 में मेरी राजस्थान पुलिस सेवा में नियुक्ति हुई। नियुक्ति से पहले मैं सोहन सिंहजी से मिलने भारती भवन, जयपुर गया। तब उन्होंने मुझे इस नए क्षेत्र में आनेवाली परेशानियों से अवगत करवाया तथा ईमानदारी एवं सतर्कता से सेवा करने की हिदायत दी और यह भी बताया कि पुलिस सेवा में रहते हुए अप्रत्यक्ष रूप से संघ-कार्य करना है और कभी भी एक्सपोज नहीं होना है, अन्यथा पुलिस सेवा में कई परेशानियाँ आएँगी। साथ ही उन्होंने तत्कालीन आई.जी. श्री एम.एल. कालिया साहब से भी मिलने की सलाह दी और उनसे मार्गदर्शन लेते रहने को कहा। सन् 1993 में भरतपुर अति. पुलिस अधीक्षक इंटेलीजेंस में पोस्टिंग के दौरान सोहन सिंहजी का भरतपुर प्रवास था। उस समय मैंने कहा कि अनुषंगिक संगठनों के माध्यम से कार्य करने की मेरी इच्छा है; लेकिन उन्होंने तुरंत मना करते हुए कहा कि एक्सपोज नहीं होना है।

—कन्हैयालाल बेरवाल

सेवानिवृत्त भारतीय पुलिस सेवा अधिकारी

अहर्निश कर्मयोगी

घटना वर्ष 1967 की है। गाँव कंझावला, दिल्ली में संघ का शरद शिविर लगा था। सामान्यत: उस समय शिविर 20 दिसंबर से 10 जनवरी के मध्य में 3 दिन और 3 रातों के हुआ करते थे। दिल्ली में रिकॉर्ड तोड़ सर्दी पड़ रही थी। पानी के पाइपों में पानी बर्फ का रूप ले चुका था। शिविर में रात्रि को स्वयंसेवकों के पहुँचने के बाद एकत्रीकरण

हुआ। सूचनाओं के साथ जानकारी दी गई कि अत्यधिक कुहारा व सर्दी पड़ने के कारण कल प्रातः जागरण प्रातः 5 बजे के स्थान पर 7 बजे रहेगा। खेतों में प्रातः निवृत्त होने के लिए जाते समय कुछ नहीं दिख रहा था। मैं स्वयं (बाल स्वयंसेवक) कुछ तरुण बंधुओं के साथ हँसी-ठिठोली करते हुए जा रहा था। देखा कि कई जगह पर थोड़ी-थोड़ी दूरी पर आग जल रही है। पास जाने पर देखा कि माननीय सोहन सिंहजी कुछ वरिष्ठ अधिकारियों के साथ व्यवस्था में लगे हुए थे कि पानी के पाइपों का पानी पिघल जाए, जिससे कि दैनिक कार्यों के लिए पानी मिल जाए। सोहन सिंहजी की कर्मठता, लगन एवं काम के प्रति चिंता का यह एक बड़ा उदाहरण है।

दूसरी घटना सन् 1971 की है। संघ शिक्षा वर्ग के बाद नई घोषणाओं के लिए झंडेवाला कार्यालय में दिल्ली संभाग का एकत्रीकरण था। कार्यक्रम के निमित्त वेश होता था—सफेद कमीज, खाकी नेकर, बेल्ट। सीटी बज चुकी थी, इसलिए मैं भी जल्दी-जल्दी बाकी बंधुओं के साथ सीढ़ियाँ चढ़ रहा था। ऊपरवाली सीढ़ी के बाद सोहन सिंहजी खड़े थे। सीढ़ियाँ चढ़नेवालों में मेरे साथ तत्कालीन दिल्ली के मुख्य कार्यकारी पार्षद (मुख्यमंत्री के समानांतर) प्रो. विजय कुमार मल्होत्राजी भी चढ़ रहे थे। मल्होत्राजी थोड़ा रुके और रुककर वापस सीढ़ियाँ उतर गए। तुरंत मैं कुछ समझ नहीं पाया। ऊपर चढ़ते ही सोहन सिंहजी पर नजर पड़ी तो उनकी आँखों में ताड़ने का भाव था, चेहरा सख्त था, क्योंकि मल्होत्राजी ने पैंट-कमीज पहनी हुई थी। कार्यक्रम की समाप्ति के बाद मल्होत्राजी दिख गए। उस समय वे सफेद कमीज-खाकी नेकर, साथ में संघ की बेल्ट—नियमित वेशभूषा में थे। यह डर या भय नहीं था, सम्मान व श्रद्धा का अपार भाव था, जिसकी शब्दों में व्याख्या करना कठिन है।

—धर्मवीर शर्मा जाबालिक

महामंत्री, लोकतंत्र सेनानी संघ, दिल्ली

पिता-तुल्य मार्गदर्शक

सन् 1970 में मैंने बी.ए.बी.एड. उत्तीर्ण की थी। मेरे कुछ साथियों ने दिल्ली में अध्यापन कार्य व अध्ययन आरंभ कर दिया था। मैं भी उनका अनुसरण करना चाहता था। माननीय सोहन सिंहजी उन दिनों दिल्ली झंडेवाला में थे। मेरे बड़े भाई ने कहा कि इस कार्य में सोहन सिंहजी मेरी मदद करेंगे। उनके पास चले जाना। उनसे मेरा परिचय दे देना। वे यथोचित सहायता व मार्गदर्शन करेंगे। अगले दिन मैं अपने भाई के कथनानुसार सोहन सिंहजी के पास चला गया। उनसे मैंने अपना प्रयोजन बताया और अपने बड़े भाई का परिचय दिया। फिर मैंने अपने दो प्रोफेसरों का परिचय दिया। एक प्रो. पी.सी. जैन, कुरुक्षेत्र वि.वि., प्रो. वाइस चांसलर एवं अर्थशास्त्र के विभागाध्यक्ष का, दूसरे प्रो. वार्ष्णेयजी,

जो वैश्य कॉलेज, रोहतक में पढ़ाते थे और अलीगढ़ विश्वविद्यालय के विद्यार्थी थे।

सोहन सिंहजी ने कहा, 'आपके परिचय के लिए ठीक है; लेकिन कोई सिफारिश की आवश्यकता नहीं है। बड़े भाई का परिचय पर्याप्त है। इससे स्पष्ट है कि आप स्वयंसेवक परिवार से हैं। स्वयंसेवकों की मदद करना हमारा मुख्य कर्तव्य है। आपके जीवन का प्रारंभकाल है। इस समय आपको मदद की आवश्यकता है।' उन्होंने मुझे 'रामजस फाउंडेशन' का एक कार्ड दिया और बताया कि 'इस संस्थान के दिल्ली में 8-10 विद्यालय और एक महाविद्यालय चल रहा है। इसमें स्कूल अध्यापकों की कई रिक्तियाँ हैं। आपका चयन हो जाएगा। आगे मैं देख लूँगा, आपको कोई कठिनाई नहीं होगी। बेहिचक साक्षात्कार दे आओ।'

मैं अगले दिन 'रामजस फाउंडेशन' का साक्षात्कार दे आया तथा मेरा चयन हो गया। सोहन सिंहजी पिता-तुल्य हितैषी, मार्गदर्शक व स्नेहकर्ता थे। उनको आज याद करता हूँ तो हृदय द्रवित हो जाता है।

—रामनिवास बंसल

रिटायर्ड प्रवक्ता, चरखी दादरी, भिवानी (हरियाणा)

सबकी चिंता

जयपुर में कॉमर्स कॉलेज का विद्यार्थी था और विश्वविद्यालय के छात्रावास में रहा करता था। उस समय प.पू. सरसंघचालकजी पधारे थे। अधिकारी आवास में रात्रि को प्रबंधक के रूप में जिम्मेदारी का निर्वहण कर रहा था। रात्रि को लगभग ढाई-तीन बजे के मध्य किसी समय बैठे-बैठे ही झपकी आ गई। अचानक एक झटके से आँख खुली तो देखा, सामने माननीय सोहन सिंहजी खड़े थे। मन में एकदम डर लगा कि अब तो डाँट पड़ेगी। जिम्मेदारी निर्वहन में कमी तो हो ही गई थी, परंतु एक सुखद एहसास आश्चर्य के साथ हुआ, जब सोहन सिंहजी ने कहा, 'अरे, तुम कितनी देर से यहाँ हो। दूसरे प्रबंधक नहीं आए क्या? चलो, तुम जाकर विश्राम करो। मैं अभी दूसरे प्रबंधक को भेजता हूँ।' मन में एकदम आदर की भावना और भी बढ़ गई। इतने श्रेष्ठ व्यक्ति कि सामनेवाले की कमी को भी कमी नहीं मानकर स्थिति को किस प्रकार बदलकर एक छोटे कार्यकर्ता को शर्मिंदा नहीं होने देते थे।

—सुरेंद्र सिंहल

कोटा, राजस्थान

विरोध में शांतचित्तता

14 दिसंबर, 1986 को मेरे गाँव छान तहसील खंडार, जिला सवाई माधोपुर में

तहसील सम्मेलन था। मैं उस समय जिला शारीरिक प्रमुख था। मैं ही उन्हें मोटर साइकिल से अपने गाँव लेकर आया। माननीय सोहन सिंहजी घर पर ही ठहरे थे। तहसील का संचलन कार्यक्रम था, जो पास के गाँव जेलपुर से छान ग्राम में से होकर संघ-स्थान पर पहुँचना था। बाद में सोहन सिंहजी का मार्गदर्शन मिलनेवाला था, लेकिन संचलन जैसे ही मुसलिम बस्ती में होकर निकल रहा था, तब मसजिद के पास आते ही पत्थरबाजी हो गई। संचलन बिखर गया। गाँव में आगजनी हो गई। मुसलिमों ने बंदूक भी चलाई, जिससे गणेश नामक स्वयंसेवक की मृत्यु हो गई। कार्यक्रम निरस्त करना पड़ा। कर्फ्यू लगा दिया गया। दंगे की संभावना देखकर काफी पुलिस बल तथा मजिस्ट्रेट वहाँ लगे हुए थे। ऐसी परिस्थिति में सोहन सिंहजी ने सभी कार्यकर्ताओं को सँभाला तथा जिस प्रकार से मार्गदर्शन देकर सभी स्वयंसेवकों को अपने-अपने गाँव जाने का आदेश दिया, वह दिन भी आज तक याद है कि अपनी सूझ-बूझ से सारी परिस्थिति को ठीक प्रकार से सँभालकर उन्होंने हमें उचित मार्गदर्शन दिया।

—गोपाल गर्ग

कोटा, राजस्थान

तीक्ष्ण दृष्टि

माननीय सोहन सिंहजी प्रांत प्रचारक रहने के दौरान एक बार मुख्य शिक्षक-कार्यवाहों की बैठक ले रहे थे। उसी दौरान सभी का परिचय शुरू हुआ। एक कार्यकर्ता परिचय के लिए खड़े हुए। उनके दक्ष की स्थिति ठीक नहीं थी तो उन्होंने उनसे कहा, 'अपने हाथ थोड़े पीछे करो।' पर हाथ थोड़े ही पीछे किए। उन्होंने दुबारा कहा—थोड़ा और पीछे करो। पर हाथ थोड़े ही पीछे किए तो उन्होंने फिर कहा—थोड़ा और पीछे तथा फिर अपने हाथ शरीर से चिपकाने को कहा। कार्यकर्ता को दक्ष और आराम की सही स्थिति समझाते हुए कहा कि दक्ष व आराम में केवल हाथों की स्थिति का ही अंतर होता है, किंतु सारा शरीर दक्ष जैसा ही चुस्त रहता है। स्वस्थः में ही शरीर थोड़ा ढीला होता है। इस प्रकार छोटी-से-छोटी बात पर भी उनकी तीक्ष्ण दृष्टि रहती थी।

—केदार लाल गुप्ता

कोषाध्यक्ष, विश्व हिंदू परिषद्, कोटा

ईश्वर के प्रति विश्वास

सन् 1981 में किशनगढ़ में कॉलेज विद्यार्थियों का संघ शिक्षा वर्ग लगनेवाला था। अजमेर विभाग के विभाग प्रचारक श्री धर्मनारायणजी माननीय श्री सोहन सिंहजी के सान्निध्य में वर्ग की व्यवस्था में जुटे थे। हम पूरे दिन भीषण गरमी में गड्ढे खोदने,

मैदान में झाड़ू लगाने, आवास व्यवस्था इत्यादि कार्यों में लगे रहते थे। जिस महल में वर्ग लगनेवाला था, उसमें एक कुआँ था, जो पूरी तरह से सूखा हुआ था। एक बूँद पानी भी उस कुएँ में नहीं था। वर्ग के स्वयंसेवकों के लिए उसी कुएँ से पीने के पानी, नहाने-धोने की व्यवस्था होनी थी। सोहन सिंहजी को ईश्वर पर अटूट विश्वास था। उन्हें लगता था कि बरसात के जल से कुआँ भर जाएगा और उसका उपयोग हो जाएगा। वर्ग 23 जून, 1981 से प्रारंभ होनेवाला था। 22 जून को ऐसी भीषण वर्षा हुई कि परिसर का कुआँ लबालब भर गया। उसी कुएँ से वर्ग की संपूर्ण जल व्यवस्था संपन्न हो सकी।

—ओमप्रकाश शर्मा

बूँदी, राजस्थान

वरिष्ठ अधिकारी के प्रति आत्मसम्मान

माननीय रज्जू भैयाजी का कोटा में प्रवास था। रज्जू भैयाजी अपने आवास में प्रातः दाढ़ी बना रहे थे और माननीय सोहन सिंहजी से चर्चा भी कर रहे थे। मैं अधिकारी आवास का प्रबंधक था। दाढ़ी बनाने के बाद आवास प्रबंधक ने दाढ़ी के सामानों को धोकर रख दिया। सोहन सिंहजी ने अपने कंधे के गमछे से रेजर, ब्लेड व ब्रश को पोंछकर यथास्थान रख दिया। मैंने सोचा, इन्होंने प्रबंधक से क्यों नहीं कहा? उन्होंने स्वाभाविक रूप से अपने अधिकारी के प्रति आत्मीय व सम्मान प्रकट किया, जिसे मैं आज तक नहीं भूला।

—खुशपाल सिंह चौहान

कोटा, राजस्थान

अस्ताचलगामी सूर्य में मध्याह्न का तेज

2010-12 में 'श्रीगुरुजी समग्र' के शब्दार्थ एवं संदर्भ विवरणिका तथा श्रीगुरुजी की सूक्तियों के संग्रह 'श्रीगुरुजी उवाच' के प्रकाशन के संदर्भ में माननीय भैयाजी जोशी, मदनदासजी देवी और रंगा हरिजी से चर्चा करने कई बार केशव कुंज, झंडेवाला, दिल्ली जाना हुआ। माननीय सोहन सिंहजी अशक्त थे। भूतल के अपने कक्ष में रहते थे। उनसे मिलने मैं जाया करता था। जीवन के संध्याकाल में भी उस अस्ताचलगामी सूर्य में मध्याह्न का-सा तेज देखा। आधि, व्याधि, उपाधि से मुक्त वे एक योगी की जाग्रत् समाधि अवस्था में थे। इंद्रियाँ व शरीर शिथिल हो रहा था, पर अंतःकरण (मन, बुद्धि, स्वत्व बोध) चैतन्यपूर्ण व जाग्रत् था। प्रथम बार मेरे आने का उद्देश्य जानकर उन्होंने अत्यंत प्रसन्नता व्यक्त की और प्रोत्साहित किया। फिर जब-जब भी उनसे मिलता तो वे

इस कार्य की प्रगति के बारे में स्वत: ही पूछते थे। स्मरण-शक्ति, चेतना, मन की एकाग्रता, चित्तवृत्तियों की शांतता रखकर ध्यानावस्था में कोई न्यूनता नहीं थी। तत्त्व की साधना में सोहन सिंहजी स्वयं तत्त्व बन गए थे।

—दामोदर शांडिल्य
कोटा, राजस्थान

सिंह सी दहाड़

वर्ष 1981-82 में कोटा महानगर के पाटन पोल मंडल का सायं कार्यवाह था तथा मंडल में 7 सायं शाखा चलती थीं। माननीय सोहन सिंहजी के प्रवास के दौरान साबरमती सायं शाखा पर मंडल का एकत्रीकरण रखा था। शाखा समाप्ति के उपरांत भी सभी शाखाओं के कार्यकर्ताओं को अभ्यास के लिए रोका था। उस दिन सोहन सिंहजी ने अभ्यास के दौरान सूर्य नमस्कार करवाए तथा बारीकी से सब पर ध्यान रखा; किंतु क्रमांक 2 की स्थिति पर उनकी निगाह टिकी। उन्होंने उस स्थिति को कई बार बनवाया। काफी कुछ ठीक थी, किंतु उन्हें संतुष्टि नहीं हुई। तब उन्होंने स्वयं वह स्थिति बनाकर दिखाई। हमें ध्यान आया कि हम जो गलती कर रहे हैं, वह सुधर गई। आश्चर्य इस बात का हुआ कि उनकी उम्र उस समय 60 वर्ष के आस-पास थी तो भी सूर्य नमस्कार की उनकी स्थितियाँ एक कम उम्र के बालक के समान थीं, जो आश्चर्यजनक थीं। उनकी आवाज में सिंह की दहाड़ जैसी आज्ञाएँ सुनने को मिलीं। उनका आग्रह रहता था कि 300 संख्या तक अपनी आवाज को बुलंद रखना चाहिए तथा ध्वनि-विस्तारक का उपयोग नहीं करना चाहिए।

—महेंद्र कुमार जैन
प्रांत शारीरिक शिक्षण प्रमुख, चित्तौड़ प्रांत

कार्यकर्ता की चिंता

सन् 1987 में सवाई माधोपुर जिले की खंडार तहसील के छान ग्राम में विशाल हिंदू सम्मेलन आयोजित हुआ। उसे माननीय सोहन सिंहजी संबोधित करनेवाले थे। स्वयंसेवकों के शांतिपूर्ण विशाल संचलन पर एक मसजिद के सामने से पत्थरों की वर्षा हो गई। कई स्वयंसेवक हताहत हो गए तथा जनता में भी भारी रोष व्याप्त हो गया। जनता ने स्वत:स्फूर्त इस घटना के खिलाफ रोष व्यक्त करने के लिए संघ के समर्थन में जुलूस निकाला। भरतपुर विभाग का कार्यवाह होने के नाते मैं जुलूस में आगे-आगे था। अतिरिक्त पुलिस अधीक्षक के नेतृत्व में भारी पुलिस बल आया और पुलिस ने जुलूस

रोकने की कोशिश की। स्थिति गोली चलाने तक आ गई और अतिरिक्त पुलिस अधीक्षक ने मुझे जुलूस के आगे से हट जाने को कहा। उनके बच्चे मेरे विद्यालय में पढ़ते थे। मैं हटा नहीं और गोली चलाने को कहा। आखिर शांतिपूर्ण विरोध-स्वरूप जुलूस निकाला गया। अतिरिक्त पुलिस अधीक्षक ने मेरे विद्यालय संचालक मंडल से इसकी शिकायत कर दी कि मैंने पुलिस का सामना किया। स्थिति मुझे नौकरी से निकालने तक की बन गई। सोहन सिंहजी को पता लगा तो उन्होंने इसे संघ और पुलिस का प्रश्न बनाकर तथा मेरी सुरक्षा की दृष्टि से माननीय भैरोंसिंहजी शेखावत के माध्यम से मामले को सुलझाया और मुझे वहाँ से स्थानांतरण करवाने का परामर्श दिया। यह थी माननीय सोहन सिंहजी की कार्यकर्ता के प्रति चिंता।

—गोकुल चंद गोयल
सवाई माधोपुर, राजस्थान

शॉल ओढ़ा गए

सन् 1992 में सांगानेर (जयपुर) में शिक्षक वर्ग था। मैं वहाँ रात्रि को सो रहा था। पता नहीं कब माननीय सोहन सिंहजी उधर आए और मुझे अपनी शॉल ओढ़ाकर चले गए। प्रात: जब मैं उठा तो मुझे समझ में नहीं आ रहा था कि कौन यह शॉल ओढ़ाकर गया है। संघ-स्थान से वापस आते समय मुझे सोहन सिंहजी ने कहा, 'बच्चू, ओढ़ने का सामान लेकर क्यों नहीं आए? लेकर आना चाहिए।' तब मुझे समझ में आया कि शॉल सोहन सिंहजी ओढ़ाकर गए थे।

—राधेश्याम नागर
सह ग्राम विकास प्रमुख, कोटा विभाग

डॉक्टर को दी हिदायत

एक संघ शिक्षा वर्ग में मैं बौद्धिक प्रमुख था। वर्ग में एक दिन माननीय सोहन सिंहजी का प्रवास था। सायंकाल संघ-स्थान पर शिक्षकों और प्रबंधकों के बीच कबड्डी थी। मैं भी उसमें प्रबंधक दल में था। मुझे उच्च रक्तचाप था। खेलने से वह बहुत अधिक बढ़ गया तथा मुझे चिकित्सा कक्ष में रहना पड़ा। सोहन सिंहजी को इसकी सूचना मिलते ही मिलने पहुँचे और बोले, 'पंडितजी, आपको नहीं खेलना चाहिए। अब जब तक स्वास्थ्य ठीक नहीं हो जाए, यहीं रहना। याद रखना।' साथ ही डॉक्टर साहब को हिदायत देकर गए कि पूर्णतया स्वस्थ नहीं होने तक नहीं भेजें।

जब सोहन सिंहजी का केंद्र दिल्ली था, मैं अपने निजी काम से दिल्ली गया था।

उनसे मिलने के लिए संघ कार्यालय गया। वे देखते ही बोले, 'पंडितजी, कैसे हो? दवा ले रहे हो या नहीं?' मैंने कहा, 'मैं नियमित लेता हूँ।' वे बोले, 'सारा विवरण मुझे लिखकर दे दो। मैं इस विषय में हर्षवर्धनजी (तत्कालीन स्वास्थ्य मंत्री, दिल्ली) से बात करूँगा। आप अपना पता भी लिख देना। मैं पत्र द्वारा आपको सारी जानकारी दे दूँगा।' सप्ताह भर बाद उनका पत्र आया, जिसमें मेरी समस्या से संबंधित सारी जानकारी दी थी। ऐसे वे कार्यकर्ता की चिंता करनेवाले थे।

—राधेश्याम शर्मा

विद्या भारतीय क्षेत्रीय कार्यकारिणी सदस्य, कोटा

जब आँसू पोंछे

माननीय सोहन सिंहजी राजस्थान के प्रांत प्रचारक थे और मेरे पास बूँदी जिला का सह जिला कार्यवाह के नाते दायित्व था। सोहन सिंहजी जयपुर से कोटा प्रवास पर जा रहे थे तो बूँदी बस स्टैंड पर प्रमुख कार्यकर्ताओं को उनसे भेंट करने हेतु मुझे भी निर्देश मिला। उन दिनों मेरे मन में कुछ घटनाओं के कारण निराशा छाई हुई थी और मेरी निराशा की खबर सोहन सिंहजी तक पहुँच गई थी। ज्यों ही मैंने उन्हें देखकर प्रणाम किया तो उनके और मेरे बीच जो वरिष्ठ कार्यकर्ता खड़े हुए थे, उन्हें छोड़कर वे मेरे पास आए और अपना दाहिना हाथ मेरे कंधे पर रखते हुए और लगभग उनके साथ मुझे आगे बढ़ाते हुए उन कार्यकर्ताओं से दूर ले गए तथा एकांत पाकर बोले, 'मुझे आपकी सारी स्थिति का पता है; लेकिन आप और हम संघ के कार्यकर्ता हैं और यह संघ डॉ. हेडगेवारजी का चिड़ियाघर है, जहाँ कई तरह के प्राणी हैं और ये प्राणी अपने-अपने स्वभाव से लाचार हैं। आपको उनसे कभी प्रभावित नहीं होना है और यदि कभी निराशा का भाव बढ़ ही जाए तो तुरंत और निस्संकोच मुझे सूचित कर दिया करें।'

यह सुनकर मैं मुँह से तो कुछ न बोल सका, अलबत्ता मेरी निराशा जाने कहाँ गुम हो गई और मेरी आँखों से आँसू टपक गए। सोहन सिंहजी ने अपने हाथों से मेरे दोनों गालों पर आई हुई आँसुओं की बूँदों को पोंछा और अपने ममत्व भरे हाथों से चपत लगाते हुए पुन: कहा, 'अरे भोले, इतनी सी बात पर?' जाते-जाते मुझसे इतना और कह गए, 'अभी तो मैं चलता हूँ, आप अपना काम करते रहें।' ऐसे थे हमारे पितृ-तुल्य सोहन सिंहजी।

—रघुनंदन शर्मा एडवोकेट

बूँदी, राजस्थान

स्वदेशी के प्रति प्रगाढ़ निष्ठा

प्रांत प्रचारक के रूप में माननीय सोहन सिंहजी दीगोद तहसील प्रवास पर पधारे। उस समय मुझे साथ रहने का मौका मिला। श्री ब्रह्मानंदजी शर्मा के मकान पर आवास था। प्रात: स्नान के समय लक्स साबुन रखा था। उन्होंने देखते ही कहा कि 'यह साबुन ले जाओ। इसकी बचत का पैसा विदेश जाता है। मैं इसका उपयोग नहीं करता और तुम्हें भी नहीं करना चाहिए।' कपड़े धोने के बाद मैं सुखाने लगा। तब कहा, 'मैं अपना काम स्वयं करता हूँ।' कपड़े स्वयं धोकर सुखाए। अपना काम स्वयं करने की उत्कृष्ट प्रेरणा उनके जीवन से मिलती है।

—रामेश्वर यागी
सुल्तानपुर, राजस्थान

जब मुझे हृदयाघात हुआ

मैं राज्य सेवा में आयुर्वेद चिकित्सक के नाते ग्राम देवली माँझी तहसील सांगोद में नियुक्त था। तहसील कार्यवाह का दायित्व मेरे पास था। शायद वर्ष 1985 का अप्रैल माह था। हमारी तहसील बैठक आँवा (देवली) से 16 किलोमीटर दूर थी। माननीय सोहन सिंहजी का संपूर्ण राजस्थान का प्रवास चल रहा था। मेरे बैठक में नहीं पहुँचने से उन्हें पता लगा कि मैं हृदयाघात से पीड़ित होकर घर पर विश्राम कर रहा हूँ। बैठक के तुरंत बाद विभाग प्रचारक माननीय नरेंद्रजी मेघ घर पर पधारे। मेरे स्वास्थ्य की जानकारी ली। मेरे इलाज से उनको संतुष्टि नहीं हुई। वे मुझे अपने साथ कोटा ले गए। कोटा पहुँचकर मेरे बड़े भैया को मेरे बारे में बताया और किसी अच्छे डॉक्टर को दिखाने का आग्रह किया। अगले दिन सायंकाल पुन: घर कोटा आकर सारी जानकारी ली और मुझे विश्राम करने की हिदायत दी।

कुछ समय बाद माननीय सुदर्शनजी का प्रवास कोटा में था। उनके साथ एक अच्छे डॉक्टर रहते थे। प्रात: संघ-स्थान पर सोहन सिंहजी से मिलना हुआ तो तुरंत मेरे स्वास्थ्य की जानकारी ली। मैंने कहा कि मैं पूर्णत: ठीक हूँ। फिर भी उन्होंने मुझे इलाज की मेरी सारी पत्रावली लेकर शाम को कार्यालय पर बुलवाया। शाम को माननीय सुदर्शनजी के डॉक्टर साहब से मेरा परिचय करवाया और मेरा परीक्षण करके उचित सलाह देने का आग्रह किया। उन डॉक्टर साहब के कारण अब मुझे किसी भी दवा की आवश्यकता नहीं है; जबकि हृदय रोगी को जीवन भर दवा लेनी पड़ती है।

—भारत भूषण बागला
कोटा, राजस्थान

सिखाना नहीं, गढ़ना है

अजमेर महानगर में बैठक लेते समय माननीय सोहन सिंहजी ने एक प्रश्न किया कि कार्यकर्ता कैसा बनाना चाहिए? एक उत्साहित कार्यकर्ता ने उठकर तुरंत उत्तर दिया, अपने जैसा। तो सोहन सिंहजी ने कहा कि सिर्फ यह सोचना पर्याप्त नहीं है। हम में कोई कमी भी हो सकती है। कार्यकर्ता को सिखाना नहीं है, अपितु गढ़ना है। इस बात को स्पष्ट करते हुए उन्होंने कुम्हार की कहानी सुनाई। कुम्हार पहले कल्पना करता है, क्या बनाना है, फिर मिट्टी को तैयार करते समय पैर और हाथ से रौंदता है, निर्माण करता है। उस समय उसे ठोंक-पीटकर सीधा करता है, तत्पश्चात् आग में पकाता है, तब उसका निर्माण पूरा होता है।

ऐसे ही कार्यकर्ता को किस क्षेत्र में भेजना है, उसकी कल्पना करें, फिर उसे रौंदें (परखें)। इधर-उधर जाए तो टोकें और आग में पकाएँ, यानी कार्य की जिम्मेदारी देकर उसे कुंदन बनाएँ।

—उमाशंकर शर्मा

धर्म जागरण संयोजक, अजमेर विभाग

प्रश्न ही नहीं

विद्या भारती, जोधपुर प्रांत का अध्यक्ष-व्यवस्थापक सम्मेलन था। माननीय सोहन सिंहजी उस समय संघ की अखिल भारतीय कार्यकारिणी के सदस्य थे। उन्हें इस कार्यक्रम में आने का निवेदन किया गया तो उन्होंने सहर्ष स्वीकृति दे दी। प्रतिवर्ष होनेवाला यह प्रांतीय सम्मेलन उस वर्ष बालोतरा में था। सम्मेलन के कार्यक्रमों की योजना बनी। विद्या भारती के अ.भा. संगठन मंत्री श्री लज्जारामजी तोमर का उद्घाटन सत्र में उद्बोधन तथा समापन में सोहन सिंहजी का मार्गदर्शन तय हो गया। सम्मेलन प्रारंभ होने की पूर्व रात्रि में ही सोहन सिंहजी माजीवाला (बालोतरा) पहुँच गए। प्रमुख कार्यकर्ताओं के ध्यान में आया कि उद्घाटन सत्र में उद्बोधन तो लज्जारामजी का है। ऐसे में अगर सोहन सिंहजी ने मंच पर बैठने से मना कर दिया तो क्या होगा? सबने विचारपूर्वक यह हल निकाला कि सोहन सिंहजी को प्रात: बालोतरा नगर की प्रभात शाखा में ले जाया जाए। शाखा के पश्चात् नगर के प्रमुख चार-पाँच कार्यकर्ताओं के घर संपर्क हेतु ले जाएँ। तब तक इधर उद्घाटन सत्र संपन्न हो जाएगा।

योजनानुसार सोहन सिंहजी प्रात: शाखा चले गए और कार्यकर्ता निश्चिंत होकर उद्घाटन सत्र की तैयारी में जुट गए। उद्घाटन ठीक 9 बजे प्रारंभ होनेवाला था। सभी तैयारियाँ हो चुकी थीं। प्रमुख कार्यकर्ता पंडाल के बाहर मुख्य अतिथि के आगमन की प्रतीक्षा कर रहे थे। जिस समय मुख्य अतिथि आए, लगभग उसी समय सोहन सिंहजी

भी आ गए। समय पर कार्यक्रम प्रारंभ करने की दृष्टि से मुख्य अतिथि लज्जारामजी और प्रांतीय अध्यक्ष जीवनलालजी को सीधे पंडाल में ले गए। दीप प्रज्वलन के पश्चात् सभी अधिकारी मंच पर जाने लगे तो मैंने विद्यालय के प्रधानाचार्य पूनमजी सुथार को बताया कि सोहन सिंहजी आ गए हैं। उन्हें भी मंच पर आने के लिए निवेदन करिए। पूनमजी ही संचालन कर रहे थे। उन्होंने माइक से सोहन सिंहजी को भी मंच पर पधारने का निवेदन किया; परंतु सोहन सिंहजी तो कहीं दिखाई नहीं दिए। इतने में वंदना प्रारंभ हो गई। हमने आगे की सभी कुरसियों पर नजर दौड़ाई, परंतु हमें सोहन सिंहजी कहीं पर भी नजर नहीं आए। जब मैं पीछे गया और एक-एक पंक्ति पर नजर डालने लगा, तब एक पंक्ति के अंत में सोहन सिंहजी एक योगी की भाँति योगस्थ हो वंदना करते दिखाई दिए। मैं उनके पास गया। कुछ देर तक खड़ा रहा, फिर उनके पास ही बैठ गया। परंतु वे तो आँखें बंद किए, हाथ जोड़े वंदना में तल्लीन थे। मैं वंदना पूरी होने की प्रतीक्षा करने लगा।

ज्यों ही वंदना पूरी हुई, मैंने तत्काल उनसे निवेदन के स्वर में कहा, 'भाईसाहब, मंच पर पधारें।'

उन्होंने अपनी धीर-गंभीर वाणी में बस इतना ही कहा, 'प्रश्न ही नहीं!' मैं आगे कुछ भी कहने की स्थिति में नहीं था। चुपचाप उठा और लौट आया। वे पूरे सत्र में अन्य सदस्यों के समान श्रोता बने वहीं बैठे रहे।

कार्यक्रम समाप्ति के बाद जब नगर कार्यवाह से पूछा कि भाईसाहब को जल्दी ले आए, संपर्क में नहीं ले गए? तब उन्होंने बताया कि शाखा विकिर के पश्चात् हमने उन्हें कार्यकर्ताओं के घर चलने का निवेदन किया तो वे तपाक से बोले, 'भले आदमी हो! मैं यहाँ संघ के प्रवास पर नहीं, विद्या भारती के सम्मेलन में आया हूँ। उद्घाटन सत्र 9 बजे प्रारंभ होगा न! चलो, जल्दी चलो, कहीं देरी न हो जाए।' इतना कहकर वे तो चल पड़े।

मैं संघ शिक्षा वर्ग में मुख्य शिक्षक था। संघ शिक्षा वर्ग में सायंकाल पूर्ण गणवेश में जाना होता था, परंतु प्रातःकाल शाखा वेश में नंगे पाँव रहना होता था। अन्य शिक्षकों की भाँति मैंने भी पी.टी. शू मँगवाए और प्रातः संघस्थान पर पी.टी. शू पहनकर जाने लगा।

माननीय सोहन सिंहजी वर्ग में पधारे। प्रातः संघ-स्थान पर एकात्मता स्तोत, ध्वजारोहण एवं प्रार्थना होने के बाद जब सभी गण अपने-अपने निर्धारित स्थानों पर चले गए, तब उन्होंने मुझसे गण रचना, शिक्षकों की पर्याप्तता, उनके शारीरिक अभ्यास आदि बातों की जानकारी ली। फिर मेरे कंधे पर हाथ रखकर कहने लगे, 'जूते तो अच्छे हैं, नए लगते हैं। कब खरीदे?' मैंने कहा, 'हाँ, यहाँ वर्ग में ही मँगवाए हैं।' पूछा, 'क्यों? प्रतिदिन जूते नहीं पहनते!' मैंने कहा, 'रोज तो मैं चप्पल ही पहनता हूँ।' तब बोले, 'फिर जूते खरीदने की क्या आवश्यकता थी? और देखो, गणवेश के अतिरिक्त

संघ-स्थान पर सदैव नंगे पैर ही रहना चाहिए। अगर संघ-स्थान पर नंगे पैर नहीं रहोगे तो तुम्हारे ये पग तल पकेंगे कैसे! फिर तुम तो आदर्श विद्या मंदिर में हो, भैया-बहनों को भारत भक्ति का पाठ भी पढ़ाते हो। तुम्हें स्वयं को भारत माता की इस पवित्र रज का स्पर्श नहीं मिला, प्रत्यक्ष अनुभूति नहीं हुई तो आगे क्या सिखाओगे?' मैं तो यह सुन अवाक् ही रह गया। मुझे तो कल्पना ही नहीं थी कि संघ-स्थान पर नंगे पैर रहने के पीछे इतना बड़ा मर्म छिपा हुआ है। उसी दिन से मैंने संघ-स्थान पर नंगे पैर रहकर ही सभी कार्यक्रम करने का निश्चय किया, जिसका मुझे आगे जाकर बहुत लाभ हुआ।

—वासुदेव प्रजापति
जोधपुर

सतत सँभाल

कार्यकर्ता की सतत सँभाल और संपूर्ण योगक्षेम की व्यवस्था माननीय सोहन सिंहजी की विशेषताओं में से एक थी। पिताजी से सोहन सिंहजी का पुराना परिचय था। पिताजी भी कुछ समय प्रचारक रहे थे। सन् 1983-84 की घटना है। परिवार की आवश्यकता देखते हुए पिताजी ने घर बनाना प्रारंभ किया था। लगभग आधा कार्य संपन्न हो गया था। इसी बीच सोहन सिंहजी का जोधपुर प्रवास हुआ। महानगर प्रचारकजी ने भोजन घर पर तय किया। सोहन सिंहजी आए और निर्माण देखने की इच्छा व्यक्त की। निर्माण देखते समय पिताजी से संपूर्ण जानकारी ले ली। अंत में बोले कि जितना बनाना है और जैसा बनाना है, पूरा करना। कुछ भी बाकी मत छोड़ना। बाकी चिंता मत करना।

जोधपुर से जाते समय प्रमुख अधिकारियों को जिम्मेदारी देकर गए कि अभयरामजी का गृह निर्माण कार्य नहीं रुकना चाहिए। लगातार जानकारी भी लेते रहे।

—प्रवीण कुमार
रातानाड़ा, जोधपुर

खूँटी कहाँ है?

परम पूजनीय सरसंघचालकजी एवं अ.भा. अधिकारियों की आवास प्रबंध व्यवस्था का दायित्व था। सभी व्यवस्थाएँ अच्छी, सुविधा-युक्त, साफ-सुथरी करके हम कार्यकर्ता बहुत खुश थे कि आज माननीय सोहन सिंहजी कोई कमी नहीं निकाल सकेंगे; परंतु जब उन्होंने संपूर्ण व्यवस्थाओं का निरीक्षण करते हुए सरसंघचालकजी के कमरे को देखते ही कहा, 'व्यवस्थाएँ बहुत अच्छी हैं, लेकिन दोपहर में विश्राम के समय कुरता टाँगने की खूँटी कहाँ है? बिना खूँटी के रखने पर कुरता दुबारा पहनने लायक नहीं रहता।

प्रतिदिन धोना एवं प्रेस करना संभव नहीं है।' खूँटियाँ लगी पट्टिका लगाई गईं। तब सोहन सिंहजी ने 'अब बहुत अच्छा हो गया' कहकर हमारा उत्साहवर्धन किया।

—हरिसिंह गहलोत
खेमे का कुआँ, जोधपुर प्रांत

बहुमुखी प्रतिभा के धनी

नगर संघचालक, सुरुचि प्रतिष्ठान के ट्रस्टी और दिल्ली विश्वविद्यालय में शिक्षक संगठन (एन.डी.टी.एफ.) के अध्यक्ष पद जैसे दायित्वों का निर्वहण करते हुए मुझे माननीय सोहन सिंहजी के सान्निध्य का लाभ अनेक बार मिला। मैं इस बात से अचंभित था कि राष्ट्रीय स्वयंसेवक संघ का कोई प्रचारक कितना भी वरिष्ठ क्यों न हो, दिल्ली विश्वविद्यालय के समारोहिक और वैचारिक स्वरूप की ऐसी स्पष्ट जानकारी कैसे रख सकता है! सुरुचि प्रकाशन की बैठकों में सोहन सिंहजी केवल प्रकाशन की बारीकियों, पुस्तकों की मूल्य संरचना और उनकी विषय-वस्तु पर ही चर्चा किया करते थे। उनके साथ बैठक के बाद ऐसा लगता था मानो किसी ने झकझोर दिया हो। मैं सोहन सिंहजी की बैठकों से बहुत डरता था और साथ ही उन बैठकों का मुझे चाव भी था। डरता इसलिए था, चूँकि 'सावधानी हटी, दुर्घटना घटी'। उन्हें हर प्रश्न का साफ-सटीक उत्तर पसंद था। कुछ भी कहने से पहले बहुत सोचना पड़ता था।

—बी.बी. तायल
विकासपुरी, नई दिल्ली

व्यवस्थाओं का बारीकी से मूल्यांकन

जयपुर के कानोता शिविर में माननीय सोहन सिंहजी के मार्गदर्शन में लगभग ढाई महीने कार्य करने और प्रबंधन वैशिष्ट्य को सीखने का स्वर्णिम अवसर मिला। प्रदेश स्तरीय इस शिविर में मेरे साथ भँवरलालजी शर्मा, रामकिशोरजी पारीक एवं रामेश्वरजी मूर्तिकार सहित कई प्रमुख कार्यकर्ताओं का सहयोग रहा। हम सभी ने आपस में मिल-जुलकर इस शिविर को सोहन सिंहजी के मार्गदर्शन में संपन्न किया। सोहन सिंहजी ने व्यवस्थाओं की दृष्टि से पारीकजी को भोजन-व्यवस्था, मूर्तिकारजी को व्यूह-रचना एवं रेखांकन तथा मुझे और मेरे सहयोगियों को विद्युत्, जल, आवास एवं स्वच्छता का दायित्व सौंपा। उन्होंने नक्शे आदि के माध्यम से कार्य करने की योजना बताई तथा एक विद्युत् पोल व एक बल्ब से पाँच-सात आवासों में प्रकाश कैसे होगा, इसकी विधि भी बताई। यह कार्य करके हम सभी आश्चर्यचकित थे, यानी उनकी दूरदृष्टि एवं कार्यशैली का कोई जवाब नहीं था।

सोहन सिंहजी के आदेशानुसार मैंने शिविर स्थल के लिए हीरावाला घराने के राजा गोपाल सिंहजी से संपर्क किया और सोहन सिंहजी से मिलवाया। राजा साहब उनसे प्रथम भेंट में ही भाव विभोर हो गए और लगभग डेढ़ किलोमीटर लंबी-चौड़ी जगह शिविर के लिए सहर्ष काम में लेने के लिए दे दी। लगभग 3,500 शिविरार्थियों के लिए संपूर्ण व्यवस्थाओं यथा शारीरिक, बौद्धिक, आवास, जल, खेल, चिकित्सा, संघ की शाखा आदि की संपूर्ण कार्य-योजना सोहन सिंहजी ने बनाकर चुटकियों में पूरी करवा ली; जबकि हमें बाद में समझ में आया। उनकी प्रबंधन शैली देखकर मेरे जीवन में भी काफी परिवर्तन आया और मैंने अपने जीवन की सफलताओं में हमेशा सोहन सिंहजी का प्रतिरूप देखा। यही मेरी अगली पीढ़ी में परिवर्तन हो रहा है। किसी भी कार्यक्रम की व्यवस्थाओं के साथ-साथ सभी प्रकार के बिंदुओं पर बारीकी से मूल्यांकन करने के सोहन सिंहजी के स्वभाव से प्रत्येक कार्यक्रम में 100 प्रतिशत सफलता मिली। कानोता शिविर के दौरान उनका स्वास्थ्य कमजोर होने पर मैंने आराम करने को कहा तो उल्टा मुझे ही कहने लगे, 'राष्ट्रीय कार्य ईश्वरीय कार्य होता है। इसमें आराम कैसा! भले आदमी, हमें तो निरंतर कार्य करते रहना है।' शिविर के बाद मेरे घर आकर उन्होंने मेरी धर्मपत्नी को आदेश दिया कि 'धामाणीजी ने ढाई-तीन महीने अथक प्रयास किया है, अत: इनको सप्ताह-दस दिन आराम करवाना है।' अर्थात् दूसरों की चिंता ज्यादा करके उनको प्रोत्साहित करना भी उनका प्रमुख गुण था ।

—सत्यनारायण धामाणी

वरिष्ठ पार्षद, जयपुर

विषय के गंभीर अध्येता

माननीय सोहन सिंहजी जिस दौरान राजस्थान प्रांत प्रचारक थे, उस दौरान बँगलादेशी बड़ी संख्या में भारत में घुसपैठ कर रहे थे। दिल्ली-मुंबई सहित अनेक क्षेत्रों और पाकिस्तान के साथ भारत की सीमाओं पर उनकी अनेक बस्तियाँ बन गई थीं। राजस्थान भी पाकिस्तान की सीमा से लगा हुआ है। सामरिक दृष्टि से इससे उत्पन्न खतरे को सोहन सिंहजी ने समझा। उन्होंने पंजाब में पंचनद शोध संस्थान के सामने यह विषय प्रस्तुत किया। इस संस्थान की ओर से दिल्ली में श्रद्धानंद कॉलेज के प्राध्यापक बजरंग लालजी गुप्ता, वर्तमान में उत्तर क्षेत्र के संघचालक और पत्रकार के रूप में मुझे मिलाकर एक टीम गठित की गई, जिसने राजस्थान के सीमावर्ती क्षेत्रों का सर्वेक्षण कर एक विस्तृत रिपोर्ट प्रस्तुत की। इस रिपोर्ट से देश और समाज के सामने उपस्थित संकट उजागर हुआ। इससे सोहन सिंहजी की राष्ट्रीय महत्त्व के विषयों पर तीक्ष्ण दृष्टि का परिचय मिलता है।

सोहन सिंहजी अत्यंत मितव्ययी थे। राजस्थान में अत्यंत गरमी के बावजूद जब वे अकेले रह जाते थे, पंखा बंद कर देते थे। वे स्वयंसेवकों को भी कम खर्च पर जीवन निर्वाह करने के लिए प्रेरित करते थे। मुझे याद है कि सन् 1992 में मैं दिल्ली संघ कार्यालय अपनी कार में गया था। वह कार मैंने कुछ दिन पूर्व ही खरीदी थी। सोहन सिंहजी ने आने का कारण पूछा। मैंने बताया कि दिल्ली प्रांत के संपर्क विभाग की बैठक में आया हूँ। उनके टोकने का कारण था कि यदि कार की सुविधा मेरे पास उपलब्ध है तो मुझे अपने अकेले आने की जगह अपने साथ अन्य लोगों को भी लेकर आना चाहिए था। लेकिन उस बैठक में तो दिल्ली के अलग-अलग क्षेत्रों के पाँच-सात कार्यकर्ताओं को ही आना था। इसके बावजूद मैंने उनकी इस सीख का सदा स्मरण रखा। केवल संघ की बैठकों में आते-जाते ही नहीं, अन्यथा भी कार में अन्य लोगों को साथ ले लिया करता था।

अयोध्या में सन् 1992 में बाबरी ढाँचा गिरा। उसके बाद राम जन्मभूमि स्थल पर राम मंदिर की स्थापना भी कर दी गई। देश में जबरदस्त वैचारिक संघर्ष था। कश्मीर में मंदिरों को तोड़े जाने और वहाँ से हिंदुओं के पलायन का विषय भी उठा तो ख्यातनाम पत्रकार बी.जी. वर्गीज के नेतृत्व में एक टीम ने कश्मीर घाटी का दौरा करके रिपोर्ट दी कि केवल दो-चार मंदिर ही ध्वस्त या भस्म हुए हैं और वे लकड़ी के बने हुए थे। मुसलमानों ने उन्हें नहीं तोड़ा, बल्कि वे आतंकवादियों और केंद्रीय सुरक्षा बलों के बीच गोलीबारी के दौरान आग लगने से जले और विध्वंसित हुए हैं। सोहन सिंहजी ने इस विषय को गंभीरता से लिया। उनकी प्रेरणा से मैंने और मेरे साथ अन्य पत्रकारों ने केंद्र सरकार से विवरण माँगा। इस प्रकार सरकार की ओर से वहाँ ध्वस्त मंदिरों की सिलसिलेवार सूची हमें प्राप्त हुई। मैंने इसे एक प्रमुख समाचार-पत्र में छपवाया। सोहन सिंहजी ने हमारी खूब पीठ थपथपाई।

—हेमंत कुमार बिश्नोई
नई दिल्ली

व्यवस्था का अंग बनिए

श्रीराम कॉलेज ऑफ कॉमर्स में पढ़ाई के दौरान माननीय सोहन सिंहजी से संपर्क हुआ। सन् 1969 में विद्यार्थी परिषद् कार्यालय में ही रहता था। सी.ए. की पढ़ाई कार्यालय से करते थे। एक बार रात को 11 बजे सोहन सिंहजी का फोन आया। उन्होंने कहा, 'नींद आ रही है! नहीं तो कार्यालय आओ।' मैं कार्यालय गया। उन्होंने पूर्णकालिक निकलने को कहा। 2 वर्ष पूर्णकालिक रहा। उनका जीवन इतना प्रेरणादायी था कि उन्हें किसी भी कार्य के लिए मना नहीं कर सकते थे।

1960 के दशक की बात है। डॉ. देवेंद्रजी अखिल भारतीय विद्यार्थी परिषद् के अध्यक्ष थे। दिल्ली विश्वविद्यालय में छात्रसंघ के चुनाव होने थे। अन्य दलों के संगठन भी चुनाव लड़ते थे। विद्यार्थी परिषद् को भी चुनाव में भाग लेना चाहिए, इसके संबंध में चर्चा शुरू हुई। विषय सोहन सिंहजी के पास पहुँचा। तब उन्होंने कहा कि जो व्यवस्था है, हमें उसका अंग बनना चाहिए और लोग चुनाव लड़ते हैं तो विद्यार्थी परिषद् को भी चुनाव लड़ना चाहिए। तब विद्यार्थी परिषद् ने पहली बार चुनाव लड़ा और उस समय से दिल्ली विद्यार्थी परिषद् के चुनाव लड़ने की प्रक्रिया की शुरुआत हुई। उस समय तक वामपंथियों का दिल्ली विश्वविद्यालय छात्रसंघ पर कब्जा था।

—रमेश चाँदीवाला
नई दिल्ली

गुरुदक्षिणा और मितव्ययिता

वर्ष 2000 में सेवाधाम में संघ शिक्षा वर्ग लगा। उस वर्ग में 60 हजार रुपए का घाटा हुआ। तीन विभाग थे—यमुना विहार, पूर्वी विभाग और शाहदरा। सोचा गया कि घाटा कैसे पूरा हो, इसलिए प्रत्येक विभाग को जिम्मेदारी के अनुसार राशि बाँट दी गई। यमुना विहार को 10 हजार, पूर्वी विभाग को 25 हजार और शाहदरा विभाग को भी 25 हजार रुपए एकत्र करने की जिम्मेदारी दी गई। इसी संदर्भ में एक विभाग कार्यवाह जा रहे थे। जब माननीय सोहन सिंहजी को पता चला तो उन्होंने उनको रोका और राशि एकत्र करने से मना कर दिया। उन्होंने कहा कि गुरुदक्षिणा किसलिए होती है, वहाँ से करो। उस समय मैं सह प्रांत कार्यवाह था। उसी साल की बात है। मंडल कार्यवाहों का एकत्रीकरण रखा गया। अल्पाहार पर ज्यादा खर्च हो गया। तब सोहन सिंहजी ने टोका, 'हमें संघ के काम को और महँगा नहीं बनाना है। अगर महँगा बना दिया तो कौन करेगा?'

—अनिल गुप्ता
दिल्ली

स्वयंसेवकों के लिए चिंतित

माननीय सोहन सिंहजी का हृदय संघ के स्वयंसेवकों, कार्यकर्ताओं और प्रचारकों के लिए कितना चिंतित रहता था, इसका एक प्रत्यक्ष उदाहरण है। मेरा छोटा भाई गोपाल वर्षों तक प्रचारक रहा। जब लौटा तो उसे रोजी-रोटी की चिंता हुई। हमारे जीजाजी ने अपने मित्र को कुछ प्रबंध करने को कहा। मित्र की हौजखास मेन मार्केट में बेकरी की

दुकान थी। उन्होंने मिलकर दूध और घी का धंधा शुरू कर लिया। धंधा चल पड़ा, परंतु गोपाल इससे संतुष्ट नहीं था। वह आदर्शवादी था। उसे दूध-घी के धंधे में मिलावट कतई पसंद नहीं थी। इसके बिना उस धंधे में आय नहीं होती थी। गोपाल ने अलग से घी का काम शुरू किया तो भी उसमें शुद्धता और ईमानदारी के बावजूद लाभ नहीं हुआ। गोपाल असमंजस की स्थिति में था। आखिर काम छोड़कर कहाँ जाए और क्या करे? इस सोच में बड़े खिन्न मन से उसने कुछ दिन ईश्वर का स्मरण करते हुए बिताए।

एक दिन गोपाल ने दुकान खोली ही थी कि सोहन सिंहजी अपने कार्यकर्ता का हाल-चाल पूछने के अभिप्राय से वहाँ आ गए। उनके साथ प्रवास पर एक व्यवसायी कार्यकर्ता भी थे। जब गोपाल ने अपनी सारी व्यथा सुनाई तो वे विचारमग्न हो गए। वे अपने कार्यकर्ता को दुविधा से उबारने तथा भ्रष्टाचार के दलदल से बाहर निकालने का उपाय सोचने लगे। कुछ सोचकर उन्होंने अधिकार भरी वाणी में व्यवसायी कार्यकर्ता से कहा, 'देखो, तुम्हारे दो बेटे हैं। आज से यह गोपाल तुम्हारा तीसरा बेटा है। जैसे तुमने उन दोनों के व्यापार को ठीक से चलाने में योगदान दिया है, उसी प्रकार इसकी भी चिंता तुम्हें करनी है। कैसे करनी है, यह तुम जानो। मुझे परिणाम चाहिए। जिस व्यक्ति ने जीवन के अमूल्य वर्षों को संस्था के प्रति अर्पित किया है, उसके भविष्य को सुनिश्चित करना हमारा नैतिक दायित्व है। यह कार्य मैं तुम्हें सौंपता हूँ।'

वे व्यवसायी समर्पित कार्यकर्ता थे। उन्होंने प्रामाणिकता से अपना कर्तव्य निभाया। उनका डिफेंस कॉलोनी में अपना एक 'उपहार केंद्र' था। उन्होंने अपने प्रभाव का प्रयोग कर सरोजिनी नगर की बाबू मार्केट में अच्छी सी दुकान गोपाल को किराए पर दिलवाई और उसमें उपहार केंद्र चलवा दिया। उसकी दुकान में वह माल भरवाया, जो वे अपनी दुकान में रखते थे। गोपाल ने पूरी ईमानदारी से 'गोपाल उपहार भंडार' को संचालित किया और वह व्यवसाय सफल रहा।

—डॉ. ओम प्रकाश पहूजा
सेवानिवृत्त एसोसिएट प्रोफेसर (भौतिकी),
पश्चिम विहार, नई दिल्ली

दाह-संस्कार करवाया

माननीय सोहन सिंहजी की प्रेरणा से मैं प्रचारक निकला। वे हमारे विभाग प्रचारक थे। सन् 1964 में मेरे छोटे भाई का निधन हो गया। हमें दाह-संस्कार करना नहीं आता था। श्मशान पर उन्होंने स्वयं लकड़ियाँ लगाईं और दाह-संस्कार करवाया। उस समय मेरी उम्र सिर्फ 16 वर्ष थी। सन् 1962 में वे अंबाला से दिल्ली बैठक में आते थे। वे वहाँ से आते तो हमें बुलाते थे। वे इतना ध्यान रखते थे।

सन् 1968 में यमुनापार में एक भी प्रचारक नहीं था। इसमें तीन मंडल कांति नगर, विज्ञान नगर, शाहदरा थे। बोले—तुम्हें साधना ज्यादा करनी पड़ेगी। संघ शिक्षा वर्ग में सबसे पहले उठते। आधा घंटे दातुन करते। खाना चबा-चबाकर खाते थे।

—योगध्यान आहूजा
दिल्ली

जो श्रीगुरुजी ने कहा

एक बार की घटना है। सोहन सिंहजी अस्वस्थ थे। मैं उनसे मिलने झंडेवाला गया। मैं उनके कमरे में गया। श्री राजकुमार भाटिया और मैं उनके स्वास्थ्य के विषय में बातचीत कर रहे थे। तभी सोहन सिंहजी श्रीगुरुजी के बारे में एक संस्मरण सुनाने लगे कि जब मैं जयपुर में था तो श्रीगुरुजी के आगमन पर उनसे मिलने गया। उन्होंने पूछा कि सोहन सिंह, क्या हाल हैं? मैंने कहा कि ठीक हैं। यह सुनकर गुरुजी कुछ देर तक मेरी आँखों में आँखें मिलाकर घूरकर देखते रहे तथा बोले, 'चिंता मत करो, तुम शीघ्र स्वस्थ हो जाओगे।' हुआ भी वही, जो श्रीगुरुजी ने कहा था। मुझे जिन विषयों का विस्मरण होने लगा था, वह ठीक हो गया। देखने में भी आया कि आखिरी समय तक सोहन सिंहजी विस्मरण के दायरे से दूर रहे।

कर्मयोगी सोहन सिंहजी

कर्मयोगी माननीय सोहन सिंहजी को एक-एक क्षण तपस्वी की भाँति देखना अविस्मरणीय अनुभव है। वे अविचल साधक थे और ध्येय पथ के पथिक थे। उनके विचार हमेशा संतुलित होते और वे जैसा कहते थे, वैसा उनके आचरण में महसूस किया जा सकता था। मेरा सौभाग्य रहा कि सन् 1966 से मैंने उनको देखा। ऐसा व्यक्तित्व, जिन्होंने अपने आपको संघमय बना लिया। स्वभाव के कड़क, व्यवस्थाप्रिय, परंतु कार्यकर्ता के लिए सदैव आत्मीय। मैंने उनके जितने भी बौद्धिक सुने, उन सब में एक विशेषता होती थी। वह सदैव परम पूज्य डॉक्टर साहब की दृष्टि क्या थी, गुरुजी ने बया किया, यही उनका सार रहता था। ऐसे कर्मयोगी को कोटि-कोटि वंदन।

—श्रीनिवास
राष्ट्रीय सह-संगठन मंत्री, अखिल भारतीय विद्यार्थी परिषद्

समर्पित जीवन

माननीय सोहन सिंहजी से मेरा संबंध वर्ष 1950-1952 में हुआ। मैं उन दिनों अपने मामा श्री प्यारेलालजी के यहाँ समालखा मंडी, हरियाणा में काम सीखने की दृष्टि

से रहता था। मैंने अपने मामाजी की प्रेरणा से सेवा पथ का अनुसरण करके अमृत्व मार्ग पर चलने का प्रथम अनुभव प्राप्त किया। उन दिनों जो मेरी प्रेरणा बने, उनमें एक प्रमुख नाम सोहन सिंहजी का है। उस समय सोहन सिंहजी एवं रमेश प्रकाशजी पानीपत और करनाल क्षेत्र में संघ का कार्य देखते थे। मामा प्यारेलालजी के पास भी संघ का दायित्व था। सोहन सिंहजी के समालखा प्रवास के दौरान अकसर दोपहर का भोजन मामाजी के निवास पर होता था और उन्हें भोजन करवाने की जिम्मेदारी मुझ परहोती थी। मैं बाल्यकाल से स्वयंसेवक हूँ। मामाजी ने गर्व के साथ सोहन सिंहजी को यह जानकारी दी कि यह युवा माँगेराम पड़ोस के बच्चों को एकत्रित कर समालखा रेलवे स्टेशन पर रेलगाड़ी आने पर यात्रियों की सेवा कार्य के साथ पानी पिलाने का कार्य करता है। इसके बाद मुझे वे बहुत स्नेह करने लग गए। मुझे भी उनके प्रेरक शब्द सेवा के पथ पर चलने के लिए अग्रणी बने। ऐसे महापुरुषों की प्रेरणा से मैं वर्धा, महाराष्ट्र में श्रद्धेय संत विनोबा भावेजी के स्वावलंबन आंदोलन से जुड़ा। सेवा में यदि सच्चाई है तो वह मनुष्य और समाज दोनों के लिए जीवन का सर्वोच्च मंत्र ही नहीं, संजीवनी शक्ति भी है।

आपातकाल के दौरान उनके साथ और नजदीक से कार्य करने का अवसर प्राप्त हुआ। उस समय से स्वयंसेवक एवं कार्यकर्ता जेल में थे या भूमिगत होकर कार्य कर रहे थे। संगठन ने मुझे ऐसे लोगों के परिवारों की सर्वांगीण चिंता करने का दायित्व दिया था। उस समय उनका मार्गदर्शन प्रभावी रूप से मिला। कश्मीरी विस्थापितों को सभी सुविधाएँ उपलब्ध करवाने में भी मुझे उनका पूर्ण सहयोग एवं मार्गदर्शन मिला। जब मेरे पास प्रदेश भाजपा के कोषाध्यक्ष, महामंत्री व अध्यक्ष का दायित्व था, उस समय जटिल समस्याओं के निदान में उनका मार्गदर्शन मिला। मैं झंडेवाला गुरुवार की शाखा का स्वयंसेवक था। शाखा विकिर के पश्चात् राजनीतिक, सामाजिक, धार्मिक और प्रशासनिक समस्याओं के विषय पर उनसे निरंतर चर्चा करता था। वे सदैव कहा करते थे कि संगठन के किसी इकाई के प्रमुख का दायित्व है कि उत्पन्न समस्याओं का वे निदान करके सूचना संबंधित व्यक्ति को दें। उनमें समाज के विभिन्न क्षेत्रों में कार्यरत कार्यकर्ताओं के बीच समन्वय बैठाने की जबरदस्त प्रतिभा थी। उनका जीवन एकाग्रता और निष्ठा से परिपूर्ण समाज और राष्ट्र के कल्याण, उन्नति और विकास के लिए समर्पित रहा।

—माँगेराम गर्ग

पूर्व अध्यक्ष, भाजपा, दिल्ली

उन्होंने मन को छुआ

1964 में मैं पटियाला इंजीनियरिंग कॉलेज में पढ़ रहा था। उसी दौरान माननीय सोहन सिंहजी से मिलने गया तो उन्होंने तुरंत पूछा, ''अब बाल शाखा की बजाय छात्रावास

शाखा चला रहे हो। वहाँ भी क्या शिवाजी, रानी झाँसी जैसे महापुरुषों की कहानियाँ सुनाते हैं या कुछ और बात करते हैं?'' दरअसल, उनके इस सवाल या कथन में बहुत बड़ा संकेत छिपा हुआ था कि हॉस्टल में बाल स्वयंसेवक नहीं हैं, बड़े हैं; इसलिए उन जैसी बातें करनी चाहिए। उनके मनोविज्ञान के अनुसार उन्हें हैंडिल करने की जरूरत है। जब मैं प्रचारक जीवन से लौटा तो मिलते ही उन्होंने बड़ी आत्मीयता से बात की। पूछा, ''क्यों लौटे; और अब करना क्या है?'' मैंने भी पूरी ईमानदारी से बताया कि गृहस्थ जीवन में आना है। पी-एच.डी. कर टेक्नीकल लाइन में आना है। मैंने जब बताया कि मैं विदेश जाना चाहता था, लेकिन जब इस विषय पर बातचीत की तो मना कर दिया गया और कहा कि मुझे यहीं संघ कार्य में ही लगे रहना चाहिए। तब उन्होंने कहा, ''आपके विदेश जाने से क्या यहाँ संघ का काम बंद हो जाता?'' उनका मतलब था कि जाना चाहिए था। यह सोच थी उनकी। मैं दिल्ली के ही एक कॉलेज में सुबह की क्लास लेने लगा। सात बजे सुबह साइकिल से निकल जाता था। वहाँ से पटेल चौक जाता था, एक ऑफिस में; फिर शाम की शाखा भी जाता था। एक दिन मैं सोहन सिंहजी से इस संबंध में बात करने गया और कहा कि मैं इंजीनियरिंग में एम.टेक. करना चाहता था। तो उन्होंने कहा कि आपके पास टाइम कहाँ बचता है? उस दिन भी उन्होंने विदेश जाने का समर्थन किया और इशारा किया कि लौटकर और भी अच्छा काम कर सकते थे। उनकी दृष्टि इतनी साफ थी इसलिए उनसे बात करने में कोई झिझक भी नहीं होती थी। हर स्वयंसेवक उनसे गहराई से जुड़ा रहता था।

—संतोष तनेजा

दिल्ली

संपूर्णता के पर्याय

मैं 1961 में पी.जी.डी.ए.वी. कॉलेज में प्रथम वर्ष का छात्र था। दिल्ली प्रांत की सायं शाखाओं के प्रचारक श्री देवराजजी ने झंडेवाला में मेरा परिचय माननीय सोहन सिंहजी से करवाया। सोहन सिंहजी सायं शाखा और कॉलेज विद्यार्थियों पर विशेष ध्यान दिया करते थे। उसी दौरान काफी अंतराल के बाद दिल्ली में अखिल भारतीय विद्यार्थी परिषद् का काम फिर से शुरू हुआ। उन्होंने मुझे विद्यार्थी परिषद् में दायित्व दिया। 1963 में पी.जी.डी.ए.वी. कॉलेज छात्रसंघ चुनाव में विद्यार्थी परिषद् की जीत हुई। मैं छात्रसंघ का अध्यक्ष चुना गया। चुनाव के बाद छात्रसंघ का उद्घाटन करवाना था। मेरी हार्दिक इच्छा थी कि छात्रसंघ का उद्घाटन श्री अटलबिहारी वाजपेयीजी सरीखे प्रखर राष्ट्रवादी नेता के हाथ हो। व्यस्तता के कारण उनको या प्रमुख नेताओं को समय नहीं मिल पा रहा था। तभी मेरे मित्र और सहपाठी शशिभूषणजी, जो समाजवादी युवजन सभा से जुड़े थे, किंतु चुनाव में हमारा ही समर्थन किया था, ने समाजवादी नेता डॉ. राममनोहर लोहियाजी को बुलाने

को कहा। मैं लोहियाजी के नाम को लेकर संकोच में था कि शायद सोहन सिंहजी अनुमति नहीं देंगे। मैंने सोहन सिंहजी के सामने संपूर्ण विषय रखा। मेरा संशय व्यर्थ निकला; सोहन सिंहजी भी राममनोहर लोहियाजी को बुलाने से सहमत थे क्योंकि वे भी उन्हें देशभक्त और राष्ट्रवादी नेता ही मानते थे। लोहियाजी के हाथों ही छात्रसंघ का उद्घाटन हुआ।

1965 में पाकिस्तानी हमले के बाद युद्ध हुआ तब विद्यार्थी परिषद् ने सीमा पर घायल हुए सैनिकों की सेवा करने और उनके लिए रेलवे स्टेशन पर कैंटीन की व्यवस्था करने का दायित्व अपने हाथ में लिया। उस समय मैं दिल्ली में विद्यार्थी परिषद् का पदाधिकारी था। उसी समय बंबई से आए श्री पद्मनाभाचार्यजी, जो वर्तमान में असम और नागालैंड के राज्यपाल हैं, का सुझाव था कि विद्यार्थी परिषद् का एक प्रतिनिधिमंडल तत्कालीन प्रधानमंत्री लाल बहादुर शास्त्रीजी से मिले। सोहन सिंहजी ने भी उनके प्रस्ताव का समर्थन किया। सोहन सिंहजी के कहने पर ही हिंदुस्थान समाचार के संपादक श्री बालकृष्ण लेलेजी ने प्रधानमंत्रीजी से समय तय करवाया। शास्त्रीजी से मिलने वाले प्रतिनिधिमंडल के सदस्यों में पद्मनाभाचार्यजी, हरीशजी मेहता के साथ मैं भी शामिल था। जब हम लोग शास्त्रीजी से मिले तो उन्होंने कहा कि मैं जानता हूँ कि विद्यार्थी परिषद् का संबंध राष्ट्रीय स्वयंसेवक संघ से है; आप लोग कर क्या रहे हैं? हमने बताया कि स्टेशन पर आ रहे घायल सैनिकों के प्राथमिक उपचार एवं भोजन उपलब्ध करवाने की व्यवस्था करके उनकी सेवा में जुटे हैं। उन्होंने कहा कि अभी तो हमारे सैनिकों के लिए खून की सबसे ज्यादा आवश्यकता है। इसलिए युवाओं से यही अपेक्षा है कि घायल सैनिकों के लिए रक्त एकत्रित करने का दायित्व निभाएँ। उस समय रक्तदान का प्रचलन अधिक नहीं था। इसको लेकर लोगों में कई गलत धारणाएँ थीं। शास्त्रीजी से हुई बातचीत के बारे में जब सोहन सिंहजी को बताया तो उन्होंने भी प्रधानमंत्री द्वारा प्रदत्त इस काम को अवश्य पूरा करने का आदेश देते हुए पूरे देश में विद्यार्थी परिषद् द्वारा रक्तदान शिविर आयोजित करवाने को कहा। मैंने थोड़ी हिचक के साथ पूछा कि दिल्ली में ऐसा कैसे हो सकता है? तभी उन्होंने अगले दिन झंडेवाला में विद्यार्थी परिषद् के प्रमुख कार्यकर्ताओं की बैठक बुलाने को कहा। उस बैठक में उन्होंने अपने ओजस्वी और मार्मिक भाषण से सभी को प्रेरित किया। उनके भाषण का कार्यकर्ताओं पर जबरदस्त प्रभाव पड़ा। उन्हीं की प्रेरणा से दिल्ली में पहली बार विद्यार्थी परिषद् द्वारा एक साथ कई स्थानों पर रक्तदान शिविर लगाए गए।

विद्यार्थी परिषद् का काम चलाने के लिए उस समय एक स्मारिका निकलती थी। हमें उस पत्रिका के लिए अमेरिकी दूतावास से एक हजार रुपए का विज्ञापन मिला। संगठन की हर जानकारी हम सोहन सिंहजी को देते थे। जब विज्ञापन की जानकारी उन्हें मिली तो उन्होंने स्पष्ट रूप से विज्ञापन छापने से मना कर दिया। उन्होंने कहा कि बाहर के किसी भी देश का विज्ञापन छापकर विद्यार्थी परिषद् का काम नहीं चलाना चाहिए।

रामलीला मैदान में परम पूजनीय श्रीगुरुजी का सार्वजनिक कार्यक्रम होनेवाला था। उस समय मैं जहाँ रह रहा था, वह स्थान नई दिल्ली में आता था। उसी इलाके की सायं शाखाओं के स्वयंसेवकों को रामलीला मैदान में रेखांकन का दायित्व मिला। हम लोगों ने अपने पूरे सामर्थ्य से उस दायित्व को निभाया, लेकिन जब सोहन सिंहजी देखने आए तो उन्हें किए हुए काम में कमी लगी। उन्होंने सभी रेखाओं को मिटाकर दोबारा रेखांकन करने को कहा। काफी थके होने से हम उनकी बातों से उदास भी हो गए। यह बात वे भी समझ गए, तभी वे स्वयं भी हमारे साथ रेखांकन के कार्य में जुट गए और प्रकाश की व्यवस्था कर रात के दो बजे तक दोबारा रेखांकन करवाया।

—भोलानाथ विज
निदेशक, चौपाल

संरक्षक की भूमिका

माननीय सोहन सिंहजी से वर्ष 1984-85 से लगातार संपर्क रहा। स्वयंसेवकों एवं कार्यकर्ताओं की व्यक्तिगत समस्याओं के प्रति वे एक परिवार के मुखिया एवं संरक्षक की भाँति सदैव अग्रसर रहकर दिशा-निर्देश दिया करते थे। सन् 1995 में जब मुझे कैबिनेट स्तर पर राजस्थान हाउसिंग बोर्ड का चेयरमैन बनाया गया तो वे पहले व्यक्ति थे, जिन्होंने मुझसे पूछा कि तुम्हारी सी.ए. की प्रैक्टिस कौन देखेगा? पीछे परिवार की चिंता कौन करेगा? मैं यह सुनकर अभिभूत हो गया। लगा कि मेरे संरक्षक एवं परिवार के मुखिया आज भी विद्यमान हैं।

दूसरी घटना झालावाड़ में जिला प्रमुख के चुनाव की है। तत्कालीन वित्त राज्य मंत्री श्री अनंग कुमार जैन मेरे साथ थे। जिला प्रमुख के चुनाव में आवश्यक बहुमत भाजपा के पास नहीं था। ऐसे में एक असामाजिक तत्त्व के सहयोग से हमने जिला प्रमुख की सीट जीत ली। सोहन सिंहजी उस घटना पर अत्यंत क्षुब्ध हुए। उन्होंने कहा कि भाजपा एक राष्ट्रीय स्तर की पार्टी है और तात्कालिक लाभ के लिए अपने सिद्धांतों को तिलांजलि नहीं दी जानी चाहिए थी। ऐसी शिक्षा कोई विरले ही दे सकता था।

मेरे परिवार के मुखिया के रूप में सन् 1986 तथा 1990 में मेरी दोनों पुत्रियों के विवाह समारोह में उपस्थित होकर उन्होंने अपने अटूट प्रेम को दरशाया।

—एस.एन. गुप्ता, सी.ए.
झालावाड़, जयपुर

छोटी-छोटी व्यवस्था पर ध्यान

संघ शिक्षा वर्ग की बात है। उस बार गरमी काफी तेज थी। अपराह्न 3.30 बजे

बौद्धिक के लिए स्वयंसेवक बैठते थे। यह नित्य का क्रम था। उसी क्रम में माननीय सोहन सिंहजी ने बौद्धिक होने के उपरांत रात्रि को व्यवस्था प्रमुखों की बैठक की। उन्होंने पूछा कि कितने स्वयंसेवक बैठते हैं? आप उन्हें किस हिसाब से बैठाते हैं? क्या आपने कभी विचार किया कि एक स्वयंसेवक को बौद्धिक में बैठने के लिए कितनी जगह चाहिए? हमको लगा, गलती कहाँ हुई? फिर उन्होंने कई प्रश्न पूछे। हम एक का भी सही उत्तर नहीं दे सके। फिर उन्होंने उत्तर दिया, 'भैया, हॉल में कितनी गरमी है...बिल्कुल चिपक-चिपककर स्वयंसेवक बैठे थे।' उन्होंने समझाया कि स्वयंसेवकों को एक घंटा बैठना पड़ता है। ठीक व्यवस्था करिए। दूसरे दिन हमने सभी सुधार किए। हॉल की खिड़कियाँ खुलवा दीं। स्वयंसेवकों को बैठने में सुविधा हुई और अच्छा लगा।

एक बार सोहन सिंहजी ने महाराष्ट्र समाज में विषय रखने को कहा। हमने विषय रखा कि अपने परिवार में बालक-बालिकाओं को मराठी भाषा में वार्त्तालाप करना चाहिए, न कि हिंदी में, ताकि अपनी भाषा का विस्मरण न हो। परंतु उस कार्यक्रम के अध्यक्ष, जो कि महाराष्ट्रियन ही थे, मराठी में नहीं बोल सके। हमने शेखी बघारने के लिए कह तो दिया। बाद में सोहन सिंहजी ने समझाया कि आप संघ के कार्यकर्ता हैं। आपको उनके बारे में कुछ नहीं कहना चाहिए था। इससे वे दूर हो जाएँगे। आप उनसे मिलकर त्रुटि सुधार करिए। मुझे काफी खेद हुआ और गलती का एहसास भी हुआ। इस प्रकार प्रत्येक कार्यक्रम के समय कार्यकर्ताओं का वे सही मार्गदर्शन करते थे।

—पद्माकर शिवराम तारे

पूर्व चित्तौड़ प्रांत बौद्धिक प्रमुख, उज्जैन

कार्यकर्ताओं की सँभाल का आग्रह

डिफेंस कॉलोनी में मेरी दुकान थी। उस समय ठाकुर श्री ओमकार सिंह विधायक निर्वाचित हुए। एक दिन वे दुकान पर आए। उनके हाथ में एक फॉर्म था। उन्होंने कहा, 'इस फॉर्म पर हस्ताक्षर कर दो।' मैंने पूछा, 'यह किस चीज का फॉर्म है।' उन्होंने बताया, 'टेलीफोन लगाने के लिए है।' मैंने कहा, 'मुझे तो जरूरत नहीं है।' उन्होंने कहा, 'नहीं भैया, संगठन ने तय किया है द्धस्र आपके यहाँ टेलीफोन लगाना है।' मैंने फॉर्म पर हस्ताक्षर कर दिए।

एक दिन मैं माननीय सोहन सिंहजी के पास मिलने के लिए गया। उन्होंने पूछा कि तुम्हारे यहाँ टेलीफोन कैसे लगा, तो मैंने उनको सारी घटना बताई। सोहन सिंहजी ने कहा, 'और तुमने हस्ताक्षर कर दिए।' इतना ही उन्होंने कहा। उसी दिन मैंने टेलीफोन वहाँ से हटा दिया। उस समय प्राइवेट कनेक्शन बड़ी मुश्किल से मिलते थे। मैंने सोचा

कि संगठन से कोई लाभ लिया है। बाद में सोहन सिंहजी को पता चला कि टेलीफोन हटा दिया है, तब उन्होंने दुबारा टेलीफोन लगवाया।

सन् 1995 की बात है। उस समय सेवा भारती के प्रांत संगठन मंत्री की जिम्मेदारी थी। एक बार अस्वस्थ हो गया और वृंदावन चला गया था। कुछ दिनों के बाद सोहन सिंहजी का टेलीफोन आया। उन्होंने कहा, 'आप दिल्ली आ जाइए। हम आपकी व्यवस्था के लिए गाड़ी भेज रहे हैं।' मैंने जवाब दिया, 'गाड़ी मत भेजिए, मैं खुद ही आ जाऊँगा।' दिल्ली आने के बाद सोहन सिंहजी से मिला। उन्होंने पूछा, 'अब स्वास्थ्य तो ठीक है?' मैंने कहा, 'हाँ, अब मैं स्वस्थ हूँ।' बाद में उन्होंने श्री ज्योति स्वरूपजी से कहा कि व्यवस्था में इनकी सहायता लीजिए तो मैं उनकी सहायता करने लग गया। बाद में उन्होंने मुझे प्रांत व्यवस्था प्रमुख की जिम्मेदारी सौंपी। वे प्रत्येक कार्यकर्ता की जानकारी, उसके स्वभाव तथा रुचि का ध्यान रखते थे। ऐसे ही सोहन सिंहजी से मिलने के लिए एक बार जयपुर गया। थोड़ा आराम करने के बाद मैं सो गया था। जब वे भोजन करने लगे तो पता किया कि किस कार्यकर्ता ने भोजन नहीं किया। तब एक कार्यकर्ता को मेरे पास भेजा और सोते हुए को जगाया। मुझे बुलाकर पहले भोजन करवाया। कार्यकर्ता के प्रति वे जागरूक रहते थे। वे बौद्धिक वर्गों में कहते, 'कार्यकर्ता हमारे कार्य का प्राण है।' कार्यकर्ता की सँभाल करना उनका आग्रह रहता था।

—देवीचंद चोपड़ा

झंडेवाला स्वागत कार्यालय, दिल्ली

कार्यकर्ता-निर्माण के महाशिल्पी

सन् 1978 में किशनगढ़ में महाविद्यालय विद्यार्थियों के शिविर में माननीय सोहन सिंहजी के समक्ष मैंने अपनी प्रचारक बनने की इच्छा प्रकट की। उस समय मैं झुंझुनूँ जिले के नवलगढ़ में स्नातक प्रथम वर्ष का छात्र था। सोहन सिंहजी ने मेरी पूरी बात सुनी और केवल तीन शब्द कहे, 'अभी पढ़ाई करो।' कुछ दिनों बाद मुझे सूचना मिली कि वे अमुक तिथि को नवलगढ़ होते हुए झुँझुनूँ आएँगे तथा मुझे भी उनके साथ नवलगढ़ में उसी बस में बैठना है। मैं नियत तिथि और समय पर नवलगढ़ से उनके साथ झुंझुनूँ गया। रात्रि को शयन से पूर्व उन्होंने मुझे दो परामर्श दिए—1. संघ-कार्य के साथ-साथ पढ़ाई पर पूरा ध्यान देना। 2. नियमित व्यायाम एवं स्वाध्याय करना। उसी दिन स्वाध्याय के लिए डॉक्टर साहब की जीवनी पढ़ने की सलाह दी। इसके उपरांत महीने में कम-से-कम एक बार उनसे नियमित पत्र-व्यवहार एवं शेखावाटी प्रवास के दौरान उनसे प्रत्यक्ष मिलने का सुअवसर प्राप्त होने लगा। पत्र एवं प्रत्यक्ष मिलने पर

उनके चार प्रश्न होते थे—1. स्वास्थ्य कैसा है? 2. दैनिक व्यायाम में क्या करते हो? 3. पिछले माह में क्या पढ़ा और उससे क्या सीखा? 4. पढ़ाई कैसी चल रही है? यह पूछने के बाद आगे स्वाध्याय में क्या पढ़ना है, यह निर्देशित करते थे। विज्ञान में स्नातक परीक्षा उत्तीर्ण करने के बाद मैंने उनसे कहा कि अब मैं स्नातक हो गया हूँ। अब प्रचारक बनने की आज्ञा दीजिए। तब उन्होंने कहा कि अब कुछ उच्च शिक्षा ग्रहण करनी चाहिए। मैंने जयपुर आकर सी.ए. एवं एल-एल.बी. की पढ़ाई प्रारंभ कर दी। जयपुर आने पर उनसे मिलने के अधिक अवसर प्राप्त होने लगे। एक दिन उन्होंने मुझे अपने कक्ष में रखी लकड़ी की अलमारी की ओर इशारा करके कहा, 'इसे खोलो।' उस समय अलमारी में पुस्तकें रखी थीं। उन्होंने कहा कि 'इनमें से जो पुस्तक तुम्हें पसंद हो, पढ़ने के लिए ले जाया करो। धीरे-धीरे करके तुम्हें इन सभी पुस्तकों को पढ़ना चाहिए।'

सन् 1981 में मेरे आदर्श दो प्रचारक श्री अशोकजी कांबोज एवं डॉ. दीपक शुक्लाजी घर लौट गए। इस घटना से मेरा मन भी विचलित होने लगा और सोहन सिंहजी से मिलने का क्रम भी कम होने लगा। मेरे विवाह के समय जब मैं घोड़ी पर बैठा हुआ था, उस समय मेरे निकट आकर उन्होंने जोर से जंघा को दबाया और हँसते हुए बोले, 'पंडित, क्या हुआ?' यह सुनकर मैं शर्मिंदगी महसूस कर रहा था। मैं संघ का प्रचारक तो नहीं बन सका, लेकिन सोहन सिंहजी द्वारा प्राप्त मार्गदर्शन से कठिन-से-कठिन परिस्थिति में भी बिना विचलित हुए समस्या का समाधान निकालने में अपने आपको सक्षम महसूस करता हूँ।

—**योगेश गौतम**, सी.ए.
अध्यक्ष लघु उद्योग भारती
राजस्थान उत्तर-पूर्व, जयपुर

व्यवस्था की मर्यादा

अक्तूबर 2002 में हरियाणा के व्यावसायिक संस्थानों में अध्ययन करनेवाले स्वयंसेवकों का प्राथमिक शिक्षा वर्ग गन्नौर में था। इस वर्ग में माननीय सोहन सिंहजी का भी एक दिन का प्रवास था। विश्रांति के पश्चात् सोहन सिंहजी चाय के लिए बैठ गए। मेरे साथ वर्ग की चर्चा कर रहे थे, तभी एक कार्यकर्ता दो कप चाय, बिस्कुट व नमकीन लेकर कक्ष में आए तो सोहन सिंहजी ने देखते ही कहा कि 'वर्ग तो बड़ा मस्त चल रहा है, जहाँ शिक्षार्थियों को चाय के साथ बिस्कुट और नमकीन मिलती हो।' मैंने तुरंत कहा, 'नहीं शिक्षार्थियों के लिए तो मँरूडा (मुरमरों को चीनी या गुड़ की चाशनी में डालकर बनाया गया) है।' इतना सुनते ही सोहन सिंहजी कड़क आवाज में बोले, 'ले जाओ इसे उठाकर। मेरे लिए भी मँरूडा लेकर आओ।' इतना सुनते ही मैं स्वयं तुरंत उन दोनों प्लेटों को

उठाकर कक्ष से बाहर आया और प्रबंधक से कहा कि एक प्लेट में मँरूडा दे दो। उस प्लेट को लेकर मैं कक्ष में चला गया। सोहन सिंहजी ने फिर से मुझसे प्रश्न किया कि क्या सभी को मंरूडे का एक पीस दिया जा रहा है? मैंने कहा, 'नहीं।' उन्होंने कहा, 'मेरे लिए एक क्यों?' मैंने उनसे कहा, 'भाईसाहब, आपके दाँत नहीं हैं, आपसे चबेगा कैसे?' उन्होंने कहा कि एक चम्मच भी साथ में लेकर आना। मैं फिर से कक्ष से बाहर गया और एक प्लेट में मंरूडे के दो पीस और चम्मच लेकर आया। सोहन सिंहजी ने चाय के कप में मँरूडा तोड़कर डाल दिया। थोड़ी ही देर के बाद वे नरम हो गए तो उन्होंने उसे चम्मच की सहायता से चाय में भिगोकर खा लिया। जब चाय समाप्त हो गई तो वे मुझसे कहने लगे कि कभी भी वर्ग की व्यवस्थाओं से बाहर मत जाओ।

सितंबर 2007 में माननीय सोहन सिंहजी का हरियाणा प्रांत में जिला केंद्रों पर दो से तीन दिन का प्रवास निश्चित हुआ। मेरे पास उस समय कुरुक्षेत्र विभाग कार्यवाह के नाते दायित्व था तो करनाल नगर की विभिन्न प्रकार की बैठकों का क्रम बनाने का काम विभाग प्रचारकजी के साथ किया। सोहन सिंहजी का आग्रह था कि प्रत्येक बस्ती में तीन प्रकार की शाखाएँ लगें—प्रौढ़, तरुण एवं सायं शाखा। इसके अगले दिन नगर का एकत्रीकरण था। व्यवस्था से जुटे सभी कार्यकर्ताओं से बात हो चुकी थी कि सभी निश्चित समय से दस मिनट पूर्व संघ-स्थान पर पहुँचेंगे। अत: हम सब निश्चित समय से पूर्व संघ-स्थान पर पहुँचे तो मैंने मुख्य शिक्षक को कहा कि 'जैसे ही सोहन सिंहजी आएँ, आप उन्हें संघ-स्थान के कार्यक्रम की योजना का पत्रक दे दें।'

मुख्य शिक्षक ने बताया कि सोहन सिंहजी पहले ही संघ-स्थान पर आ चुके हैं और मैंने उन्हें पत्रक दे भी दिया है। यह सुनकर मुझे बड़ा आश्चर्य हुआ। इसके बाद उन्हें कुरुक्षेत्र जाना था। गाड़ी का समय था 8.15 बजे का, परंतु वे अपने कमरे से अपना सामान लेकर 7.35 मिनट पर ही बाहर आ गए। मैंने उनसे कहा, 'भाईसाहब, अभी तो गाड़ी आने में समय लगेगा।' उनका उत्तर था, 'हम गाड़ी की प्रतीक्षा करेंगे। गाड़ी हमारी नहीं।'

—सुधीर कुमार, करनाल

अनूठी कार्यशैली

संघ शिक्षा वर्ग की तैयारियाँ चल रही थीं। बीकानेर संघ कार्यालय 'शकुंतला भवन' में सोहन सिंहजी का आगमन हुआ। उस दौरान वस्तु भंडार से मैं अपने लिए नेकर खरीदकर उसे पहनकर देख रहा था। इतने में पीछे से आवाज आई, 'अरे भले आदमी, यह नेकर तो छोटी रहेगी, क्योंकि किशोर अवस्था में ही शारीरिक विकास होता है। इसलिए थोड़ी सी बड़ी नेकर लीजिए।' और नेकर दिलवाने के बाद मुझसे पूछा कि

'प्रार्थना याद है क्या?' मैंने कहा कि हाँ। मैंने प्रार्थना सुनाई तो उसमें कई अशुद्धियाँ थीं। प्रार्थना सुनने के बाद मुझे अपने कक्ष में बैठाया और सभी अशुद्धियों को शुद्ध करवाया। बीकानेर जिले के प्राथमिक शिक्षा वर्ग में मुझे अधिकारी आवास की जिम्मेदारी मिली थी। सोहन सिंहजी का बौद्धिक था। उस दिन बौद्धिक से पहले गुरु गोविंद सिंहजी का कोई प्रसंग छिड़ गया तो उसी क्षण उन्होंने मेरी तरफ देखा और पूछा कि गुरु गोविंद सिंहजी कौन थे? मैं घबरा गया तो उन्होंने गीत की पंक्तियाँ गुनगुनाईं और गीत के माध्यम से गुरु गोविंद सिंहजी और उनके पूरे परिवार की जानकारी दी।

—जगदीश ए. पंचारिया

नोखा, बीकानेर

❑❑❑